Die Neunte Stadt

den Tieren, die den Wasserkrug *zerbrochen* haben

BENJAMIN DAVY

Die Neunte Stadt

WILDE GRENZEN UND STÄDTEREGION RUHR 2030

mit Bildern von
Bildarchiv Städteregion Ruhr 2030 • Pieter Breughel (Kunsthistorisches Museum Wien) • Heinz-Josef Bucksteeg • Benjamin Davy
Ulrike Davy • Simone de Paauw • Margarete Eisele • Cornelia Fiedor • Flotte3 • Adalhild Goebel • Christian Groß • Christian Holz-Rau
Thomas Jürgenschellert • Kamilla Kanafa • Christoph Kniel • Heinz Kobs • Axel Kolfenbach • Kommunalverband Ruhrgebiet
Siegbert Kozlowski • Isabel Krisch-Wemper • Nathalie Kurniczak • Daniel Lathwesen • Wilfried Liedtke • Uta und Fritz Netzeband
Tana Petzinger • Renate Pötzsch • Yvonne Rieker • Photoarchiv Ruhrlandmuseum Essen • Ursus Samaga • Andreas Schulze Bäing
Karl-Wilhelm Specht • Doris Lydia Stark • Philipp Stierand • Anton Tripp • Arne van den Brink • Gerhard Verfürth • Willemien Verheggen
Norbert H. Wagner • Thomas Wüst

Bildredaktion in Zusammenarbeit mit
Kamilla Kanafa

gefördert vom Bundesministerium für Bildung und Forschung im Rahmen von *Stadt 2030* (Förderkennzeichen 19 W 1099 A bis I)

INHALT

INHALT	4
VORWORT	6

1 RASTLOSER STILLSTAND

STRUKTURWANDEL UND SINNESWANDEL	10
Rätsel der Regionalisierung	10
Städteregion Ruhr 2030	15
Leitbilder und Möglichkeitssinn	20
GRENZVERWIRRUNGEN	22
Kringelwirrwarr als Lebensform	22
Von Preußens Provinzen zum Ruhrstatut	27
Von Glabotki zum Düsseldorfer Signal	30
REGIONALE BODENORDNUNG	34
Eine Ruhrstadt oder fünfzig Ruhrstädtchen?	34
Institutionelle und territoriale Fallen	38
Sehnsucht nach der „besseren" Ordnung	40

2 GUTE GRENZEN

RASIERMESSERGRENZEN	46
ungefähr	46
Klare Linien	48
Mending Wall	52
GRENZEN ALS REGELGELEITETE PRAXIS	56
Grenzen im Sprachgebrauch	56
Grenze als Konvention	59
Grenzen und die Ordnung der Dinge	65
BRAUCHBARE GRENZEN	68
Grenzen teilen, trennen, verbinden	68
Bedeutung und Gebrauch der Grenzen	72
Konventionen für brauchbare Grenzen	75

3 TURBULENTE HARMONIEN

REGIONALISIERUNG UND EIGENSINN	80
Regionalisierung durch Kooperation	80
Inszenierung der Kooperation	85
Gemeinschaftsaufgaben und Eigensinn	87
EGOISTISCHE ZUSAMMENARBEIT	88
Regionalisierung als Gefangenendilemma	88
Rationale Kooperation	92
Coopetition	96
REGIONALISIERUNG DURCH GESELLSCHAFTSVERTRAG	98
Vorteile erzeugen und verteilen	98
Die Städteregion Ruhr als Leviathan?	101
Vorteile des Gesellschaftsvertrages	103

4 MÖGLICHKEITSRÄUME

ABSCHIED VOM WIRKLICHKEITSRAUM — 106
Über Grenzen — 106
Formen und Inhalte — 108
Raumplanung als *boundary making* — 110
FRONTIER: NORMALZUSTAND — 112
Säume und Schichten — 112
Territoriale Heterogenität — 115
Am Rande der Wildnis — 117
WILDE GRENZEN — 118
Möglichkeitsraum — 118
Unendliche Weite! — 122
Über Möglichkeiten — 124

5 KULTUR DER DIFFERENZ

EIGENSINN UND POLYRATIONALITÄT — 128
Grenzen und Identitäten — 128
Die Arbeit der Teilung — 134
denn wir sind viele — 136
VIELE STIMMEN — 140
Regionalisierung als Identitätsdilemma — 140
Polyrationalität und Eigensinn — 143
Zur Theorie der Polyrationalität — 144
VIELE GRENZEN — 146
Grenzstrategien — 146
Polyrationalität im „Wilden Westen Preußens" — 152
Nützliche Unterschiede — 156

6 RESPONSIVE KOOPERATION

KONKURRENZ DER IDEALE — 160
Strukturwandel als kultureller Wandel — 160
Hier kommt alles zu allem — 162
Bedingungen für eine Konkurrenz der Ideale — 166
DER POLYRATIONALE GESELLSCHAFTSVERTRAG — 168
Gesellschaft durch faire Kooperation — 168
Der Schleier des Nichtwissens — 170
Vielfalt und Kooperation — 172
EIGENSINNIGE KONSENSBILDUNG — 174
Der Stadtregionale Kontrakt — 174
empfindsam, respektvoll, erfinderisch — 177
Mut zur Kooperation — 180

7 BRAUCHBARE SPIELREGELN

REGIONALISIERUNG OHNE INSTITUTIONEN — 184
Regionalisierung und Formenwahl — 184
Formen durch Grenzen — 188
Fraktale Regionalisierung — 190
„RUHR 2016": DIE SIMULIERTE REGION — 192
Ein Rahmen für Möglichkeiten — 192
Kooperation als Verhandlungssache — 196
Wechselseitige Abhängigkeit — 200
KONSENSFÄHIGE SPIELREGELN — 206
Spielregelvorschläge — 206
GAME OVER — 212
Lernende Kooperation — 217

8 MÖGLICHKEITSMANAGEMENT

BEGRENZTE MÖGLICHKEITEN — 222
Wirklichkeit und Möglichkeiten — 222
Eigensinnige Zukünfte — 226
Stadtregionale Überraschungen — 228
ANPASSUNGSFÄHIGE GRENZEN — 232
Zukunft ohne Ordnung — 232
Grenzflexibilität in der Alltagspraxis — 235
Vereinbarte Grenzen — 238
RAUMPLANUNG UND MÖGLICHKEITSMANAGEMENT — 242
Raumplanung mit Möglichkeitssinn — 242
The wilderness masters the planner — 245
Lumpensammeln — 247

9 DIE NEUNTE STADT

DIE NEUNTE STADT ALS MÖGLICHKEITSRAUM — 252
Die Flächen der Neunten Stadt — 252
Die Neunte Stadt im Dialog — 258
Regionalisierung und Magie — 261
DIE MAGIE DER NEUNTEN STADT — 264
Magie der Gelegenheiten — 264
Magie der Worte — 267
Magie der Vereinbarungen — 270
ACHT STÄDTE UND DIE NEUNTE STADT — 272
Eigensinnige Stadträume — 272
Acht Städte — 279
Das Eigene im Fremden — 282

LITERATUR — 286
OBJEKTE — 294
BILDER — 296
NACHWORT — 300
IMPRESSUM — 302

VORWORT

Die aktuellen gesellschaftlichen Entwicklungen sowie der demographische und technologische Wandel haben epochale Auswirkungen auf die Wohnbedürfnisse und -formen der Menschen ebenso wie auf die Funktionsweise und -fähigkeit der Städte insgesamt. Praxisrelevantes Orientierungswissen über die Komplexität, Interdependenzen und Beeinflussbarkeit städtischer Strukturen – als notwendige Entscheidungsgrundlage für eine aktive, nachhaltige Gestaltung dieser Prozesse – ist kaum vorhanden. Um diese Wissenslücke zu schließen und neue Formen der Kooperation innerhalb und zwischen Städten und Kommunen zu entwickeln und zu erproben, hatte das Bundesministerium für Bildung und Forschung im Jahr 2001 den Ideenwettbewerb „Stadt 2030" initiiert, in dem Wissenschaft und Städte gemeinsam innovative Lösungen für aktuelle und zukünftige Probleme entwickeln sollten.

Der im Rahmen von „Stadt 2030" geförderte Forschungsverbund „Städteregion Ruhr 2030" hat hier Pionierarbeit geleistet. Die Städte Duisburg, Mülheim an der Ruhr, Oberhausen, Essen, Gelsenkirchen, Herne, Bochum und Dortmund haben ein außergewöhnlich hohes, freiwilliges und ehrenamtliches Engagement an den Tag gelegt und in einem Kraftakt eine neue Form der regionalen Zusammenarbeit entwickelt.

Durch gemeinsame Zielentwicklung, gegenseitige Vernetzung, intensive Kommunikation und Moderation und unter Mitwirkung von wissenschaftlichen Beratern konnte der Weg von einem Nebeneinander zu einem Miteinander beschritten werden. Das Ergebnis kann sich sehen lassen: ein durch die acht Oberbürgermeisterinnen und Oberbürgermeister der Ruhrgebietsstädte unterzeichneter stadtregionaler Kontrakt, der eine neue Qualität der regionalen Zusammenarbeit besiegelt. Nun kommt es darauf an, diesen mit Leben auszufüllen. Hierfür wünsche ich der Städteregion Ruhr in der Zukunft viel Erfolg.

Edelgard Bulmahn
Bundesministerin für Bildung und Forschung

1 RASTLOSER STILLSTAND

Der Strukturwandel der Städte im Ruhrgebiet ist ein unvollendeter Sinneswandel:
In den Funktionsräumen von übermorgen
schlummern die Grenzen von vorgestern.

STRUKTURWANDEL UND SINNESWANDEL

RÄTSEL DER REGIONALISIERUNG

Die Stadtlandschaft des Ruhrgebiets ist voller Rätsel. Drei dieser Rätsel beschäftigten den Forschungsverbund *Städteregion Ruhr 2030*: das Rätsel der Grenze, das Rätsel der Kooperation, das Rätsel des Eigensinns. Die drei Rätsel stellen alle jene auf die Probe, die an einer Regionalisierung des Ruhrgebiets interessiert sind. Häufig wird unter Regionalisierung die „problemlösungsgerechte Strukturierung eines Gesamtraumes" (Back 1995: 821) verstanden. Die faszinierenden Rätsel, die sich hinter dieser nüchternen Definition verbergen, sieht man erst bei näherem Hinsehen.

Das erste Rätsel betrifft Grenzen. Das Ruhrgebiet entstand im späten 19. und frühen 20. Jahrhundert an der Grenze zweier preußischer Provinzen und liegt heute mitten im bevölkerungsreichsten Land der Bundesrepublik Deutschland (ARL 1977: 219–220; Blotevogel 2002a; Bronny und Dege 1990: 107–110; Molitor 1986: 25). Die Leichtigkeit, die denselben Raum einmal an der Peripherie und dann wieder im Zentrum verortet, symbolisiert das *Rätsel der Grenze*, das für die Städte im Ruhrgebiet typisch ist. Verblüfft über den Mangel an klaren Grenzen stellte Joseph Roth im Jahr 1926 über die Städte im Ruhrgebiet fest: „Hier aber ist ein Dutzend Anfänge, hier ist ein dutzendmal Ende" (zitiert nach Schütz 1987: 33). Die verflüssigten Grenzen der Ruhrgebietsstädte widersprechen der westfälischen Doktrin territorialer Eindeutigkeit. Die westfälische Doktrin verdankt ihren Namen dem Westfälischen Frieden (1648), der erstmals das völkerrechtliche Prinzip der territorialen Souveränität verankerte (Agnew 1998: 9 und 73; Albert und Brock 2001; Mansbach und Wilmer 2001; Verdross und Simma 1984: 20–21). Territoriale Souveränität beruht auf klaren Grenzen und Gebietszuordnungen (Agnew 2000b; Brownlie 1998: 105–176; Graf Vitzthum 1997b: 402–404; Hailbronner 1997: 216–217; Shaw 1997: 333–335; Verdross und Simma 1984: 638–643). Dahinter steht eine Überlegung, die nicht nur im Völkerrecht gilt: „Gute Zäune machen gute Nachbarn!" In der dicht besiedelten Stadtlandschaft des Ruhrgebiets mit seinen vielen Zentren und Peripherien ist allerdings nicht genug Platz für gute Zäune. Weshalb gibt es dort dennoch gute Nachbarschaften?

Das zweite Rätsel betrifft Kooperation. Das Ruhrgebiet war in der ersten Hälfte des 20. Jahrhunderts ein europäischer Konfliktherd. Nach beiden Weltkriegen bildete die Ruhrfrage – der Stellenwert des Ruhrgebiets für die deutsche Rüstungsproduktion und der Ruhrkohlebedarf der französischen Stahlindustrie – ein unüberwindbar scheinendes Hindernis für Frieden in Europa. Gleichwohl ist wenig bewußt, daß ausgerechnet das Ruhrgebiet den Anlaß für die europäische Integration geboten hat. Die Unauffälligkeit, mit der Feinde zu Freunden wurden, symbolisiert das *Rätsel der Kooperation*. Der Weg von Konflikt und Krieg zu Kooperation und Integration war beschwerlich. Noch im Januar 1923 besetzten französische und belgische Truppen das Ruhrgebiet (Schwabe 1986). Frankreich warf Deutschland vor, den Reparationspflichten aus dem Vertrag von Versailles nicht nachzukommen, und der französische Ministerpräsident Raymond Poincaré bezeichnete das Ruhrgebiet als „produktives Pfand" (Zimmermann 1971: 54). Im Februar 1946 nannte der englische Außenminister Ernest Bevin das Ruhrgebiet das „Herz der deutschen Aggression" und forderte, „die Ruhr unter internationale Kontrolle zu nehmen" (Först 1970: 147). Folgende Erklärung des französischen Außenministers Robert Schuman leitete im Mai 1950 eine Wende im europäischen Konfliktmanagement ein:

„Der Friede in der Welt kann nicht gewahrt werden ohne schöpferische Anstrengungen, die den Gefahren entsprechen, die den Frieden bedrohen. [...] Die Zusammenlegung der Kohle- und Stahlproduktion [...] wird offenbaren, daß jeder Krieg zwischen Frankreich und Deutschland nicht nur undenkbar, sondern materiell unmöglich sein wird" (zitiert nach Neisser und Verschraegen 2001: 8).

Mit der Gründung der Montanunion und ihrer Kohle- und Stahlbewirtschaftung begann die europäische Integration. Die damit in Gang gesetzte Problemlösung nutzte Vorteile, die vereinbarte Spielregeln im Vergleich zu territorialen Zwangsakten besitzen. Doch welche „schöpferischen Anstrengungen" sind nötig, um zu dauerhafter Kooperation auch *im* Ruhrgebiet zu gelangen? Immerhin wird eine verstärkte Zusammenarbeit der Ruhrgebietsstädte von 92% der Menschen gewünscht, die das Bochumer Institut für angewandte Kommunikationsforschung befragte (bifak 2002: 132). Daher ...

3–5

... betrifft das dritte Rätsel den Eigensinn. Den Städten im Ruhrgebiet werden eine unschöne Konkurrenz (Hauser 1930: 29–30), kommunalpolitische Fürstentümer (Kunzmann 1996: 132), eine Profilneurose ihrer Politiker (Tenfelde 2000: 14), interne Rivalitäten und Spannungen (Blotevogel 2002a: 481), eine offene Anti-Kooperationspolitik (Göschel 2003: 19) nachgesagt. Glaubt man diesen Stimmen, müßte das Ruhrgebiet eine Spielwiese rücksichtsloser Machtpolitiker sein, gar nicht unähnlich dem Europa der ersten Hälfte des 20. Jahrhunderts. Beispielhaft für diese Einschätzung ist die *Umständliche Erläuterung der seelischen Störung eines Communalbaumeisters in Preußens größtem Industriedorf* (Niethammer 1979), ein Buch, das unter Planerinnen und Planern im Ruhrgebiet als Warnung vor den Mächtigen gilt: Allen, die große Pläne für das Ruhrgebiet schmieden, werde es ergehen, wie Johann Heinrich Voßkühler, dem Borbecker Kommunalbaumeister! Jedes mutige Bemühen, in dieser Region sinnvolle Stadtentwicklung zu betreiben, werde an der Uneinsichtigkeit der Mächtigen scheitern. Diese Warnung gilt der falschen Gefahr, denn räumliche Planungen im Ruhrgebiet müssen keine Angst vor den Mächtigen haben. Räumliche Planungen scheitern, wenn sie die vielen Stimmen und Ideale vernachlässigen, die in der Stadtentwicklung zur Geltung kommen wollen. Raumplanung muß sich pluralen Rationalitäten – der Konkurrenz der Ideale – stellen. Dies wird anhand der schwer lesbaren Gestalt des Ruhrgebiets deutlich, die durch die Vermischung und Transformation glatter und gekerbter Räume verursacht wird. Die Unübersichtlichkeit des Ruhrgebiets symbolisiert das *Rätsel des Eigensinns*. Der glatte Raum ist der Raum der Nomaden, der gekerbte Raum ist der Raum der Seßhaften (Deleuze und Guattari 1980: 658). Im dichten Nebeneinander von Autobahnnetzen und Kleingartensiedlungen, von „Ruhrgebiet" und lokalem Egoismus oder von Konzernzentralen und Teestuben wetteifern Identitäten. Dies wurde erst jüngst wieder in zwei stadtregionalen Entwürfen deutlich. Die gekerbten Entwürfe für den Stadtraum der B1 (Koch u.a. 2002) verleihen dem glatten Transitraum moderner Nomaden – das sind die Berufspendler auf der beliebtesten Autobahn des Ruhrgebiets – das Flair der Seßhaftigkeit. Die glatte Vision *RheinRuhrCity* (MVRDV 2002) ist der eigensinnige Versuch, die gekerbte Kleinteiligkeit des Ruhrgebiets in weitläufige Regionalparks oder Hochhauslandschaften zu transformieren. Wie sind die vielen Stimmen, die in der Stadtentwicklung zur Geltung kommen wollen, für eine Konkurrenz der Ideale zu nutzen?

Für alle, die nüchterne Formulierungen vorziehen, können die drei Rätsel auch als drei Grundfragen der Regionalisierung gestellt werden:
- Was bedeuten Grenzen und Territorien für die Stadt- und Regionalentwicklung?
- Können kommunale Rivalen durch Kooperation zu stadtregionalen Partnern werden?
- Wie ist Raumplanung unter der Bedingung vieler Stimmen und einer Konkurrenz der Ideale möglich?

Die Stadtlandschaft des Ruhrgebiets wirft diese Fragen nicht bloß auf. Die Leichtigkeit ihrer Existenz als Peripherie und Zentrum, ihr unauffälliger Wandel vom Konfliktherd zum Integrationsmotiv und ihre Unlesbarkeit enthalten bereits die Lösung der drei Rätsel, nämlich die Neunte Stadt (▶ S. 250). Diese Lösung ist eines der Ergebnisse des Forschungsverbundes *Städteregion Ruhr 2030*, eines eigensinnigen Beitrags zur Regionalisierung der Stadtlandschaft des Ruhrgebiets.

DEUTSCHLAND IN EUROPA **NORDRHEIN-WESTFALEN IN DEUTSCHLAND**

Objekt 1: Europa, Deutschland, Nordrhein-Westfalen, Ruhrgebiet, Städteregion Ruhr

RUHRGEBIET IN NORDRHEIN-WESTFALEN    **STÄDTEREGION RUHR IM RUHRGEBIET**

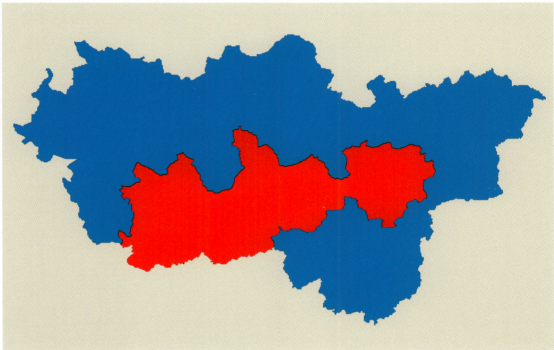

STÄDTEREGION RUHR 2030

Im Frühjahr 2000 lud das Bundesministerium für Bildung und Forschung zur Beteiligung am Modellprojekt *Stadt 2030* ein. Gemeinden und Städte, Kreise und Regionen sowie Universitäten und andere Forschungseinrichtungen sollten Visionen und Leitbilder für die Zukunft deutscher Städte entwickeln. Die kreisfreien Städte Bochum, Dortmund, Duisburg, Essen, Gelsenkirchen, Herne, Mülheim an der Ruhr und Oberhausen folgten dieser Einladung und bildeten zusammen mit der Fakultät Raumplanung der Universität Dortmund einen Forschungsverbund (Bremer und Petzinger 2001; Davy 2002a und 2002c; Davy und zur Nedden 2003; Fakultät Raumplanung 2002b; Petzinger und Zschocke 2003). Dieser Verbund war nicht den Visionen 2030 für eine einzelne Stadt gewidmet, sondern langfristigen Leitbildern für Städte im Ruhrgebiet. Aus diesem Grund bezeichneten die Verbundpartner ihr Forschungsvorhaben als *Städteregion Ruhr 2030*.

Die Städte im Ruhrgebiet stehen, wie andere städtische Verdichtungsräume auch, vor vielen Problemen: Globalisierung der Wirtschaft, Wettbewerb um Investitionen und Arbeitsplätze, demographische Veränderungen, überlastete Kommunalhaushalte. Die Strategien zur Problemlösung, die in deutschen Städten in den vergangenen Jahrzehnten angewendet wurden, helfen kaum mehr weiter (Benz u.a. 1998). Öffentliche Fördermittel sind knapper geworden, politische Netzwerke unwirksamer, spektakuläre Großprojekte unwirtschaftlicher. Die Problemlösung liegt weder in der eingeübten, doch oft unproduktiven Städtekonkurrenz, noch in fortgesetzten Reformen regionaler Verwaltungsorganisationen. Die zukunftsfähige Entwicklung der Ruhrgebietsstädte erfordert eine verstärkte interkommunale Kooperation.

Stadt	Fläche	Einwohner	Q1	Q2	Q3	Q4	Q5
Duisburg (Düsseldorf)	232,81	508.664	2.185	52	42	16,6	14,0
Mülheim/Ruhr (Düsseldorf)	91,26	172.171	1.887	48	40	9,6	8,8
Oberhausen (Düsseldorf)	77,04	220.928	2.868	63	46	12,4	11,7
Essen (Düsseldorf)	210,37	585.481	2.783	55	50	11,5	11,4
Gelsenkirchen (Münster)	104,85	274.926	2.622	63	42	13,4	19,0
Herne (Arnsberg)	51,41	173.645	3.378	67	50	15,0	14,6
Bochum (Arnsberg)	145,45	388.869	2.674	60	45	11,6	12,2
Dortmund (Arnsberg)	280,32	590.831	2.108	53	39	16,2	14,6
Städteregion Ruhr (gesamt)	**1.193,51**	**2.915.515**	**2.443**	**56**	**44**	**13,7**	—
Nordrhein-Westfalen	34.082,81	18.076.355	530	20	27	11,0	10,7
Bundesrepublik Deutschland	357.023,00	82.440.300	231	12	19	8,9	10(W)/20(O)

Quelle: LDS 2003: 32–37, 48–49, 268–269, 706–719 (Stand: Ende 2002, Vergleichsdaten Bundesrepublik 2001).
Daten für die kreisfreien Städte Duisburg, Mülheim an der Ruhr, Oberhausen, Essen, Gelsenkirchen, Herne, Bochum und Dortmund (Regierungsbezirk in Klammern, Fläche in km^2); **Q1** = Einwohnerdichte (Zahl der Einwohnerinnen und Einwohner pro km^2 Stadtgebiet; gerundet); **Q2** = Anteil der Siedlungs- und Verkehrsfläche (Gebäude-, Frei-, Betriebs- und Verkehrsfläche) an der Gesamtfläche (in %; gerundet); **Q3** = Siedlungsdichte (Zahl der Einwohnerinnen und Einwohner pro ha Siedlungs- und Verkehrsfläche; gerundet); **Q4** = Anteil der Einwohnerinnen und Einwohner ohne deutsche Staatsangehörigkeit an der Bevölkerung (in %); **Q5** = Anteil der Arbeitslosen in % auf der Basis aller zivilen Erwerbspersonen (Quelle: KVR Regionalinformation Ruhrgebiet, November 2003).

Objekt 2: Basisdaten der Städteregion Ruhr

Objekt 2 zeigt statistische Basisdaten der Städteregion Ruhr. Rund drei Millionen Menschen leben in den Städten Duisburg, Mülheim an der Ruhr, Oberhausen, Essen, Gelsenkirchen, Herne, Bochum, Dortmund auf einer Fläche von etwa 1.200 km^2. Die acht Städte liegen auf dem Gebiet der drei Regierungsbezirke Düsseldorf, Münster und Arnsberg, der beiden Landschaftsverbände Rheinland und Westfalen-Lippe sowie des Kommunalverbandes Ruhrgebiet (KVR) im Land Nordrhein-Westfalen. Die Städteregion Ruhr weist eine Einwohnerdichte (Q1) von rund 2.400 Menschen pro km^2 Stadtgebiet auf. Der Anteil der Siedlungs- und Verkehrsfläche (Q2) beträgt rund 56%. Aus diesem Grund ist die Siedlungsdichte (Q3) mit rund 44 Menschen pro Hektar Siedlungs- und Verkehrsfläche relativ gering. Etwa 14% der Bevölkerung besitzen nicht die deutsche Staatsangehörigkeit (Q4). Die größten Zuwanderergruppen stammen aus der Türkei, den Staaten des ehemaligen Jugoslawien, aus Italien und Griechenland. Die durchschnittliche Arbeitslosenquote (Q5) liegt in den einzelnen Städten – ausgenommen Mülheim an der Ruhr – deutlich über der durchschnittlichen Arbeitslosenquote in Nordrhein-Westfalen und im Bundesgebiet (West).

Die Städteregion Ruhr erstreckt sich über den polyzentralen Ballungskern des Ruhrgebiets. Dieser Raum, vormals ein landwirtschaftlich geprägtes Nebeneinander kleiner Städte und Dörfer im Grenzland zwischen der Rheinprovinz und Westfalen, wurde durch Industrialisierung und Zuwanderung zu einem hochverdichteten Siedlungsraum ohne erkennbaren Mittelpunkt geformt (Blotevogel 2002a; Köllmann u.a. 1990; Schlieper 1986; Spethmann 1933). Industriestandorte, Infrastruktur, Wohnsiedlungen wurden nach betrieblicher Zweckmäßigkeit und den Vorgaben einzelner Großunternehmen entwickelt. Um das Ruhrgebiet regierbar zu machen, wurden die ehemaligen Dörfer und Kleinstädte durch Gebietsreformen zu Großstädten zusammengeschlossen. In der zweiten Hälfte des 20. Jahrhunderts ging die wirtschaftliche Bedeutung des Kohlebergbaus und der Stahlerzeugung verloren. Industrialisierung und Hierarchisierung büßten ihre Bedeutung als Ordnungsmuster des Ruhrgebiets ein. Doch während Wirtschaft und Gesellschaft einem Strukturwandel unterworfen wurden, blieben die Grenzen der Städte im Ruhrgebiet – und damit die Verwaltungseinheiten und politischen Territorien – unverändert. Deshalb ist der Raum der Städteregion Ruhr voller Bilder, die jeweils andere Vergangenheiten und Zukünfte zeigen. Manche dieser Bilder wurden fertiggestellt, andere blieben unvollendet oder werden gerade erst begonnen.

Der Raum der Städteregion Ruhr ist voller *pentimenti*. Das italienische Wort *pentimento* bezeichnet in der bildenden Kunst eine übermalte Linie, die im Zuge des Alterungsprozesses eines Bildes wieder hervortritt. *Pentimenti* sind Reuelinien, es sind Spuren des Sinneswandels. Der Strukturwandel des Ruhrgebiets fördert viele *pentimenti* zutage. Man findet solche Spuren vor allem an den Übergängen zwischen Funktionsräumen, an den Säumen der Industriegelände, Nachbarschaften, Verkehrsbänder. Reuelinien durchziehen das Ruhrgebiet. Dorfkerne, landwirtschaftliche Nutzungen und andere kleinteilige Strukturen, die während der Industrialisierung zurückgedrängt worden waren, haben wieder an Bedeutung gewonnen. Ehemalige Fabrikanlagen werden als Industriedenkmale wiederentdeckt. Orte, an denen Schlotbarone und der „Kanonenkönig" regierten, wurden durch die Internationale Bauausstellung Emscher Park und die Ruhrtriennale neu definiert und in Wert gesetzt: Industrielandschaftspark Duisburg-Nord, Gasometer Oberhausen, Weltkulturerbe Zeche Zollverein XII, Jahrhunderthalle (Benz u.a. 1999: 87–111; Kurth u.a. 1999; Hauser 2001; Kreibich u.a. 1994; Sack 1999; Sieverts und Ganser 1994; Siebel 1996). Eine junge Universitätslandschaft, lokale Ökonomien und der Umbau zur Dienstleistungsgesellschaft sorgen für soziale und kulturelle Veränderungen. Die großen Flächen aufgegebener Produktionsstätten werden für neue städtebauliche Entwicklungen erschlossen: Multi Casa, CentrO, Phönixsee. Der Sinneswandel ist weder abgeschlossen noch widerspruchsfrei. Während im wirtschaftlichen und sozialen Wandel bereits eine Vielzahl möglicher Zukünfte erprobt werden, bleibt die politische Willensbildung und das Verwaltungshandeln territorialen Strukturen verhaftet, die aus der Zeit vor und während der Industrialisierung stammen. Daher ist das Ruhrgebiet durch ein Wechselspiel zwischen der Verkündung und dem Widerruf von Absichten gezeichnet (Kunzmann 1996: 135–136). Rastlosigkeit und Stillstand sind Schlüsselbegriffe eines unvollendeten Sinneswandels.

9–11

Die Leitbilder *Städteregion Ruhr 2030* (▶ Objekt 3) erkennen im rastlosen Stillstand die Gelegenheit zur eigensinnigen Regionalisierung. Bisher wurde das Ruhrgebiet als Provinz, Kolonie, Fragment regionalisiert. Die fremdbestimmte Regionalisierung – vom Rheinisch-Westfälischen Kohlenbezirk über Eingemeindungen, Gebietsreformen und allerlei Verbandslösungen bis zur Projekt Ruhr GmbH und dem „Düsseldorfer Signal" für einen Regierungsbezirk Ruhrgebiet – hat vieles angefangen, wenig vollendet. Die Städteregion Ruhr ist ein Akt eigensinniger Regionalisierung, der durch die Städte Duisburg, Mülheim an der Ruhr, Oberhausen, Essen, Gelsenkirchen, Herne, Bochum, Dortmund getragen wird (▶ S. 174). Weder der Gehorsam gegenüber höheren Instanzen noch die goldenen Zügel der Förderpolitik befähigen zur Gestaltung der Möglichkeitsräume der Städteregion Ruhr. Der Ballungskern des Ruhrgebiets, der nie *eine* Stadt war, bildet eine Stadtlandschaft, die mit üblichen Begriffen wie Kernstadt, Siedlungsrand, Umland, Naturlandschaft nicht beschrieben werden kann. Das Ruhrgebiet wurde lange Zeit durch Montanindustrie und Bevölkerungswachstum geprägt, somit durch Kräfte, die ihren Einfluß auf die Siedlungsentwicklung nicht vollenden werden. Diese Stadtlandschaft mit ihren Nutzungswechseln, Inseln, Nischen verdient die Regionalisierung durch Kooperation und Eigensinn.

Die Leitbilder der Städteregion Ruhr umfassen Zukunftsbilder, Spielregeln und die Vorbereitung kooperativer Leitprojekte. Die Kooperation zwischen den beteiligten Städten beruht auf programmatischen und räumlichen Zukunftsbildern, aus denen Gemeinschaftsaufgaben für die langfristige Entwicklung der Städteregion abgeleitet werden. Die Städte vereinbaren Spielregeln und gewährleisten dadurch, daß ihre aufgabenorientierte Zusammenarbeit gelingen kann. Die Umsetzung der Zukunftsbilder durch Leitprojekte bildet für die beteiligten Städte eine Gemeinschaftsaufgabe.

Leitbilder wecken Erwartungen. Will ein Leitbild nicht nur bestehende Tendenzen räumlicher Entwicklung fortschreiben, ist es stets auch mit einem Sinneswandel verbunden. Leitbilder sind zugleich Ideologie und Utopie, wobei mit Utopie nicht „Unerreichbarkeit" und mit Ideologie nicht „falsches Bewußtsein" gemeint ist (Albers 1974: 453). Als Anleitung für raumplanerisches Alltagsgeschäft vermitteln Leitbilder einen bestimmten Sinn, der Wirklichkeiten deutet und Möglichkeiten andeutet. Man kann den Sinneswandel in den Leitbildern *Städteregion Ruhr 2030* programmatisch als Regionalisierung „von unten" oder als stadtregionale Emanzipation der Ruhrgebietsstädte bezeichnen. Man kann diesen Sinneswandel aber auch ganz pragmatisch als Entschlossenheit der Städte ansehen, die Potentiale der Stadtlandschaft an Rhein, Ruhr und Emscher durch eine verstärkte Zusammenarbeit zu nutzen.

Grundsätze der Leitbilder

Wer da ist, will bleiben, und andere sollen kommen.
Das wichtigste Ziel der Städteregion Ruhr ist es, die Attraktivität der Städte im Ruhrgebiet zu steigern.

Kooperation und Eigensinn
Eine Zusammenarbeit der Städte ist sinnvoll, wenn sie für jede einzelne Stadt nützlich ist. Der Eigensinn der Städte ist eine Fundgrube für die Zukunft der Städteregion Ruhr.

Unendliche Weite!
Mit ihrem Reichtum an Möglichkeitsräumen bietet die Städteregion Ruhr viele Anziehungspunkte für Wirtschaft und Arbeit, Wohnen und Freizeit, Bildung und Kultur.

Möglichkeitsmanagement
Durch die flexible Handhabung von Grenzen werden unnötige Barrieren abgebaut und Möglichkeitsräume erschlossen.

Dialogischer Aktionsraum
Die Ergebnisse des Leitbildvorhabens sind aus dem dialogischen Austausch zwischen den Vertreterinnen und Vertretern der Verbundstädte, dem Förderturm der Visionen (Fakultät Raumplanung, Universität Dortmund) und den rund 800 Personen hervorgegangen, die an den vier Ankerveranstaltungen und der Leitbildmesse „Unendliche Weite!" teilgenommen haben.

Elemente der Leitbilder
Die Leitbilder der Städteregion Ruhr umfassen Zukunftsbilder, Spielregeln und Leitprojekte.

Zukunftsbilder

Aufgabenorientierte Kooperation
Die Städteregion Ruhr ist ein regelgeleiteter Projektverbund der Städte Duisburg, Mülheim an der Ruhr, Oberhausen, Essen, Gelsenkirchen, Herne, Bochum und Dortmund.

Konkurrenz der Ideale
In der Städteregion Ruhr inspiriert der Eigensinn die Suche nach den besten Lösungen für gemeinsame Aufgaben.

Gestaltung stadtregionaler Räume
Die Städteregion Ruhr fordert dazu heraus, ihre Möglichkeitsräume zu erforschen und zu entwickeln ... auch wenn dabei Grenzen überschritten werden.

Kultur der Differenz
In der Städteregion Ruhr werden Unterschiede nicht bloß toleriert, sondern durch den flexiblen Umgang mit Grenzen genutzt.

Spielregeln

Vereinbarte Zusammenarbeit
Für jedes Leitprojekt der Städteregion Ruhr werden geeignete Spielregeln vereinbart, denen bisherige Kooperationserfahrungen zugrunde liegen.

Responsive Kooperation
Einfache Regeln eröffnen einen Möglichkeitsraum für Kooperation und Eigensinn. Gegenseitiges Verstehen ist die Grundlage für gemeinsames Handeln der Städte.

Stadtregionale Fairness
Damit die aufgabenorientierte Kooperation für die Städteregion Ruhr und für jede einzelne Stadt vorteilhaft ist, werden Gelegenheiten geboten, über die räumliche Verteilung von Vor- und Nachteilen zu verhandeln.

Kooperation als Prozeß
Erfolgreiche Leitprojekte der Städteregion Ruhr bieten Gelegenheiten, kreative und vorteilhafte Lösungen gemeinsam mit anderen Akteuren und ohne Verzicht auf eigene Interessen zu finden.

Lernende Zusammenarbeit
Durch eine Kooperationsakademie werden die Verhandlungskultur und die Befähigung zur Konsensbildung in der Städteregion Ruhr gefördert und entwickelt.

Leitprojekte

Stadtregionale Planung
Themenbezogene Masterpläne und regionale Flächennutzungspläne sind die Grundlage für die kooperative Entwicklung der Städteregion Ruhr.

Haushaltskonsolidierung
Kommunale Verwaltungskooperation garantiert die finanziellen Voraussetzungen für eine Steuerung und Förderung von Wirtschaft und Arbeit, Wohnen und Freizeit, Kultur und Bildung.

Stadtregionale Migrationspolitik
Die Städte unterstützen aktiv alle Menschen, die in der Städteregion Ruhr bleiben wollen, und auch Menschen, die in die Städteregion Ruhr kommen möchten.

Kooperative Flächenentwicklung
Die kooperative Entwicklung und Vermarktung gewerblicher Flächen ist eine erfolgversprechende Strategie, um das „Kirchturmdenken" einzelner Kommunen aufzubrechen und gemeinsame Standortvorteile zu erzielen.

Neue Ufer – Wohnen am Wasser
Die außergewöhnlichen Raumqualitäten der Städteregion Ruhr bieten sich für eine Avantgarde des neuen Wohnens an.

Neue Ufer – Ruhrtal
Die Ruhr ist Namensgeberin und Markenzeichen der Region. Das Ruhrtal wird als „Südseite" des Ruhrgebiets aufgewertet und als positiver Imagefaktor für die gesamte Region genutzt.

Stadtregionaler Kontrakt

Die Städtepartner vereinbaren im Stadtregionalen Kontrakt, ihre interkommunale Kooperation als Städteregion Ruhr fortzusetzen. Die Grundsätze des Stadtregionalen Kontraktes für die Städteregion Ruhr sind:
- Kooperation und Eigensinn,
- Attraktivitätssteigerung und Konkurrenzfähigkeit,
- Polyzentralität, Nachhaltigkeit und Geschlechtergerechtigkeit,
- Offenheit für andere Akteure.

Objekt 3: Leitbilder *Städteregion Ruhr 2030* (Quelle: Protokolle der Arbeitsgruppe Städteregion Ruhr 2030)

LEITBILDER UND MÖGLICHKEITSSINN

Raumplanerische Leitbilder sind weder eine räumliche Verfassung noch eine räumliche Corporate Identity. Eine Verfassung enthält bindende Regelungen höchsten Ranges, denen jede tieferrangige Regelung entsprechen muß. Leitbilder beanspruchen keine so hohe Verbindlichkeit, sie sind nicht zur verfahrensförmlichen Anwendung durch Gerichte geeignet. Leitbilder sind allerdings nicht nur Logos (Corporate Identity) für räumliche Ziele und gehen über den Appellcharakter einer griffigen „Unternehmensphilosophie" hinaus. Ein raumplanerisches Leitbild ist die programmatische und räumliche Festsetzung übergeordneter Ziele, nach denen ein Planungsraum gestaltet und genutzt werden soll.

Nach Martin Lendi ist ein Leitbild ein „zukünftiger Zustand, der durch zweckmäßiges Handeln und Verhalten erreicht werden soll":

„Der Begriff ‚Leitbild' wird mit einer gewissen Präferenz überall dort verwendet, wo es darum geht, einen erwünschten Zustand als anzustrebendes Ziel vorzugeben. Ein entworfener, konzeptionell geprägter Sollzustand wird als Zielvorgabe bestimmt, wobei vorausgesetzt wird, daß das Ziel erreichbar ist" (Lendi 1995: 624).

Raumplanerische Leitbilder sind keine Prognosen, Programme, Maßnahmenkonzepte, Pläne (Lendi 1995: 625–626). Werden sie der Anwendung solcher Instrumente vorangestellt, dienen Leitbilder der Orientierung, womöglich auch der Bindung nachfolgender Planung. Als große Erzählung – über die *City Beautiful*, die Gartenstadt, die kompakte Stadt, über Urbanität durch Dichte oder eine nachhaltige städtebauliche Entwicklung – können Leitbilder inspirieren (Albers 1974 und 1992: 83–84). Indes, der Bedarf nach Inspiration schwankt. Seit dem Ende der Planungseuphorie waren Leitbilder in der Planungspraxis eher unwichtig und wurden in den 80er- und 90er-Jahren des 20. Jahrhunderts durch Pragmatismus, Projektorientierung, Investorenplanung verdrängt. In jüngerer Zeit nimmt das Interesse an Leitbildern für räumliche Planung zu (Becker u.a. 1998; Knieling 2000), ein Anzeichen für die Suche nach dem Sinn städtischer und stadtregionaler Entwicklungen.

Der Sinn, den die Leitbilder *Städteregion Ruhr 2030* vermitteln, geht vom Eigensinn der Städte aus und führt zu einem Eigensinn der Städteregion. Seiner Herkunft nach besitzt das Wort Eigensinn zwei Bedeutungen. Eigensinnig ist, wer auf der eigenen Meinung beharrt und starrköpfig ist; eigensinnig ist aber auch, wer aus eigenem Entschluß und freiwillig handelt (Pfeifer 1993: 266). Als räumliche Eigenschaft, vor allem aber auch als Eigenschaft der Menschen, die Räume gestalten und nutzen, befähigt der Eigensinn zu schöpferischem Handeln. Wer Eigensinn für ein regionales Leitbild nutzt, betont örtliche Bedürfnisse, verwendet spielerische Energie, scheut weder Widersprüche noch Kontroversen. So betrachtet, entspricht der Eigensinn dem Möglichkeitssinn aus Robert Musils *Mann ohne Eigenschaften*:

„Wenn man gut durch geöffnete Türen kommen will, muß man die Tatsache achten, daß sie einen festen Rahmen haben: dieser Grundsatz [...] ist einfach eine Forderung des Wirklichkeitssinns. Wenn es aber Wirklichkeitssinn gibt, und niemand wird bezweifeln, daß er seine Daseinsberechtigung hat, dann muß es auch etwas geben, das man Möglichkeitssinn nennen kann. [...] So ließe sich der Möglichkeitssinn geradezu als die Fähigkeit definieren, alles, was ebensogut sein könnte, zu denken und das, was ist, nicht wichtiger zu nehmen als das, was ebensogut sein könnte" (Musil 1930: 16).

Obwohl der Wirklichkeitssinn die Städte im Ruhrgebiet während der Industrialisierung, zweier Weltkriege und Besatzungen, während des Wirtschaftswunders und des Strukturwandels geradezu mitleidlos beherrscht hat, bewies das Ruhrgebiet stets auch Möglichkeitssinn. Die Möglichkeiten der Städteregion Ruhr liegen in ihrer unübersichtlichen Landschaft aus Baumärkten, Einfamilienhaussiedlungen, Stadtbrachen, im Selbstbewußtsein vieler Generationen von Einwanderern, in der unsichtbaren Dichte und verspäteten Urbanität des Ruhrgebiets. Diesen Möglichkeitssinn nutzen die Leitbilder *Städteregion Ruhr 2030*.

	Wirklichkeitssinn	**Möglichkeitssinn**
Kommunalpolitik	Konfrontation und Abhängigkeit	Kooperation und Eigensinn
Raumbezug	Wirklichkeitsräume	Möglichkeitsräume
Haushalt	Krise der kommunalen Haushalte	Budgetkonsolidierung durch Verwaltungskooperation
Wirtschaft	Standortkonkurrenz als Nullsummenspiel	Entwicklung grenzüberschreitender Gewerbegebiete
Zivilgesellschaft	Krise der politischen Teilnahme	Kultur der Differenz
Bevölkerung	rückläufige Bevölkerungsentwicklung, hohe Überalterung	aktive stadtregionale Migrationspolitik
Raumplanung	kommunale Bauleitplanung der einzelnen Städte	Masterplan Ruhr 2030; gemeinsame Flächennutzungsplanung
Regionalisierung	Ruhrstadtdiskussion; Reform des Kommunalverbandes Ruhrgebiet; Regierungsbezirk Ruhrgebiet	aufgabenorientierte Kooperation als regelgeleiteter Projektverbund Städteregion Ruhr

Objekt 4: Wirklichkeitssinn und Möglichkeitssinn

Unerfreuliche Aussagen über das Ruhrgebiet sind leicht zu finden: ungünstige Wirtschaftsdaten, Vorhersagen rückläufiger Bevölkerungszahlen und hoher Überalterung, der Pessimismus vieler Investoren, nachlassende Wahlbeteiligung, kommunale Finanznöte (Bömer 2000; Goch 2002; Klemmer 2001; Lehner 2002; Schrumpf u.a. 2001). Der Wirklichkeitssinn bescheinigt, daß „sich das Ruhrgebiet in einer kumulativen Abwärtsspirale befindet" (KVR 2002: 128), doch er ist nicht hilfreich. Daher bevorzugen die Leitbilder der Städteregion Ruhr den Möglichkeitssinn und ermutigen durch Visionen (► Objekt 4). Diese Visionen verstehen Möglichkeitssinn nicht als „Träume nervenschwacher Personen", vielmehr als eine Sammlung „noch nicht erwachter Absichten" (Musil 1930: 16).

Die Wirklichkeit verhält sich zur Möglichkeit wie die Grenze zur Weite. Während im Wirklichen alles eng begrenzt ist, bietet das Mögliche die unendliche Weite. Das bedeutet nicht, alles Mögliche sei bereits erstrebenswert, gut oder erreichbar. Insofern sind Türrahmen und andere Einschränkungen wichtig, denn sie bieten Halt. Allerdings können künftige Wirklichkeiten nicht nur innerhalb jener Grenzen stattfinden, die wir heute vorfinden. Daher schreckt die Städteregion Ruhr nicht davor zurück, eine Tür zu durchschreiten, die vielleicht noch nicht geöffnet ist, die aber geöffnet werden kann. Möglichkeitssinn ist Eigensinn. Nicht weil die Pionierinnen und Pioniere der Städteregion Ruhr zu starrköpfig wären, eine unerfreuliche Realität wahrzunehmen, sondern weil sie dieser Realität eine erfreulichere Perspektive geben können, suchen sie im Wirklichen auch nach dem Möglichen.

GRENZVERWIRRUNGEN

KRINGELWIRRWARR ALS LEBENSFORM

Wer mit geöffneten Türen und festen Türrahmen zurecht kommen will, muß den praktischen Umgang mit Grenzen üben. Dafür bieten geläufige Vorstellungen über klare Grenzen und genau definierte Räume eine nur unzureichende Orientierung. Dies zeigt der Vergleich zwischen funktionsräumlichen und politisch-administrativen Grenzen in der Städteregion Ruhr.

Objekt 5: Das Siedlungsgebiet der kreisfreien Städte Duisburg, Mülheim an der Ruhr, Oberhausen, Essen, Gelsenkirchen, Herne, Bochum, Dortmund

Der Schwarzplan des Siedlungsgebiets der kreisfreien Städte Duisburg, Mülheim an der Ruhr, Oberhausen, Essen, Gelsenkirchen, Herne, Bochum und Dortmund zeigt einen verflochtenen Funktionsraum (► Objekt 5). Die Verflechtungen täuschen Ähnlichkeiten und Gemeinsamkeiten vor. Der Funktionsraum ist in zahlreiche Territorien aufgeteilt, so etwa in die acht Stadtgebiete, an deren Grenzen viele Gemeinsamkeiten enden. Die Aufteilung des Funktionsraumes ist nicht ohne weiteres zu erkennen. Wo sind die Städte? Wer das Ruhrgebiet kennt, kann ungefähr beurteilen, wo Dortmund und Duisburg liegen. Ansonsten bietet der Schwarzplan ein Bilderrätsel. Er ist ein Symbol für Stadtlandschaften, in denen das Modell kommunaler Gebietskörperschaften seinen ursprünglichen Sinn verloren hat. Der Schwarzplan symbolisiert die wechselseitige Abhängigkeit zwischen den Städten, eine Abhängigkeit, die nicht nur den Siedlungsraum kennzeichnet, sondern auch die Wirtschaftsräume, Verkehrsräume, Umwelträume, Sozialräume, Kulturräume des Ruhrgebiets. Diese Räume bieten ein Bild der Unordnung oder, besser gesagt, das Bild einer Ordnung, deren Prinzipien nicht offenkundig sind.

Die Karte der politischen Grenzen der kreisfreien Städte Duisburg, Mülheim an der Ruhr, Oberhausen, Essen, Gelsenkirchen, Herne, Bochum und Dortmund zeigt Verschiedenheit (▶ Objekt 6). Die Stadtgebiete sind klar voneinander abgegrenzt und laden zur kommunalen Selbstverwaltung ein. Die klaren Grenzen vermitteln den Eindruck überschaubarer Gebiete, die durch verschiedene Städte beherrscht werden. Das Bild klarer Grenzen ist allerdings eine Illusion. Das ist die Illusion der isolierten Lage örtlicher Zuständigkeiten, Domänen, Machtsphären. Die Illusion ist hartnäckig. Politik und Verwaltung in den Ruhrgebietsstädten werden durch den Erfolg oder Mißerfolg bei Kommunalwahlen bestimmt. Dadurch erhalten die politischen Grenzen der Stadtgebiete ein besonderes Gewicht für die demokratische Willensbildung auf lokaler Ebene: Bei Kommunalwahlen werden diejenigen belohnt, die viel für „ihre" Stadt geleistet haben, hingegen wird nicht „im Ruhrgebiet" gewählt.

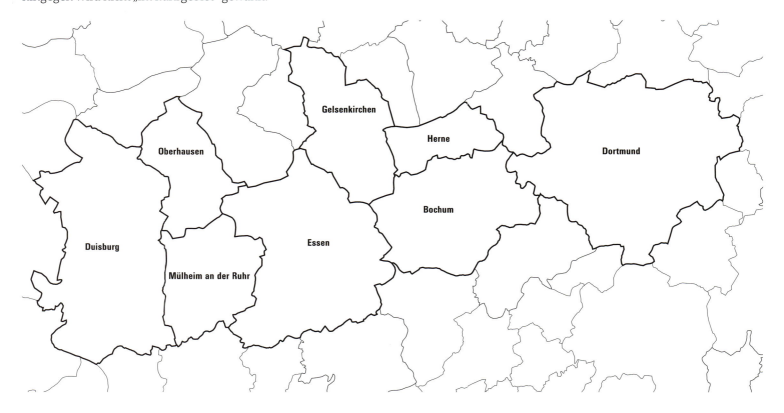

Objekt 6: Die politischen Grenzen der kreisfreien Städte Duisburg, Mülheim an der Ruhr, Oberhausen, Essen, Gelsenkirchen, Herne, Bochum, Dortmund

Die Bilder der funktionsräumlichen Ähnlichkeit und der politisch-administrativen Verschiedenheit stehen im Widerspruch. Der Widerspruch führt häufig zu skurrilen Situationen, mitunter stört er die stadtregionale Entwicklung. Wenn dieselbe Straße auf dem Gebiet der Stadt Bochum „Siebenplaneten" und auf dem Gebiet der Stadt Witten „Sieben-Planeten-Straße" heißt, mag dies als Beispiel für liebenswürdigen Eigensinn gelten. Das gilt aber nicht mehr, wenn der Betrieb öffentlicher Verkehrsmittel, die Planung von Wohnbauland und Gewerbeflächen oder die Außendarstellung der Region durch den Widerspruch zwischen lokaler und regionaler Perspektive beeinträchtigt werden.

Spannungen zwischen lokaler und regionaler Perspektive, verursacht durch die mangelnde Übereinstimmung zwischen Funktionsräumen und Herrschaftsräumen, sind ein Hauptproblem der Regionalisierung (Benz 2003: 13; Ritter 2002: 371; Weichhart 2000: 550–551). Solche Lagen bilden im Ballungskern des Ruhrgebiets nicht die Ausnahme, sondern den Normalzustand:

16–17

„Regionale Probleme, Interessen und Kompetenzen liegen oft quer zu den gebietskörperschaftlichen Grenzen und Gliederungen herkömmlicher Verwaltungsorganisation. So wurden überkommene Abgrenzungen von Stadt und Land, Staat und Kommune immer wieder von Interessen und Problemen des Maßstabs ‚Ruhrgebiet' durchkreuzt" (Pankoke 1990: 9).

Was Wirtschaft, Verkehr, Gesellschaft, Kultur, Kommunikation, Umwelt anbelangt, also unter funktionsräumlichen Gesichtspunkten, bilden die Räume im Ruhrgebiet eigene Zusammenhänge und Brüche. Die Funktionsräume mit ihren Grenzen und Identitäten folgen nicht den vielschichtigen politischen Gebietsaufteilungen: „Markungsgrenzen gehen im Ruhrgebiet ohnehin häufig mitten durch Siedlungen, ja mitten durch Häuser, durch Wohnküchen, quer durch die Ehebetten" (Einsele 1963: 54). Auch die Bildung politischer und administrativer Territorien ist nicht widerspruchsfrei. Zu den Besonderheiten des Ruhrgebiets gehört eine kaum überschaubare Verflechtung der Hoheitsgebiete, Einflußsphären, Grenzen, Zuständigkeiten. Der Schriftsteller Jürgen Lodemann spricht von einem „Kringelwirrwarr":

„Die Zuständigkeitsgrenzen von gut einem Dutzend Großstädten. Darüber die Grenzen der Regierungsbezirke Münster, Düsseldorf, Arnsberg. Dann, wiederum darübergelagert, die Grenzen der Landschaftsverbände, Rheinland und Westfalen-Lippe. Auf der nächsten Seite der kommunale Siedlungsverband Ruhr; alsdann die jeweils wieder ganz anders geregelten Zuständigkeitsgrenzen der Finanzbehörden, der Katasterämter, der Gerichte, der Bauordnungsbehörden, des Bistums, der Straßenbaubehörden, der Wasserverwaltung und so weiter und immer so weiter ... ein heilloses Durcheinander. Es schaut niemand mehr durch. Ein Mensch, der so lebensmüde sein wollte, ins Ruhrgebiet zu ziehen, um dort zu bauen oder ein Unternehmen zu gründen, der sähe sich einem Chaos von Kompetenzen gegenüber. [...] Nirgends blüht so sehr das Kirchturmsdenken wie in den Städten, in denen die Kirchtürme zu den kleineren Gebäuden zählen" (Lodemann 1985: 312–313).

Der „Kringelwirrwarr" kommt aus dem Über-, Neben- und Zwischeneinander der Zuständigkeiten öffentlicher Einrichtungen. Dazu gehören drei Bezirksregierungen (Arnsberg, Düsseldorf, Münster), zwei Landschaftsverbände (Westfalen-Lippe, Rheinland), der Kommunalverband Ruhrgebiet (KVR; ab Oktober 2004: Regionalverband Ruhr), der Verkehrsverbund Rhein-Ruhr (VRR), die Emschergenossenschaft und natürlich die Kreise und Städte. Neben diesen Einrichtungen bestehen die ungleich zugeschnittenen Amtsbezirke der Gerichte, Arbeitsämter, Handelskammern und besonderen Behörden sowie verschiedenartige Gebietsbezüge einzelner Landesaktionen: Zukunftsinitiative Nordrhein-Westfalen (ZIN), Internationale Bauausstellung Emscher Park, Projekt Ruhr GmbH. Zusätzlich findet man regionale Merkwürdigkeiten vor, wie etwa den „Aldi-Äquator", die Lokalbeilagen der Westdeutschen Allgemeinen Zeitung, die eifersüchtig gehüteten Studiozuständigkeiten des Westdeutschen Rundfunks.

Durch die Überlagerung der politischen Räume und der Funktionsräume entstehen „wilde Grenzen" (Davy 2002c). Darunter sind räumliche Situationen zu verstehen, die nicht durch scharfe, linienförmige Grenzen und gut lesbare, wohlgeordnete Räume bestimmt werden. Die Verwilderung räumlicher Grenzen beeinträchtigt räumliche Ordnung und reicht von der einfachen „Grenzverwirrung" im Verhältnis zwischen zwei Nachbargrundstücken (§ 920 BGB) bis zu fragmentierten, mehrdeutigen, unlesbaren Raumkonstellationen im großen Maßstab. Das Ruhrgebiet ist reich an wilden Grenzen. Auf gewisse Weise gilt daher noch immer, was Heinrich Böll über diese Region sagte: „Das Ruhrgebiet ist noch nicht entdeckt worden; die Provinz, die diesen Namen trägt, weil man keinen anderen für sie fand, ist weder in ihren Grenzen noch in ihrer Gestalt genau zu bestimmen" (Böll 1958: 5). Als Konsequenz wilder Grenzen im Ruhrgebiet fehlt es an weithin akzeptierten Strukturen für die Erfüllung stadtregionaler Aufgaben: Es gibt kein interkommunales Flächenmanagement, kein stadtregionales Marketing, keinen Ausgleich regionaler Vor- und Nachteile, keine Außenvertretung gemeinsamer Interessen. Obwohl das Ruhrgebiet eine der am meisten verwalteten Regionen der Bundesrepublik Deutschland ist, handelt es sich nicht um die am besten verwaltete Region. Der Strukturwandel vergangener Jahrzehnte betraf zwar Wirtschaft und Gesellschaft (Bömer 2000; Goch 2002; Tenfelde 2000), ließ aber Politik und Verwaltung weitgehend unberührt.

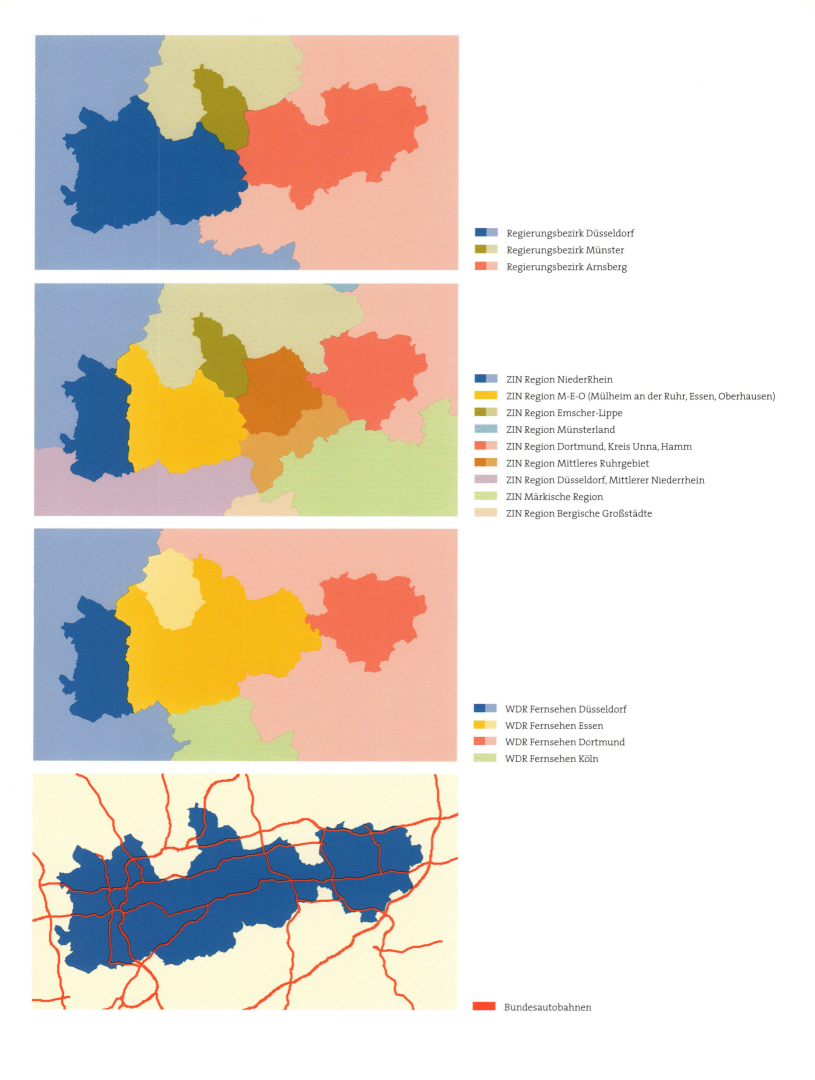

Objekt 7: Grenzen und Territorien in der Städteregion Ruhr

VON PREUSSENS PROVINZEN ZUM RUHRSTATUT

Wilde Grenzen sind nicht einfach zu zähmen. Für die Stadtlandschaft des Ruhrgebiets ist die Frage nach einer effizienten, demokratischen und gerechten Steuerung kollektiven Handelns unbeantwortet. Gleichwohl hat es nicht an Bemühungen um Regionalisierung gefehlt (Kilper 1995). In seinem Beitrag über Regionsdiskurse stellt Hans Heinrich Blotevogel fest, im Ruhrgebiet bestünden zwischen der kommunalen Ebene und der Landesebene „mindestens vier überlappende Regionalisierungen neben- bzw. übereinander" (Blotevogel 2000: 498). Mit den vier „Regionalisierungen" sind der KVR, die Landschaftsverbände, die Regierungsbezirke sowie die ZIN-Regionen der regionalisierten Strukturpolitik gemeint. Warum reichen so viele „Regionalisierungen" nicht aus, um stadtregionale Aufgaben wirksam zu erfüllen? Die Antwort liegt in der Eigenart „klassischer" Regionalisierung. Was diese Eigenart ausmacht, wird nun an fünf Beispielen für Regionalisierung veranschaulicht.

Das erste Beispiel betrifft das Verhältnis zwischen *Institution und Territorium*. Es ist ein zentrales Thema der Modernisierung der Verwaltung, die im frühen 19. Jahrhundert auch den Westen Preußens erreichte. Im Gefolge der Gebietsgewinne auf dem Wiener Kongreß sollten die Gemeinden, Städte und Kreise unter die Aufsicht einer einheitlichen Staatsverwaltung gestellt werden (ARL 1977: 165–166 und 192–194; Molitor 1986). Die alten Territorialmächte – das Großherzogtum Berg, das Vest Recklinghausen, die Grafschaft Mark, die Reichsabteien Essen und Werden, die Reichsstadt Dortmund – waren schrittweise verdrängt worden. Durch die „Verordnung wegen verbesserter Einrichtung der Provinzial-Behörden" vom 30. April 1815 (ProvV; Nr. 287 der Gesetzsammlung für die Königlichen Preußischen Staaten) wurde der preussische Staat schließlich in Provinzen eingeteilt, die ihrerseits in Regierungsbezirke aufgegliedert wurden. Ein „harmonisches Zusammenwirken aller Staatsbehörden" war das Ziel. Der Oberpräsident einer Provinz sollte „die Verwaltung derjenigen allgemeinen Landesangelegenheiten führen, welche zweckmäßigerweise einer Behörde anvertraut werden, deren Wirksamkeit nicht auf einen Regierungsbezirk beschränkt ist" (§ 2 ProvV). Der Regelung liegen zwei Prinzipien zugrunde, nämlich der hierarchische Aufbau der Verwaltung und die Zuständigkeit einzelner Behörden für ein bestimmtes Gebiet. Die Regelung vertraut auf den Zusammenhang zwischen hierarchischer Stellung und örtlicher Zuständigkeit, also zwischen Institution (Oberpräsident, Regierungspräsident) und Territorium (Provinz, Regierungsbezirk): Je weitreichender und wichtiger eine Angelegenheit ist, an um so höherer Stelle muß sie besorgt werden. Daher endet die Zuständigkeit der Regierungsbezirke für die Sicherheitsverwaltung mit der Ausbreitung der Gefahren: Der Oberpräsident war für allgemeine Sicherheitsmaßregeln zuständig, „so weit sie sich über die Grenze eines einzelnen Regierungsbezirks hinaus erstrecken" (§ 3 Nr. 3 ProvV).

Das zweite Beispiel betrifft die *Regionalisierung durch Planung*. Die Industrialisierung und das Bevölkerungswachstum ab der zweiten Hälfte des 19. Jahrhunderts legten für das Ruhrgebiet nahe, die räumliche Entwicklung zu planen und nach überörtlichen Anforderungen zu gestalten. In seiner Denkschrift schlug Robert Schmidt vor, alle Angelegenheiten, die über die Grenzen einzelner Kommunen hinausreichen, in einem „Generalsiedelungsplan" zu ordnen: „Der Generalsiedelungsplan will das geordnete Zusammenleben der Menschenmassen regeln, so daß nicht immer wieder Mißstände aus sich widerstreitenden Bedürfnissen entstehen" (Schmidt 1912: 22). Schmidt erkannte, daß die Städte im Ruhrgebiet aus ihren Grenzen herauswuchsen. Maßnahmen auf dem Gebiet der einen Stadt riefen zwar Auswirkungen auf dem Gebiet ihrer Nachbarstädte hervor, würden aber in der kommunalen Planung nur lokal berücksichtigt. Der „Generalsiedelungsplan" müsse diesen Mangel ausgleichen:

„Dann bestimmt der Generalsiedelungsplan unabhängig von den politischen Grenzen die Flächen, welche für Wohnstätten besonders geeignet sind, etwa in der Nähe von Großgrünflächen und im Zuge dorthin, damit nicht eine Gemeinde mit später entstehenden industriellen Anlagen Wohnviertel oder Grünanlagen der anderen Gemeinde benachteiligt oder gar tötet" (Schmidt 1912: 6).

Die Denkschrift ist ein Beispiel für Regionalisierung durch Expertenplanung (von Petz 1995: 13–14). Sie leitet aus einer genauen Erfassung der Probleme (z.B. Bevölkerungswachstum, Mängel der Infrastruktur) und der Potentiale (z.B. Grünzüge, Wirtschaftskraft) konkrete Maßnahmen für eine zweckmäßige stadtregionale Entwicklung ab (z.B. Maßnahmen für Siedlungserweiterungen und Verkehrsanlagen). Die Denkschrift ist keineswegs nur wirtschaftlichen Interessen verpflichtet. Sie enthält bereits stadtökologische Ziele und fordert, „Großgrünflächen" zu erhalten und zu ergänzen (Schmidt 1912: 102).

Das dritte Beispiel für Regionalisierung im Ruhrgebiet ist die *Bildung eines Gemeindeverbandes* mit Pflichtmitgliedschaft. Ein solcher Gemeindeverband soll alle Angelegenheiten besorgen, die über die Grenze und Leistungsfähigkeit einer einzelnen Gemeinde hinausgehen. Das „Zweckverbandsgesetz" vom 19. Juli 1911 (Nr. 11131 der Preußischen Gesetzsammlung) regelte die Voraussetzungen, unter denen freiwillige Verbände und Pflichtverbände gebildet werden konnten. Dadurch erhielt die Kooperation der „Städte, Landgemeinden, Gutsbezirke, Bürgermeistereien, Ämter und Landkreise" eine gesetzliche Grundlage, „wenn die Beteiligten damit einverstanden sind" (§ 1 ZweckverbandsG). Für das Ruhrgebiet wurde – insbesondere auf Initiative der Stadt Essen – eine Sonderregelung getroffen (Froriep 1970: 2915). Das „Gesetz be-

treffend Verbandsordnung für den Siedlungsverband Ruhrkohlenbezirk" vom 15. Mai 1920 (SVR-G; Nr. 11898 der Preußischen Gesetzsammlung) begründete im „Rheinisch-Westfälischen Kohlenbezirke" eine öffentlich-rechtliche Körperschaft „zur Verwaltung aller Angelegenheiten, die der Förderung der Siedlungstätigkeit im Verbandsgebiete dienen" (§ 1 I SVR-G). Der Siedlungsverband Ruhrkohlenbezirk mit Sitz in Essen diente vor allem der Mitwirkung an der Fluchtlinien- und Bebauungsplanung, der Förderung des „zwischengemeindlichen Verkehrs", der Sicherung und Schaffung größerer von der Bebauung freizuhaltender Flächen sowie des Siedlungswesens im Verbandsgebiet (§ 1 II SVR-G). Pflichtmitglieder des Verbandes waren die in § 2 I SVR-G aufgezählten Stadt- und Landkreise. Weitere Stadtkreise (z.B. Düsseldorf) erhielten eine Beitrittsoption (§ 2 IV SVR-G). Die Regionalisierungsstrategie, die mit der Gründung des SVR verfolgt wurde, beruhte auf dem bereits erläuterten Verhältnis zwischen Institution und Territorium. Als neues Element trat die Zuständigkeitskonzentration hinzu. Für das Verbandsgebiet (§ 2 V SVR-G) übernahmen der Verbandsausschuß und der Verbandsdirektor alle kommunalen und staatlichen Zuständigkeiten. Daher gingen etwa die Zuständigkeit für das „Fluchtlinienwesen" in Fragen mit überörtlicher Bedeutung von den Stadt- und Landkreisen auf den Verband über (§§ 16 und 17 SVR-G). Zur Staatsaufsicht über den Verband wurde ein Verbandspräsident berufen (§ 24 I SVR-G), der die Zuständigkeit der Regierungspräsidenten und Oberpräsidenten übernahm (§ 25 I SVR-G). Mit Hilfe der Zuständigkeitskonzentration wurden die Zuständigkeiten der Städte und Kreise sowie der drei Bezirksregierungen und zwei Provinzen verdrängt. Ziel der Zuständigkeitskonzentration war die „Förderung der Siedlungstätigkeit im Verbandsgebiete". Alle Angelegenheiten, die im Verbandsgebiet über das Gebiet einer Gemeinde, eines Regierungsbezirkes, einer Provinz hinaus wirksam waren, konnten einheitlich nach diesem Gesichtspunkt geregelt werden (Froriep 1970; Schmitz 1926; von Petz 1995: 15–47).

Das vierte Beispiel betrifft die *Regionalisierung durch Eingemeindung*. Gebietsreformen lösen das Problem der überörtlichen Wirkungen örtlicher Entscheidungen durch Vergrößerung territorialer Einheiten auf kommunaler Ebene. Was zuvor das Problem mehrerer Gemeinden war, wird durch Eingemeindung zur Aufgabe für nur eine Gemeinde (Hoebink 1989; Kerstiens 1926). Umfangreiche Eingemeindungen brachten das „Gesetz über die Neuregelung der kommunalen Grenzen im rheinisch-westfälischen Industriebezirke" vom 26. Februar 1926 (Nr. 13059 der Preußischen Gesetzsammlung), das „Gesetz über die weitere Neuregelung der kommunalen Grenzen im westfälischen Industriebezirk" vom 23. März 1928 (Nr. 13315 der Preußischen Gesetzsammlung) und das „Gesetz über die kommunale Neugliederung des rheinisch-westfälischen Industriegebiets" vom 29. Juli 1929 (Nr. 13441 der Preußischen Gesetzsammlung). Durch diese Gesetze wurden zahlreiche Stadtgemeinden, Stadtkreise und Landkreise vereinigt, aufgelöst, neu gestaltet. 23 Stadtgemeinden, Gemeinden und Ämter beantragten beim Staatsgerichtshof die Aufhebung der Gebietsreform. Der Staatsgerichtshof wies die Anträge am 11. Dezember 1929 zurück. Wenngleich die kommunale Selbstverwaltung durch die Verfassung gewährleistet sei, wäre der Gesetzgeber zum „Ausbau einer kraftvollen Selbstverwaltung" durch die „Aufhebung unzweckmäßiger Gemeindegrenzen" berechtigt: „Ob das jeweils in Betracht kommende Gesetz die zweckmäßigste Lösung getroffen und unnötige Härten vermieden hat, unterliegt nicht der gerichtlichen Nachprüfung" (Band 2 der Rechtsprechung des Staatsgerichtshofs für das Deutsche Reich [1930]: 99–109 [108]). Die Großstadtbildung wurde im Ruhrgebiet gesetzlich erzwungen. Das „Einführungsgesetz zu dem Gesetz über die kommunale Neugliederung rheinisch-westfälischen Industriegebiets" vom 29. Juli 1929 (Nr. 13442 der Preußischen Gesetzsammlung) re-

19

gelte daher die „Auseinandersetzung" über die Rechtsnachfolge, die Dienstverhältnisse der Beamten, sonstige Auswirkungen der Grenzänderungen. In den Großstädten wurde zugestanden, für „Ortsteile, die die Bedeutung einer engeren örtlichen Gemeinschaft besitzen", eine örtliche Verwaltung einzurichten (§ 42 des Einführungsgesetzes). Dadurch sollten die ehemaligen Gemeinden – nunmehr Ortsteile – beruhigt werden. Außerdem wurde ausdrücklich die Bildung „zwischengemeindlicher Arbeitsgemeinschaften" angeregt, um „die Möglichkeit einer zwischengemeindlichen Zusammenarbeit auf einem bestimmten Verwaltungsgebiete zu prüfen" (§ 41 I des Einführungsgesetzes). Insgesamt ergänzten die Gesetze von 1926, 1928 und 1929 das „klassische" Regionalisierungsmodell um die Elemente der Gebietserweiterung, Identitätspolitik und verordneten Zusammenarbeit.

Das fünfte Beispiel für Regionalisierung ist die *Behandlung der „Ruhrfrage"* nach dem Zweiten Weltkrieg. Dabei ging es nicht um kommunalen und stadtregionalen Interessenausgleich. Das Ziel der Regionalisierung bestand darin, eine deutsche Wiederaufrüstung zu verhindern. Der Plan des amerikanischen Finanzministers Henry Morgenthau sah die Demontage aller Industrieanlagen und die Internationalisierung des Ruhrgebiets vor. Demgegenüber setzte sich die Überzeugung durch, das Ruhrgebiet sei für den europäischen Wiederaufbau unentbehrlich. Die Ruhrkohle sollte für die Alliierten, insbesondere für Frankreich, zugänglich sein. In den ersten Nachkriegsjahren standen territoriale und institutionelle Vorschläge für eine Regionalisierung des Ruhrgebiets im Vordergrund (Steininger 1988: 209–216). Insbesondere wurde erwogen, das Ruhrgebiet als „Ruhrstaat" aus dem Gebiet der britischen Besatzungszone herauszulösen, etwa als „Rhenania", einen Staat, der aus der Provinz Westfalen und dem linksrheinischen Gebiet gebildet werden sollte. Eine Internationalisierung widersprach allerdings dem Interesse westlicher Alliierter, der Sowjetunion keinen Zugang zur Ruhrkohle zu gewähren. Im April 1946 betonte ein Memorandum der britischen Stabschefs, „the Ruhr is by far the most important area of Germany" (Steininger 1988: 624). Das Memorandum zählte Aspekte auf, die aus Sicht der Besatzungsmacht unbedingt berücksichtigt werden müßten: keine Schwächung Deutschlands als Gegengewicht zur Sowjetunion; keine Beeinträchtigung der britischen Beziehungen zu Frankreich, Belgien und den Niederlanden; Begrenzung des Aufwandes für die Besatzung.

Vor diesem Hintergrund bestand die Regionalisierung des Ruhrgebiets schließlich aus zwei Schritten. Zum einen wurde in den Jahren 1946/47 auf dem Gebiet der britischen Besatzungszone das Land Nordrhein-Westfalen aus den der Rheinprovinz zugehörigen Regierungsbezirken Aachen, Düsseldorf und Köln, aus der Provinz Westfalen und dem Land Lippe gebildet (Först 1970; Hölscher 1988; Rombeck-Jaschinski 1990). Mit diesem Schritt rückte das Ruhrgebiet in die geographische Mitte des bevölkerungsstärksten Landes der Bundesrepublik Deutschland. Zum anderen unterwarf im Jahr 1948 das Ruhrstatut (NRW 1949) die „Ruhr" einer Sechs-Mächte-Kontrolle: Vereinigte Staaten von Amerika, Vereinigtes Königreich, Frankreich, Belgien, Niederlande, Luxemburg. Die Internationale Ruhrbehörde wurde zur „Aufteilung der Kohle, des Kokses und des Stahls der Ruhr zwischen deutschem Verbrauch und Ausfuhr" eingerichtet (Artikel 14 Ruhrstatut). Die örtliche Zuständigkeit der Ruhrbehörde zeigte ein geographisch weitreichendes Bild der „Ruhr". Sie umfaßte etwa auch die Landkreise Düsseldorf-Mettmann und Geldern oder die Stadtkreise Düsseldorf und Wuppertal (Artikel 29 Ruhrstatut und Anhang; NRW 1949: 41). Das Regionalisierungsmodell der ersten Nachkriegsjahre weist zwei markante Merkmale auf. Erstens setzte es auf neugebildete Territorien, die weder historisch noch wirtschaftlich vorgeprägt sind. Der erste Ministerpräsident des neugebildeten Landes, Dr. Rudolf Amelunxen, gab in seinem „Aufruf an alle Westfalen" am 20. Oktober 1946 seine Gefühle gegenüber Nordrhein-Westfalen mit folgenden Worten bekannt:

„Die Provinz Westfalen ist in unserem Lande Nordrhein-Westfalen aufgegangen. Das ist für viele von uns bitter. Aber die größeren und gemeinsamen Interessen unseres Volkes zwingen uns, mit den gegebenen Verhältnissen uns abzufinden" (Mitteilungs- und Verordnungsblatt der Oberpräsidenten der Provinz Westfalen, 1. Jahrgang, Nr. 17, S. 101).

Man kann den Glauben an machbare Territorien als überheblich oder „bitter" bezeichnen; im Falle Nordrhein-Westfalens gehört dieser Glaube zur Gründungsgeschichte der Bundesrepublik (Hölscher 1988). Zweitens wendete das Regionalisierungsmodell der ersten Nachkriegsjahre eine Strategie der Kolonialisierung an, in der das Ruhrgebiet nur als das Objekt eines Ringens um Souveränität vorkam. Weder in der Internationalen Ruhrbehörde noch bei der Gründung der Montanunion waren die Interessen des Ruhrgebiets durch eigene Repräsentanten vertreten (Rombeck-Jaschinski 1990).

20

VON GLABOTKI ZUM DÜSSELDORFER SIGNAL

Den fünf historischen Beispielen für Regionalisierung im Ruhrgebiet lagen wechselnde Ziele zugrunde. Die preußischen Provinzen und Regierungsbezirke (1815/16) wurden gebildet, um die staatliche Verwaltung wirkungsvoller zu machen. Der „Generalsiedelungsplan" des Dr. Robert Schmidt (1912) wollte den kommunalen Egoismus durch regionale Vernunft mäßigen. Der Siedlungsverband Ruhrkohlenbezirk (1920) wurde gegründet, um einheitliche Grundsätze für die Regionalentwicklung umzusetzen. Die Neuregelung kommunaler Grenzen im rheinisch-westfälischen Industriebezirk (1926–1929) diente der effizienteren Verwaltung durch Großstädte. Das Land Nordrhein-Westfalen (1946/47) und die Internationale Ruhrbehörde (1948) wurden eingerichtet, um die „Ruhrfrage" zu beantworten. Gleichwohl weisen die Beispiele wichtige Gemeinsamkeiten auf.

Stets ging es um die Lösung überörtlicher Probleme. Diese Probleme folgten aus der räumlichen Ausdehnung, dem wirtschaftlichen Gewicht, der politischen Bedeutung des Ruhrgebiets. Bei der Lösung dieser Probleme wurde den Städten im Ruhrgebiet keine besondere Rolle zugetraut oder zugestanden. Eine Ausnahme scheint Schmidts Vorschlag zu bilden, der „Generalsiedelungsplan" solle durch die Städte und nicht durch einen „Zweckverband" erstellt werden, um „Zwang" und „passiven Widerstand" zu vermeiden:

„Unsere Stadtverwaltungen verfügen über eine genügende Anzahl von Kräften, die zur zielbewußten Zusammenarbeit berufen sind und in freiwilliger Vereinigung, gestärkt durch die eingehendste Ortskenntnis des sehr komplizierten Bezirkes, die Aufgabe einer Lösung näher bringen können" (Schmidt 1912: 99).

Doch selbst Schmidt, der als erster Verbandsdirektor vom Essener Beigeordneten zum preußischen Staatsbeamten wurde, vermochte nicht, die Idee einer „zielbewußten Zusammenarbeit" der Ruhrgebietsstädte umzusetzen. Wie auch bei den Eingemeindungen handelten die Städte bei der Initiative zur Gründung des Siedlungsverbandes Ruhrkohlenbezirk nicht aus stadtregionaler Emanzipation. Die Vertreter des jeweiligen Regionalisierungsprojektes (z.B. Preußen, Westmächte) bedauerten nicht, daß den Städten eine emanzipierte Haltung fehlte. Diese Projekte wurden an das Ruhrgebiet von außen und von oben herangetragen. Die Regionalisierung diente strategisch-politischen Zielen oder der effizienteren Ressourcennutzung, somit der Befriedung oder Ausbeutung des Ruhrgebiets.

Gemeinsam ist den fünf Beispielen für „klassische" Regionalisierung vor allem, daß stets territoriale und institutionelle Aspekte im Vordergrund standen. Es geht bei diesem Regionalisierungsstil darum, Gebiete neu aufzuteilen, Grenzen neu zu gestalten, neue Behörden zu schaffen. Zur Regionalisierung nach „klassischem" Muster gehört freilich auch, daß die jeweils zu lösenden Probleme nicht gelöst werden. Bald erweisen sich die neuen Grenzen als überholt, das neu aufgeteilte Gebiet als unzweckmäßig zugeschnitten, die neuen Behörden als ungeeignet. Dieser rastlose Stillstand ist keine hin und wieder auftretende Schwäche, es ist eine notwendige Eigenschaft „klassischer" Regionalisierung (➤ S. 38), wie deutlich wurde, als in den 70er-Jahren des 20. Jahrhunderts die Eingemeindungspolitik als Regionalisierungsstrategie im Land Nordrhein-Westfalen perfektioniert wurde.

21

Die zweite Welle der Gebietsreform galt für mehrere „Neugliederungsräume" (z.B. Ruhrgebiet, Niederrhein, Münster/Hamm, Köln). Die Gebietsreform verfolgte eine technokratische Regionalisierung, gleichsam ein Modell der regionalen Bodenordnung. Mit Hilfe der Neugliederung „wurde angestrebt, die verlorengegangene Identität zwischen Gemeindeterritorium und Wirtschaftsgebiet wiederherzustellen" (Bernhardt 1972: 55). Im Ruhrgebiet gehörte auch zur Reform, die Landesplanungskompetenz vom Siedlungsverband Ruhrkohlenbezirk auf die Regierungsbezirke zu übertragen. Außerdem wurde der SVR in den Kommunalverband Ruhrgebiet (KVR) umgewandelt (von Petz 1995: 48–51). In dieser Machtverschiebung zugunsten der staatlichen Ebene und einiger Großstädte wird auch das Motiv für die Gebietsreform gesehen:

„Das Machtkalkül der Großkommunen, die eigene Planungsfähigkeit durch Gebietserweiterung zu verbessern, und die Staatsraison der Planungszentren, zugunsten unmittelbaren Zugriffs vom Staat auf die lokalen Belange die regionalen Vermittlungen übergehen zu können, konnte sich hierbei zu ‚guter Allianz' treffen" (Pankoke 1990: 64).

Der „Vorschlag zur Neugliederung der Gemeinden und Kreise des Neugliederungsraumes Ruhrgebiet" (Innenminister 1972) beruht auf einer Studie der Staatssekretäre Prof. Dr. Halstenberg und Dr. Stakemeier (Innenminister 1972: 326; Pankoke 1990: 57). Diese Studie empfiehlt zwei Modelle für die Neugliederung, nämlich das „Modell 1 (Städte- und Kreismodell)" und das „Modell 2 (Städteverband)" (Innenminister 1972: 20–294 und 295–324). Die Neugliederung kombiniert klassische Elemente der Regionalisierung – Territorium, Institution, Expertenplanung – und ist ein Musterbeispiel für Raumplanung als *boundary making* (➤ S. 110). Beide Modelle

„werden einmal durch verwaltungswissenschaftliche Überlegungen und Berechnungen zu der Frage bestimmt, welche Größe und Organisation Verwaltungseinheiten zur sachgerechten Aufgabenerfüllung aufweisen müssen; zum anderen sind sie geprägt durch Maßstäbe der Raumordnung und Landesplanung" (Innenminister 1972: 20).

Die Begründung der Neugliederung nannte eine Vielzahl quantifizierbarer Größen (z.B. Fläche, Bevölkerungszahl, Verkehrsströme, Wirtschaftskraft), aus denen die neuen Zuschnitte der Städte und Kreise abgeleitet wurden. In diese Ableitung wurden „planerische Vorstellungen" einbezogen, insbesondere das „zentralörtliche Gliederungsprinzip" (Innenminister 1972: 20). Solchen Vorstellungen widersprach die Raumstruktur des Ruhrgebiets: „Die Überwindung der vielfach willkürlichen und ungeordneten Flächenaufteilung ist für die weitere Entwicklung des Ruhrgebiets von wesentlicher Bedeutung" (Innenminister 1972: 27). Die Bildung kreisfreier Großstädte sollte der Entwicklung einer „polyzentralen Gliederung" folgen, um eine „Entballung des Verkehrs" zu gewährleisten und eine „Überlastung der Citybereiche" zu vermeiden: „Im Interesse einer optimalen Versorgung der Bürger ist die aufgezeigte Entwicklung zu fördern. Dem wird durch die vorgeschlagene Zusammenfassung des *engeren großstädtischen Verflechtungsbereichs* zu einer Stadt Rechnung getragen" (Innenminister 1972: 31). Die Rechtfertigung der zweiten Welle der Gebietsreformen im Ruhrgebiet sah einen engen Zusammenhang zwischen räumlicher Entwicklung und der Form und Größe der Gemeindegebiete: „Die Zersiedlung der Landschaft" habe ihre Ursache „primär in der unzulänglichen Gemeindestruktur" (Innenminister 1972: 298), Fehlentwicklungen seien „Grenzprobleme":

„Bei der Besiedlung des Ruhrgebietes haben jedoch, insbesondere in den Anfangsjahren der Industrialisierung, städtebauliche Aspekte eine vergleichsweise geringe Rolle gespielt. In vielen Fällen hat sich die Besiedlung an den Arbeitsplätzen orientiert, die wiederum durch die Abbaumöglichkeiten für die Kohle vorherbestimmt waren. Hieraus ergibt sich eine Vielzahl von Grenzproblemen infolge baulicher Verflechtung im engeren örtlichen Bereich" (Innenminister 1972: 325).

Mit Hilfe dieser Argumentation wurde die Gebietsreform selbst zum Planungsinstrument (Tiggemann 1977). Die beste Lösung der „Grenzprobleme" – der fehlenden Übereinstimmung zwischen Herrschaftsräumen und Funktionsräumen – bot nach Ansicht des Innenministers die „sachgerechte Grenzbereinigung":

„Die erforderlichen Grenzkorrekturen machen umfangreiche Detailarbeiten nötig. Zu einer sachgerechten Lösung dieser auf das ganze Ruhrgebiet verstreuten Einzelfragen kann man jedoch nur dann gelangen, wenn die großräumige Gliederung in neue Städte gefunden ist. Dem tragen beide Vorschläge Rechnung. Sie sind an großräumigen städtebaulichen Kriterien orientiert und schaffen damit die Grundlagen für sachgerechte Grenzbereinigungen im Einzelfall" (Innenminister 1972: 325).

Bei der Neugliederung wurde ein zweistufiges Verfahren angestrebt. Zunächst sollten kreisfreie Großstädte und vergrößerte Kreise gebildet und die Zahl der Entscheidungsträger verringert werden. Sodann sollten die „neuen Städte" miteinander über die „auf das ganze Ruhrgebiet verstreuten Einzelfragen" verhandeln. Das Land hoffte, daß „*nach* der Bildung einer neuen Städtestruktur eine größere freiwillige Bereitschaft der dann zahlenmäßig stark reduzierten Städte zu sinnvollen Grenzverbesserungen" führen würde (Innenminister 1972: 325).

Das „Gesetz zur Neugliederung der Gemeinden und Kreise des Neugliederungsraumes Ruhrgebiet (Ruhrgebiet-Gesetz)" vom 9. Juli 1974 (RGG; Gesetz- und Verordnungsblatt für das Land Nordrhein-Westfalen, A, S. 256) bildet das legistische Kernstück der zweiten Welle der Gebietsreform. Es enthält lange Aufzählungen von Gemarkungen und Flurstücken, die in die verbleibenden Städte „eingegliedert" werden. Die Gewinner der Gebietsreform waren in der Kernzone des Ruhrgebiets die kreisfreien Städte Duisburg (§ 1), Bochum (§ 3), Herne (§ 4), Essen (§ 6 I), Mülheim an der Ruhr (§ 6 II) und Dortmund (§ 7). Die Stadt Gelsenkirchen, die auf eine Eingliederung der Stadt Gladbeck gehofft hatte, ging leer aus. Statt dessen setzte der Landesgesetzgeber den Glabotki-Plan um. § 5 RGG schloß die Städte Bottrop und Gladbeck und die Gemeinde Kirchhellen (Kreis Recklinghausen) zur neuen kreisfreien Stadt Bottrop zusammen. „Glabotki" war als spöttischer Name der umstrittenen Neubildung aus den Anfangsbuchstaben der drei Ortsnamen gebildet worden (Fiebig und Weichelt 1989). Der Fall Glabotki zeigte, daß regionale Bodenordnung – eine Gebietsreform nach dem Muster technokratischer Grenzregelungen – politisch und juristisch kaum durchsetzbar ist (Bernhardt 1972; Bischoff 1972; Bott 1977; Bünermann 1975; Loebell 1972; Münzer 1971; Weber 1982). Die soziale Unverträglichkeit der Regionalisierung nach klassischem Muster (Fiebig und Weichelt 1989) endete mit der Aufhebung des § 5 RGG durch Urteil des Verfassungsgerichtshofes des Landes Nordrhein-Westfalen vom 6. Dezember 1975 (OVGE 31, 284). Insgesamt erreichte die Neugliederung von 1974–1976 keinen nachhaltigen Erfolg (Schöller 1984).

Aus den Beispielen für Regionalisierung im Ruhrgebiet wird deutlich, auf welchen Wegen versucht wurde, die überörtlichen und örtlichen Entwicklungsperspektiven miteinander abzustimmen. Daneben gab und gibt es noch eine Alternative zur Regionalisierung im Ruhrgebiet, nämlich seine Auflösung. Im Gefolge des wirtschaftlichen Strukturwandels wird das Ruhrgebiet jedenfalls nicht mehr durch Industrialisierung zusammengehalten. Daher wird immer wieder verneint, daß es „das Ruhrgebiet" als Region überhaupt noch gibt (Schrumpf u.a. 2001). Die Auflösung des Ruhrgebiets wird angeführt, um andere Schwerpunkte der Regionalpolitik zu begründen. Ein typisches Beispiel sind folgende Überlegungen, in denen das Ruhrgebiet als „Essener Oberbereich" auftaucht:

> „Wohl kaum ein zentralörtlicher Verflechtungsbereich in Deutschland wird so unglücklich von Verwaltungsgrenzen zerschnitten wie der Essener Oberbereich. Natürlich ist damit zugleich das Problem der administrativen Zuordnung des Ruhrgebiets angeschnitten, und es ist kein Zufall, daß gerade von Essen aus immer wieder die Bildung eines eigenen Regierungsbezirks Ruhr gefordert wird; allerdings wird schon in den beiden ‚Flügelstädten' des Reviers Duisburg und Dortmund diese Frage durchaus anders gesehen" (Blotevogel 1992: 28).

Zurecht weist Hans Heinrich Blotevogel in seinem Beitrag über den Regierungsbezirk Düsseldorf darauf hin, die „Entwicklung des Ruhrgebiets" sei „gleichsam quer zu den bestehenden Verwaltungsräumen" entstanden (Blotevogel 1992: 29). Sogleich schwächt er diesen Hinweis aber ab, indem er an die historische Zweckmäßigkeit der preußischen Grenzziehungen erinnert:

> „1816, als die Regierungsbezirke gebildet wurden, war das Ruhrgebiet eine bäuerliche Landschaft mit einigen Kleinstädten. Im dünn besiedelten Emscherbruch stießen die Grenzen der drei Regierungsbezirke Düsseldorf, Arnsberg und Münster aufeinander" (Blotevogel 1992: 29).

Die Abschwächung korrespondiert mit der Beschränkung des Ruhrgebiets auf den „Essener Oberbereich". Damit geht einher, daß die „Flügelstädte" Duisburg und Dortmund nichts zur Lösung der Probleme des „Essener Oberbereichs" beitragen wollen: „Das Ruhrgebiet ist eben eine Struktur-, aber keine Verflechtungsregion. Unter Verflechtungsaspekten gehören jedoch die Flügelstädte Duisburg und Dortmund weniger zum Revier, sondern zum Niederrhein bzw. Südwestfalen" (Blotevogel 1992: 29). Nicht nur Staaten, auch Städte und Regionen unterliegen einem geopolitischen Kalkül, doch rechtfertigt dieses Kalkül nicht, die funktionsräumlichen Qualitäten des Ruhrgebiets zu vernachlässigen. Das Vakuum, das durch die Auflösung des Ruhrgebiets entsteht, wird sodann mit dem „Entwicklungspotential des Regierungsbezirks Düsseldorf" gefüllt: „Der Regierungsbezirk liegt ziemlich genau im Gravitationszentrum der europäischen Metropolen Paris und Berlin, London und München" (Blotevogel 1992: 31). Natürlich können allerlei Gesichtspunkte herangezogen werden, um den Zusammenhalt oder die Auflösung einer Region zu begründen (Blotevogel 2002a: 487–488). Dennoch erstaunt die überragende Stellung, die Hans Heinrich Blotevogel gerade dem Regierungsbezirk Düsseldorf im europäischen Entwicklungszusammenhang – dem „Rückgrat Europas", das von London bis Mailand reicht – zurechnet. Anscheinend ist der scharf abgegrenzte Regierungsbezirk dem unscharfen Ruhrgebiet (oder gar dem Essener Oberbereich) überlegen, weil er ein eindeutiges Territorium bildet.

Ein Regierungsbezirk, der zu Beginn des 19. Jahrhunderts eingerichtet wurde, ist geradezu das Musterbeispiel für das territoriale und institutionelle Selbstverständnis „klassischer" Regionalisierung. Dieses Selbstverständnis bestimmt auch die aktuelle Regionalisierungsdiskussion. Im „Düsseldorfer Signal für Erneuerung und Konzentration" vom 27. Juni 2003 vereinbarten die nordrhein-westfälischen Regierungsparteien eine Neugliederung der Regierungsbezirke. SPD und Bündnis 90/DIE GRÜNEN wollen nun prüfen, „ob und inwieweit die Stärkung kommunaler Zusammenarbeit und die Dezentralisierung von öffentlichen Aufgaben durch überörtliche Kommunalverbände in Westfalen, im Rheinland und im Ruhrgebiet gefördert werden können" (Düsseldorfer Signal, Punkt 6.2). Außerdem wird eine weitere territoriale Neugliederung angekündigt: „Die staatliche Mittelinstanz, in der die verbleibenden Staatsaufgaben zusammengefasst werden, wird ebenfalls neu gegliedert in drei Bezirke Westfalen, Rheinland und Ruhrgebiet" (Düsseldorfer Signal, Punkt 6.3). Die Dreiteilung der Regierungsbezirke steht in einem merkwürdigen Gegensatz zum „Gesetz zur Stärkung der regionalen und interkommunalen Zusammenarbeit der Städte, Gemeinden und Kreise in Nordrhein-Westfalen" vom 3. Februar 2004 (ZusammenarbeitsG; GV NRW 2004: 96). Artikel I des ZusammenarbeitsG enthält eine Öffnungsklausel zum Landesplanungsrecht, die auf fünf Jahre befristet ist. Bilden mindestens drei benachbarte Gemeinden eine Planungsgemeinschaft, darf diese einen regionalen Flächennutzungsplan als „integralen Bestandteil" des Gebietsentwicklungsplanes aufstellen. Außerdem wurde der Kommunalverband Ruhrgebiet ab 1. Oktober 2004 zu einem Regionalverband Ruhr (RVR) umgestaltet (Artikel V des ZusammenarbeitsG). Ein innerer Zusammenhang zwischen den vorgeschlagenen und beschlossenen Neuerungen fehlt. Ob das Nebeneinander der Planungsgemeinschaften, des RVR und des Regierungsbezirkes Ruhrgebiet den Ausweg für die wechselvollen Bemühungen um eine Regionalisierung im Ruhrgebiet darstellt? Allerdings wurde das Düsseldorfer Signal durch ein Gutachten im Auftrag der Staatskanzlei abgeschwächt, das eine Dreiteilung des Landes ablehnt (Hesse 2003: 35–36). Daher werden bis zum Jahr 2009 vielleicht ohnedies drei Bezirksregierungen für das Ruhrgebiet zuständig sein und, so läßt das Prinzip des rastlosen Stillstands befürchten, die Arbeit der neuen Planungsgemeinschaften und des RVR unterstützen.

REGIONALE BODENORDNUNG

EINE RUHRSTADT ODER FÜNFZIG RUHRSTÄDTCHEN?

Die Leitbilder *Städteregion Ruhr 2030* (▶ Objekt 3, S. 19) entsprechen offenkundig nicht den Merkmalen „klassischer" Regionalisierung. Die Städteregion Ruhr verfolgt eine Regionalisierung, die vor allem vom politischen Willen der Ruhrgebietsstädte getragen wird, an Gemeinschaftsaufgaben und Leitprojekten orientiert ist und eine stadtregionale Emanzipation anstrebt.

	„klassische" Regionalisierung im Ruhrgebiet	Städteregion Ruhr 2030
Anstoß	überwiegend exogen („von außen" und „von oben")	überwiegend endogen („von innen" und „von unten")
Rolle der Städte	Objekte der Regionalisierung, passive Einbindung	Subjekte der Regionalisierung
Ziel	strategisch-politische Ziele, effizientere Ressourcennutzung	stadtregionale Emanzipation, Steigerung der Attraktivität
Methode	„regionale Bodenordnung" durch formale Veränderung von Grenzen und Institutionen	Regionalisierung durch Verhandlung, Vereinbarung, Kooperation

Objekt 8: Regionalisierungen des Ruhrgebiets im Vergleich

Städteregion Ruhr 2030 versucht, die Nachteile „klassischer" Regionalisierungsbemühungen zu vermeiden. Die Nachteile können als die institutionelle und die territoriale Falle bezeichnet werden:
- Ein Regionalisierungsversuch verstrickt sich in der *institutionellen Falle*, wenn in erster Linie die bestehenden Institutionen verändert werden. Zu solchen Institutionen zählen Organisations- und Handlungsformen, juristische Rahmenbedingungen, formale Entscheidungsverfahren. Die institutionelle Falle wird wirksam, wenn die Vorteile einer Organisationsreform oder neuer Institutionen durch die Reformkosten aufgebraucht werden, die durch den Aufwand für neue Behörden oder durch den Widerstand gegen die Reform verursacht werden.
- Einem Regionalisierungsversuch droht die *territoriale Falle*, wenn die bestehenden Herrschaftsräume – zumeist durch formale Grenzänderungen – neu gebildet werden. Zu solchen Grenzänderungen zählen Eingemeindungen, Neugliederungen, neue Planungsgebiete. Die territoriale Falle wird wirksam, wenn die Vorteile neu gebildeter Herrschaftsräume durch die Nachteile überwogen werden, die mit einer formalen Veränderung bisheriger Gebietszuschnitte verbunden sind.

Die Gefahren der institutionellen Falle und der territorialen Falle werden offenkundig, wenn das Lösungsmuster „klassischer" Regionalisierungen auf die Städteregion Ruhr übertragen wird. Wie müßte die Städteregion Ruhr eingerichtet werden, um dem klassischen Muster zu entsprechen?

Hierfür sind vor allem zwei Modelle geeignet, nämlich die Gründung einer kreisfreien Stadt Ruhr sowie die Bildung eines Kreises Ruhr. Mit der Gründung einer kreisfreien Stadt Ruhr würden die bisherigen Städte durch *eine* Stadt ersetzt und die bislang überörtlichen Probleme in örtliche Probleme umdefiniert. Bei der Bildung des Kreises Ruhr wäre zweistufig vorzugehen: Zunächst müßten aus den kreisfreien Großstädten kleinere Städte gebildet werden, die dann in einem neu eingerichteten Kreis Ruhr zusammengefaßt werden. Beide Lösungen betonen die kommunale Selbstverwaltung und sind raumplanerisch durchaus reizvoll, sie haben aber verschiedene Schwerpunkte. Die Regionalisierung durch Stadtgründung hätte Metropolen wie beispielsweise Berlin, Paris, London zum Vorbild und würde die Größe und Wettbewerbskraft der Städteregion Ruhr betonen (LARGE → XX-LARGE). Die Regionalisierung durch Kreisbildung würdigt dagegen gleichberechtigte Klein- und Mittelstädte und fördert lokale Identitätsbildung (LARGE → SMALL).

Objekt 9: Die kreisfreie Stadt Ruhr – Ruhrstadt als Geldstadt

Als Neubildung gemäß § 17 I der nordrhein-westfälischen Gemeindeordnung (GO) würde die kreisfreie Stadt Ruhr das Gebiet der heutigen kreisfreien Städte Bochum, Dortmund, Duisburg, Essen, Gelsenkirchen, Herne, Mülheim an der Ruhr und Oberhausen umfassen. Mit einer Gesamtfläche von etwa 1.200 km² wäre die Stadt Ruhr die flächenmäßig größte Stadt der Bundesrepublik Deutschland (Berlin: rund 890 km², München: rund 310 km²). Mit einer Einwohnerzahl von etwa drei Millionen Menschen läge die kreisfreie Stadt Ruhr an zweiter Stelle (Berlin: rund 3,4 Millionen, München: rund 1,2 Millionen). Die kreisfreie Stadt Ruhr perfektioniert die Ruhrstadt (Einsele 1963; Tenfelde 2000 und 2002a; Wegener 2003; Willamowski u.a. 2000). Sie würde die fragmentierten Räume der Städteregion Ruhr gleichsam durch ihre Stadtgrenzen einschließen und in ihrem Herrschaftsraum aufgehen lassen. Das Konzept LARGE → XX-LARGE hat keinen Platz für lokale Besonderheiten und Kleinigkeiten. Die kreisfreie Stadt Ruhr wäre, ganz im Sinn der Moderne, eine ordnungsstiftende Instanz. Ein Gedankenspiel würde etwa das Inventar der Städteregion Ruhr zusammenfassen, also alle Wohnhäuser und Gewerbeparks, alle Kilometer gebauter Straßen, die öffentlichen Plätze und Grünräume, und dann fragen: Wie wäre eine leere Fläche von 1.200 km² so einzuräumen, daß drei Millionen Menschen in der kreisfreien Stadt Ruhr besser leben können als in den heutigen acht Städten der Kernzone des Ruhrgebiets? Die aufgeräumte Stadt Ruhr hätte sicherlich einen Mittelpunkt und eine international marktfähige Corporate Identity. Und sie könnte, ganz nach Belieben ihrer zentralen Stadtregierung, mit Inhalten gefüllt werden. Beispielsweise könnte eine straffe Organisation der Wirtschaftsförderung, Gewerbeplanung und Arbeitsmarktverwaltung die kreisfreie Stadt Ruhr in eine europäische Geldstadt ersten Ranges verwandeln.

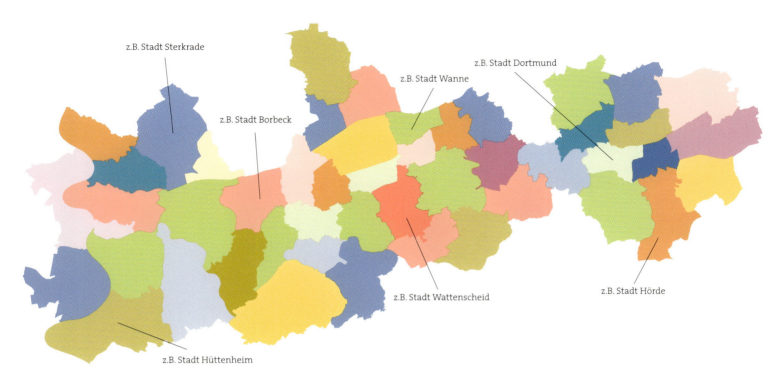

Objekt 10: Der Kreis Ruhr – Heimat für fünfzig Ruhrstädtchen

Die Bildung eines Kreises Ruhr, der rund fünfzig kreisangehörige Klein- und Mittelstädte umfaßt, würde die Städteregion Ruhr so institutionalisieren, daß lokale Identitäten und die ehemals dörflichen Strukturen wiederbelebt werden. Aus den „Ortsteilen", die durch die ungeliebten Gebietsreformen eingemeindet wurden, würden wieder Städte: Borbeck, Buer, Hörde, Hüttenheim, Sterkrade, Wanne, Wattenscheid. Der Kreis Ruhr wäre eine Einrichtung der kommunalen Selbstverwaltung dieser fünfzig Städte, die überörtliche Aufgaben wahrnimmt. Allerdings wären diese Aufgaben nicht mit jenen vergleichbar, die sich einer Metropole stellen. Im Gegenteil, es wären vor allem die kleinteiligen Interessen zu koordinieren, die in jeder der fünfzig Ruhrstädtchen gepflegt werden. Noch heute pflegen Wattenscheider ihre Identität als Stadt und erinnern sich gerne an eine Vergangenheit, in der Bochum eine Nachbarstadt war. Denkt man an diese Leidenschaft der Stadtteile und Stadtbezirke, wird deutlich, was den Kreis Ruhr beschäftigen würde, nämlich neue Ortstafeln, neue Kirchtürme, neue Autokennzeichen. Gleichwohl ist lokale Identitätspflege nicht gering zu schätzen. In Zeiten der Globalisierung und des Bevölkerungsrückgangs verlangt der Wettbewerb um Arbeitsplätze und Investitionen große Opfer. Wer solche Anstrengungen für vergeblich hält, findet die institutionalisierte Kleinteiligkeit wahrscheinlich sinnvoller. Des weiteren würden die neu gegründeten Klein- und Mittelstädte besondere Eigenheiten aufweisen, die aufgrund der neu erlangten Stellung als Stadt gepflegt werden könnten. Es gäbe Städte mit besonderer Wohnqualität, Städte mit mehrheitlich türkischer Bevölkerung, Städte für Sparkassen und Stadttheater. Das Konzept LARGE → SMALL umsorgt diese Vielfalt. Dabei müßten die Ziele eines nachhaltigen Umbaus – zum Teil auch eines Rückbaus – der Stadtlandschaft im Vordergrund stehen, wodurch übergroße Funktionsräume und ihre Verflechtungen auf ein umwelt- und sozialverträgliches Maß reduziert würden.

Beide Modelle – die kreisfreie Stadt Ruhr und der Kreis Ruhr – sind klassische Lösungen des Regionalisierungsdefizits, weil sie auf wahrgenommene Probleme mit institutionellen und territorialen Veränderungen reagieren. Beide Modelle verfolgen achtenswerte Ziele, nämlich einerseits die Stärkung der regionalen Wettbewerbsfähigkeit und andererseits die Förderung vielfältiger Identitäten. Aber beide Modelle würden die Städteregion Ruhr so behandeln, wie das Ruhrgebiet seit vielen Jahrzehnten behandelt wird: Als Fragment, als Kolonie, als Provinz. Beide Modelle münden in eine vorsehbar ergebnislose Debatte über Institutionen und Gebietszuschnitte. Die klassischen Lösungen betrachten das Regionalisierungsproblem nämlich als Nullsummenspiel, bei dem Einzelne nur gewinnen, was andere verlieren. Im Konzept LARGE → XX-LARGE werden Größenvorteile durch Zerstörung des Details erkauft, im Konzept LARGE → SMALL gewinnt die lokale Identitätspolitik auf Kosten der Wettbewerbsfähigkeit.

INSTITUTIONELLE UND TERRITORIALE FALLEN

Der Versuch, die Defizite stadtregionaler Aufgabenerfüllung durch institutionelle und territoriale Veränderungen zu lösen, ist zwar nicht absurd, aber wenig erfolgversprechend. Solche Veränderungen lösen unweigerlich Abwehrkräfte aus, die, denkt man an Glabotki (▶ S. 32), überraschend stark sein können. Was zunächst als Problemlösung begann, wird rasch zur Auseinandersetzung mit den Reformgegnern, in der das anfängliche Interesse an einer Problemlösung zurücktritt. Statt dessen werden Positionen eingenommen und solange verteidigt, bis die geplante Veränderung scheitert. Institutionelle und territoriale Lösungen des Regionalisierungsproblems lenken die Aufmerksamkeit der Beteiligten auf falsche Fragen: Machterhaltung, Ungerechtigkeit, Bedeutungsverlust.

Weder die Verschmelzung noch die Aufteilung der acht Städte der Städteregion Ruhr könnte die institutionelle Falle vermeiden, die auf eine Regionalisierung durch Stadtgründung oder Kreisbildung lauert. Um die Städteregion Ruhr als kreisfreie Stadt Ruhr zu etablieren, müßte man aus acht Stadtregierungen *eine* Stadtregierung bilden, aus acht Stadträten *einen* Stadtrat, aus acht Planungsämtern *ein* Planungsamt. Gewiß bliebe eine Regionalisierung durch Stadtgründung im Kampf um die Erhaltung politischer und bürokratischer Macht stecken (Ritter 2002: 367). Dem institutionellen Beharrungsvermögen käme die Regionalisierung durch Kreisbildung – und die damit verbundene Gründung der fünfzig Städte – durchaus entgegen. Allerdings ist die Administration der fünfzig Städte nicht finanzierbar. Selbst wenn durch geschickte Koordination vermieden wird, neben der Kreisverwaltung auch fünfzig Stadtregierungen, fünfzig Stadträte, fünfzig Planungsämter einzurichten, werden die Kosten einer Regionalisierung durch Kreisbildung die vermutlichen Budgets der fünfzig Städte weit überfordern.

Das zweite Problem einer Regionalisierung nach „klassischem" Muster ist, wie erwähnt, die territoriale Falle. Eine Neugliederung ist nur dann erfolgreich, wenn Nachteile bisheriger territorialer Zuschnitte beseitigt und keine größeren Nachteile geschaffen werden. Sowohl die Gründung einer kreisfreien Stadt Ruhr als auch die Bildung eines Kreises Ruhr hätte den Vorteil, daß überörtliche Aufgaben im Rahmen der kommunalen Selbstverwaltung wahrgenommen würden. Allerdings hätte die Regionalisierung durch Stadtgründung oder durch Kreisbildung unmittelbare Auswirkungen auf Gestalt und Umfang der Regierungsbezirke in Nordrhein-Westfalen. In diesen Auswirkungen – in Spannungen zwischen der Trennungsfunktion und der Teilungsfunktion von Grenzen (▶ S. 68) – liegt der Grund, weshalb im Ruhrgebiet viele Bemühungen um Regionalisierung versagt haben. „Klassische" Regionalisierung beruht nämlich auf einem rigiden Verständnis der Zuständigkeitsgrenzen kommunaler oder regionaler Gebietskörperschaften, Behörden und Agenturen (Benz u.a. 1999: 20). Nach diesem Verständnis schaffen Grenzen getrennte Bereiche, die voneinander möglichst weitgehend geschieden sind. Grenzen haben aber nicht nur die Funktion einer Trennung zwischen benachbarten Gebieten, sie dienen auch der Einteilung eines *einheitlichen* Gebiets.

24–25

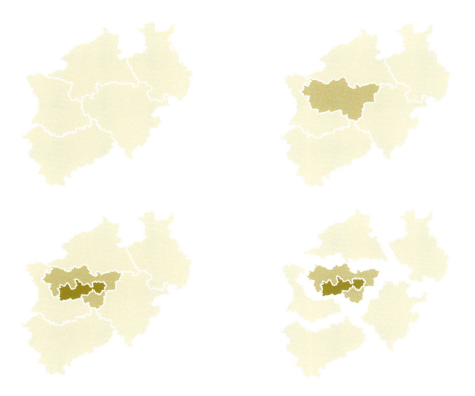

Objekt 11: Sprengkraft formaler Gebietsänderungen

Die Grenzen zwischen den Regierungsbezirken Detmold, Arnsberg, Münster, Düsseldorf, Köln teilen das Gebiet des Landes Nordrhein-Westfalen gleichmäßig auf. Das Ruhrgebiet, dargestellt als KVR-Gebiet, gehört zu den Gebieten dreier Regierungsbezirke. Die Gründung der kreisfreien Stadt Ruhr oder die Bildung des Kreises Ruhr für fünfzig kreisangehörige Städte würde unmittelbar den Zuschnitt dieser drei Regierungsbezirke betreffen und die ausgewogene Einteilung des Landes Nordrhein-Westfalen im wahrsten Sinne des Wortes sprengen. Natürlich kann man – wie vom Düsseldorfer Signal in Aussicht gestellt (➤ S. 33) – auch die Regierungsbezirke neu gliedern. Die Verringerung der fünf Regierungsbezirke Düsseldorf, Köln, Münster, Detmold und Arnsberg auf die drei Regierungsbezirke Rheinland, Ruhrgebiet, Westfalen käme einem klassischen Regionalisierungsversuch im Ruhrgebiet sehr entgegen. Doch selbst wenn eine Neugliederung der Regierungsbezirke gelänge, wäre die Stadtgründung oder Kreisbildung nicht der territorialen Falle ausgewichen. Im ersten Fall entstünde ein Ungleichgewicht zwischen der kreisfreien Stadt Ruhr und ihrem Umland, nämlich dem übrigen Nordrhein-Westfalen (Hesse 2003: 36). Im zweiten Fall würden die fünfzig Städte des Kreises Ruhr ein geopolitisches Vakuum bilden, das zwar das Karussell der Neuverteilung von Macht beschleunigen, aber kaum die Probleme der Kommunen, der Regierungsbezirke, des Landes lösen könnte.

	institutionelle Falle	territoriale Falle
Stadt Ruhr (1 statt 8)	provoziert Machtkampf bisheriger kommunaler Entscheidungsträger	erzeugt geopolitisches Übergewicht und sprengt die Einteilung in Regierungsbezirke
Kreis Ruhr (50 + 1 statt 8)	beträchtlicher Zusatzaufwand für fünfzig Kleinstädte und die Kreisverwaltung	erzeugt geopolitisches Vakuum und schwächt die Einteilung in Regierungsbezirke

Objekt 12: Institutionelle und territoriale Fallen

Das Regionalisierungsproblem des Ruhrgebiets ist durch eine Gebiets- und Institutionendebatte nicht lösbar. Die Transformationsgleichungen

$$\text{Stadt Ruhr} = \text{LARGE} \rightarrow \textbf{XX-LARGE}$$

oder

$$\text{Kreis Ruhr} = \text{LARGE} \rightarrow \text{\small SMALL}$$

führen die Regionalisierung im Ruhrgebiet zu rastlosem Stillstand. Gewiß kann man der Darstellung beider Modelle (Stadt Ruhr und Kreis Ruhr) vorwerfen, daß sie bestimmte Problemlagen zuspitzt, daß sie niemand vertritt oder daß eine behutsamere Modellierung zu einer differenzierteren Einschätzung führt. Dieser Vorwurf ist berechtigt. Allerdings sind auch die dargestellten Schwächen „klassischer" Regionalisierung unbestreitbar, denn die Städteregion Ruhr würde durch Organisations- oder Gebietsreformen nach dem Muster LARGE → XX-LARGE oder LARGE → SMALL nicht vorangebracht.

SEHNSUCHT NACH DER „BESSEREN" ORDNUNG

Die Warnung vor den institutionellen und territorialen Fallen einer Regionalisierung nach klassischem Muster sollte nicht mißverstanden werden. Zuschnitt und Organisation der Ruhrgebietsstädte sind weder sinnvoll noch lassen sie eine zweckmäßige Steuerung der langfristigen Entwicklung des Ruhrgebiets zu. Allerdings kann die gegebene Lage nicht durch neue Institutionen oder neue Grenzziehungen – durch regionale Bodenordnung – verbessert werden.

Die „klassische" Regionalisierung beruht auf einem bestimmten Verständnis von Territorien, Institutionen und Grenzen. Danach sind Territorien abgegrenzte Gebiete, die durch bestimmte Institutionen beherrscht werden (Brownlie 1998: 105–106; Hailbronner 1997: 216–217; Sack 1986; Storey 2001). Territorien umfassen beherrschbaren Raum, und Institutionen üben Macht über diesen Raum aus. Die Ausdrücke „nordrhein-westfälischer Ministerpräsident", „Oberbürgermeisterin von Mülheim an der Ruhr" oder „Kommunalverband Ruhrgebiet" sind Kurzformeln für den Zusammenhang zwischen Territorien und Institutionen: dem Land Nordrhein-Westfalen und seiner Landesverfassung, dem Gebiet der Stadt Mülheim an der Ruhr und einem Gemeindeorgan, dem Ruhrgebiet und einem Verband mit Zwangsmitgliedschaft. Die Grenze des politischen Territoriums bestimmt die Reichweite der örtlichen Zuständigkeit seiner Institutionen: Das Gemeindegebiet bestimmt die örtliche Zuständigkeit der Gemeindeorgane, das Landesgebiet den örtlichen Geltungsbereich der Landesgesetze. In der Bundesrepublik Deutschland sind die Gebietskörperschaften nach einem territorialen und institutionellen Stufenbau gegliedert: Danach kann ein Territorium in weitere Territorien untergliedert sein: So ist etwa ein Land in Regierungsbezirke, Kreise, kreisangehörige und kreisfreie Städte sowie Gemeinden gegliedert. Dem territorialen Stufenbau entspricht ein institutioneller Stufenbau: Der Landesgesetzgeber und die Landesregierung sind für das Gebiet des Landes zuständig, die Bezirksregierungen für die Regierungsbezirke, die Kreisbehörden für die Kreise, die Gemeindebehörden für die Gemeindegebiete. Inhaltliche Überschneidungen, die durch den gleichzeitigen Zugriff mehrerer Institutionen auf dasselbe Gebiet oder auf Teile desselben Gebietes entstehen, werden durch die Abgrenzung sachlicher und örtlicher Zuständigkeiten vermieden. Zum Beispiel dürfen Bund, Länder und Gemeinden – jeweils für ihr Territorium – hoheitliche Anordnungen für die Errichtung baulicher Anlagen treffen. Der Bund ist im Bundesgebiet für bodenrechtliche Regelungen des Städtebaus zuständig, die Länder im jeweiligen Landesgebiet für die technische Sicherheit der Gebäude, die Kommunen im jeweiligen Gemeindegebiet für die Flächennutzungs- und Bebauungsplanung (BVerfGE 3, 407 – Baurechtsgutachten).

Hinter dem klassischen Verhältnis zwischen Institution und Territorium stehen zwei allgemeine Prinzipien. Zum einen soll Rechtssicherheit mittels abgegrenzter, nicht mehr bestreitbarer Gebiete hergestellt werden. Wer glaubt, gute Grenzen würden auch gute Nachbarn machen, erblickt in räumlichen Ab-

26

grenzungen eine Voraussetzung für Konfliktvermeidung. Der völkerrechtliche Grundsatz *uti possidetis* begründet die Vermutung, ein Wechsel in der Staatsperson – durch Entkolonialisierung oder beim Zerfall eines Staates – verändere nicht die Landesgrenzen (Brownlie 1998: 132–133; Ratner 1996). *Uti possidetis* schützt das Vertrauen in den vorgefundenen Grenzbestand, selbst wenn die Grenzen ungerecht oder unzweckmäßig sein sollten. Ähnliche Beispiele für den Schutz verläßlicher Grenzen sind der Gebietsbezug kommunaler Selbstverwaltung und das Liegenschaftskataster. Insofern besitzen klare Grenzen einen Eigenwert. Zum anderen geht es beim klassischen Verhältnis zwischen Institution und Territorium um ungestörte Souveränität und Aneignung. Der völkerrechtliche Grundsatz der territorialen Unversehrtheit (Artikel 2 Nr. 4 Charta der Vereinten Nationen) behält den umgrenzten Raum einzelnen Staaten zur Herrschaftsausübung vor. Ebenso schützen die Gemeindegrenzen die Zuständigkeiten der Gemeindebehörden oder das Sachenrecht den ungestörten Genuß des Grundstückseigentums. Beide Prinzipien – Rechtssicherheit und Aneignung – werden angesprochen, wenn die Bundesrepublik Deutschland und die Deutsche Demokratische Republik in der Präambel des Einigungsvertrages von 1990 unterstreichen, „daß die Unverletzlichkeit der Grenzen und der territorialen Integrität und Souveränität aller Staaten in Europa in ihren Grenzen eine grundlegende Bedingung für den Frieden ist".

Wirken Rechtssicherheit und Aneignung zusammen, wird das eigentliche Verhältnis von Institution und Territorium sichtbar. Die berühmte Regel des Augsburger Religionsfriedens 1555 (*cuius regio eius religio*) handelt sowohl vom umgrenzten als auch vom angeeigneten Raum. Ihrem Sinne nach wurde diese Regel im Westfälischen Frieden von 1648 zum völkerrechtlichen Grundsatz der territorialen Souveränität (Albert und Brock 2001). Der Grundsatz ist alt, aber nicht altmodisch. Der „Frieden", der durch klare Grenzen und ungestörte Herrschaft gewährleistet wird, ist die moderne Erscheinungsform räumlicher Ordnung.

„Klassische" Regionalisierung ist eine Spielart der Moderne. Zu Bestimmungsgründen für Territorien und Institutionen zählen die historische Überlieferung, die kulturelle Ähnlichkeit, die verfassungsrechtlichen Grundsätze (Ante 1995; ARL 1977; Demandt 1991). Versteht man unter Regionalisierung die „problemlösungsgerechte Strukturierung eines Gesamtraumes" (Back 1995: 821), sind solche Bestimmungsgründe aber zweitrangig. An erster Stelle steht der Anspruch, räumliche Ordnung zu stiften. Die Ordnung besteht darin, Wirtschafts-, Sozial-, Verkehrs-, Umwelt-, oder Kulturräume bestmöglich durch Territorien und Institutionen zu verwalten und zu beherrschen. Für das Ruhrgebiet wurde dieses Anliegen durch den Vorschlag, einen General-Siedelungsplan aufzustellen (Schmidt 1912), ebenso wie durch die technokratische Neugliederung (Innenminister 1972) vertreten. Ordnung herrscht nach klassischem Verständnis, wenn Funktionsräume und Herrschaftsraum übereinstimmen. Aus diesem Modernisierungsverständnis wird folgende Problemsicht abgeleitet: Führt das Zusammenspiel der Territorien und Institutionen zu unbe-

2 GUTE GRENZEN

Grenzen teilen, trennen, verbinden.
Grenzen sind Vereinbarungen, deren Bedeutung
durch ihren Gebrauch bestimmt wird.

RASIERMESSERGRENZEN

UNGEFÄHR

Jemand zeigt über die Schulter und erklärt: „Ungefähr dieses Grundstück gehört mir." – Ist damit gemeint, in der angedeuteten Richtung liege ein Grundstück, das der Sprecherin gehört? Aber dann hätte sie sagen müssen: „Mein Grundstück liegt ungefähr in dieser Richtung." – Was könnte sonst gemeint sein? Wollte die Sprecherin erklären, sie sei Eigentümerin eines weitläufigen Grundstücks, vielleicht sogar eines riesigen Areals? Aber dann hätte sie sagen müssen: „Mir gehört ein unermeßlich großes Grundstück." – Die Begriffe „ungefähr" und „Grundstück" wollen nicht recht zueinander passen. Das leuchtet auch ein. Ein Grundstück ist ein katastermäßig vermessener Teil der Erdoberfläche und hat eindeutige Grenzen. Vielleicht hat jemand die Übersicht über seine Immobilien verloren und weiß nur ungefähr, welche Grundstücke ihm gehören. Aber jedes einzelne Grundstück ist nicht ungefähr, sondern hat klare Grenzen.

Die Grenze eines Grundstücks ist unabdingbar für seine Kommodifikation, seinen Objekt- und Warencharakter. Erst durch die Grenzen erlangt das Grundstück rechtliche Selbständigkeit, es kann in Besitz genommen werden, jemandem gehören. Grenzen sind Bedingungen für Existenz, Verfügung, Zugehörigkeit. Wir brauchen Grenzen, um Dinge zu unterscheiden, anzueignen, zu binden. Wenngleich heutige Grenzziehungen selten als religiöse Handlungen vorgenommen werden, entfesseln Grenzen die Leidenschaft der Menschen (Rose 1935). Das gilt für politische Grenzen, das gilt aber auch für Eigentumsgrenzen, wirtschaftsräumliche Grenzen, soziale Grenzen, kulturelle Grenzen, mentale Grenzen.

> Take a little walk to the edge of town,
> Go across the tracks.
> Where the viaduct looms,
> Like a bird of doom,
> As it shifts and cracks.
> Where secrets lie in the border fires,
> In the humming wires,
> Hey man, you know,
> You're never coming back.

Im Song *Red Right Hand* (1994) erzählt Nick Cave von einem Mann, der mit seiner roten, rechten Hand nicht nur die Peripherie der Stadt, sondern auch die Grenzen unserer Träume beherrscht. Er erlangt seine unheimliche Macht, weil er die Geheimnisse der Grenze kennt. Er ist – auf eine dunkle Weise – ein Lehrmeister der Border Studies.

KLARE LINIEN

Border Studies untersuchen Grenzen und ihre Wirkungen auf Menschen und Institutionen. Sie betrachten Grenzen als Konvention und analysieren soziale Praktiken der Herrschaft, Inbesitznahme, Exklusion: „The idea of the ‚border‘ or ‚borderlands‘ has also been expanded to include nearly every psychic or geographic space about which one can thematize problems of boundary or limit" (Johnson und Michaelsen 1997: 1–2). Grenzen und Grenzräume der Border Studies umfassen politische Grenzen ebenso wie soziale Grenzen, Herrschaftsräume ebenso wie Funktionsräume, grausame Trennungen ebenso wie zärtliche Verschmelzungen. Entsprechend weit sind die Beiträge zu Border Studies über verschiedenartige Fachdisziplinen verstreut:

- Anthropologie und Kulturwissenschaft (Alvarez 1995; Augé 1995; Bauer und Rahn 1997; Berdahl 1999; Chobot u.a. 1999; Copjec und Sorkin 1999; Cummings und Lewandowska 2000; Douglas 1966; Elster 2000; Fudge u.a. 2002; Gómez-Peña 2000; Hall 1959 und 1966; Hannerz 1992, 1996 und 1997; Hauser 2001; Hay 1994; Hicks 1991; Kockel 1999; Lightfoot und Martinez 1995; Michaelsen und Johnson 1997; Nixdorf 1999; Pellow 1996; Sommer 1969; Stolcke 1995; Urciuoli 1995),
- Geschlechterforschung (Alderson und Anderson 2000; Anzaldúa 1999; Chang 1997; Domosh und Seager 2001; Fincher und Jacobs 1998; Lindsey 1997),
- Soziologie (Bauman 2000; Bell und Haddour 2000; Bormann 2001; Donnan und Wilson 1999; Goldberg 1993; Grusky 2001; Honegger u.a. 1999; Ipsen 2003; Kearney 1991; Luhmann 1984 und 1997; Morley und Robins 1995; Nevins 2002; Pratt 1998; Reuter 2001; Schultz 1999; Sennett 1991; Silber 1995; Tietz 2002; Willke 2000; Wyness 1997),
- Rechtswissenschaft (Blomley u.a. 2001; Brown u.a. 1986; Brownlie 1998; Fiedler 1993; Frug 1996 und 1999; Graf Vitzthum 1997b; O'Neill 2000; Ratner 1996),
- Raumplanung und Städtebau (Ante 1995; ARL 1977; Benevolo und Albrecht 1994; Bökemann 1982; Bölling und Sieverts 2004; Clemens und Clemens 1999; Cupers und Miessen 2002; Davy 2002c; Franz 1970; Garreau 1992; Healey 1997; Kern 1999; Kliot und Mansfield 1999; Matzner 2000; Prigge 1998a; Tracy 2000; Waterhouse 1993),
- Geographie und Regionalforschung (Agnew 1998, 2000a, 2000b; Anderson 1996; Bafoil 1999; Black 1997; Dodds und Atkinson 2000; Elazar 1999; Fenster und Yiftachel 1997; Gray und Sloan 1999; Haubrichs und Schneider 1993; Herb und Kaplan 1999; Hoebink 1989; Hudson 1998; Komlosy 2003; Lustick 1999; Mellor 1989; Miller and Steffen 1977; Newman 1998a, 2000 und 2001; Paasi 1998; Parker and Dikshit 1997; Prescott 1987; Rumley und Minghi 1991; Russell 2001; Sack 1980 und 1986; Thuen 1999; Tuathail 1996 und 1998),
- Politikwissenschaft (Albert 1998; Albert u.a. 2001; Albert und Brock 2001; Amaral 1994; Anderson 1983; Brown 2001; CEDLA 2000; Eva 1998; Klein 2002; Linnerooth-Bayer u.a. 2001; Mansbach und Wilmer 2001; Pratt und Brown 2000; Schofield 1994; Young 2000 und 2002; Zielonka 2002).

Räume und Grenzen werden in den Border Studies nicht als widerspruchsfreie und geordnete Kategorien menschlicher Ordnung interpretiert, sondern als Gebräuche und Konventionen. Für Border Studies bilden politische Grenzen keine eindeutigen Trennungslinien (Newman 2001). Daher ist nicht überraschend, wenn Herrschaftsräume und Funktionsräume nicht übereinstimmen und wilde Grenzen entstehen (➤ S. 25).

Demgegenüber werden Grenzen in älteren Theorien politischer Grenzen als vorgegebene, klare Linien (gleichsam als Inbegriff der Endlichkeit) betrachtet, die Unterschiedliches trennen. In diesem Sinne erklärte Lord Curzon die Staatsgrenze zur Klinge eines politischen Rasiermessers: „Frontiers are indeed the razor's edge on which hang suspended the modern issues of war and peace, of life or death to nations" (Curzon 1907: 7). Der Name Lord Curzon ist mit dem Konzept linearer Grenzen verbunden, einem Paradigma der klassischen Geopolitik (Adami 1927; Boggs 1940; Bowman 1942; Fawcett 1918; Haushofer 1927; Lyde 1915; Mackinder 1919; Ratzel 1897, 1901, 1940). Die Curzon-Linie bildete nach dem Ersten Weltkrieg eine wichtige Bezugsgröße für die Lage der ostpolnischen Grenze (Anderson 2000: 95). Lord Curzon, indischer Vizekönig und englischer Außenminister, war ein Meister alteuropäischen Grenzdenkens. Je schärfer die Grenze, so besagt das Konzept der Rasiermessergrenzen, um so besser erfüllt sie ihren Zweck. Nach diesem Konzept sind Grenzen durch die Natur vorgegeben („natürliche Grenzen"), linienförmig, feststehend, trennend, endlich. Zweifellos weisen viele Grenzen eine oder mehrere dieser Eigenschaften auf. Umgekehrt ist aber zu beobachten, daß Grenzen ebenso häufig geradezu gegenteilige Eigenschaften aufweisen. Dies kann an den Landesgrenzen, einem zentralen Forschungsgegenstand der Border Studies, veranschaulicht werden (Agnew 2000a; Albert 1998; Amaral 1994; Anderson 1996; Anderson 1999; Anderson 2003; Biger 1995; Brownlie 1998: 121–122; Fiedler 1993; Graf Vitzthum 1997b: 410–414; Haubrichs und Schneider 1993; Kristof 1959; Mellor 1989; Newman 1998a; Prescott 1987; Schofield 1994; Shaw 1997: 354–360; Thomas 2000; Waterman 1994).

Landesgrenzen sind nicht vorgegeben, sondern *gestaltbar*. Vor allem ältere geopolitische Theorien sprechen von den „natürlichen" Grenzen zwischen Ländern (Ratzel 1897: 404–427), also etwa Bergen oder Flüssen. Im Gegensatz zu geometrischen Grenzen, die durch Vermessungspunkte bestimmt werden, können politische Grenzen, die an topographischen Merkmalen ausgerichtet wurden, als natürliche Grenzen bezeichnet werden. Eine natürliche Grenze ist aber weder durch die Natur noch das Schicksal vorgegeben: „All boundaries are artificial; some are less artificial than others" (Boggs 1940: 25). Wer dies vergißt, macht von der „natürlichen" Grenze nur mehr einen kleinen Schritt zum „natürlichen" Gebietsanspruch oder zum „Lebensraum" (Ratzel 1901). Zu Recht wird Kritik an „dieser beliebten wie beliebigen Kartomantie" geübt, „die kollektive Schicksale aus den Relieflinien physischer Karten herausliest" (Schultz 1999: 340; Tuathail 1996). Vielen Landesgrenzen entsprechen keine auffälligen topographischen Merkmale; viele Berge oder Flüsse markieren keine Grenzen. Nicht die „natürlichen" Eigenschaften von Bergzügen und Flüssen, sondern völkerrechtliche Verträge bestimmen, daß die Alpen und der Rhein keine Grenzen bilden, die Pyrenäen und die Oder aber schon.

Landesgrenzen sind keine Linien, sondern *Übergänge*. Auf einer Landkarte (oder in jeder anderen zweidimensionalen Darstellung) werden Grenzen gewöhnlich als Linien dargestellt. Die Darstellung vereinfacht, denn *cuius est solum eius est usque ad coelum et ad inferos* (Brownlie 1998: 116–118; Hailbronner 1997: 219; Graf Vitzthum 1997b: 405; Shaw 1997: 369–370): Da auch der Luftraum und die Erdtiefen territorialer Souveränität unterliegen, sind Grenzen keine Linien, sondern Flächen (Ante 1995: 434). Andernfalls könnte man durch Überfliegen oder Untertunnelung keine Grenzverletzung begehen – was jedes Land als ab-

3–5

wegig zurückweisen würde. Aber auch das Bild einer Trennungsfläche täuscht eine Schärfe und Genauigkeit vor, die nur ausnahmsweise vorkommt. Gewiß liefern der Eiserne Vorhang, die US-mexikanische Grenze oder die israelische Mauer in Palästina eindrucksvolle Bilder von Trennungsgrenzen. In der Regel sind an Landesgrenzen aber Überlagerungen der Sprache, Kultur, Kommunikation, Wirtschaftsbeziehungen, Umwelträumen zu beobachten (CEDLA 2000; Donnan und Wilson 1999; Herb und Kaplan 1999). Deshalb können Landesgrenzen nur mit großem Aufwand als Trennungslinien administriert werden (Berdahl 1999; Hertle u.a. 2002; Linnerooth-Bayer u.a. 2001; Nevins 2002; Ritter und Lapp 1999).

Landesgrenzen stehen nicht fest, sondern *ändern* sich. Ein Vergleich zwischen Europakarten aus verschiedenen Epochen zeigt, daß nur wenige Grenzen in Europa über die Jahrhunderte gleich geblieben sind (GilFillan 1924; Haggett 2001: 544–545; Prescott 1987: 191–192). Allein in den 90er-Jahren des 20. Jahrhunderts haben Ereignisse wie die Auflösung der UdSSR, die Wiedervereinigung Deutschlands und der Zerfall Jugoslawiens die politische Landkarte in Mittel- und Osteuropa völlig verändert. Der Glaube an feststehende Grenzen hängt mit dem Wunsch nach geschütztem Besitzstand zusammen. Jeder Epoche europäischer Grenzbestände können auch bestimmte *mental maps* zugeordnet werden. Nach 1815 wurden die mentalen Grenzen in Europa durch das Gleichgewicht bestimmt, das auf dem Wiener Kongreß zwischen England, Österreich, Preußen, Rußland und Frankreich erzielt wurde. Im Zweiten Weltkrieg war die Konfrontation zwischen Achsenmächten und Alliierten, nach 1945 die Blockzugehörigkeit im Kalten Krieg ausschlaggebend für mentale Grenzen in Europa. Unveränderliche Grenzen sind keine historische Tatsache, es sind Deutungen. Die Deutsche Demokratische Republik deutete die innerdeutsche Grenze als „antifaschistischen Schutzwall", die Bundesrepublik Deutschland als Hindernis, „in freier Selbstbestimmung die Einheit und Freiheit Deutschlands zu vollenden" (Präambel des Grundgesetzes, 1949). Mit Inkrafttreten des Einigungsvertrages am 29. September 1990 hat sich eine der beiden Deutungen durchgesetzt (Hailbronner 1997: 236; Ritter und Lapp 1999).

Landesgrenzen trennen nicht nur, sie *verbinden* auch. An keiner Stelle sind zwei benachbarte Länder einander so nahe, wie an ihrer Grenze. Verschiedenheit in der Sprache, in politischen Symbolen, in Gesetzen mögen Unterschiede betonen, doch gleichzeitig formen die räumliche Nähe, die natürliche Umwelt, wirtschaftliche Interessen eine verbindende Grenzlandschaft (Prescott 1987: 159–174; Rumley und Minghi 1991). *Border landscapes* beeinflussen das Leben vieler Menschen, die diesseits und jenseits der Grenze leben. Sie sind einander zumeist ähnlicher als den Hauptstadtbewohnern jener Länder, an deren Grenze sie leben (Papademetriou und Waller Meyers 2001). Wenngleich Grenzen verbinden, darf dies nicht als Einladung zur Grenzüberschreitung mißverstanden werden. Nähe erfordert vor allem Respekt, erst in zweiter Linie kann Vertrautheit entstehen. Die Verbindungsfunktion der Grenze hat auch rechtliche Folgen: Die Grenze gehört keinem Nachbarn alleine und darf nur gemeinsam verändert werden.

6

Grenzen sind nicht unbedingt endlich, sondern weisen Merkmale der *Unendlichkeit* auf. Vermessungen der Küste von Großbritannien haben im Lauf der Zeit stark unterschiedliche Ergebnisse erbracht. Zweidimensional gesprochen: Je größer die Meßgenauigkeit, um so länger die Küste! Dies gilt aber nicht nur mit Blick auf den technischen Fortschritt in der Geodäsie. Auf Karten im Maßstab 1:100.000, 1:10.000 oder 1:1.000 erscheinen jeweils andere Details der britischen Küste, die eine Längenmessung – je nach Detailschärfe – beeinflussen oder nicht. Je genauer man eine Grenze betrachtet, so zeigt die fraktale Geometrie der Natur, um so länger wird sie (Mandelbrot 1987: 37–45). Genauigkeit ist für Grenzen daher mitunter schädlich. Viele Grenzstreitigkeiten können nicht beigelegt werden, indem eine umstrittene Grenze genauer betrachtet wird, weil jede neue Einzelheit bloß weitere Forderungen und Gegenforderungen verursacht. Für erfolgreiches *boundary making* ist daher unentbehrlich, eine umstrittene Grenze mit Augenmaß zu betrachten (Jones 1945: 5–7), also absichtlich ungenau.

Es gibt Räume, aber es gibt auch *den* Raum. Immanuel Kant verstand darunter eine Anschauung, Isaac Newton einen unendlichen, absoluten Raum (Blotevogel 1995: 733–734). *Der* Raum ist *grenzenlos*. Werden räumliche Grenzen gezogen, entstehen physische Räume: Gebiete, Flächen, Landschaften, Orte. Grenzen formen auch rechtliche Räume und Territorien: Staatsgebiete, Amtsbezirke, Grundstücke. Politische, soziale, wirtschaftliche Räume werden ebenfalls durch Grenzen gebildet: Machtsphären, Villenviertel, Absatzgebiete. *Der* Raum ist, worin alle Gebiete, Orte, Territorien, Grundstücke, Märkte enthalten sind. Doch worin ist *der* Raum enthalten? Sobald Raum begrenzt wird, ist er in einem anderen Raum enthalten. Daher ist die Grenzenlosigkeit eine notwendige Bedingung *des* Raumes, der alles enthält außer sich selbst: „Der Raum wird als eine unendliche gegebene Größe vorgestellt" (Kant 1787: 68). Alles Abgegrenzte muß daher in etwas Nichtbegrenztem enthalten sein. Der Kartenrand und der Horizont sind Hilfsmittel, um diese Bedingung zu erfüllen, genauer: um sie zu verdrängen. Der philosophische Exkurs weist auf einen merkwürdigen Umstand hin: Ländergrenzen sind nur möglich, wenn die abgegrenzten Länder in etwas enthalten sind, das selbst nicht abgegrenzt wird oder seinerseits in nicht umgrenztem Raum enthalten ist. Diese Tatsache wird im politischen Diskurs häufig verschleiert, indem scharf abgegrenzte Länder in höchst unbestimmte Bereiche eingebettet werden: den Westen, Kontinente, Weltmeere, die Erde. Diese mentale Konstruktion bereitet Schwierigkeiten, sobald Grenzfälle zu behandeln sind. Wer etwa zu erklären versucht, zu welchen Kontinenten die Türkei, Israel oder Rußland zählen, entdeckt rasch die Schwächen der Gebietszuordnung mittels Landesgrenzen. Was nämlich zunächst wie eine scharfe Trennungslinie aussah, verflüchtigt sich im Streit über größere Raumeinheiten zur ungewissen Ahnung.

7

MENDING WALL

Aus den Beispielen für Eigenschaften der Landesgrenzen, die der vorherrschenden Erwartung widersprechen, folgt eine überraschende Definition. Grenzen sind gestaltbare, veränderliche Übergänge mit beobachtungsabhängiger Ausdehnung, die Unterschiedliches verbinden und in einem grenzenlosen Raum – *dem* Raum – enthalten sind. Border Studies sind den Folgen dieser Definition gewidmet: Wie beeinflußt das Denken in der Fläche unsere Wahrnehmung einer mehrdimensionalen Welt? Welche Rolle spielt die Genauigkeit für unser Verständnis der Grenzen? Wie können Grenzen gestaltet und verändert werden? Grenzen besitzen im menschlichen Leben vielerlei Bedeutungen (Fincher und Jacobs 1998; Goldberg 1993; Hall 1966; Hannaford 1996; Hetherington und Munro 1997; Lindsey 1997; Young 2002). Körpergrenzen, der *personal space*, die Privatsphäre formen unser Selbstbewußtsein und unsere Individualität. Der Zaun zum Nachbargrundstück oder die Wand zur Nachbarwohnung begrenzen unseren Wohnraum und unser Heim. Unsere soziale Stellung hängt davon ab, auf welcher Seite der Unterschiede wir leben, die in unserer Gesellschaft wichtig sind. Unser Leben wird durch Grenzen zwischen Frauen und Männern, zwischen Innen und Außen, zwischen Bekanntem und Unbekanntem beeinflußt. Diese Grenzen bilden unsere Vorstellungen vom Eigenen und Fremden (Fudge u.a. 2002; Reuter 2001; Tietz 2002).

Der Gebrauch der Grenzen ist oft mehrdeutig und unscharf, manchmal geradezu widersprüchlich. Dazu zwei Beispiele. Durch die europäische Integration wurde der Gebrauch der Landesgrenzen der EU-Mitglied-

8–10

staaten – und nochmals innerhalb der Mitgliedstaaten des Schengener Abkommens (1990) – im Vergleich zur ersten Hälfte des 20. Jahrhunderts stark verändert. Die Staatsgrenzen sind als Binnengrenzen der EU durchlässiger geworden, als Außengrenze der „Festung Europa" undurchlässiger (Neisser und Verschraegen 2001: 120–121; Zielonka 2002). Sind Grenzen, nach dieser Praxis geurteilt, erstrebenswert oder nicht? Wir legen auch großen Wert auf die Achtung unserer Körpergrenzen, unserer Privatheit, unserer Intimsphäre (Altman 1975; Hall 1959; Newman 1972). Doch gerade unser Privat- und Intimleben enthält viele Handlungen, die im Alltag als Grenzüberschreitungen empfunden würden. Der Besuch beim Zahnarzt, Geschlechtsverkehr, vertrauliche Gespräche oder das Wechseln von Babywindeln wären ohne solche Grenzüberschreitungen gar nicht möglich. Sind Grenzen, nach dieser Praxis geurteilt, erstrebenswert oder nicht? Ohne ausdifferenzierten Umgang mit ihrem *personal space* und ihrer Privatheit würden Menschen völlig isoliert und in Distanz zu anderen Menschen leben. Mehrdeutigkeiten und Unschärfen im praktischen Gebrauch der Grenzen werfen die Frage nach Wesen und Wert der Grenzen auf. In den beiden Beispielen können Mehrdeutigkeiten und Unschärfen nicht damit erklärt werden, die Grenzen der EU-Mitgliedstaaten oder unserer Privatsphäre wären schlechte Grenzen. Diese Grenzen lösen sich auch nicht auf, und niemand erwartet, sie wären bald verschwunden. Schließlich kann man die Mehrdeutigkeiten und Unschärfen der Grenzen nicht damit erklären, Grenzen seien eben zum Überschreiten da. Die beiden Beispiele betreffen vielmehr Grenzen, deren Gebrauch differenzierte Zustände und Handlungen einschließt.

Im Gedicht *Mending Wall* vergleicht Robert Frost zwei extreme Haltungen gegenüber Grenzen, Zäunen, Mauern (Frost 1914: 87–88). Da ist einmal die Ich-Person, die über eine Kraft spricht, die Mauern nicht liebt (*something there is that doesn't love a wall*). Diese Kraft – und nicht nur der Bodenfrost oder die Jäger mit ihren Hunden – beschädigt die Grenzmauer zwischen zwei benachbarten Grundstücken. Die beiden Nachbarn müssen jedes Frühjahr ihre Mauer abschreiten und Schäden ausbessern. Dieser eigentlich recht praktische Vorgang weist auch Züge eines magischen Rituals auf, die Nachbarn beschwören die Mauersteine, sie mögen doch an ihrem Platz bleiben. Während die Arbeit voranschreitet, zweifelt die Ich-Person, ob die Grenzmauer überhaupt sinnvoll ist. Anders als vielleicht benachbarte Viehweiden können Apfelbäume ohne große Störungen neben Tannen bestehen. Der Nachbar vertritt die Gegenposition: „Gute Zäune machen gute Nachbarn" (*good fences make good neighbors*). Für diese Einschätzung spricht viel. Klare Grenzen machen es für viele Menschen einfacher, ohne Streit und Mißverständnisse miteinander – und das bedeutet auch: *neben*einander – zu leben. Reale oder imaginäre Zäune stellen sicher, daß wir anderen aus dem Weg gehen können. Zäune verhindern, einander „ins Gehege" zu kommen, denn Nachbarschaft kann auch unangenehm sein. Grundstücksgrenze und Zaun stellen gefühlte Distanz zwischen den Nachbarn her und mindern die Last allzu großer Nähe. Argumente dieser Art bleibt der Nachbar in *Mending Wall* freilich schuldig. Benötigt man für eine Grenze, selbst wenn sie anderen sinnlos erscheint, keine besonderen Gründe? Vielleicht ist es aber auch müßig, an der Lebenserfahrung zu zweifeln, die Menschen bei der Bewirtschaftung ihrer Grundstücke erworben haben. Doch genau solche Zweifel plagen die Ich-Person, weil durch den Bau einer Mauer immer auch jemand ausgeschlossen wird, den die Befestigung der Grenze kränken könnte. Und nochmals tauchen die magischen Kräfte auf, die keine Mauern lieben. Der Nachbar mit seiner Lebensklugheit, die durch Generationen an ihn weitergegeben wurde, wird zum bedrohlichen Symbol: Ein Wilder, der kantige Steinbrocken schleppt und in eine Dunkelheit gehüllt ist, die nicht nur vom Schatten der Bäume hervorgerufen wird:

> [...] Before I build a wall I'd ask to know
> What I was walling in or walling out,
> And to whom I was like to give offence.
> Something there is that doesn't love a wall,
> That wants it down. I could say ‚Elves' to him,
> But it's not elves exactly, and I'd rather
> He said it for himself. I see him there
> Bringing a stone grasped firmly by the top
> In each hand, like an old-stone savage armed.
> He moves in darkness as it seems to me,
> Not of woods only and the shade of trees.
> He will not go behind his father's saying,
> And he likes having thought of it so well
> He says again, ‚Good fences make good neighbors.'

Die Ich-Person vermag den Nachbarn nicht zu überzeugen; er besteht darauf, gute Zäune seien für gute Nachbarschaft nötig, ja unentbehrlich.

Das Gedicht läßt die beiden Positionen in der Schwebe, Robert Frost entscheidet nicht über Wesen und Wert der Grenzen. Hier treffen Haltungen aufeinander, keine Gründe. Dies ist wirklichkeitsnah, denn im praktischen Gebrauch der Grenzen überwiegen Haltungen die kritische Reflexion. *Mending Wall* stellt den Lesenden anheim, welche Sichtweise sie bevorzugen. Der – häufig einseitig zitierte – Ratschlag *good fences make good neighbors* enthält eine Alltagsklugheit, die Streitigkeiten über unklare Eigentumsverhältnisse vermeidet. Doch wie klug ist der Rat? Gewinnen wir daraus ein unbestreitbares Argument gegen zaunlose Siedlungen, gegen die europäische Integration, gegen die Wiedervereinigung Deutschlands, gegen Toleranz? Mit dem Ratschlag, gute Zäune sorgten für gute Nachbarschaft, wäre es wohl nicht zum Beitritt der Neuen Länder, zur €-Währung, zum Verbot rassischer Diskriminierung gekommen. Hierzu war unentbehrlich, Mauern abzubauen und Grenzen zu überschreiten: *Something there is that doesn't love a wall.*

Näher betrachtet, erscheinen beide in *Mending Wall* vertretenen Haltungen unvertretbar. Zumindest können beide Haltungen nicht in *allen* Fällen vertreten werden. Wer für gute Zäune zwischen Nachbargrundstücken oder andere Formen sichtbarer und geschützter Grenzen eintritt, ist gewiß nicht mit jedem Mittel der Abgrenzung einverstanden. Zäune sind in deutschen Einfamilienhausgebieten durchaus verbreitet, aber Stacheldraht oder Minenfelder haben dort nichts verloren. Auch meterhohe Mauern oder Bewegungsmelder würden auf Ablehnung stoßen. Zustimmung finden hingegen die nachbarrechtlichen Regelungen der Länder, die eine „ortsübliche Einfriedigung" verlangen (so etwa § 35 I Nachbarrechtsgesetz NRW; Drews 2000). Wer umgekehrt die Wiedervereinigung oder die €-Einführung befürwortete, ist nicht zugleich für die Abschaffung *aller* Grenzen.

Offenbar hängen gute Grenzen nicht davon ab, ob es *überhaupt* Grenzen gibt, sondern davon, *wie* Grenzen gebraucht werden. Allerdings können die Gebrauchsregeln für Grenzen gar nicht leicht formuliert werden. Sie enthalten viele geheimnisvolle Annahmen und Ausnahmen, Einschränkungen und Erweiterungen. Die Anrede anderer Menschen mit „Du" oder „Sie" folgt, wie viele Regeln zwischenmenschlicher Beziehungen, recht komplexen Regeln. Und gewiß kann niemand mühelos erklären, weshalb Reisende aus Deutschland beim Eintritt ins britische Hoheitsgebiet ihre Reisepässe vorweisen müssen, beim Eintritt ins belgische Hoheitsgebiet aber nicht. Regeln für den Gebrauch der Grenzen sind nicht gelegentlich, sie sind zumeist kompliziert.

11–12

GRENZEN ALS REGELGELEITETE PRAXIS

GRENZEN IM SPRACHGEBRAUCH

Ausgehend vom Phänomen der Staats-, Landes- oder Grundstücksgrenzen, verwendet der allgemeine Sprachgebrauch das Wort Grenze im Sinne einer Trennung. In Wendungen wie „die Grenze zwischen Deutschland und Frankreich", „über die Grenze abgeschoben werden", „die Grenzen des Grundstücks abzäunen", „die Grenze zwischen Kindheit und Jugend" oder „die Grenze der Legalität überschreiten" betont die Grenze etwas Trennendes. Demnach bedeutet Grenze
- „(durch entsprechende Markierungen gekennzeichneter) Geländestreifen, der politische Gebilde (Länder, Staaten) voneinander trennt" (Brockhaus 1981, Band 3: 1392, Bedeutung 1.a);
- „Linie, die zwei Grundstücke, Staaten, Länder od. Bereiche (z.B. Klimazonen) voneinander trennt" (Duden 1993, Band 3: 298, Bedeutung 1);
- „Trennungslinie zwischen Gebieten, die im Besitz verschiedener Eigentümer sind od. sich durch natürliche Eigenschaften voneinander abgrenzen" (Brockhaus 1981, Band 3: 1392, Bedeutung 1.b);
- „nur gedachte Trennungslinie unterschiedlicher, gegensätzlicher Bereiche u. Erscheinungen o.ä." (Brockhaus 1981, Band 3: 1392, Bedeutung 1.c);
- „Punkt, an dem zwei verschiedene Sachen, Zustände voneinander zu trennen sind" (Duden 1993, Band 3: 298, Bedeutung 3).

In ähnlicher Weise wird Grenze im Sinne einer Beschränkung verwendet. In Wendungen wie „ihrer Phantasie sind keine Grenzen gesetzt", „die Grenzen des technischen Fortschritts" oder „jemanden in seine Grenzen weisen" betont das Wort „Grenze" etwas Beschränkendes. Demnach bedeutet Grenze „Begrenzung, Abschluß(linie), Schranke" (Brockhaus 1981, Band 3: 1392, Bedeutung 2) oder „Schranke, Beschränkung, Rahmen" (Duden 1993, Band 3: 298, Bedeutung 2).

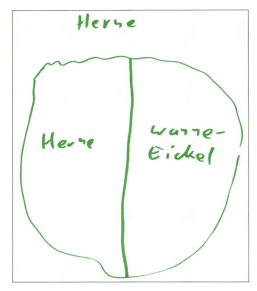

14–15

In einer Bedeutung, die einer Trennung beinahe entgegengesetzt ist, wird Grenze aber auch im Sinne einer Ähnlichkeit gebraucht. Eine gemeinsame Grenze bedeutet Nähe und Nachbarschaft. Wer sagt, ein Verhalten grenze an Unverschämtheit, ein Ereignis grenze ans Unmögliche oder Österreich grenze an Deutschland, spielt auf Nähe an. Was aneinander grenzt, ist einander nahe. Die Nähe kann physisch, sie kann aber auch in einem übertragenen Sinn gemeint sein: Sachnähe, Ähnlichkeit, Verwandtschaft. „An etwas grenzen" bedeutet „einer Sache nahekommen, ihr sehr ähnlich, verwandt sein" (Brockhaus 1981, Band 3: 1392; vgl. auch Duden 1993, Band 3: 298: „grenzen"). Durch die Kombination des Trennenden und des Verbindenden begünstigt der allgemeine Sprachgebrauch den „ambivalenten, ja dialektischen Charakter" (Ante 1995: 433), der Grenzen in Fachsprachen zugeschrieben wird. Dazu zwei Beispiele aus Geographie und Raumplanung:

- „Jede Grenze ist doppelseitig. Sie kann ebenso eine Angriffsspitze wie eine Rückzugslinie bedeuten" (Franz 1970: 1061).
- „An Grenzen haben politische Systeme unmittelbaren Kontakt, aber es ist offen, wie dieser Umstand genutzt wird. Grenzen haben demnach einen ambivalenten, ja dialektischen Charakter: Sie besitzen zugleich trennende wie verbindende Funktionen. Welche überwiegt, hängt nicht von der Grenze selbst, sondern von den Nachbarn ab" (Ante 1995: 433).

Seiner Herkunft nach besitzt das deutsche Wort Grenze slawische Sprachwurzeln. Ab dem 13. Jahrhundert hat sich das westslawische *greniz(e)* aus den östlichen Kolonisationsgebieten allmählich über das deutsche Sprachgebiet ausgebreitet und das deutsche Wort Mark verdrängt (Duden 1963: 235; Pfeifer 1993: 474). Die Sprachwurzel des polnischen *granica* oder des tschechischen *hranice* bildet das russische *gran'*, das Ecke, Kante, Rand bedeutet (Brockhaus 1981, Band 3: 1392; Duden 1963: 231 „Granne"). Das Wort Grenze ist

„um 1700 im gesamten Sprachgebiet anzutreffen, erlangt literatursprachlichen Rang und besitzt in der Sprache der Gegenwart (neben *Staatsgrenze*) uneingeschränkt Geltung; alte Bezeichnungen wie *Ende, Gemerk, Mark, Rain, Scheide* gelten heute als Dialektwörter, haben eine andere Bedeutung angenommen oder sind ausgestorben" (Pfeifer 1993: 474).

Der Bedeutungswandel der Grenze steht im Zusammenhang mit dem Wandel der Raumstruktur und der Besiedelung im europäischen Mittelalter:

„Der Begriff Grenze [...] entspricht dem altdeutschen mark, bedeutet also ursprünglich eine Grenzmark, einen siedlungsarmen oder siedlungsleeren Grenzraum, der zwei Gebiete voneinander schied. Erst allmählich hat sich die Grenze zur Linie verfestigt oder verdünnt" (Franz 1970: 1060).

Das Wort Mark stammt vom Lateinischen *margo*, das Rand oder Saum bedeutet (Ante 1995: 433). In Europa ist die Bedeutung des Wortes Grenze eng mit der Vorstellung einer trennenden Linie verknüpft. Demgegenüber hat das nordamerikanische Wort *frontier* die Bedeutung eines unscharfen Randes beibehalten (Agnew 2000: 52; Prescott 1987: 13), während britisches Englisch die Worte *frontier, boundary* und *border* als bedeutungsgleich ansieht (Anderson 1996: 9). Die alte Bedeutung des Wortes Mark entspricht dem nordamerikanischen Gebrauch des Wortes *frontier*:

„Für den Nordamerikaner ist die Grenze (the frontier) keine feststehende Linie, sondern, räumlich gedacht, eine Herausforderung an den Menschen zur Besitznahme jenseits bisherigen Gebiets liegender Räume. Sie ist nicht Begrenzung, sondern Anfang, Aufforderung zur Ausdehnung und damit ein Grundelement seiner Geschichte" (Franz 1970: 1062).

Im Amerikanischen meint *frontier* keine scharfe Grenze, sondern einen Raum voller Übergänge (Miller und Steffen 1977; Russell 2001; Turner 1920; Waechter 1996). Die historische *frontier* des amerikanischen Westens, die *urban frontier* (städtische Armutsgebiete), die *crabgrass frontier* (Suburbanisierung durch Einfamilienhäuser) sind keine klar definierten Grenzen. Anders als die typische europäische Landesgrenze ist die *frontier* ein Raum, der mit Chancen und Gefahren gefüllt ist. Die *frontier* ist, um sie mit Robert Musil zu interpretieren, eine Grenze mit Möglichkeitssinn.

GRENZE ALS KONVENTION

Der Sprachgebrauch ist nützlich, um Grenzen zu verstehen, er ist aber unergiebig. Deshalb wird im folgenden der konventionale Grenzbegriff eingeführt. Der konventionale Grenzbegriff betont, daß Grenzen regelgeleitete Praktiken sind. Eine Grenze ist die Konvention über eine Teilung, Trennung, Verbindung. Die Konvention bestimmt, welcher Sachverhalt als Grenze anzusehen ist und verleiht der Grenze ihre Bedeutung.

Der Begriff „Konvention" im Sinne des konventionalen Grenzbegriffs ist weit zu verstehen. Er umfaßt formale Rechtsnormen, wie etwa völkerrechtliche Verträge, staatliche Gesetze, zivilrechtliche Vereinbarungen. Die Konvention, durch die eine Grenze hergestellt wird, kann aber auch eine beliebige soziale Praxis, eine kulturelle Tradition, eine informelle Spielregel sein. Die Konvention kann auf Übereinstimmung aller Beteiligten beruhen, ihre Geltung kann aber auch durch Zwang einseitig durchgesetzt werden. Schließlich muß eine Konvention nicht ausdrücklich vereinbart oder verkündet werden, viele Grenzen werden stillschweigend gezogen. Wer den Mantel über eine Stuhllehne im Kaffeehaus legt, praktiziert eine Konvention: *Dies* gilt jetzt als *mein* Platz. Ein Stuhl, über dessen Rückenlehne ein Mantel gelegt wurde, gilt auch dann nicht als leerer Stuhl, wenn niemand auf ihm sitzt. Die Grenze markiert ein Territorium (Eibl-Eibesfeldt 1997: 480; Sommer 1969: 52–53). Und wer den Mantel über der Stuhllehne sieht und sich einen anderen Platz im Kaffeehaus sucht, erkennt die Konvention an.

Der konventionale Charakter der Grenzen ist grundsätzlich. Dies wird anhand eines Beispiels deutlich, bei dem man zunächst kaum vermutet, es beträfe eine soziale Praxis, nämlich die kognitiven Grundlagen *(tabula normalis)* unserer Wahrnehmung der Grenzen. Erst durch eine Konvention, nämlich durch die Einigung auf einen raumzeitlichen Maßstab, werden Grenzen überhaupt wahrnehmbar. Auf einem Kongreß für Mikrobiologie gelten andere raumzeitliche Maßstäbe als in einem Diskurs über alpine Gletscher. Die Wahrnehmung der Grenzen organischer Zellen oder einer Gletscherlandschaft findet in verschiedenen Koordinatensystemen statt. Ohne Konvention über die Wahrnehmung ist eine Verständigung über Grenzen sinnlos. Das gilt auch für Staatsgrenzen, die weder im kosmischen noch im mikroskopischen Zusammenhang, weder in den Jahrmillionen der Erdgeschichte noch in Nanosekunden wahrnehmbar sind. Jedenfalls besitzen Staatsgrenzen in diesen Zusammenhängen keine Bedeutung. Erst durch eine Konvention über den raumzeitlichen Maßstab werden Staatsgrenzen wahrnehmbar. Eine – ausdrückliche oder stillschweigende – Konvention über die Wahrnehmung der Staatsgrenzen könnte festsetzen, über Staatsgrenzen müsse im räumlichen Maßstab 1:10.000 und im zeitlichen Maßstab eines irdischen Sonnenjahres kommuniziert werden. Wie wichtig eine solche Konvention ist, kann an einem Gespräch zwischen zwei Personen veranschaulicht werden, die über Grenzen in Europa sprechen wollen. Die eine Person denkt in Jahrhunderten und an die Schweizer Grenzen, die andere Person in Jahrzehnten und an den gesamteuropäischen Zusammenhang. Gewiß mißglückt das Gespräch, falls die ungleichen Denkweisen nicht entdeckt und ausgeglichen werden.

Nach dem konventionalen Grenzbegriff sind Grenzen keine Sachen. Ein Fluß oder ein Berg können zum Grenzzeichen erklärt werden. Daraus darf aber nicht geschlossen werden, daß dieser Fluß oder Berg die Grenze *ist*. Nach dem konventionalen Grenzbegriff ist eine Grenze auch nicht die Eigenschaft einer Sache. Eine Stadt *hat* keine Grenze in demselben Sinn, in dem sie eine abzählbare Bevölkerung oder einen bestimmten wirtschaftlichen Stellenwert hat. Der konventionale Grenzbegriff verneint, daß Grenzen räumliche Tatsachen sind, und betont den sozialen Charakter von Grenzen: „Die Grenze ist nicht eine räumli-

che Tatsache mit soziologischen Wirkungen, sondern eine soziologische Tatsache, die sich räumlich formt" (Simmel 1908: 697). Grenzen sind an andere Menschen gerichtet, sie dienen der Kommunikation, denn „boundaries have no significance except in relation to human beings" (Boggs 1940: 28). Manchmal werden unklare Besitzverhältnisse durch den Konsens über eine Grenzbereinigung geklärt, manchmal werden unwillkommene Besitzansprüche durch Grenzbefestigung abgewehrt: „Alle Grenzen sind erfunden, sind, auch wenn sich ihr Verlauf an der Natur orientiert, künstlich gezogen, menschengemacht, aus Verabredung und Kampf hervorgegangen, auf Konvention und Gewalt gegründet" (Gauß 1999: 26). Robinson Crusoe, allein auf seiner Insel, errichtet Barrikaden; zu Grenzen werden diese Barrikaden erst in der Begegnung mit anderen Menschen. Kommunikative Definitionsmacht läßt Grenzen entstehen, wo sie auf den ersten Blick nicht erkennbar sind. „Die Länder der Geographie […] waren eben kein Produkt der Natur, sondern eine kulturelle Konstruktion, keine naturale Vorgabe der Politik, sondern eine *Projektion* aus der politisch-sozialen Welt auf die konkrete Natur der Erdoberfläche" (Schultz 1999: 340). Die Bezeichnung des westlichen Randes der asiatischen Landmasse als „Kontinent" Europa unterstreicht den konventionalen Charakter geographischer Grenzen. Wo vorher ein Rand war, ist plötzlich ein Kontinent. Grenzen werden hergestellt, ohne menschliches Zutun entstehen keine Grenzen. Auch bei der Anknüpfung an gut sichtbare Merkmale wird die Grenze erst durch eine Konvention hergestellt. Ob die Oder, der Rhein, die Donau eine Grenze bilden, folgt nicht aus der natürlichen Barrierewirkung dieser Flüsse, sondern aus dem Völkerrecht. Die im konventionalen Grenzbegriff angelegte Herstellbarkeit der Grenzen sollte aber nicht als beliebiger Gestaltungsspielraum mißverstanden werden. Wenngleich Grenzen stets durch menschliches Zutun hergestellt werden, ist es nicht einfach, Grenzen zu errichten, zu ändern, zu beseitigen. Die Produktion der Grenzen verursacht Kosten.

Durch Grenzen werden nicht nur politische Räume geteilt. Auch Individuen, Gruppen, Organisationen, Gegenstände und womöglich Ereignisse, Gepflogenheiten, Eigenschaften werden abgegrenzt. Solche Abgrenzungen können nicht durch das Konzept der Rasiermessergrenzen, wohl aber durch den konventionalen Grenzbegriff erklärt werden. Menschen unterscheiden sich durch ihre Hautfarbe, Haarfarbe, Augenfarbe. Doch ob die Hautfarbe, Haarfarbe, Augenfarbe eine Grenze zwischen Menschen bildet, hängt von sozialer Praxis ab, nicht von der Pigmentierung der Haut, der Haare, der Augen. Wer tatsächliche Unterschiede als „natürliche" Grenze zwischen Individuen oder Gruppen betont, verschleiert Differenzpolitik. Aus vielen tatsächlichen Unterschieden werden nur *bestimmte* Unterschiede ausgewählt, um soziale, kulturelle, politische, weltanschauliche Grenzen zu ziehen. Menschen unterscheiden sich durch ihr Geschlecht, ihren Geburtstag, ihr Einkommen, durch die Form ihrer Milz, ihre Lieblingsfarbe, ihre Blutgruppe, ihre Religion. Unterschiede gibt es viele, nicht alle jedoch begründen eine Grenze. Trotz vielfacher Dis-

16–21

kriminierung wäre es verwunderlich, würden Menschen mißachtet, weil die Quersumme ihres Geburtsdatums eine ungerade Zahl ergibt. Diese Verwunderung gebührte *allen* sozialen, kulturellen, politischen, weltanschaulichen Grenzen. Sind Grenzen auch konstruiert, dürfen sie nicht willkürlich gezogen oder verschoben werden. Erst aufgrund einer kritischen Reflexion kann beurteilt werden, ob Unterschiede, die diesen Grenzen zugrunde liegen, zurecht zum Anlaß einer Grenzziehung genommen werden. Beim Gebrauch sozialer, kultureller, politischer, weltanschaulicher Grenzen ist eine solche Reflexion selten. Hingegen wird Inklusion oder Exklusion mit dem Hinweis auf bestimmte Unterschiede erklärt oder gerechtfertigt. Die soziale Konstruktion, mit der die Grenzbestimmung vorgenommen wird, findet keine Beachtung; man hat *den* Unterschied – die Grenze – ja bereits festgestellt.

Grenzen werden durch die Hervorhebung bestimmter Unterschiede konstruiert. Die Konstruktion durch Differenz verstärkt häufig auch die Idee linienförmiger Grenzen. In der politischen Geschichte findet man zahlreiche Beispiele für Landesgrenzen, die als „geometrische" Grenzen vereinbart wurden, so etwa den 49. Breitengrad als Landesgrenze zwischen den USA und Kanada (Boggs 1940: 33–54). Werden Grenzen gezogen, wird nicht die Linienförmigkeit der Wirklichkeit sichtbar, sondern wird die Wirklichkeit dem Denken in Rasiermessergrenzen (► S. 49) untergeordnet. Der konventionale Grenzbegriff bietet ein Gegenkonzept, das die soziale Konstruktion der Grenzen betont. Durch Grenzen werden einzelne Unterschiede als erheblich bezeichnet, andere vernachlässigt: „Der Sinn von Grenzen liegt in der Begrenzung von Sinn" (Willke 2000: 51). In diesem Zusammenhang ist das Konzept der Rasiermessergrenzen unergiebig, ja gefährlich. Es verführt zu naturalistischen Fehlschlüssen, bei denen Naturerfahrungen auf soziale Systeme übertragen werden:

„Bei lebenden Systemen, also bei einer autopoietischen Organisation von Molekülen im Raum, kann man noch von räumlichen Grenzen sprechen. Ja, Grenzen sind hier besondere Organe des Systems, Membranen von Zellen, Haut von Organismen, die spezifische Funktionen der Abschirmung und der selektiven Vermittlung von Austauschprozessen erfüllen. Diese Form von Grenze […] entfällt bei Systemen, die im Medium Sinn operieren" (Luhmann 1997: 76).

Staaten, Wirtschaftsprozesse, Grundstücke, Jugendbanden haben keine Rasiermessergrenzen. Ihre Grenzen werden durch Konventionen begründet, die das Staatsrecht ebenso wie den Ehrenkodex einer Bande umfassen. Niklas Luhmann betont, daß soziale Systeme eine „rein interne Form von Grenze" besitzen, die durch „systemeigene Operationen" und Kommunikation entsteht:

„Jede Operation trägt […] zur laufenden Ausdifferenzierung des Systems bei und kann anders ihre eigene Einheit nicht gewinnen. Die Grenze des Systems ist nichts anderes als die Art und Konkretisierung seiner Operationen, die das System individualisieren. Sie ist die Form des Systems, deren andere Seite damit zur Umwelt wird. […] Die Grenze des Systems ist daher nichts anderes als die selbstproduzierte Differenz von Selbstreferenz und Fremdreferenz, und sie ist als solche in allen Kommunikationen präsent" (Luhmann 1997: 76–77).

22–26

GRENZEN UND DIE ORDNUNG DER DINGE

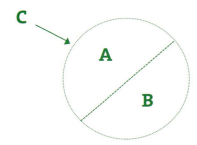

Grenzen markieren Unterschiede zwischen Ähnlichem. Die klassische Taxonomie charakterisiert einzelne Kategorien durch ihr *genus proximum* und ihre *differentia specifica*. Der Unterschied (die *differentia specifica*) bildet die Grenze zwischen einzelnen Kategorien; ihre Gemeinsamkeit (das *genus proximum*) macht sie einander ähnlich.

Ähnliches ohne Grenzen ist sich selbst. Will man zeigen, daß keine Identität vorliegt, muß man im Ähnlichen eine Grenze ziehen. An der Grenze zwischen A und B werden die Verschiedenheit von A und B sichtbar. Die Grenze zwischen A und B trennt die beiden Teilmengen. Was voneinander abgegrenzt wird, weist zumindest *eine* Gemeinsamkeit auf: A und B bilden – durch eine Grenze voneinander getrennt – die Teilmenge eines Größeren, das durch die Grenze geteilt wird. A und B sind Teilmengen der Gesamtmenge C (C = A + B). Das, was den abgegrenzten Teilmengen gemeinsam ist, macht sie einander ähnlich. Bei Landesgrenzen besteht die Gemeinsamkeit in der räumlichen Nähe der Staaten, die auf beiden Seiten einer Grenze liegen: Deutschland und Frankreich sind benachbarte Staaten in Westeuropa. Bei sozialen Grenzen besteht die Gemeinsamkeit in der Mitgliedschaft zu einer Gesellschaft: Wohlhabende Dortmunder und mittellose Dortmunder sind Dortmunder. Bei wirtschaftlichen Grenzen liegt die Gemeinsamkeit in einer Konkurrenzbeziehung, also in der wirtschaftsräumlichen Nähe: Ein Pizzadienst und ein Schnellimbißservice konkurrieren innerhalb der Marktgrenzen um neue Kunden. Die Wechselbeziehung zwischen Ähnlichkeiten und Unterschieden – stets mit Blick auf eine bestimmte Art der Nähe betrachtet – bildet eine wichtige Grundlage für die Ordnung der Dinge.

Eine Ordnung der Dinge entsteht, wenn die Dinge voneinander abgegrenzt und dadurch in Beziehung gesetzt werden. Wenn Abgegrenztes nichts gemeinsam hat, ist eine Abgrenzung sinnlos. Wer meint, eine Grenze bekräftige einen Unterschied (Benevolo und Albrecht 1994: 4), muß zumindest ahnen, weshalb eine Grenzziehung notwendig ist. Die Notwendigkeit liegt, allgemein gesprochen, in der Ähnlichkeit der Objekte, die unterschieden werden. Es wäre sinnlos, über eine Grenze zwischen Portugal und China oder zwischen Äpfeln und Deutschen zu sprechen. Zwischen Portugal und China fehlt die räumliche, zwischen Äpfeln und Deutschen die sachliche Nähe. Hingegen verstehen viele Menschen, wenn jemand über eine Grenze zwischen Deutschland und Frankreich, zwischen Frauen und Männern spricht. Der Sinn der Abgrenzung wird durch Vorverständnis gestiftet. Das Vorverständnis motiviert dazu, manchen Grenzkonventionen zuzustimmen, anderen aber nicht. Möchte man eigenes Vorverständnis offenlegen, gelangt man zu Argumenten folgender Art: „Eigentlich sind A und B ähnlich, aber es besteht ein Unterschied, den ich durch die Grenze zwischen A und B markiere." Im Rückgriff auf die Ähnlichkeit zwischen A und B erinnert die Grenze zwischen A und B – oft unbewußt – an Erfahrungen, Vorurteile, Anschauungen. Die Geschichte einer Grenze erzählt immer auch davon, wie solche Erfahrungen, Vorurteile, Anschauungen bewertet und in ein Weltbild eingeordnet werden (Demandt 1991; Molitor 1986). Diese Geschichte, in der Ähnlichkeiten mindestens ebenso wichtig sind wie Unterschiede, handelt von der Ordnung der Dinge.

Grenzen formen Ordnungen (Albert u.a. 2001). Räumliche Grenzen formen eine hierarchische räumliche Ordnung, in die Orte verschiedener Zentralität (Ober-, Mittel-, Unterzentren) einsortiert werden können. Taxonomische Grenzen, wie sie aus der Definitionslehre und der Botanik bekannt sind, gliedern betrachtete Objekte durch Oberbegriffe und Unterbegriffe, Arten und Gattungen. In welchem Verhältnis stehen Grenzen und Ordnungen? Gewiß ist es möglich, an einem spanischen Badestrand einen Dortmunder zu treffen, vielleicht auch zwei, doch ist es unwahrscheinlich, daß uns 500 Dortmunderinnen und Dortmunder an einem spanischen Badestrand über den Weg laufen. Es gibt nur einen Ort auf dieser Welt, wo eine solche Begegnung nicht ungewöhnlich wäre, nämlich innerhalb der Grenzen der Stadt Dortmund. Helmut Willke erklärt den „Sinn von Grenzen" mit der „Steigerung stabilisierbarer Unwahrscheinlichkeit", weil

„Grenzen, indem sie definieren, was ausgeschlossen wird, zugleich die Bedingungen definieren, unter denen das Eingeschlossene auf sich selbst verwiesen ist. Diese Selbstverweisung oder Selbstreferenz läßt sich dann unter dem Schutz einer geeigneten Grenze [...] steigern" (Willke 2000: 57).

Wer den Geräteschuppen aufräumt oder Standorte für Einzelhandel plant, steigert Unwahrscheinlichkeit, denn ohne Intervention würde die angestrebte Ordnung ausbleiben. Werden keine Grenzen gezogen, kehrt auch rasch wieder Unordnung zurück. Indem ich die Heckenschere getrennt vom Spaten aufbewahre, indem ich Großmärkte an nicht integrierten Standorten verbiete, nutze ich Grenzen zur Aufrechterhaltung der Ordnung. Gleichzeitig bestimmt die angestrebte Ordnung, wie die Grenzen gezogen werden sollen. Werden Dinge in einem Museum ausgestellt, ist eine andere Klassifikation angebracht als in einem Kaufhaus. Durch einen Vergleich der Präsentationstechniken im British Museum und bei Selfridges wird bewußt, wie die Einteilungen und Abgrenzungen ausgestellter Dinge ungleiche Wertvorstellungen widerspiegeln (Cummings und Lewandowska 2000).

An der Einteilung reiner und unreiner Tiere (Levitikus 11) demonstriert Mary Douglas, weshalb viele Ordnungssysteme durch stillschweigende, manchmal irrational erscheinende Hintergrundannahmen gebildet werden:

„Within a particular cultural scheme things are defined as being the same if they belong to the same set. If things show the necessary criteria for belonging to the set, they have a shared identity, a resemblance. For ethno-science the question is how the things get into the set in the first place. Does their common identity depend on belonging to it, or does belonging to the set depend on their having the same properties? Defining similarity by belonging to the set and defining the set by the similarity of its members is circular" (Douglas 1996: 149).

Wir wissen nichts über die Hintergrundannahmen, die dazu geführt haben, das Kamel und den Klippdachs (Levitikus 11,4–5) in dieselbe Gruppe unreiner Tiere einzuordnen. Ist es rationaler, eine Städtegruppe zu bilden, in der sich Mülheim an der Ruhr und Bochum, nicht aber Bottrop und Recklinghausen befinden? Doch vielleicht ist Rationalität hier gar nicht entscheidend. Wichtiger ist die Einsicht, daß Ordnungen, Einteilungen, Grenzen *gemacht* werden und nicht bereits sind. Dann freilich ist nach den Gründen zu fragen, weshalb das Kamel und der Klippdachs in die Gruppe unreiner Tiere oder Mülheim und Bochum zur Städteregion Ruhr gerechnet werden. Unsere Grenzziehungen sagen mehr über uns und unsere Ordnungsvorstellungen aus als über eine „natürliche" Ordnung der Dinge. Der enge Zusammenhang zwischen Grenzen, Ordnungsvorstellungen und Vorverständnis wird von Michel Foucault aufgedeckt, wenn er aus einem (angeblichen) „chinesischen Wörterbuch" zitiert:

„Tiere teilt man ein in (a) Tiere, die dem Kaiser gehören; (b) einbalsamierte Tiere; (c) gezähmte; (d) Milchschweine; (e) Sirenen; (f) Fabeltiere; (g) herrenlose Hunde; (h) in diese Gruppierung gehörige; (i) die sich wie Tolle gebärden; (j) jene, die unzählbar sind; (k) die mit einem ganz feinen Pinsel aus Kamelhaar gezeichnet sind; (l) und so weiter; (m) die den Wasserkrug zerbrochen haben; (n) die von weitem wie Fliegen aussehen" (Foucault 1966: 17; Punkt j fehlt in der deutschen Übersetzung).

Foucault bezeichnet die Definition als denkunmöglich. Die Aufzählung sei absurd; sie mache das *und* in jeglicher Aufzählung zunichte. Der Raum, in dem das „chinesische Wörterbuch" Tiere voneinander abgrenze, existiere nicht (Foucault 1966: 19–21). Niemand besitzt ein Vorverständnis, das sinnvoll zwischen einbalsamierten Tieren und Tieren unterscheiden läßt, die den Wasserkrug zerbrochen haben. Doch Grenzen und Ordnungsvorstellungen erscheinen nur dann sinnvoll, wenn ihnen ein plausibles Vorverständnis zugrunde liegt.

Das „chinesische Wörterbuch" ruft uns in Erinnerung, daß Grenzen, Einteilungen, Ordnungen nur möglich sind, wenn es einen Raum (*tabula normalis*) gibt, in dem Grenzen gezogen, Einteilungen vorgenommen und Ordnungen hergestellt werden können. Dieser Raum wird durch unser Vorverständnis einer „richtigen" Ordnung der Dinge gebildet. Freilich sollte man die Erwartungen an die Plausibilität unseres Vorverständnisses nicht überspannen. Nicht alles, was verstanden wird, ist vernünftig. Doch wer die Einteilung der Tiere im „chinesischen Wörterbuch" als den Scherz eines Philosophen abtut, sollte über Einteilungen nachdenken, mit denen Menschen nach Geschlecht, Einkommen, Hautfarbe, Nationalität, Freizeitverhalten, Religion, Grundwerten eingeteilt und voneinander abgegrenzt werden (Rose 1935: 206). Lohnend ist auch, über die Gründe nachzudenken, mit denen Staatsgrenzen erklärt und gerechtfertigt werden. Was solchen Einteilungen – etwa der Definition der Fremden, der Staatsgebiete – an logischer Schlüssigkeit fehlt, wird durch stillschweigend vorausgesetzte Ordnungsvorstellungen und Grenzen ersetzt. Vorverständnis, so zeigt uns Foucault, kann auch eine Ausrede für Dummheit sein.

31–33

BRAUCHBARE GRENZEN

GRENZEN TEILEN, TRENNEN, VERBINDEN

In den meisten Fällen ihres Gebrauchs haben Grenzen zumindest drei Funktionen: Grenzen teilen, trennen, verbinden. Diese Funktionen sind mehr oder weniger stark ausgeprägt, wie an einem Haus veranschaulicht werden kann. Die physischen Grenzen innerhalb eines Hauses – Stockwerke, Mauern, Räume – dienen der Aufteilung der Nutzungen: Dort ist die Küche, hier das Wohnzimmer, im ersten Stock sind die Schlafzimmer. Die äußeren Grenzen des Hauses – Außenmauern, Grundstücksgrenzen, Zäune – trennen das Haus und seine Wohnfunktionen von anderen Grundstücken und Häusern sowie vom halböffentlichen und öffentlichen Raum. Hier stehen meine Möbel, hier wohne ich, dort ist die Straße und das Nachbarhaus. Und doch finden wir an den Grenzen stets Übergänge – Eingänge, Türen, Zufahrten –, die voneinander abgegrenzte Räume verbinden. Hier kann ich mein Haus betreten oder verlassen, hier begrüße ich Gäste, hier gibt mir die Briefträgerin meine Post, am Zaun stehend kann ich mit dem Nachbarn plaudern.

Denken wir uns eine oder zwei dieser Funktionen weg, entsteht liminale Dysfunktionalität. Liminale Dysfunktionalität ist eine Störung der Funktionen einer Grenze. Solche Störungen treten auf, wenn den Grenzen eines Hauses das Teilende, Trennende, Verbindende gänzlich fehlt: Kann das Haus nicht nach Nutzungen aufgeteilt werden, etwa weil Zwischenwände, Decken, Fußböden fehlen, ist es nach allgemeiner Verkehrsauffassung unbrauchbar. Ebensowenig wäre ein Haus zu gebrauchen, in dem ein Poltergeist die Aufteilung der Möbel rückgängig macht. Ist das Haus und das Grundstück, auf dem es steht, von anderen Grundstücken, Häusern und vom öffentlichen Raum nicht getrennt, verschafft es keine Privatheit. Das Haus ohne trennende Grenze nach außen ist nicht mehr *mein* Haus, sondern ein fremdes oder gemeinnütziges Haus, oder es gehört zum öffentlichen Raum. Besteht zwischen dem Haus und seiner Umgebung keinerlei Verbindung, ist es als Wohnraum ungeeignet. Ohne Verbindung zum öffentlichen Raum kann das Haus weder betreten noch verlassen werden. Für jene, die im Haus sind, ist es ein Gefängnis; für alle anderen ein Raum, in den sie nie gelangen können. Das Haus, das alle jederzeit betreten können, das Haus, das nicht nach Nutzungen aufgeteilt werden kann, und das Haus, das niemand betreten oder verlassen kann, sind liminal dysfunktional (Newman 1972). Es sind überhaupt keine Häuser, sondern Unterstände, Lagerhallen, Katakomben, Verliese.

Liminale Funktionalität liegt in der Regel nur vor, wenn die Grenzen eines abgegrenzten Raumes teilen, trennen, verbinden:
- Grenzen dienen der *Einteilung*, indem sie das Verhältnis zwischen einem Ganzen und seinen Teilen bestimmen. Durch die Einteilung wird das Ganze gegliedert, überschaubar, handhabbar. Die Einteilung macht die einzelnen Teile unterscheidbar, hat aber nicht den Zweck, die einzelnen Teile völlig voneinander oder vom Ganzen zu trennen. Teilende Grenzen gestalten Innenwelten.
- Grenzen dienen der *Trennung*, indem sie das Verhältnis zwischen dem Abgegrenzten und seiner Außenwelt bestimmen. Die Trennung unterstreicht Unterschiede. Durch die Trennung wird das Abgegrenzte von seiner Umgebung unterschieden, distanziert, bis zu einem gewissen Grad isoliert. Trennende Grenzen gestalten Außenwelten.
- Grenzen dienen der *Verbindung*, indem sie Übergänge zwischen Abgegrenztem bestimmen. Die Verbindung unterstreicht Ähnlichkeiten. Durch die Verbindung wird das Abgegrenzte zugänglich, es kann betreten oder verlassen werden, Kommunikation und Austausch finden statt. Verbindende Grenzen gestalten Annäherung.

34

Privatgrundstück
Unberechtigt parkende Fahrzeuge werden kostenpflichtig abgeschleppt!

Kundenparkplatz

widerrechtlich parkende **Fahrzeuge** werden kostenpflichtig **abgeschleppt!** *bzw. verschrottet!*

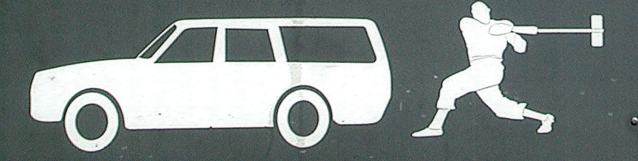

Die gleichzeitige Erfüllung der drei Funktionen ist eine notwendige Bedingung liminaler Funktionalität. Dies gilt für Häuser und Grundstücke, Länder und Städte, soziale Räume und *personal space*. Die Bedingungen für liminale Funktionalität sind allgemeingültig, doch erst im Einzelfall ist zu beurteilen, *welche* Teilungen, Trennungen, Verbindungen zur Funktionsfähigkeit eines abgegrenzten Raumes zweckmäßig sind. Allerdings erfüllen abgegrenzte Räume die ihnen zugedachten Funktionen zumeist nur, wenn die drei Grenzfunktionen gewahrt sind.

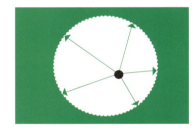
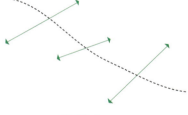

Einteilung **Trennung** **Verbindung**

Objekt 13: Grenzfunktionen

Den drei Grenzfunktionen entsprechen drei Blickwinkel, unter denen Grenzen betrachtet werden: der übergeordnete Blickwinkel, der Blickwinkel des Zentrums, der Blickwinkel der Peripherie. Vom übergeordneten Blickwinkel aus sieht man, wie die Grenze etwas Größeres gliedert. Der übergeordnete Blickwinkel betont die Einteilung des Abgegrenzten, weshalb etwa die teilenden Grenzen innerhalb eines Landes der ausgewogenen Aufteilung der Macht dienen (Anderson 1996: 106–126; Ante 1995: 434–435). Aus dem Zentrum eines einzelnen Teils ist zu sehen, wie die Grenze die benachbarten Teile abtrennt. Harte, klare Grenzlinien und betonte Unterschiede entsprechen der Sicht aus dem Zentrum. Lord Curzon erklärte den geopolitischen Wert scharfer Trennungsgrenzen mit einem Vergleich, der dem Blickwinkel des Zentrums entspricht: So wie der Bürger sein Haus schützt, müsse ein Staat die Integrität seiner Grenzen wahren, um seine Existenz zu behaupten (Curzon 1907: 7). An der Peripherie werden die Ähnlichkeiten zwischen dem Abgegrenzten deutlich (Rose 1935: 208–217; Rumley und Minghi 1991). Hier treten Verbindungen zwischen abgegrenzten Bereichen in den Vordergrund, denn „die Grenze ist keine Erfindung der Menschen an der Grenze, sondern der Zentralen" (Gauß 1999: 27). Der praktische Gebrauch der Grenzen ist besser verständlich, wenn man weiß, mit welchem Zentrum, mit welcher Peripherie und mit welchem übergeordneten Blickwinkel man es zu tun hat.

Die Grenzfunktionen (teilen, trennen, verbinden) sind wahrnehmungsabhängig. Dazu ein Beispiel: Aus europäischer Perspektive steht bei den Grenzen der einzelnen EU-Mitgliedstaaten die Teilungsfunktion im Vordergrund, nämlich die Einteilung Europas in Länder. Aus der Perspektive einzelner EU-Mitgliedstaaten werden die Staatsgrenzen hingegen als eine – immer schwächer werdende – Trennung angesehen, nämlich als Code für verbliebene nationale Zuständigkeiten oder Besonderheiten. Für die Bewohner der Grenzregionen bietet die Grenze vor allem auch die Gelegenheit zum grenzüberschreitenden Waren- und Berufsverkehr. Dieselben Grenzen, nämlich die Grenzen der einzelnen EU-Mitgliedstaaten, erschei-

35–37

nen somit je nach Wahrnehmungsperspektive als teilende, trennende oder verbindende Grenzen. Einzelne Funktionsaspekte der Grenzen treten bei wechselnder Wahrnehmung in den Vorder- oder Hintergrund. Die deutsch-polnische Grenze war aus der Sicht Deutschlands, Polens und der Europäischen Union bis zum 1. Mai 2004 vor allem eine trennende Grenze; aus europäischer Sicht war es eine Außengrenze der Europäischen Union. Der Beitritt Polens zur Europäischen Union verschob die Trennungsgrenze aus europäischer Sicht an die Curzon-Linie, aus nationalstaatlicher Perspektive blieb das Trennende der deutsch-polnischen Grenze im Vordergrund, allerdings gewann die grenzüberschreitende Integration an Bedeutung (Anderson 1996: 60–63; Anderson 2000: 95; Anderson 2003: 324 und 650–656; Bafoil 1999; Bernstein 2004; Hailbronner 1997: 237; Hartshorne 1933; Persson 1999; Zielonka 2002).

Liminale Funktionalität hängt von der Zufriedenheit derjenigen ab, die Grenzen errichten oder durch Grenzen betroffen sind; sie ist keine objektive Eigenschaft einer Grenze. Aus Sicht der Betroffenen können Grenzen aus verschiedenen Gründen unbrauchbar sein. Störungen treten auf, wenn eine Grenze an der falschen Stelle oder mit falschen Mitteln gezogen wird, wenn eine Grenze zu stark oder zu schwach ausgeprägt ist. Sind Grenzen unbrauchbar, liegt dies oft an der Überbetonung oder Vernachlässigung einzelner Grenzfunktionen. Die Einteilung eines Landesgebietes in Regierungsbezirke gelingt nur, wenn die Bezirksregierungen innerhalb *ihrer* Bezirksgebiete tätig werden. Darf jede Bezirksregierung überall einschreiten, sind Kompetenzkonflikte unvermeidbar (Problem einer Einteilung mit zu geringer Trennung). Durch den Gartenzaun werden zwei Nachbargrundstücke voneinander getrennt. Wird der Gartenzaun mit Stacheldraht und Wachtürmen ausgestattet, sind gutnachbarliche Beziehungen unmöglich (Problem einer Trennung mit zu geringer Verbindung). Liminale Dysfunktionalität beeinträchtigt den abgegrenzten Raum. Herrschaftsräume, in denen unnötige Zuständigkeitskonflikte auftreten, können nicht effizient verwaltet, und Wohngebiete mit Stacheldraht zwischen Nachbargrundstücken nicht bewohnt werden.

BEDEUTUNG UND GEBRAUCH DER GRENZEN

Vor der Industrialisierung lag das Ruhrgebiet an einer Peripherie. Das Gebiet der heutigen Städte Essen, Gelsenkirchen, Bochum war Grenzgebiet zwischen der Rheinprovinz und der Provinz Westfalen. Die periphere Lage begünstigte die intensive Landschaftsnutzung und die Entwicklung wirtschaftlicher Macht fernab der Zentren staatlicher Macht. Der Aufschwung der Kohle- und Stahlindustrie und das außerordentliche Bevölkerungswachstum schufen einen wirtschaftlichen und sozialen Funktionsraum am Rande staatlichen Einflusses. Erst 1920 wurde für diesen Funktionsraum ein Herrschaftsraum geschaffen (Bühler und Kerstiens 1926). Im Rheinisch-Westfälischen Kohlenbezirk (§ 1 SVR-G) trat der Siedlungsverband Ruhrkohlenbezirk in vielen grenzüberschreitenden Angelegenheiten anstelle der Kommunen (§§ 16 und 17 SVR-G). Außerdem trat die Zuständigkeit des Verbandspräsidenten anstelle der Zuständigkeiten der Regierungsbezirke Arnsberg, Düsseldorf und Münster sowie der Oberpräsidenten der Rheinprovinz und der Provinz Westfalen (§ 24 I SVR-G). Verband und Verbandspräsident erlangten gegenüber den preußischen Provinzialbehörden eine Sonderstellung, die durch die Randlage des Ruhrgebiets gerechtfertigt schien (Schmitz 1926: 28). Mit der Bildung des Landes Nordrhein-Westfalen erlangte das Ruhrgebiet eine zentrale Lage. Der Siedlungsverband setzte seine Tätigkeit fort, anstelle des Verbandspräsidenten trat die Außenstelle des nordrhein-westfälischen Wiederaufbauministeriums und später die Landesbaubehörde Ruhr (Froriep 1970: 2915). Es ist ironisch, daß die Verschiebung des Ruhrgebiets in die Mitte des Landes Nordrhein-Westfalen zum Verlust der behördlichen Sonderstellung führte. Die Zuständigkeit für Regionalplanung wurde 1975 den Bezirksregierungen übertragen, der SVR wurde 1979 zum KVR. In der Rückkehr zur preußischen Provinzial- und Bezirksgliederung wirken die peripheren Ursprünge des Ruhrgebiets nach. Diese Nachwirkung teilt das Ruhrgebiet auf zwei Landschaftsverbände und drei Regierungsbezirke auf. Der Herrschaftsraum stimmt nicht mit den Funktionsräumen überein. Die Inkongruenz trifft nicht nur auf die Mittelinstanz, sie trifft vor allem auch auf die Städte zu. Ein Blick auf eine Karte des Siedlungsgebiets der Städteregion Ruhr (► Objekt 5, S. 22) zeigt, daß die Eingemeindungen der Jahre 1974 bis 1976 die wilden Grenzen des Ruhrgebiets nicht gezähmt haben.

Wären nur Rasiermessergrenzen (► S. 49) „gute" Grenzen, hätte das Ruhrgebiet keine guten Grenzen. Die klassische Regionalisierung bietet zwei Lösungsversuche an, um Rasiermessergrenzen im Ruhrgebiet zu ziehen: Konzentration oder Fragmentierung. Die Konzentration besteht darin, den Herrschaftsraum an die weiteste Ausdehnung funktionsräumlicher Verflechtungen anzupassen. Beispiele für Konzentrationslösungen sind der Siedlungsverband Ruhrkohlenbezirk, die Ruhrstadt, ein Regierungsbezirk Ruhrgebiet. Die Fragmentierung besteht darin, die Herrschaftsräume so zuzuschneiden, daß das Ruhrgebiet verschwindet und in anderen, klar abgegrenzten Territorien aufgeht. Beispiele für Fragmentierungslösungen sind die Aufteilung auf zwei Landschaftsverbände und drei Regierungsbezirke, aber auch die verwirrenden Zuschnitte diverser Einzelaktionen des Landes, die „kommunale Zusammenarbeit im Zeichen interregionaler Konkurrenz" (Kilper 1995: 88–94) organisieren: Internationale Bauausstellung Emscher Park, Zukunftsinitiative NRW, Europäische Metropolregion Rhein-Ruhr, Projekt Ruhr GmbH. Ein befremdendes Beispiel für Fragmentierung ist auch der Versuch, den Regierungsbezirk Düsseldorf gegenüber dem „Essener Oberbereich" aufzuwerten (Blotevogel 1992). Wie die Geschichte der Verwaltungsreformen und

38–40

Neugliederungen belegt, kann das Ruhrgebiet weder durch Konzentration noch durch Fragmentierung „gute" Grenzen erlangen. Regionale Bodenordnung, also territoriale und institutionelle Reform (► S. 40), klärt das Rätsel der Grenzen nicht auf. Ist das Ruhrgebiet dauerhaft zur liminalen Dysfunktionalität verurteilt? Die Leitbilder *Städteregion Ruhr 2030* (► Objekt 3, S. 19) verneinen diese Frage. Liminale Funktionalität entsteht nicht durch „gute", sondern durch brauchbare Grenzen.

Für verschiedene Menschen haben Grenzen jeweils andere Bedeutungen. Wer Sehnsucht nach fernen Orten empfindet, sieht in Grenzen eine Beschränkung, wer hingegen eine sichere Heimat bevorzugt, sucht die Geborgenheit ihrer Grenzen. Für Kommunalpolitiker bestimmt die Stadtgrenze die Reichweite des Wettbewerbs um Wählerstimmen. Für ein Unternehmen, das Produkte weltweit vertreibt, ist die Grenze seiner Standortgemeinde nicht so bedeutsam. Die Bedeutung einer Grenze liegt, wie Ludwig Wittgenstein meint, in ihrem regelmäßigen Gebrauch:

„Wenn man aber eine Grenze zieht, so kann das verschiedenerlei Gründe haben. Wenn ich einen Platz mit einem Zaun, einem Strich, oder sonst irgendwie umziehe, so kann das den Zweck haben, jemand nicht hinaus, oder nicht hinein zu lassen; es kann aber auch zu einem Spiel gehören, und die Grenze soll etwa von den Spielern übersprungen werden; oder es kann andeuten, wo der Besitz eines Menschen aufhört und der des anderen anfängt; etc. Ziehe ich also eine Grenze, so ist damit noch nicht gesagt, weshalb ich sie ziehe" (Wittgenstein 1953: 432–433, § 499).

Betrachte ich den Zaun manchmal als Eigentumsgrenze, dann als spielerisch zu überspringendes Hindernis und ohne erkennbaren Grund später als sakralen Gegenstand, verliert der Zaun seine Bedeutung als Grenze. Der Gebrauch einer Grenze erlangt seine Bedeutung, wenn er einer erkennbaren und anerkannten Regel folgt (konventionaler Grenzbegriff ► S. 59). Die Bedeutung einer Grenze wird durch ihren regelgeleiteten Gebrauch bestimmt.

Grenzen dienen dazu, Bestandsinteressen, Zuordnungsinteressen, Nutzungsinteressen, Identitätsinteressen zu befriedigen. Die „verschiedenerlei Gründe", die Ludwig Wittgenstein hinter Grenzen vermutet, fallen in eine der vier Kategorien. Das *Bestandsinteresse* betrifft die räumliche Ausdehnung des Territoriums, also etwa Größe und Umfang eines Stadtgebiets, einer Grundparzelle, einer sozialen Gruppe, eines Marktes. Begehrt eine Stadt die Eingemeindung ihrer Nachbargemeinden, protestiert eine Grundeigentümerin gegen die Versetzung des Grenzzauns, wirbt eine ausländische Religionsgemeinschaft um Mitglieder im Inland oder verteidigt ein Unternehmen sein Absatzgebiet, werden Territorien beansprucht. Das *Zuordnungsinteresse* betrifft das Recht oder die tatsächliche Möglichkeit, über das Territorium zu verfügen. Beispiele für Zuordnungen sind die Zuständigkeiten der Kommunalbehörden, das Eigentumsrecht, die Konstruktion der Gruppenzugehörigkeit, die Marktbeherrschung. Das *Nutzungsinteresse* ist auf Vorteile gerichtet, derentwegen sich jemand eines Territoriums bemächtigt. Räumlicher Machtausübung dienen der Schutz öffentlicher Interessen durch Bauleitpläne, die Grundstücksnutzung, die Teilnahme an den sozialen Praktiken einer Gruppe, das Ausnutzen eines Marktvorteils. Das *Identitätsinteresse* betrifft die Bindung zwischen den handelnden Personen und einem Gebiet. Beispiele sind der Lokalpatriotismus, der Eigentümerstolz, die weltanschauliche Übereinstimmung mit anderen Gruppenmitgliedern, die Verbundenheit eines Unternehmens mit seiner „Adresse".

41

	Bestandsinteresse	**Zuordnungsinteresse**	**Nutzungsinteresse**	**Identitätsinteresse**
Stadt	Stadtgebiet	Zuständigkeiten	Verwaltung	Lokalpatriotismus
Boden	Grundparzelle	Eigentumsrecht	Bodennutzung	Besitzstolz
Gruppe	Zugehörigkeit	Inklusion	Teilhabe	Übereinstimmung
Unternehmen	Marktgröße	Marktanteil	Marktvorteile	„Adresse"

Objekt 14: Interessen an Grenzen und Territorien

Die Interessenbefriedigung mittels Grenzen und Territorien heißt Territorialität (Agnew 2000b; Altman 1975; Eibl-Eibesfeldt 1997: 455–481; Ericksen 1980; Greenbie 1976; Haggett 2001: 510–515; Hall 1959: 187–209; Hall 1966; Malmberg 1980; Newman 1972: 51–77; Sack 1986; Sommer 1969: 39–57; Storey 2001). Die bekannteste Form der Territorialität ist die territoriale Souveränität. Darunter versteht man das ausschließliche Recht der Staaten, auf ihrem Staatsgebiet staatliche Funktionen (Gesetzgebung, Verwaltung, Gerichtsbarkeit) auszuüben (Brownlie 1998: 105–106; Hailbronner 1997: 216–217). Es wird auch Territorialität ausgeübt, wenn eine Oberbürgermeisterin nur Briefpapier mit dem Wappen ihrer Stadt verwendet, ein Kleingärtner einen Gartenzwerg an der Grundstücksgrenze positioniert oder Wohnungen in einem wohlhabenden Stadtteil nicht an Ausländer vermietet werden. Wissenschaftlich ist das Konzept der Territorialität umstritten. Territorialität sei „heute jedenfalls, ein für soziale Systeme ganz untypisches, eher exotisches, eher die normale gesellschaftliche Mobilität störendes Grenzprinzip. Territoriale Grenzen sind ein Sonderfall von Sinngrenzen" (Luhmann 1984: 266). Der Einwand Luhmanns greift zu kurz und erinnert an die „stumme Sprache" der Proxemics und an den Hinweis Edward T. Halls, wonach Territorialität ähnlich wie Sexualität tabuisiert sei: „Man has developed his territoriality to an almost unbelievable extent. Yet we treat space somewhat as we treat sex. It is there but we don't talk about it" (Hall 1959: 188). Gewiß tritt Territorialität nicht nur als Revierkampf in Erscheinung, in dem „Tiere sich mit ihrem Lebensraum identifizieren, ihn kennen, ihn verteidigen", oder als Zuständigkeitskonflikt zwischen reisenden Bischöfen und lokalen Kirchenfürsten (Luhmann 1984: 266). Territorialität kann auch innerhalb politischer, wirtschaftlicher, sozialer, kultureller Räume praktiziert werden, deren Grenzen häufig verflüssigt sind (Sack 1986). Die „normale gesellschaftliche Mobilität", die viele Grenzen beweglich handhabt, schließt territoriales Verhalten keineswegs aus. Luhmanns Kritik ist daher ein Anlaß, die Territorialität einer verflüssigten Moderne (Bauman 2000) zu erforschen, sie erfordert keinen Verzicht auf den Begriff der Territorialität.

KONVENTIONEN FÜR BRAUCHBARE GRENZEN

Eine Grenze gebraucht, wer Territorialität durch die Errichtung, Veränderung oder Beseitigung der Grenze ausübt (Altman 1975; Malmberg 1980; Pellow 1996; Storey 2001: 146). Wer eine Grenze zieht, markiert ein Territorium, wer eine Grenze überschreitet, verläßt oder erweitert ein Territorium. Selten erfolgen solche Handlungen zufällig, häufig dienen sie der Durchsetzung eigener Interessen (▶ Objekt 14). Territoriales Verhalten besitzt räumliche Auswirkungen, nutzt Grenzen, kontrolliert Raum (Sack 1986). Wenngleich territoriales Verhalten bestimmte andere Ansprüche auf denselben Raum ausschließt, wird ausschließende Territorialität nicht lückenlos praktiziert. Derselbe Raum wird nacheinander genutzt: Wir beanspruchen im Restaurant, „unseren" Tisch ausschließlich zu nutzen, doch entsteht kein Konflikt, wenn andere Gäste am Tisch Platz nehmen, den wir gerade verlassen haben. Derselbe Raum wird aber auch gleichzeitig genutzt: Während wir an „unserem" Tisch territoriales Verhalten praktizieren, nutzt die Inhaberin „ihr" Restaurant zu Erwerbszwecken. Zum Teil liegt die Erklärung für simultane Territorialität darin, daß „ihr" Restaurant und „unser" Tisch als unterschiedliche Räume anzusehen sind. Überwiegend sind es freilich Konventionen für brauchbare Grenzen, die simultane Territorialität zulassen.

42

Durch Grenzen wird die Reichweite der Herrschaft festgelegt: Bis zur Grundstücksgrenze erstreckt sich das ausschließliche Nutzungsrecht der Eigentümerin; durch Werbung in der Lokalzeitung markiert und verteidigt eine Pizzabäckerei ihren Wirtschaftsraum gegenüber konkurrierenden Imbißlieferanten; die Grenzen des Gemeindegebiets sind zugleich die Zuständigkeitsgrenzen des kommunalen Planungsamtes; die Grenzen meiner Körperkraft oder technischen Hilfsmittel (Fahrrad, Rollstuhl, Auto) sind auch die Grenzen des Raumes, den ich durch meine Mobilität innerhalb bestimmter Zeit überwinden und insofern beherrschen kann. Doch selbst wenn Individuen eindeutige Vorstellungen von diesen Grenzen und ihren klar abgegrenzten Territorien haben, ist das kollektive Resultat territorialer Festlegungen weder eindeutig noch klar definiert. Vielmehr beziehen sich unterschiedliche territoriale Festlegungen gleichzeitig auf dasselbe Gebiet, ihre liminale Funktionalität wird erst durch geeignete Arrangements sichergestellt: Der Bebauungsplan verbietet der Eigentümerin, ihr Grundstück mit einem fünfstöckigen Mietshaus zu bebauen; weil ich keine Pizza mag, fahre ich mit dem Fahrrad zum Döner-Laden in den nächsten Stadtteil. Gelegentlich sind die Arrangements für die Handhabung der Grenzen und Territorien einseitig und robust (die Eigentümerin kann die Festsetzungen des Planungsamtes nicht ohne nachteilige Rechtsfolgen ignorieren), oft werden sie durch Verhandlungen formlos geändert und angepaßt, um territoriale Positionen zu verbessern (die Pizzabäckerei macht mir ein Angebot, das ich nicht abschlagen will). In jedem Fall leisten die Arrangements der Grenzen und Territorien, daß mancherlei räumliche Ansprüche gleichzeitig umgesetzt werden können: Durch viele Grenzen, viele Territorien.

	Interesse	Raumbezug	Grenzziehung	Kontrolle
Hoheitsgewalt	Ausübung der örtlichen Zuständigkeit	Hoheitsgebiet	politische und administrative Grenzen	rechtliche und militärische Durchsetzung
Politik	Erfolg im Wettbewerb um Wählerstimmen	Teilräume für demokratische Willensbildung	Grenzen der Wahlkreise	politische Werbung und Propaganda
Eigentum	ungestörte Nutzung privater Rechte	Grundstück, Baulichkeiten	Grundgrenze, Wohnungsgrenze	rechtliche und faktische Störungsabwehr
Kultur	Pflege kultureller Praktiken	räumliche Verteilung kultureller Praktiken	Sprachgrenzen, Religionsgrenzen	Betonung kultureller Differenz
Wirtschaft	Einkommenserzielung, Bedürfnisbefriedigung	Wirtschaftsraum, Märkte	Grenze des Angebots und der Nachfrage	wirtschaftliches Konkurrenzverhalten
Gesellschaft	Verwirklichung gesellschaftlicher Präferenzen	räumliche Verteilung sozialen Verhaltens	Reichweite sozialer Inklusion und Exklusion	soziale Kontrolle, Diskriminierung
Verkehr	Personen- und Gütermobilität	räumliche Verteilung der Verkehrsströme	Erreichbarkeit, Grenzen der Mobilität	Erhöhung oder Absenkung der Mobilität
Umwelt	Schutz und Nutzung natürlicher Ressourcen	ökologische Zusammenhänge, Umweltraum	Grenzwerte für Umweltgüte und -belastungen	Überwachung der Umweltqualitätsziele

Objekt 15: Gebrauch und Bedeutung von Grenzen und Territorien

43

Manche Abhandlungen über Territorialität sind – wie ältere Theorien der Grenze – von naturalistischen Irrtümern geprägt. Der „Lebensraum" (Ratzel 1901) oder der „territoriale Imperativ" (Ardrey 1966) sehen in Territorialität die Umsetzung „natürlicher" Ansprüche und Verhaltensweisen, die Forschungsprogramme der Proxemics (Hall 1959 und 1966) und der Humanethologie (Eibl-Eibesfeldt 1997) leiden unter schwer nachvollziehbaren Vergleichen zwischen menschlichem und tierischem Verhalten. Ungeachtet ihrer Popularität weisen solche Untersuchungen zahlreiche Widersprüche auf und lassen wichtige Fragen unbeantwortet. Unter dem Blickwinkel der Border Studies interessiert vor allem, wie auf demselben Gebiet verschiedene Territorien organisiert werden. Ein typisches Beispiel für simultane Territorialität bietet das Verhältnis zwischen territorialer Souveränität und Eigentum. Wie ist der ausschließliche Ordnungsanspruch des Staates mit dem ausschließlichen Nutzungsrecht des Eigentümers vereinbar? Wie kann, um die Frage noch etwas komplizierter zu stellen, dasselbe Gebiet gleichzeitig als Teil des Bundesgebietes durch Bundesorgane, als Teil eines Landesgebietes durch Landesorgane und als Teil eines Gemeindegebietes durch Kommunalorgane verwaltet werden? Hinweise auf den „Kampf um Raum" oder den territorialen Imperativ erklären simultane und geschichtete Territoriumsbildungen jedenfalls nicht. Auch bleibt offen, wie sich Territorialitätsregime herausbilden und zueinander verhalten. Staatliche, sachenrechtliche, soziale, wirtschaftliche Territorialität wird jeweils anders ausgeübt. Keine Kommune dürfte ihre Planungsbefugnisse wie ein Wirtschaftsunternehmen nutzen und Flächenwidmungen an den Meistbietenden verkaufen. Umgekehrt stießen Grundeigentümer auf Unverständnis, wollten sie ihre territorialen Ansprüche durch Grundgerichtsbarkeit und Besteuerung umsetzen. Als ausdifferenzierte soziale Konstruktion der Grenzen und Territorien sind solche Unterschiede durchaus erklärbar (Agnew 2000b; Hannerz 1997; Newman 2000; Paasi 1998; Pratt 1998; Sack 1986: 161–162 und 206–215; Soja 1996: 159–163; Young 2002). Diese Unterschiede sind aber weder natürlich noch begründen sie exklusive Ansprüche, die jede andere Territoriumsbildung ausschließen.

Angesichts vielfältiger Grenzen und Territorien (► Objekt 15, S. 75) sind brauchbare Grenzen durch eine Verbindung zwischen konventionalem Grenzbegriff und liminaler Funktionalität zu erklären: Konventionen über Grenzen, die liminal funktional sind, schaffen brauchbare Grenzen. Selten sind brauchbare Grenzen zugleich Rasiermessergrenzen (► S. 49). Brauchbare Grenzen können durch geschichtliche Überlieferung,

44

Machtausübung, Konsensbildung, dynamische Marktbereinigung entstehen. Jeweils sind Exklusion und Inklusion aber nicht natürlichen Grenzen oder territorialen Imperativen geschuldet, sondern der sozialen Konstruktion der Grenzen (Newman 2001; Paasi 1998). Konventionen über Grenzen vermeiden liminale Dysfunktionalität und gewährleisten liminale Funktionalität. Der konventionale Charakter brauchbarer Grenzen, dies sei nochmals betont, ist keine Garantie dafür, daß solche Konventionen barmherzig und selbstlos sind. Durch Grenzen werden Machtsphären festgelegt. Brauchbare Grenzen sind daher nicht notwendigerweise in einem moralischen oder ethischen Sinne gut. Grenzen sind brauchbar, weil sie von jenen, die ihre Interessen mit Nachdruck vertreten können, als liminal funktional angesehen werden. Wie ist dies angesichts vieler Ansprüche auf Grenzen und Territorien möglich?

Das Dilemma klassischer Regionalisierung wird durch eine verkürzte Sicht verursacht, die Grenzen auf klare Linien, Territorien auf eindeutig zugeordnete Gebiete reduziert. Die Sichtweise wird dem praktischen Gebrauch der Grenzen und Territorien als verhandelbare Konstruktionen nicht gerecht (Albert u.a. 2001). Gerade im Völkerrecht, dem das Konzept der Rasiermessergrenzen in besonderem Maße zugeschrieben werden kann, ist die verkürzte Sichtweise – lineare Grenzen, eindeutige Territorien – längst überholt (Boggs 1940: 200–204). Internationale Beziehungen bieten daher ein reichhaltiges Anschauungsmaterial dafür, wie Regionalisierungsprobleme gelöst und brauchbare Grenzen hergestellt werden können. Ideengeschichtlich ist vor allem die Verbindung zwischen territorialer Souveränität und Kooperationsprinzip bedeutsam, weil sie gleichzeitige territoriale Festlegungen ermöglicht. In manchen Angelegenheiten dürfen die Staaten frei über ihre Territorien bestimmen, in anderen Angelegenheiten sind sie durch internationale Vereinbarungen gebunden: Gewaltverbot, Schutz der Menschenrechte, Nichtverbreitung von Atomwaffen, Nutzung der Hohen See, des Meeresbodens, des Weltraums. Internationale Grenzen und Territorien werden also nicht in einer bedingungslosen Alternative zwischen Inklusion und Exklusion gebildet, sondern in einem komplexen Arrangement abgestufter Souveränitätsrechte und zwischenstaatlicher Zusammenarbeit (Brownlie 1998: 289–299; Klein 1997: 273; Shaw 1997: 887–889; Verdross und Simma 1984: 41 und 59–65). In internationalen Beziehungen gilt Kooperation als komplementäre Größe zur territorialen Souveränität. Wer sich abgrenzt, muß auch kooperieren. Von diesem Grundsatz internationaler Beziehungen profitieren auch die Leitbilder *Städteregion Ruhr 2030:* Kooperation ist Problemlösung.

*Städte erzeugen neue Vorteile durch gemeinsames Handeln.
Die aufgabenorientierte Kooperation
ist der Eigensinn der Städteregion Ruhr.*

3 TURBULENTE HARMONIEN

REGIONALISIERUNG UND EIGENSINN

REGIONALISIERUNG DURCH KOOPERATION

„Klassische" Regionalisierung oder regionale Bodenordnung, wie sie vielfach im Ruhrgebiet stattgefunden hat (► S. 27 und 30), wird in aktuellen Wissenschaftsdiskursen über Regionen, Regionalisierung, Regional Governance weder vertreten noch befürwortet (Albrechts u.a. 2003; Benz 2003; Benz u.a. 1998; Benz u.a. 1999; Blotevogel 1998, 2000, 2002b; Frey 2003; Fürst 2001, 2003; Herrschel und Newman 2002; Knieling 2003; Knieling u.a. 2001; Le Galès 2002; Mäding 1999; Ritter 2002; Salet u.a. 2003; Weichhart 2000; Werlen 1997). Gewiß erinnern eine Definition der Regionalisierung als „problemlösungsgerechte Strukturierung eines Gesamtraumes" (Back 1995: 821) oder Konstruktionen wie die „Europäische Metropolregion Rhein-Ruhr" (Blotevogel 1998; Ritter 2002) an regionale Bodenordnung. Allerdings erwartet in der wissenschaftlichen Diskussion niemand, durch einen „großen Wurf" territorialer oder institutioneller Reformen könne zur Entwicklung stadtregionaler Agglomerationsräume beigetragen werden. Durch Regionalisierung werde keine Region „jemals zu *einem* Lebensraum im Sinne eines homogenen Aktions- und Identifikationsraums" (Blotevogel 2002b: 345).

Die Diskussion über *new regionalism* verzichtet auf den „großen Wurf" als Regionalisierungsziel und unterstreicht die Notwendigkeit differenzierender Analysen:

„Perhaps the most significant shift in urban and regional theory [...] is the fact that we no longer expect to find simple accounts of the relationships between city and regional development and policy and certainly no longer expect a ‚one size fits all' model for city-regional governance" (Herrschel und Newman 2002: 34).

Der Verlust herkömmlicher Bindungswirkungen großstädtischer Grenzen sei in Kombination mit verstärkter kleinräumiger Orientierung ein wichtiges Merkmal aktueller Regionalentwicklungen:

„Zwar leben die Menschen gerade in mehrkernigen Ballungsräumen wie Rhein-Ruhr [...] immer weniger in einzelnen Städten, sondern immer mehr in *Regionen*, also in Räumen, die weit über die politischen Grenzen einzelner Gemeinden hinausreichen, ohne nach außen eindeutig (und schon gar nicht politisch-administrativ) abgrenzbar zu sein. Aber dennoch bleibt ein wichtiger Mittelpunkt der Lebensbezüge und der raumbezogenen Identifikation kleinräumig, gleichsam als Kombination von Kiez und Region. Gerade mehrpolige Metropolregionen wie Rhein-Ruhr [...] bieten beides: dezentrale, kleinräumige Ortsbezogenheit der Lebenswelt und metropolitane Offenheit und Internationalität" (Blotevogel 2002b: 345).

Gewinnen kleinräumige Grenzen an Bedeutung während gleichzeitig großräumige Grenzen an Bedeutung verlieren, bleibt der Stellenwert der Grenzen für die Regionalisierung mehrdeutig. Das Rätsel der Grenze (► S.12) wird nicht durch regionale Bodenordnung gelöst. Ein „Eingemeindungsszenario" für Rhein-Ruhr sei „mit Sicherheit weder kommunalpolitisch zu vermitteln noch angesichts der großen Zahl ungefähr gleich starker Städte überhaupt angebracht" (Ritter 2002: 367). Doch wie kann Regionalisierung auf den beweglichen Gebrauch der Grenzen reagieren, besser noch: Grenzen selbst beweglich handhaben?

3

In der Praxis wird zur stadtregionalen Steuerung häufig eine Mischung aus formellen und informellen Instrumenten und verschiedenen Organisationsformen empfohlen. Dies bestätigt eine Untersuchung der Deutschen Akademie für Städtebau und Landesplanung sowie der Akademie für Raumforschung und Landesplanung (Benz u.a. 1998):

Steuerungskategorie	Beispiele
Ordnungsinstrumente (förmliche Planung)	• Ziele in Plänen und Programmen (förmliche Regional- und Flächennutzungspläne) • verbindliche Festlegung zentraler Orte und Einrichtungen • gemeinsamer Flächennutzungsplan (§ 204 I BauGB, § 9 VI ROG) • Raumordnungsverfahren • Planungsgebot
Vorsorgeinstrumente	• Flächenvorsorge, Flächen- und Standortausweisungen • regionale Sanierungs- und Entwicklungsgebiete
Verhandlungsinstrumente und Planungsmanagement	• Anreizinstrumente und Ausgleichsmechanismen • Kooperations- und Konsensstrategien • Information, Beratung, Moderation • Verzahnung zwischen formellen Planungsinstrumenten und Planungsmanagement
Organisationsmodelle	• territoriale Neuordnung • Regionalkreis • Regionalverband • mehrstufige Organisation der Region • projektbezogene Kooperation mit privaten Organisationen

Objekt 16: Instrumente und Organisationsmodelle für Großstadtregionen

Allerdings überwiegen die Stimmen, Regionalisierung müsse anders als durch territoriale Neugliederung oder umfassende Organisationsreformen geleistet werden. Weniger die Suche nach „Merkmalen der Regionsabgrenzung" oder Zuständigkeitsverlagerungen, vielmehr eine „neuartige Form von Politik" sei der eigentliche Gegenstand der Regionalisierung (Benz u.a. 1999: 19–20). Schlüsselbegriffe der Regionalisierung sind daher die soziale Konstituierung regionaler Räume, die Kooperation zwischen staatlichen, kommunalen und gesellschaftlichen Akteuren, die regionale Integration, die Verhandlungsdemokratie (Benz u.a. 1999: 25–26).

Der Ruf nach Kooperation ist ein Allgemeinplatz der Diskussion um Regionen, Regionalisierung, Regional Governance (Albert 2000; Benz 2003: 28–39; Benz u.a. 1998: 21–23; Benz u.a. 1999: 44–47; Fürst 2003: 443; Knieling u.a. 2001; Knieling 2003; Mäding 1999: 18; Ritter 2002). Kooperation wird als Ausgleich für den Funktionsverlust herkömmlicher Grenzen gewertet:

„Die traditionellen kommunalen und administrativen Grenzziehungen sind zwar aus verfassungsrechtlichen Gründen unverzichtbar, weil jede demokratische Legitimation durch das Wahlvolk auch festgelegte Wahlterritorien (Wahlbezirke) voraussetzt. Aber sie prägen nicht die kooperativen Abläufe in der Region. Vielmehr richten sich diese an funktionalen Kriterien aus, nämlich an der räumlichen Reichweite des Problems, zu dessen Lösung die Kooperationen dienen sollen" (Ritter 2002: 371).

4

Soll ein Regionalisierungsdefizit vor allem durch die betroffenen Kommunen behoben werden, ist Zusammenarbeit zwischen benachbarten Städten unverzichtbar. Doch ist die erwünschte Kooperation auch möglich? Häufig wird interkommunale Kooperation als Gegenbegriff zur Städtekonkurrenz gesehen (Blotevogel 2002b: 349; Frey 2003: 456; Ritter 2002: 369). Müßten Städte auf eigene, örtliche Vorteile verzichten, um gemeinschaftliche, überörtliche Vorteile zu erlangen, werden ihnen die Transaktionskosten der Kooperation (Knieling u.a. 2001: 185) als zu hoch erscheinen. Regionalisierung durch Kooperation kann nicht gelingen, wenn sie vom Idealismus der Städte abhängt. Auch wird bezweifelt, überörtliche Probleme wären durch freiwillige Zusammenarbeit zwischen benachbarten Städten zu bewältigen, weshalb „eine darauf aufbauende Strategie als hoffnungslos zu gelten hat" (Ritter 2002: 368). Neben das Rätsel der Grenze tritt somit das Rätsel der Kooperation (▶ S. 12).

Die erwähnte DASL/ARL-Studie nennt typische Aufgabenfelder der Regionalisierung: Erarbeitung eines regionalen Entwicklungsleitbildes, Steuerung der Siedlungsentwicklung, Sicherung der Freiräume und ihrer funktionsgerechten Entwicklung, Integration des Regionalverkehrs und der Kommunikationsnetze, regionale Ver- und Entsorgung, soziale Integration, Maßnahmen zur Förderung der regionalen Identität, Vertretung regionaler Interessen nach innen und außen (Benz u.a. 1998: 10–12). Im Ballungskern des Ruhrgebiets wird die Neigung zu Konkurrenz und Wettstreit, wie sie zwischen Gebietskörperschaften durchaus typisch ist, durch die außergewöhnliche Siedlungsstruktur und durch enge räumliche Nähe zwischen den Großstädten an Rhein, Ruhr und Emscher gesteigert. Klaus R. Kunzmann spricht von „kommunalpolitischen Fürstentümern" und stellt fest: Die „tägliche Konkurrenz zwischen den Städten im Ruhrgebiet läßt wenig Spielraum für regionale Zusammenarbeit" (Kunzmann 1996: 132). Wenn im Umland einer Großstadt wiederum nur Großstädte liegen, sind die Voraussetzungen für die übliche Arbeitsteilung zwischen einer Kernstadt und ihrem Umland nicht erfüllt. Dies kann anhand typischer Beispiele für eine Konkurrenz zwischen den Ruhrgebietsstädten veranschaulicht werden, bei der überörtliche, stadtregionale Interessen auf der Strecke bleiben:

- Bei der Ausweisung von *Wohnbauland* konkurrieren benachbarte Städte um Wohnbevölkerung (Benz u.a. 1998: 6). Da die bodenpolitischen Konzepte der Kommunen nicht aufeinander abgestimmt werden, kommt es zu Wohnungsmangel für benachteiligte Gruppen oder zu unverhältnismäßigem Flächenverbrauch durch Einfamilienhausbau.
- Bei der Ansiedlung von großflächigen *Einzelhandelsunternehmen* konkurrieren benachbarte Kommunen, indem sie einem Investor möglichst attraktive Standortbedingungen anbieten (z.B. durch direkte oder indirekte Subventionen). Mangels einer koordinierten Standortplanung oder anderer Ausgleichsmechanismen unterbieten sich die benachbarten Kommunen gegenseitig und gefährden integrierte Einzelhandelslagen und Stadtteilzentren in Nachbarstädten (Benz u.a. 1998: 1 und 5; Hatzfeld und Kahnert 1993).
- Bei örtlichen und überörtlichen *Infrastrukturmaßnahmen* (z.B. Standortfindung für Abfallbehandlungsanlagen, Maßnahmen zur Abwasserreinigung, Verkehrsbauten oder sonstige Verkehrsinvestitionen) verursacht die fehlende Kooperation benachbarter Städte geringe Auslastungen, überhöhte Kosten sowie qualitative oder quantitative Fehlversorgung.

- Auch bei Investitionen in *Kultureinrichtungen* kann eine individuelle Strategie zu wenig attraktiven, höchstens lokal beachteten Ergebnissen führen. Jede Stadt besitzt dann zwar ein eigenes Orchester, Theater, Opernhaus, Kunstmuseum, aber der Region fehlt ein weiträumig anziehendes Kulturangebot. Das Beispiel veranschaulicht ein Grundproblem wechselseitiger Abhängigkeit bei unteilbaren Gütern. Da es in einer Stadtregion nur *ein* international konkurrenzfähiges Opernhaus geben kann, müßten kooperierende Städte nicht nur gemeinsam die Finanzlast tragen, sondern eine Einigung erzielen, in *welcher* der Städte dieses Opernhaus errichtet und betrieben werden soll. Das würde einen wirksamen Ausgleichsmechanismus erfordern (Ritter 2002: 373–374).
- Bei Maßnahmen zur Steigerung der *Umweltqualität* führt die wechselseitige Abhängigkeit benachbarter Städte zu fruchtlosen Aufwendungen, wenn Emissionsquellen entweder an den jeweiligen Gebietsrand verlegt oder nicht gleichmäßig reduziert werden. Negative Auswirkungen der Schadstoffe, die über die Umweltmedien Luft und Wasser verbreitet werden (z.B. ungeklärte Abwässer, bodennahes Ozon als „Sommersmog"), können nur selten durch lokale Initiativen bekämpft werden.
- Solange das *Image* einer Stadt auch durch das Ansehen benachbarter Städte geprägt wird, verursacht der individuell geführte Werbefeldzug zwar hohe Kosten, führt aber nicht zu einem besseren Image. Erst abgestimmte Marketingmaßnahmen können das Ansehen der Städte und damit einer Region, die als Gesamtheit wahrgenommen wird, verbessern.

Mit dem beinahe sprichwörtlichen Konkurrenzkampf zwischen den Ruhrgebietsstädten wird häufig gerechtfertigt, die Tradition der Regionalisierung „von oben" fortzusetzen. Erscheinen skurrile Konsequenzen unübersichtlicher Verwaltungsstrukturen als „Absurdistan" (Tenfelde 2002b: 14), liegt es nahe, den Ruhrgebietsstädten eine starke Hand zu reichen. Offenbar können die Städte ihre lokalen Eitelkeiten nicht zurückzustellen und überörtliche Probleme nicht aus eigener Kraft lösen. Ist die Regionalisierung „von oben" dann nicht die beste Lösung für Regional Governance?

Sturm Kegel, ein früherer Verbandsdirektor des Siedlungsverbandes Ruhrkohlenbezirk, bezeichnete das Ruhrgebiet als „föderalistische Stadtlandschaft". In *Das Revier lebt nach harten Gesetzen* meinte er über das Verhältnis zwischen den Städten im Ruhrgebiet:

5–8

„[D]er Augenschein von der monströsen ‚Ruhrstadt' trügt. Bei aller wirtschaftlichen und technischen Verflechtung haben auch diese Städte ihre ausgeprägte Eigenart. Jede hat ihr Rathaus, und der Eigenwille wie die Mentalität derer, die dort regieren und beraten, werden in der Stadtgestalt, im kulturellen, gesellschaftlichen Leben und in vielerlei anderem sichtbar. Diese Eigenständigkeit, in der kommunalen Selbstverwaltung verwurzelt, wird sorgsam gehütet. Das ist gut so, denn mit ihrer schöpferischen Fülle bildet sie den Damm gegen die nivellierende Flut der Vermassung. Aus der räumlichen Nähe aber, aus dem einzigartigen Beieinander tüchtiger Stadtgemeinschaften, ergibt sich die Verpflichtung zur gegenseitigen Rücksichtnahme wie die Chance zu nachbarlicher Bereicherung. Das Ruhrgebiet ist eine föderalistische Stadtlandschaft" (Kegel 1954: 46).

Die Idee einer föderalistischen Stadtlandschaft bietet eine lohnende Alternative zur Regionalisierung nach klassischem Muster. Wie ist Regional Governance in einer föderalistischen Stadtlandschaft vorstellbar? In der föderalistischen Stadtlandschaft stehen örtliche und überörtliche Interessen einander nicht unversöhnlich gegenüber. Allerdings werden überörtliche Interessen (das Wohl der Städteregion) nicht gegen die örtlichen Interessen (das Wohl einzelner Städte) durchgesetzt. Vielmehr ist in der föderalistischen Stadtlandschaft selbstverständlich, daß „Eigenart", „Eigenwille" und „Eigenständigkeit" der Städte als „schöpferische Fülle" (Kegel 1954) für die allgemeinen Interessen genutzt werden. Bei dieser Steuerungsform kommen individuelle und kollektive Interessen – also „Eigenwille" und „Rücksichtnahme" – gleichermaßen zur Geltung. In einer föderalistischen Stadtlandschaft sind die Städte *selbst* wichtig; sie sind nicht nur Nutznießer oder Statisten einer übergeordneten Organisation, die *anstelle* der Städte tritt. Allerdings handeln die Städte in einer föderalistischen Stadtlandschaft nicht nach der Illusion einer zentral-urbanen Isolation, sondern entsprechen ihrer „Verpflichtung zur gegenseitigen Rücksichtnahme".

In einem ersten Schritt kann man die Vision einer föderalistischen Stadtlandschaft als Rahmen für einen Konkurrenzkampf zwischen den Städten deuten, der durch klar definierte Interessengegensätze vorangetrieben wird. Sobald die Konkurrenz unnötig hohe Kosten verursacht, zwingt der Rahmen die Städte zur „gegenseitigen Rücksichtnahme". Man kann einen solchen Rahmen gut mit den Spielregeln eines sportlichen Wettkampfes vergleichen. Durch Spielregeln für *fair play* werden unnötige Verletzungen vermieden, der Charakter des Spiels als Wettstreit bleibt gewahrt. In einem zweiten Schritt begünstigt die föderalistische Stadtlandschaft aber auch Verhandlungen und Vereinbarungen über Gemeinschaftsaufgaben. Als *common purpose* der Städteregion Ruhr bilden die Gemeinschaftsaufgaben die Orientierung für eine verstärkte Zusammenarbeit. Auf diese Weise erlangt die stadtregionale Kooperation eine neue Bedeutung, sie gewinnt in den Kooperationsvorteilen selbst Eigensinn.

9–12

INSZENIERUNG DER KOOPERATION

Der vermutete Zwang zum Idealismus bildet einen gewichtigen Einwand gegen eine Regionalisierung durch Kooperation (➤ S. 83). Dieser Einwand beruht auf der Prämisse, gemeinsame Interessen könnten nur auf Kosten der Einzelinteressen befriedigt werden. Um zu kooperieren, müßten Städte ihren Eigensinn aufgeben und sich unterordnen. Nach diesem Verständnis gelänge Kooperation erst, wenn die einzelnen Ruhrgebietsstädte auf ihre eigenen Interessen zugunsten eines höheren Zwecks verzichten. Dies ist ein Mißverständnis, das entsteht, weil man unterstellt, jede einzelne Stadt könnte ihre eigenen Interessen durchsetzen. Tatsächlich sind die Ruhrgebietsstädte, wie alle Städte in verdichteten Agglomerationsräumen, untrennbar durch ihre wilden Grenzen miteinander verflochten (➤ S. 25). Diese Verflechtung verursacht wechselseitige Abhängigkeit. Daher kann keine der Ruhrgebietsstädte die von ihr angestrebten Ziele erreichen, wenn nicht auch die anderen Städte mitspielen. Jede einzelne Stadt kann ihre Ziele nur erreichen, wenn zwischen allen beteiligten Städten eine gewisse Abstimmung stattfindet. Die Abstimmung liegt unter den Bedingungen wechselseitiger Abhängigkeit im egoistischen Interesse jeder Stadt, deren langfristiger Erfolg auch von der Entwicklung ihrer Nachbarstädte abhängt. Insofern ist von Kooperation aus Eigensinn zu sprechen.

Liegt stadtregionale Kooperation auch im Interesse jeder einzelnen Stadt im Ruhrgebiet, ist das keine Garantie dafür, daß Kooperation und Eigensinn spontan entstehen. Unterbleibt spontane Kooperation, beweist dies umgekehrt nicht, eine verstärkte Zusammenarbeit zwischen den Ruhrgebietsstädten wäre sinnlos. Sofern konkurrierende Städte nicht spontan zusammenarbeiten, muß Kooperation inszeniert werden (Matzner 2000: 65–73). Die Inszenierung der Kooperation umfaßt Prozesse, Initiativen, Mechanismen und andere Instrumente, die entweder ganz allgemein ein umfassendes Kooperationsklima fördern oder den Beteiligten im Einzelfall bei der Entdeckung der Kooperationsvorteile behilflich sind (Benz 2003; Benz u.a. 1998: 21–24; Knieling u.a. 2001; Ritter 2002: 369–371). Grundsätzlich kommen vier Strategien für die Inszenierung der Kooperation zwischen konkurrierenden Städten in Betracht. Die Strategien sind nicht streng voneinander getrennt zu sehen und können miteinander kombiniert werden:

- Durch regelmäßige oder vereinzelte Verhandlungen zwischen den Städten werden Vereinbarungen ermöglicht, die für alle Beteiligten vorteilhaft sind (*Verhandlungslösungen*).
- Werden Arbeiten, die zur Erzielung eines Kooperationsvorteils nötig sind, zwischen den Städten aufgeteilt, wird ein unproduktiver Wettbewerb vermieden. Außerdem können Unterschiede zwischen den Städten – unterschiedliche Interessenschwerpunkte, unterschiedliche Ausstattungen – effizient genutzt werden (*Arbeitsteilung*).
- Die Städte können eine einzelne Stadt oder eine bestimmte Person dazu ermächtigen, die Zusammenarbeit durch Belohnungen oder Sanktionen zu koordinieren und zu leiten (*Ordnungslösungen*).
- Die Förderung und Pflege einer gemeinsamen Identität – also einer gemeinsamen Problemsicht und eines gemeinsamen Selbstbewußtseins – schaffen die emotionale und kulturelle Grundlage für kooperatives Verhalten zwischen den Städten (*Identitätspolitik*).

Objekt 17 faßt die vier Strategien zur Inszenierung der Kooperation zusammen und nennt Beispiele aus dem Forschungsverbund *Städteregion Ruhr 2030*.

Strategie	Beschreibung	Beispiele
Verhandlungslösung	Verhandlungen bereiten Vereinbarungen über die formellen und materiellen Bedingungen der Zusammenarbeit vor	• Dialogischer Aktionsraum (Ankerveranstaltungen, Leitbildmesse) • Stadtregionaler Kontrakt
Arbeitsteilung	eine Arbeitsteilung zwischen den Kooperationspartnern erlaubt die Nutzung von Unterschieden	• 2030 Geschäftsstelle bei der Stadt Gelsenkirchen • Vorbereitung der Ankerveranstaltungen durch „Städtetandems"
Ordnungslösung	die Beauftragung einzelner Repräsentanten mit Koordinations- und Lenkungsaufgaben überträgt Macht, aber auch Verantwortung für den Kooperationserfolg	• Projektleitung an der Fakultät Raumplanung • Wechsel des Vorsitzes und der Protokollführung in der Arbeitsgruppe
Identitätspolitik	Förderung und Pflege einer gemeinsamen Identität schaffen eine Grundlage für kooperatives Verhalten	• Logo „Städteregion Ruhr 2030" • Treffen der Beigeordneten und der Arbeitsgruppe

Objekt 17: Strategien für die Inszenierung der Kooperation

EGOISTISCHE ZUSAMMENARBEIT

REGIONALISIERUNG ALS GEFANGENENDILEMMA

Eine Regionalisierung, die auf der Kooperation der Ruhrgebietsstädte beruht, ist kein Nullsummenspiel. Bei einem Nullsummenspiel gleichen sich die Gewinne und Verluste der Beteiligten aus, sie ergeben die Summe Null. Will die eine Seite gewinnen, muß die andere Seite verlieren. Dies trifft auf eine verstärkte Zusammenarbeit der Städte im Ruhrgebiet nicht zu, weil dadurch Kooperationsvorteile erzielt werden könnten, die keine Stadt allein erlangen kann. Regionalisierung durch Kooperation ist ein Spiel, bei dem Vorteile erzeugt und Werte geschaffen werden (Positivsummenspiel). Zurecht bezeichnet Egon Matzner die „Inszenierung von Positiv-Summen-Spielen als primäre Aufgabe der Politik" (Matzner 2000: 65).

Ein typisches Beispiel für einen Kooperationsvorteil im Ruhrgebiet ist die Imageverbesserung. Da die Städte von Dortmund bis Duisburg nicht als einzelne Städte wahrgenommen werden, sondern als „das Ruhrgebiet" oder „das Revier", kann keine dieser Städte ihr Image allein verbessern. Die Wahrnehmung durch Investoren, hochqualifizierte Arbeitskräfte, Touristen wird entweder durch eine Anstrengung aller Städte verbessert oder sie wird nicht verbessert. Keine Stadt kann als attraktiver Standort glänzen, während ihre Nachbarstädte als langweilig, deprimierend, verödet gelten. Außerdem geraten die Städte im Ruhrgebiet, wenn sie ihr Regionalisierungsdefizit nicht beheben, rasch in ein Negativsummenspiel. Beim Negativsummenspiel können – anders als beim Nullsummenspiel – alle Beteiligten verlieren. Beruht individuelles Stadtmarketing darauf, die Nachbarstädte in den Augen potentieller Investoren oder Touristen schlecht zu machen, und sind alle Städte mit dieser Negativwerbung erfolgreich, werden im Ergebnis *alle* Städte als langweilig, deprimierend, verödet gelten.

Vorteile erzeugen	Vorteile verteilen	Dilemma
Die Städte A, B, C, D, E, F, G erhöhen durch Regionalmarketing die Attraktivität ihrer Region	Die Stadt A profitiert in besonderer Weise vom Regionalmarketing, die Stadt B nimmt nicht an der Finanzierung teil und die Städte C, D, E, F, G wollen auch auf ihre Kosten kommen	Spannungen zwischen der Erzeugung und Verteilung von Werten führen entweder zum Ende des Regionalmarketings oder zur Ausbeutung
→ Vergrößerung des Kuchens erfordert Zusammenarbeit	→ Verteilung des Kuchens erfordert Selbstbehauptung	→ Vergrößerung *und* Verteilung des Kuchens steht vor einem Dilemma

Objekt 18: Das Dilemma der Erzeugung und Verteilung der Vorteile

Werden durch eine verstärkte Zusammenarbeit Vorteile erzielt und Nachteile abgewendet, entsteht für die Ruhrgebietsstädte auch Unsicherheit. Kooperationsvorteile müssen nicht nur hart erarbeitet, sie müssen auch verteilt werden (Lax und Sebenius 1986: 29–34; Benz 2003: 44). Vielleicht will die eine oder andere Stadt auf Kosten der anderen Städte profitieren. Im Beispiel des Regionalmarketings könnte ja passieren, daß nur einige Städte bezahlen, während die Imageverbesserung allen Städten zugute kommt. Oder es bezahlen zwar alle, aber einzelne Städte profitieren vom verbesserten Image der Städteregion Ruhr mehr als andere. Aus diesem Grund werden die anderen Städte womöglich ihre Zahlungsfreude verlieren oder auf einen Vorteilsausgleich drängen. Falls diese heiklen Fragen nicht befriedigend beantwortet werden, wird die Imagekampagne der Kommunen nur weitergeführt, wenn einige Städte geradezu heroische Opferbereitschaft zeigen. Die Konsequenz wäre der Verlust eines Kooperationsvorteils, nämlich der besseren Außendarstellung der Städteregion Ruhr. In diesem Fall ist die Regionalisierung „von unten" gescheitert: Die beteiligten Städte vermochten die Spannung zwischen Zusammenarbeit und Selbstbehauptung nicht zu bewältigen.

14

15

Die spieltheoretische Bezeichnung für eine solche Situation lautet Gefangenendilemma (▶ S. 92). Situationen, die einem Gefangenendilemma entsprechen, werden im Ballungskern des Ruhrgebiets vor allem durch die Überlagerung politischer und funktionsräumlicher Grenzen verursacht. Solche wilden Grenzen (▶ S. 25) entstehen, sobald Zuständigkeiten, Verfügungsrechte, Räume und Nutzungen vervielfacht, unterbrochen, geschichtet werden. Eine Inkongruenz zwischen Herrschafts- und Funktionsräumen ist für das Stadt-Umland-Verhältnis, den Transitverkehr und die Mobilität der Arbeitspendler typisch, sie tritt aber auch bei der räumlichen Konzentration sozialer Ungleichheit auf oder bei grenzüberschreitenden Umweltbeeinträchtigungen. Stimmen Herrschafts- und Funktionsräume nicht überein, ist Kooperation unerläßlich. Entlang ihrer wilden Grenzen können die Ruhrgebietsstädte bestimmte Vorteile nur dann erlangen oder bestimmte Nachteile nur dann abwenden, wenn sie zusammenarbeiten. Keine der betroffenen Kommunen kann solche Vor- oder Nachteile alleine beeinflussen. Solange wilde Grenzen fortbestehen, ist eine Zusammenarbeit stadtregionaler Akteure individuell *und* kollektiv rational. Daraus folgt aber nicht, daß eine solche Kooperation auch tatsächlich stattfindet. Im Gegenteil, der „Kampf aller gegen alle" fällt an wilden Grenzen oft besonders heftig aus. Unproduktive Konkurrenz bei der Baulandausweisung für Gewerbebetriebe und Einfamilienhausgebiete oder „Kirchturmdenken" beim Betrieb kommunaler Verkehrsunternehmen und beim Stadtmarketing sind häufige Folgen mangelnder Kooperation.

Ein Beispiel für Regionalisierung als Gefangenendilemma ist die *konkurrierende Standortplanung* für Gewerbebauland – eine typische kommunale Aktivität im Rahmen von Gewerbeplanung und Standortmarketing (Davy 2002b; Hatzfeld und Kahnert 1993).

	Stadt B	
	setzt kleines Gewerbegebiet fest	setzt großes Gewerbegebiet fest
Stadt A — setzt kleines Gewerbegebiet fest	beide Gewerbegebiete erfolgreich	B übertrumpft A
Stadt A — setzt großes Gewerbegebiet fest	A übertrumpft B	kein Gewerbegebiet erfolgreich

Objekt 19: Konkurrenz durch Gewerbeplanung und Standortmarketing

Jede von zwei benachbarten Städten – also etwa Dortmund und Bochum, Oberhausen und Essen oder einfach: A und B – möchte die Nachfrage nach Gewerbebauland zum eigenen Vorteil nutzen. Die Wirtschaftslage ist ungünstig, die Nachfrage nach zusätzlichem Gewerbebauland beschränkt. Jede der beiden Städte könnte nun soviel Gewerbebauland ausweisen, daß dadurch die gesamte regionale Nachfrage befriedigt würde. Dies scheint zunächst auch aus der Sicht der einzelnen Kommune vernünftig, weil man doch auf diese Weise alle zusätzlichen Gewerbeansiedlungen ins eigene Gemeindegebiet ziehen kann. Näher betrachtet, ist die Strategie aber ungünstig. Nachdem A *und* B durch ihre Festsetzungen ein Übermaß an Gewerbebauland produziert haben, verteilt sich die ohnedies schwächliche Nachfrage so, daß *keines* der neuen Gewerbegebiete erfolgreich ist.

Spannungen zwischen kollektiver und individueller Rationalität sind für das Verhältnis zwischen der Erfüllung von Gemeinschaftsaufgaben und der Verfolgung städtischer Einzelinteressen im Ruhrgebiet typisch. Einerseits erfordert die Erfüllung regionaler Gemeinschaftsaufgaben eine kollektive Rationalität, bei der die wirkungsvolle Erreichung von Zielen im Vordergrund steht, die für die gesamte Städteregion – also für *alle* Städte – erstrebenswert sind. Solche Gemeinschaftsaufgaben können nur durch stadtregionale Kooperation erfüllt werden. Andererseits müßte nach ihrer individuellen Rationalität jede einzelne Stadt zum eigenen Vorteil handeln. Wird dies auch manchmal abfällig als „Kirchturmdenken" oder „Egoismus" bezeichnet, muß jede einzelne Stadt ein gewisses Maß an Eigensinn aufbringen, damit sie im stadtregionalen Wettbewerb überlebt.

Die Spannung zwischen den beiden Rationalitäten – das Regionalisierungsdilemma – wird besonders deutlich spürbar, sobald stadtregionale und kommunale Strategien miteinander in Widerspruch geraten. Im Beispiel der Gewerbeplanung und des Standortmarketings sind alle Städte im Ruhrgebiet in ihrer Gesamtheit daran interessiert, zusätzliche Unternehmen für die Ansiedlung ihrer Betriebe im Ruhrgebiet zu gewinnen. In diesem Fall ist es kollektiv rational, wenn die Städte im Ruhrgebiet zusammenarbeiten, um die Städteregion Ruhr als Unternehmensstandort zu bewerben (stadtregionales Standortmarketing als Gemeinschaftsaufgabe). Gleichzeitig ist jede einzelne Stadt an Unternehmen interessiert, die sich gerade auf *ihrem* Stadtgebiet niederlassen. Schließlich fallen die Vorteile der Betriebsansiedlung nicht „im Ruhrgebiet", sondern vor allem bei der erfolgreichen Standortkommune an (kommunales Standortmarketing als Einzelaufgabe). Wenn Spannungen zwischen kollektiver und individueller Rationalität zu einer nachteiligen Konkurrenz im Standortwettbewerb führen, erreichen die Städte nicht ihr Ziel. Dies ist etwa der Fall, wenn Städte ihre Kräfte nur dafür einsetzen, gegenüber einem Investor die eigenen Vorzüge herauszustreichen, ihre Planungskompetenz ohne Rücksicht auf die Nachbarstädte ausüben und daher das *gemeinsame* Standortmarketing vernachlässigen. Dies ist auch der Fall, wenn die Städte einander unterbieten und selbst der „Gewinner" im Standortwettbewerb keine Vorteile aus der Betriebsansiedlung zieht. Besonders nachteilig wirkt die Spannung zwischen kollektiver und individueller Rationalität, wenn ein regionales Überangebot an Gewerbeflächen entsteht und potentielle Investoren aufgrund mangelnder Kooperation zwischen den Städten die Ansicht gewinnen, daß im Ruhrgebiet insgesamt kein attraktiver, zukunftsfähiger Standort zu finden ist.

Wie könnten egoistische Kommunen vorgehen, um den eigenen Vorteil zu maximieren? Wenn A und B ihre Baulandpolitik – durch ausdrückliche Vereinbarung oder stillschweigende Abstimmung – so gestalten, daß jede der beiden Kommunen nur einen Teil ihrer Baulandreserven als neues Gewerbebauland festsetzt, können sie die Nachfragekraft aufteilen und beide ein erfolgreiches – wenngleich kleines – Gewerbegebiet entwickeln. Eine solche Situation ist ein Dilemma, weil wir uns das Beispiel in einer Welt vorstellen, in der die beiden Kommunen aufeinander keinen Zwang ausüben können. Ist es für eine egoistische Kommune nützlich, dennoch die Vereinbarung zu erfüllen? Wäre für die Kommune A nicht besser, trotz der Vereinbarung ein großes Gewerbegebiet festzusetzen und so die Kommune B zu übertrumpfen, die der Vereinbarung treu geblieben ist? Der Vorteil einer solchen einseitigen „Ausbeutung" ist freilich ungewiß, denn womöglich verletzt auch die Kommune B die Vereinbarung. Dann wäre man freilich wieder bei jenem Zustand angelangt, den die interkommunale Vereinbarung vermeiden wollte. Wir müssen diese Vereinbarung trotzdem brechen, könnte die Kommune A denken, denn wenn die Kommune B die Vereinbarung bricht und wir nicht, sind wir ja erst recht die Dummen, weil wir uns einseitig ausbeuten lassen. Was sollen die beiden Kommunen tun?

16

RATIONALE KOOPERATION

Die Theorie der rationalen Kooperation beruht auf dem Modell des Gefangenendilemmas (Rapoport und Chammah 1965). Sie untersucht, wie sich selbständig handelnde Subjekte unter den Bedingungen wechselseitiger Abhängigkeit verhalten (Axelrod 1988; Baird u.a. 1994; Baumol 1986; Ellickson 1991; Elster 1989; Gauthier 1986; Luce und Raiffa 1957; Matzner 2000; Schelling 1960 und 1984), und wird unter anderem in der Verhandlungstheorie (Brandenburger und Nalebuff 1998; Raiffa 1982 und 2002; Thompson 2001; Young 1991) und in der Gesellschaftsvertragslehre (Binmore 1994; Davy 1997a; Nida-Rümelin 1996) angewendet. Selbständig handelnde Subjekte, die in englischsprachigen Texten über rationale Kooperation als *player* bezeichnet werden, heißen im folgenden Akteure. Die Theorie der rationalen Kooperation erklärt nicht, ob egoistische Akteure miteinander kooperieren *sollen*. Allerdings erklärt diese Theorie, ob eine Kooperation selbständiger Akteure unter den Bedingungen wechselseitiger Abhängigkeit wahrscheinlich oder unwahrscheinlich ist. Die Theorie der rationalen Kooperation bietet der Regionalisierungsdebatte eine spannende Vorhersage: Rationale Akteure, die wiederholt einem Gefangenendilemma ausgesetzt sind, werden kooperieren. Robert Axelrod bezeichnet diese aus dem iterativen (wiederholten) Gefangenendilemma abgeleitete Vorhersage als die Evolution der Kooperation (Axelrod 1988). Daher ist es lohnend, die Merkmale eines Gefangenendilemmas und die Voraussetzungen für rationale Kooperation näher zu betrachten.

Eine Situation entspricht dem Modell des Gefangenendilemmas, wenn sie, allgemein gesprochen, folgende Merkmale aufweist (Axelrod 1988: 7–10):
- zwei rational handelnde Akteure (A und B);
- zwei Verhaltensmöglichkeiten (Kooperation ☺ oder Nicht-Kooperation ☹);
- wechselseitige Abhängigkeit, die sich aus der Möglichkeit eines Kooperationsvorteils ☯, der Versuchung zur einseitigen Ausbeutung 💣 und der Gefahr einer eskalierenden Nicht-Kooperation ☠ ergibt;
- Entscheidungs- und Handlungsfreiheit der Akteure und Fehlen äußerer Verhaltenszwänge;
- vollständige Information über diese Umstände.

Ein Gefangenendilemma führt, je nach dem Verhalten der beiden Akteure, zu einem der Ergebnisse in den vier Feldern der Matrix:

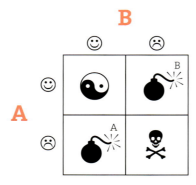

Objekt 20: Gefangenendilemma

Die Rationalitätsbedingung des Modells besagt über A und B, daß sie für sich den jeweils größten Vorteil herausschlagen wollen. Ob einzelne Menschen oder Organisationen, ob private Nachbarn, Politiker, Städte, Wirtschaftsunternehmen handeln, ist für das Modell gleichgültig. Ebenso gleichgültig ist, ob man solche Akteure klug nennt, egoistisch oder selbstsüchtig. Individuelle Rationalität heißt: A und B kennen ihre Interessen, möchten diese bestmöglich befriedigen und handeln danach.

A und B stehen zwei Handlungsmöglichkeiten zur Verfügung. A kann kooperieren ☺ oder nicht kooperieren ☹; für B gilt dasselbe. Kooperation ist im Modell des Gefangenendilemmas wertfrei gemeint. Die Mitglieder einer Mafiabande, die das „Gesetz des Schweigens" gegenüber der Polizei einhalten, können ebenso Kooperationspartner sein, wie Nachbarn, die – um ihren Grenzfrieden zu wahren – gemeinsam ihre Gartenmauer reparieren. Das heißt nicht, organisierte Kriminalität habe denselben gesellschaftlichen Wert wie gute Nachbarschaft. Kooperation ☺ heißt: Jeder Akteur handelt so, daß er unter den Bedingungen wechselseitiger Abhängigkeit die Durchsetzung eigener Interessen einschränkt. Die Akteure nehmen aufeinander Rücksicht, indem sie etwa die Identität der anderen Bandenmitglieder verschweigen oder zu den Reparaturkosten beitragen. Nicht-Kooperation ☹ (oder Konfrontation) heißt: Ein Akteur nimmt auf die wechselseitige Abhängigkeit keine Rücksicht. In der Hoffnung auf eigene Vorteile verrät ein Bandenmitglied seine Komplizen, wartet der eine Nachbar darauf, daß der andere den Zaun allein repariert.

Eine wechselseitige Abhängigkeit zwischen A und B liegt vor, wenn die beiden Akteure ihre Interessen nicht allein verwirklichen können. Für jeden der beiden hängt das Resultat nicht nur von seinen Entscheidungen und Verhaltensweisen ab, sondern auch von den Entscheidungen und Verhaltensweisen des anderen:

- Falls A kooperiert ☺ und B nicht ☹, erhält B alle Vorteile und A erleidet einen sehr großen Schaden. B würde A in diesem Fall ausbeuten (und das gilt umgekehrt, wenn B kooperiert und A nicht kooperiert). Die Möglichkeit, A auszubeuten, bildet für B eine Versuchung 💣^{B}, und stets glimmt die Zündschnur an der „Ausbeutungsbombe".
- Handeln A und B nicht kooperativ ☹/☹, geht die Bombe hoch, und beide erleiden Schaden ☠. Die beiderseitige Nicht-Kooperation ist der Zustand, den Thomas Hobbes als „Krieg aller gegen alle" bezeichnete (Hobbes 1651, 1. Teil, Kapitel 13: 115; Nida-Rümelin 1996).
- Nur wenn beide Akteure kooperieren ☺/☺, kommt es zum Interessenausgleich, bei dem A und B ihre jeweiligen Ziele wenigstens zum Teil erreichen, und ein Zustand der Harmonie ☯ eintritt.

Ins Dilemma geraten A und B, wenn der Ausbeutungsgewinn 💣 größer ist als der Kooperationsvorteil ☯. In diesem Fall ist die Versuchung groß, nicht zu kooperieren. Wenn allerdings beide Akteure dieser Versuchung nachgeben, erleiden sie Schaden ☠ und verlieren den Vorteil wechselseitiger Kooperation ☯. Die Versuchung hat übrigens auch eine Kehrseite, nämlich die Angst jedes kooperationsbereiten Akteurs, der *andere* könnte der Versuchung unterliegen und sich unkooperativ verhalten. Mit der Versuchung oder Angst muß jeder allein fertig werden. Keiner kann den anderen zur Kooperation zwingen. Ebensowenig existiert eine höhere Instanz, die Zwang ausübt. A und B treffen ihre Entscheidung für oder gegen Kooperation ohne äußeren Verhaltenszwang. Und beide Akteure wissen genau, in welcher Lage sie sind und – beim iterativen Gefangenendilemma – was bisher geschah.

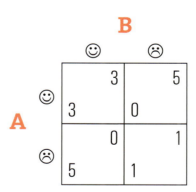

Objekt 21: Auszahlungsmatrix im Gefangenendilemma

Ein einfaches spieltheoretisches Modell des Gefangenendilemmas verwendet eine Auszahlungsmatrix (▶ Objekt 21). Die Matrix nennt Zahlenwerte für den Nutzen, den A und B für ihr kooperatives oder unkooperatives Verhalten ziehen. Ein einmaliges Gefangenendilemma besitzt keine eindeutige Lösung. Allerdings weiß man aus der Spieltheorie, daß es für wiederholte Gefangenendilemma-Situationen (iteratives Gefangenendilemma) dominante Lösungen gibt. Hat man die Mechanik verstanden, die dem Gefangenendilemma zugrunde liegt, scheint geradezu selbstverständlich, daß A und B aufeinander Rücksicht nehmen und kooperieren sollten. Das gilt jedenfalls für das iterative Gefangenendilemma. Kooperation ist im iterativen Gefangenendilemma nicht deshalb die beste Strategie, weil A und B, durch Gewissensbisse gequält, zu Heiligen werden. Kooperation ist für beide die bessere Strategie, weil A und B – egoistisch – den eigenen Vorteil maximieren wollen. Aber werden A und B diese Strategie freiwillig wählen? Die Voraussetzungen, unter denen freiwillige Kooperation zwischen Rivalen wahrscheinlich ist, kann man aus dem Modell des Gefangenendilemmas ableiten.

Die Kooperation zwischen potentiellen Konkurrenten ist unter den Bedingungen wechselseitiger Abhängigkeit um so wahrscheinlicher, je größer der Kooperationsvorteil ☯ ist. Je lohnender kooperatives Verhalten ☺ für alle Beteiligten ist, um so eher liegt Kooperation im individuellen Interesse. Kooperation ist um so wahrscheinlicher, je geringer die Versuchung zur einseitigen Ausbeutung ☡ ist. Wenn unkooperative Akteure ☹ nichts gewinnen, besteht auch kein Anreiz dazu, den anderen „in den Sack zu stecken". Eskalierende Nicht-Kooperation (☹/☹) bringt Nachteile. Je größer diese Nachteile ☠ sind, um so wahrscheinlicher ist Kooperation. Da sich die Beteiligten ja erinnern, wie die andere Seite beim letzten Mal gehandelt hat, steigt die Wahrscheinlichkeit der Kooperation, wenn die beiden Akteure häufiger miteinander zu tun bekommen. Dabei ist natürlich vorteilhaft, wenn die bisherigen Kooperationserfahrungen gut sind und zur Vertrauensbildung beitragen. Niedrige Transaktionskosten begünstigen Kooperation. Verursacht Kooperation hingegen hohe Nebenkosten, ist sie unwahrscheinlich. Das gilt vor allem für die Transaktionskosten, also den Aufwand für die Pflege der Zusammenarbeit (Einig 2003; Knieling u.a. 2001: 185 und 188) Außerdem ist Kooperation nur wahrscheinlich, wenn beide Akteure ihre eigenen Interessen und die gemeinsame Lage genau kennen. Die Kosten für die Informationsgewinnung sind ebenfalls wichtig. Je niedriger die Informationskosten sind, um so wahrscheinlicher ist Kooperation. Aus diesen spieltheoretischen Überlegungen folgen wichtige Hinweise auf Bedingungen für rationale Kooperation. Wenngleich diese Bedingungen aus der Theorie der 2-Personen-Spiele (z.B. Gefangenendilemma) stammen, gelten sie ebenso für n-Personen-Spiele, somit auch für das Verhältnis zwischen den acht Ruhrgebietsstädten. Allerdings sinkt unter sonst jeweils gleichbleibenden Bedingungen mit der Anzahl der Spieler die Wahrscheinlichkeit für den Erfolg einer organisatorisch schwach ausgebildeten Kooperation.

An den Städten im Ruhrgebiet ist zu erkennen, daß in urbanen Ballungsräumen eine „Evolution der Kooperation" nicht spontan auftritt (► S. 83). Offenbar fehlen wichtige Voraussetzungen für den rationalen Ausgleich zwischen individueller und kollektiver Rationalität. Meint man, daß die Konkurrenz zwischen den Städten im Ruhrgebiet zu unbefriedigenden Ergebnissen führt, kann man fragen, welche der genannten Bedingungen nicht erfüllt ist. Dabei werden zahlreiche Gründe deutlich, die eine geringe Kooperationswilligkeit zwischen den Ruhrgebietsstädten erklären könnten (Davy 2002b). In technischen Angelegenheiten – Hochwasserschutz, Abwasserbehandlung, Straßenbau – sind Kooperationsvorteile gut quantifizierbar und rasch erzielbar. Der Erfolg der Emschergenossenschaft beruht auf solchen Effizienzgewinnen. Anderes gilt vor allem für politisch heikle Gemeinschaftsaufgaben: gemeinsame Außenvertretung, Marketingmaßnahmen, koordiniertes Bodenmanagement. In diesen Fällen ist der Kooperationsvorteil nicht quantifizierbar und tritt erst langfristig, nach Ende der jeweiligen Wahlperiode, ein. Ungewisse Vorteile ermutigen jedoch nicht zur Kooperation. Die interkommunale Kooperation wird auch nicht durch besondere Anreize unterstützt. Gewiß könnte die Förderung des Bundes und der Länder interkommunale Kooperation besonders belohnen. Dies ist nicht der Fall, vielmehr werden die Städte im Ruhrgebiet durch die goldenen Zügel von einer stärkeren Zusammenarbeit abgehalten. Zumeist belohnen die Bundes- und Landesförderungen die Städte für gewagte Alleingänge, nicht für ihre Zusammenarbeit. Die Versuchung einzelner Ruhrgebietsstädte, ihre Nachbarn durch die Einwerbung solcher Fördermittel zu übertrumpfen, ist entsprechend groß.

Eine weitere Erklärung für die geringe Kooperationsbereitschaft liegt im Fehlen einer Sanktion für unkooperatives Verhalten. Die Städte im Ruhrgebiet werden für einen Mangel an Zusammenarbeit nicht bestraft. Kooperationsunwilligkeit zieht in der Regel weder Nachteile beim Finanzausgleich noch bei den Kommunalwahlen nach sich. Umgekehrt birgt Kooperation auch Gefahren, vor allem für Politik und Verwaltung: Verwaltungsvereinfachungen können zum Wegfall begehrter Karrierestellen, mühsam errungener Machtpositionen, lieb gewonnener Annehmlichkeiten führen. Der personelle, zeitliche, politische Aufwand für interkommunale Zusammenarbeit im Ruhrgebiet ist hoch und wird in der Regel auch nicht durch finanzielle Hilfe oder rechtliche Erleichterungen gemindert. Im Zwangskorsett des Personalmangels und der Haushaltssicherung werden viele mutige Initiativen interkommunaler Zusammenarbeit erdrosselt.

Andere Erklärungen für geringe Kooperation im Ruhrgebiet betreffen die Informationsfrage. Über positive Kooperationserfahrungen wird nur selten berichtet. Im Vordergrund öffentlicher Berichterstattung, aber auch in den Stadträten, stehen Streitigkeiten zwischen den Städten. In kaum einer Ruhrgebietsstadt kennen die Akteure ihre eigenen Interessen, selten handeln sie rational (▶ S. 136). Kommunales Handeln wird durch Eitelkeiten und ungelöste Zielkonflikte bestimmt. Wie weit die wechselseitigen Abhängigkeiten zwischen den Ruhrgebietsstädten reichen, ist wenig bekannt. Insbesondere wiegen sich die Städte am Ballungsrand in der Illusion isolierter Lage und glauben, nicht auf eine stadtregionale Zusammenarbeit angewiesen zu sein. Die Informationslage über Entwicklungen in den Nachbarstädten ist dürftig.

Schließlich ist konsensuales Wissen wenig verbreitet. Die Bereitschaft zur Kooperation ist eine notwendige, aber keine hinreichende Bedingung für den Kooperationserfolg; über den Erfolg entscheidet das „Gewußt wie!" der Zusammenarbeit. Zum konsensualen Wissen gehört eine Strategieempfehlung, die aus dem Modell des iterativen Gefangenendilemmas abgeleitet werden kann. Die Strategie ist als TIT FOR TAT bekannt (Axelrod 1988: 99–111). Die Strategie TIT FOR TAT rät, ein Akteur solle jede Interaktion mit Kooperation beginnen und in der Folge jeweils das Verhalten des anderen Akteurs kopieren. Man kann diese Strategie auch als wachsame Kooperation oder kontrollierte Konfrontation bezeichnen: Sie beginnt zwar mit kooperativem Verhalten, ist im übrigen aber gleichermaßen zu kooperativem und nicht kooperativem Verhalten bereit. Die Chance auf dauerhafte Kooperation mit kooperationswilligen Partnern ist dadurch gewahrt. Gleichzeitig wird verhindert, daß die eigene Kooperationsbereitschaft ausgenutzt werden kann, weil jede Nicht-Kooperation sogleich mit einer Nicht-Kooperation beantwortet wird. Die Strategie TIT FOR TAT setzt kooperative Intelligenz und Selbstbeherrschung voraus. Weder versucht TIT FOR TAT, sich hin und wieder durch eine überraschende Nicht-Kooperation zu bereichern, noch leidet die Kooperationsbereitschaft von TIT FOR TAT nachhaltig unter einer Nicht-Kooperation der anderen Seite. TIT FOR TAT kopiert stets das Verhalten des anderen Akteurs in der vorangegangenen Runde. Diese Art strategischer Zurückhaltung wird von vielen Menschen als „zu langweilig" oder „zu kalkuliert" empfunden. Manche schätzen das Abenteuer und wollen hin und wieder ein Wagnis eingehen, andere wollen auf die Kooperationsbeziehung auch dann vertrauen, wenn sie nicht zur strategischen Gegenwehr bereit sind. Das spieltheoretische Modell des Gefangenendilemmas erlaubt keine erschöpfende Erörterung verhandlungspsychologischer Fragen. Allerdings ist bereits an dieser Stelle zu unterstreichen, daß die in der Praxis stadtregionaler Zusammenarbeit handelnden Personen häufig nicht dazu bereit oder in der Lage sind, konsistent nach der Strategie TIT FOR TAT zu handeln. Somit fehlt eine der wichtigsten Voraussetzungen, die von der Theorie der rationalen Kooperation für die Evolution der Zusammenarbeit beschrieben wird.

Die Erklärungen für eine geringe Kooperationswilligkeit zwischen den Ruhrgebietsstädten wollen weder Schuld zuweisen noch entschuldigen. Allerdings müßte die „föderalistische Stadtlandschaft" (Kegel 1954: 46) beträchtliche Hindernisse überwinden, damit Kooperation wahrscheinlicher wird: Mängel der Förderkulisse des Bundes und des Landes, lokale Eitelkeiten, überhöhte Kooperationskosten, Mangel an konsensualem Wissen. Das Hauptproblem liegt in verzerrten Wettbewerbsbedingungen, nicht im Egoismus der Städte. Der vermutete Zwang zu idealistischem Handeln (▶ S. 83) bietet keinen Einwand gegen eine Regionalisierung, die von den Ruhrgebietsstädten getragen wird. Um zu kooperieren, müssen Akteure rational sein, ein Verzicht auf eigene Interessen ist nicht erforderlich. Im Gegenteil, die Theorie der rationalen Kooperation erklärt, wie der Egoismus der Akteure zur Evolution der Kooperation beiträgt. Die Theorie benennt die Voraussetzungen, unter denen individuelle Akteure, die voneinander abhängig sind, zum gemeinsamen *und* eigenen Vorteil kooperieren. Die Kooperation im Modell des Gefangenendilemmas gleicht einem Wettbewerb. Stoßen Interessen aufeinander, die nicht alle zur Gänze umgesetzt, die aber vor allem auch nicht je für sich verwirklicht werden können, suchen individuell rationale Akteure nach einem Ausgleich ☯. Dieser Ausgleich ist nicht das Resultat spontaner Zuneigung zwischen den Konkurrenten, er folgt aus einem egoistischen Kalkül. Die Akteure eines Gefangenendilemmas können einander helfen oder schaden, fördern oder schwächen. Wenn Egoisten in einer solchen Situation einander helfen und fördern, handeln sie vernünftig.

COOPETITION

In der betriebswirtschaftlichen Spieltheorie wird die Wechselbeziehung zwischen Zusammenarbeit (*cooperation*) und Konkurrenz (*competition*) als *coopetition* bezeichnet (Brandenburger und Nalebuff 1998). Coopetition kennzeichnet auch das Verhältnis zwischen Städten und Regionen (Mäding 1999: 18; Fakultät Raumplanung 2002a; Frey 2003: 456; kritisch Ritter 2002: 369). Vielfach wird verkannt, daß Wettbewerb eine Form der Kooperation darstellt, weil Egoismus für die Triebfeder der Konkurrenz und Altruismus für das Motiv der Kooperation gehalten wird. Die Theorie der rationalen Kooperation beschreibt zwar eine optimale Verhaltensstrategie in Gefangenendilemma-Situationen (► S. 92), aber keine altruistische Zusammenarbeit. Das Verhältnis zwischen den Ruhrgebietsstädten wird nur selten durch selbstloses Verhalten geprägt. Egoismus schließt Kooperation allerdings keineswegs aus.

Konkurrenz verhilft zum Informationsaustausch, auch zu Verhandlungen über Haltungen, Strategien, Ergebnisse. Friedrich August von Hayek bevorzugt Gesellschaftsordnungen, die Wettbewerb nicht nur erlauben, sondern sogar gutheißen. Die „unsichtbare Hand" des Marktes, die seit Adam Smith den Grundgedanken des Wirtschaftsliberalismus symbolisiert, nennt von Hayek „Katallaxie". Er versteht darunter eine „Art spontaner Ordnung, die vom Markt [...] hervorgebracht wird" (von Hayek 1981: 151). Kann daran nicht das stadtregionale Leitbild einer Regionalisierung durch Coopetition orientiert werden? Natürlich sind Städte keine wirtschaftlichen Akteure im eigentlichen Sinn, sie sind weder Kaufleute noch auf Gewinn gerichtete Unternehmen. Allerdings verfolgen auch Städte bestimmte Interessen, die eine Auswahl zwischen knappen Gütern erfordern. Ökonomische, nicht nur politische Überlegungen sind erforderlich, wenn Städte entscheiden, ob sie bestimmte Infrastrukturleistungen anbieten, ob sie privaten Investoren begehrte Nutzungsrechte auf dem eigenen Gemeindegebiet einräumen, ob sie an Koalitionen teilnehmen. Ein Stadtratsbeschluß über den Ausbau einer S-Bahn, die Festsetzung von Gewerbe- oder Wohnbauland, die Zusammenarbeit mit Nachbarkommunen ist immer auch eine Entscheidung über die Verwendung knapper Mittel: Budget, Personal, Zeit, politisches Wohlwollen. Bei dieser Entscheidung kommt ein – aus vielen Einzelinteressen aggregiertes – städtisches Eigeninteresse zur Geltung, dem durch die Entscheidung genutzt werden soll.

Die Konkurrenz der Ruhrgebietsstädte ist das Resultat vieler Entscheidungen über knappe Mittel. Die eingesetzten Mittel müssen Vorteile bringen. Weist die Stadt X beispielsweise ein neues Gewerbegebiet aus, erwartet sie einen Vorteil. Reagiert die Stadt Y, indem sie ebenfalls ein neues Gewerbegebiet ausweist, will sie dadurch ebenfalls einen Vorteil erlangen. Von Hayek würde nun, wenn die Konkurrenz innerhalb der Regeln für einen fairen Wettbewerb stattfindet, die Entstehung „spontaner Ordnung" erwarten.

26–33

„Die Katallaxie ist, als Gesamtordnung, jeder geplanten Organisation deshalb so überlegen, weil in ihr jeder, während er seinen eigenen Interessen folgt, ob nun gänzlich egoistisch oder hochgradig altruistisch, die Ziele vieler anderer Personen fördert, von denen er die meisten niemals kennen wird: in der Großen Gesellschaft profitieren die verschiedenen Mitglieder von den Tätigkeiten aller anderen nicht nur trotz, sondern oft sogar auf Grund der Verschiedenheit ihrer jeweiligen Ziele" (von Hayek 1981: 152–153).

Die Qualität einer Ordnung, die durch Wettbewerb gestiftet wird, könne durch kein anderes Wirtschaftssystem verbessert werden. Insbesondere lehnt von Hayek staatliche Eingriffe zur Korrektur des Marktergebnisses ab (von Hayek 1981: 173–175).

Wer die kommunale Praxis der Ausweisung von Gewerbebauland im Ruhrgebiet beobachtet, gewinnt freilich selten den Eindruck, hier entstehe spontan eine Ordnung, die den Einzelinteressen der Städte oder gar dem Gesamtinteresse der Region bestmöglich entspricht. Das Resultat kommunaler Bemühungen um die Ansiedlung neuer Gewerbeunternehmen erinnert eher an einen verzweifelten Sommerschlußverkauf, gelegentlich an ein „Monopoly-Spiel" (Hatzfeld und Kahnert 1993: 257). Berechtigt dieser Eindruck bereits dazu, eine Konkurrenz der Städte als visionäres Leitbild abzulehnen? Natürlich reicht eine pauschale Kritik an neoliberalen Ideologien nicht aus, um die Idee eines Wettbewerbes zwischen den Städten im Ruhrgebiet zu verwerfen.

Wettbewerb ist eine besondere Art der Kooperation. Von Hayek bezeichnet das „Katallaxie-Spiel" als ein „Reichtum-schaffendes-Spiel", als *wealth-creating game*, nicht als Nullsummenspiel (von Hayek 1981: 158). Er sieht den Wettbewerb zwischen Wirtschaftssubjekten als einen stimulierenden Wettstreit, nicht als zerstörerischen Kampf. Nicht die Solidarität zwischen den Beteiligten oder die eingreifende Oberbehörde bestimmen das Ergebnis des Wettstreites, sondern die Bemühungen der Konkurrenten. Doch ohne ein gewisses Maß an Zusammenarbeit ist Wettbewerb undenkbar. Zumindest ist Kooperation nötig, um Einigung über die Art und Bedingungen produktiver Konkurrenz zu erzielen. Bei Sportwettbewerben ist durchaus geläufig (wenngleich nicht immer bewußt), daß Konkurrenz ein hohes Maß an Kooperation voraussetzt. Wenn sich beispielsweise Skifahrerinnen, Boxer, Fußballspieler nicht einigen können, an welchem Ort, zu welcher Zeit, gegen wen sie welchen Wettbewerb austragen wollen, resultiert bestenfalls Situationskomik. Die Gegenspieler kooperieren auch, indem sie bestimmte Sportregeln, ihre Mitbewerberinnen und die Schiedsrichter respektieren. Ohne Coopetition wäre ein sportlicher Wettbewerb undenkbar. Ebenfalls undenkbar wäre aber auch, daß ein Riesenslalom, ein Boxkampf oder die *Champions League* durch wechselseitige Appelle an die Solidarität der Mitspieler oder gar durch eine Oberbehörde entschieden wird.

REGIONALISIERUNG DURCH GESELLSCHAFTSVERTRAG

VORTEILE ERZEUGEN UND VERTEILEN

Gelingt Kooperation, werden Vorteile geschaffen. Solche Kooperationsvorteile, worin auch immer sie bestehen, können von den Beteiligten nur gemeinsam erlangt werden. Manchmal ist ein Kooperationsvorteil zu erlangen, indem die Nachteile sinnloser Konkurrenz vermieden werden. Manchmal können Kooperationsvorteile aber auch erschlossen werden, indem gänzlich neue Möglichkeiten eröffnet und brachliegende Potentiale genutzt werden. Bei *müheloser* Kooperation werden gemeinsame Probleme gelöst, ohne die Zusammenarbeit aufwendig zu organisieren. In solchen Fällen sind der Zweck und die Mittel der Zusammenarbeit für alle Beteiligten ebenso offenkundig wie der angestrebte Kooperationsvorteil. Gute Erfahrungen mit Zusammenarbeit und Vertrauen können ebenfalls dazu beitragen, daß Kooperation mühelos verläuft.

Anderes gilt bei *mühevoller* Kooperation. Sind die Beteiligten nicht vom Nutzen ihrer Zusammenarbeit überzeugt oder begegnen sie einander mißtrauisch, gelingt Kooperation nur mit großem Aufwand. Erfolgversprechende Kooperation kann noch aus einem weiteren Grund mühevoll sein. Durch die Schaffung der Kooperationsvorteile werden Probleme gelöst, aber es wird auch ein neues Problem verursacht. Wie soll der Ertrag aus dem Kooperationsvorteil auf die Beteiligten verteilt werden (▶ Objekt 18, S. 88)? Erzeugen die Akteure durch Zusammenarbeit einen Kooperationsvorteil, spielen sie – spieltheoretisch betrachtet – ein Positivsummenspiel. Sie schaffen neue Werte. Sobald die erzielten Vorteile aber auf die Akteure aufgeteilt werden, kann ihre Beziehung zum Nullsummenspiel werden. Die eine Seite gewinnt dann nur, was die andere Seite nicht gewinnt (oder verliert). Möglicherweise verwandelt sich das Nullsummenspiel sodann in ein Negativsummenspiel. Weil die Beteiligten eine möglichst vorteilhafte Position im erwarteten Verteilungskampf einnehmen wollen, schaden sie einander; niemand gewinnt, alle verlieren. Der Zusammenarbeit wechselseitig abhängiger Akteure wohnt eine destruktive Dynamik inne. Was als Positivsummenspiel beginnt, weil alle durch Zusammenarbeit Vorteile erzeugen wollen, wird unversehens zum Nullsummenspiel, weil jeder versucht, möglichst viel vom Kooperationsvorteil zu erlangen. Möglicherweise wird das Nullsummenspiel sogar zum Negativsummenspiel, weil der ungelöste Verteilungskonflikt erst gar nicht zur Herstellung des Kooperationsvorteils führt. Wie ist diese Dynamik umzukehren? Oder anders gefragt: Wie kann man partikuläre Interessen so mit einem Gesamtinteresse abstimmen, daß der kollektive und individuelle Vorteil größer ist als der Freiheitsverlust und Organisationsaufwand? Das ist nicht nur eine Kernfrage der Städteregion Ruhr, sondern auch der Gesellschaftsvertragslehre.

34

Seit dem 17. Jahrhundert beschäftigten sich die Staatswissenschaften und die politische Philosophie mit Spannungen zwischen persönlichem und allgemeinem Besten. Weshalb bilden Akteure, die im Naturzustand frei sind, staatliche Gemeinwesen? Diese Frage wurde im Laufe der Jahrhunderte unterschiedlich beantwortet. Thomas Hobbes vertrat in *Leviathan* ein pessimistisches Menschenbild und beschrieb einen feindseligen Naturzustand als „Krieg aller gegen alle" (Hobbes 1651). John Locke billigte den Menschen eine fleißige und friedliebende Grundhaltung zu, fürchtete aber die Gewaltspirale, die aus der Notwehr gegenüber gelegentlichen Missetätern entstehe (Locke 1690). Jean-Jacques Rousseau betrachtete den Menschen als verletzbar einer unbarmherzigen Umwelt ausgeliefert; durch den Gesellschaftsvertrag würden die Menschen wechselseitige Unterstützung erlangen (Rousseau 1755 und 1760). Und Immanuel Kant verdanken wir die Erkenntnis, „ein Volk von Teufeln (wenn sie nur Verstand haben)" würde einen Staat einrichten, der die Einhaltung allgemeiner Gesetze garantiert, die für jeden einzelnen (mag er auch „insgeheim sich davon auszunehmen geneigt" sein) nützlich sind (Kant 1795: 78–79). In einem Punkt stimmten die Theoretiker der Gesellschaftsvertragslehre jedoch überein: Gewiß wäre es für die Menschen am besten, den Naturzustand zu verlassen und auf der Grundlage eines Gesellschaftsvertrages zusammenzuleben.

In der Gesellschaftsvertragslehre wird ein Naturzustand angenommen, in dem sich Menschen ohne staatliche Organisation befinden, und es werden die Gründe erwogen, weshalb Menschen – ohne unterworfen oder gezwungen zu werden – durch einen „Gesellschaftsvertrag" (*contractus socialis, contrat social, social contract*) einen Staat bilden. Die Gesellschaftsvertragslehre gehört zur politischen Philosophie. Das, was die genannten Philosophen und Theoretiker beschäftigte, ist freilich weder besonders philosophisch noch theoretisch. Schließlich geht es um die praktische Frage, was eigensinnige Akteure tun sollen, wenn sie bei der Erreichung ihrer Ziele nicht nur von eigenen Anstrengungen abhängig sind, sondern auch vom Verhalten anderer, ebenso eigensinniger Akteure. Ein Krieg aller gegen alle ist nicht die beste Antwort auf diese Frage: Eine Welt voller Mißtrauen, Aggression, Gewalt kennt keine Sieger. Die Gründung des Völkerbundes, der Vereinten Nationen oder der Europäischen Union sind Beispiele dafür, daß der Gesellschaftsvertrag oder Sozialkontrakt ein praxisnahes Modell für die Kooperation eigensinniger Akteure bietet. Auf die Städte im Ruhrgebiet treffen alle Merkmale zu, mit denen Hobbes, Locke, Rousseau und Kant ihre Sichtweise des Gesellschaftsvertrages begründet haben: Diese Städte sind manchmal rücksichtslos, manchmal reizbar, manchmal hilflos, manchmal listig. Der Stadtregionale Kontrakt von *Städteregion Ruhr 2030* paßt durchaus in die Tradition der Gesellschaftsvertragslehre.

35–37

38–39

DIE STÄDTEREGION RUHR ALS LEVIATHAN?

Die Idee, Frieden zwischen selbstsüchtigen Konkurrenten durch eine übergeordnete Instanz zu stiften, ist in der politischen Theorie untrennbar mit dem Namen Thomas Hobbes verbunden (Kersting 1996). Die Diskussion um Regionalisierung nimmt, wahrscheinlich ohne Absicht, viele Argumente dieses Modells auf (Lipschutz 2001: 79). Thomas Hobbes veröffentlichte Leviathan im Jahr 1651, als Oliver Cromwell regierte, der nach blutigem Bürgerkrieg und der Hinrichtung von König Charles I. zum Lord-Protektor von England, Schottland und Irland ausgerufen worden war. Thomas Hobbes verbrachte diese Zeit im Exil in Paris – als Lehrer des Prinzen von Wales, des späteren Charles II. Leviathan gehört zu einer langen Reihe von Theorien, in denen der Gesellschaftsvertrag keine historische Tatsache ist, sondern eine Erklärung, weshalb sich eigensinnige Akteure selbst organisieren.

In der Gesellschaftsvertragstheorie von Hobbes leben die Menschen in einem Naturzustand, der ihnen zwar Freiheit, aber keine Sicherheit bietet. Der Naturzustand ist eine Welt ohne Staat, die Akteure führen einen dauernden Krieg aller gegen alle. Sie sind zwar frei, aber die fortwährende Konkurrenz zwischen ihnen erlaubt es nicht, die Früchte ihres Fleißes zu genießen. Ihr Leben ist „ein einsames, kümmerliches, rohes und kurz dauerndes Leben" (Hobbes 1651, 1. Teil, Kapitel 13: 116). Die Akteure, so schlägt Hobbes vor, sollten alle ihre Macht auf einen Herrscher übertragen. Diesen Herrscher nannte Hobbes „Leviathan". Leviathan ist der Name eines biblischen Meeresungeheuers, eine Anspielung auf Englands Herrschaftsanspruch gegenüber Spanien und den Niederlanden. „Non est potestas super terram quae comparetur ei" heißt es im Buch Hiob (Kapitel 41, 25–26) über den Leviathan: „Auf Erden ist ihm niemand zu gleichen; er ist gemacht, ohne Furcht zu sein. Er verachtet alles, was hoch ist; er ist ein König über alle Stolzen." Das Titelblatt der Erstausgabe des Leviathan zeigt in seiner oberen Hälfte einen überlebensgroßen Herrscher, der am Kopf eine Krone, in der Rechten ein Schwert und in der Linken einen Bischofsstab trägt. Der Herrscher überragt eine friedvolle Landschaft, im Vordergrund liegt eine Stadt. Die untere Hälfte des Titelblatts zerfällt in drei Teile. In der Mitte erscheint – auf einem geheimnisvollen Vorhang – der Buchtitel. Im linken Drittel sieht man Symbole für weltliche Macht: die Burg, eine Krone, eine Kanone, Waffen, eine Schlacht. Im rechten Drittel sind Symbole kirchlicher Macht abgebildet: die Kirche, eine Mitra, der Bannstrahl, ein logischer Syllogismus, die Disputation. Das bemerkenswerteste Detail des Titelblatts ist aber der Körper des Herrschers: Er besteht nämlich aus lauter Körpern, den Körpern der Bürgerinnen und Bürger. Über dreihundert Menschengestalten formen den „politischen Körper" des Leviathan und verleihen ihm Macht (Brandt 1996).

4 MÖGLICHKEITSRÄUME

Grenzen sind fließende und gestaltbare Übergänge, keine klaren und vorgegebenen Linien: Ungewißheiten bilden Möglichkeitsräume.

ABSCHIED VOM WIRKLICHKEITSRAUM

ÜBER GRENZEN

Klare Grenzen erzeugen Wirklichkeitsräume. Einfamilienhausgrundstücke sind nicht ungefähr (▶ S. 46), sie sind durch eindeutige Grenzen und Verfügungsrechte definierte Wirklichkeitsräume. Ihr langfristiger Gebrauchsnutzen kann nach den Methoden der Grundstückswertermittlung in Geld errechnet werden. Auch die Einkaufsstraße im Stadtzentrum, das geschützte Industriedenkmal, ein Naturschutzgebiet sind Wirklichkeitsräume: Ihr ökonomischer, sozialer, ökologischer, städtebaulicher Wert ist nicht durch Nutzbarkeit, sondern durch die gegebene Nutzung definiert. Die Grenzen solcher Räume sind festgeschrieben. Eine Nutzungsänderung kommt nicht in Betracht oder wird wegen der wirtschaftlichen, rechtlichen, politischen Kosten nicht in Betracht gezogen. Wirklichkeitsräume können nicht besser genutzt werden, der Boden ist bereits zum „besten Wirt" gegangen. Weshalb sollte man das Einfamilienhaus oder die Einkaufsstraße im Stadtzentrum beseitigen und durch eine andere Nutzung ersetzen? Das gilt auch für Fälle gewollter Nichtnutzung. Vielleicht verleitet das geschützte Denkmal oder das Naturschutzgebiet den einen oder anderen Immobilienentwickler dazu, über alternative Nutzungen nachzudenken. Indes, das Denkmal- und Naturschutzrecht verbieten die völlige Nutzungsänderung.

Wird die Nutzung eines Wirklichkeitsraumes geändert, bleibt sie im vorgegebenen Rahmen: Aufgrund eines Eigentümerwechsels wird das Einfamilienhaus von anderen Menschen bewohnt oder ein Geschäftslokal nicht mehr vom Juwelier, sondern von einer Schuhboutique genutzt. Der „Rahmen" ist die Summe eindeutiger Grenzen und Zuordnungen, die den Wirklichkeitssinn eines Raumes bestimmen. Die Qualität dieser Grenzen und Zuordnungen variiert mit der Raumkategorie. Bei Herrschaftsräumen spielen politische Grenzen und die Fähigkeit zur Landesverteidigung eine Rolle, bei Stadträumen folgen Grenzen und Zuordnungen aus der Parzellierung des städtischen Baubodens, aus Verkehrswegen, aus Leitungen für Versorgung und Entsorgung. Manche Wirtschaftsräume werden durch vertragliche Bindungen zwischen Produzenten und Händlern, manche sozialen Räume durch soziale Normen begrenzt. Der Wirklichkeitssinn überwiegt den Möglichkeitssinn.

Raumkategorie	Wirklichkeitsraum	Grenzen
Herrschaftsraum	staatliches Hoheitsgebiet	Landesgrenzen, militärische Landesverteidigung
Stadtraum	Grundparzellen, Verkehrswege und Leitungsanlagen	Grundstücksgrenzen, technische Infrastruktur
Wirtschaftsraum	Absatzgebiet eines Unternehmens	vertragliche Bindungen der Händler, „Kundentreue"
Sozialraum	eheliche Lebensgemeinschaft	soziale Normen
Umweltraum	Natur- und Landschaftsschutzgebiet	rechtliche Bindung, umweltpolitische Festlegung

Objekt 22: Wirklichkeitsräume und ihre Grenzen

Unsere Wirklichkeitsräume werden durch vielerlei Grenzen bestimmt. Staatsangehörigkeit oder Gartenzaun, Eigentum oder Umgangsformen, eingefahrene Denkgewohnheiten oder ökonomische Restriktionen formen unsere Lebenswelt so beiläufig, daß wir diese Grenzen wie selbstverständlich akzeptieren. Scheinbar findet unser Leben in Wirklichkeitsräumen statt. Der Schein ist allerdings trügerisch. Genauer betrachtet, weisen politische, rechtliche, wirtschaftliche, soziale, kulturelle, ökologische Grenzen beachtliche Unschärfen auf. Solche Unschärfen sind für liminale Funktionalität (▶ S. 68) unverzichtbar. Im praktischen Gebrauch der Grenzen und Territorien stehen eben nicht Klarheit und Eindeutigkeit im Vordergrund, sondern eine soziale Praxis, die man als anpassungsfähige, bewegliche Handhabung der Grenzen bezeichnen kann.

3

Im Ruhrgebiet sind bewegliche Grenzen und Territorien nicht ungewöhnlich, vielleicht weil das Ruhrgebiet selbst keine Grenzen hat (MVRDV 2002: 244–250). Mag für die einen das Gebiet des KVR maßgeblich sein, fragen andere, ob Xanten, der Geburtsort des Nibelungenhelden Siegfried, wirklich zum „Revier" gehört. Das Überqueren der Grenzen zum nächsten Stadtteil, zur nächsten Stadt, zur nächsten Region, zum nächsten Bundesland, zum nächsten Staat, zum nächsten Kontinent ist mit Brüchen im Selbstverständnis und in der Identität verbunden (O'Neill 2000: 172–174). Auf ihrem Weg über die Grenzen wird die Langendreerin zur Bochumerin, zur Ruhrgebietsbewohnerin, zur Westfälin, zur Nordrhein-Westfälin, zur Westdeutschen, zur Deutschen, zur Europäerin. Der Hinweis auf unscharfe Grenzen bedeutet nicht, Grenzen wären unwichtig. Im Gegenteil, vor allem die Kommunalpolitik wird im Ruhrgebiet durch die Stadtgrenzen geprägt. Schließlich werden Politiker nicht „im Ruhrgebiet" gewählt, sondern in den einzelnen Städten. Daher dominiert die lokale Perspektive, selbst wenn Probleme weit über die Stadtgrenzen hinausreichen. Umgekehrt wird die rasche Abfolge ungleicher Nutzungen, die im Ruhrgebiet erstaunlich konfliktfrei gelingt, erst durch den beweglichen Umgang mit Grenzen möglich. Fänden Wohnen, Verkehr, Industrie, Landwirtschaft, Freizeit in vergleichbaren Stadtregionen so dicht nebeneinander statt, würde dies stärkere und häufigere Reibungen verursachen. Gerade für Menschen, die ins Ruhrgebiet ziehen, ist die Lebensqualität oft unerwartet hoch. Wer vor Barrieren nicht zurückschreckt, wird durch vielfältige Perspektiven und Möglichkeiten überrascht.

Wie funktioniert die anpassungsfähige Handhabung der Grenzen? Die Antwort auf diese Frage ist nicht in Rasiermessergrenzen zu finden. Die Antwort liegt im konventionalen Grenzbegriff (► S. 59). Wer den Vereinbarungscharakter der Grenzen begreift, wird ermutigt, Grenzen durch Aushandlung zu gestalten. Damit solche Aushandlungen stattfinden und produktiv sind, ist Abschied vom Konzept des Wirklichkeitsraumes zu nehmen.

FORMEN UND INHALTE

Der Abschied vom Wirklichkeitsraum beginnt mit einer wesentlichen Feststellung der Border Studies, wonach Grenzen soziale Konstruktionen sind, keine natürlichen Erscheinungen (Frug 1999: 115–119; Hannerz 1997: 541; Kockel 1999; Paasi 1998: 70–71; Pratt 1998: 27–31; Young 2000 und 2002). Mit Hilfe dieser Feststellung können naturalistische Fehlschlüsse vermieden werden. Ein häufiger Fehlschluß verleitet dazu, Grenzen „zu sehen". Wenngleich Landnutzungsgrenzen vielfach auch Eigentumsgrenzen anzeigen, erweist erst der Blick ins Grundbuch, ob dem Übergang zwischen Landwirtschaft und Siedlungsbau tatsächlich eine Eigentumsgrenze entspricht. Und wer in der englischen Küste eine Grenze des Vereinigten Königreichs erblickt, ist mit den völkerrechtlichen Prinzipien über Staatsgrenzen und Meereshoheit nicht vertraut. Grenzen beeinflussen zwar Form und Inhalt, sie tun dies aber als Konvention, nicht weil sie Sachen oder eine Sacheigenschaft wären.

Eine Grenze, so scheint es, verleiht dem Raum seine Form. Durch Grenzen wird der Raum abgegrenzt, eingeteilt, gegliedert. Durch Grenzen entstehen Gebiete, Territorien, Bezirke, Parzellen. Räume ohne Grenzen weisen keine Strukturen auf. Räume ohne Grenzen sind *der* Raum (► S. 51). Allgemeiner gesprochen: Die Grenze verleiht dem Begrenzten eine *Form* (X_a), gibt einen Umriß. Grenzen bestimmen Übergänge, die vom Innen zum Außen führen, vom Eigenen zum Fremden, vom Selbst in die Welt. Die Grenze umgibt

4

nicht nur, sie bestimmt auch den *Inhalt* des Begrenzten (X_i). Dies wird in der Mereologie – der Lehre vom Verhältnis zwischen dem Ganzen und seinen Teilen – durch folgende Formel ausgedrückt:

$$G_x =_{df} \sim (X_i + X_a)$$

Die Grenze des Gegenstandes X (G_x) wird als das Komplement ($\sim$) der Summe definiert ($=_{df}$), die aus dem Inneren von X (X_i) und dem Äußeren von X (X_a) besteht (Casati und Varzi 1999: 78). Ein Komplement ist, was einen Gegenstand umgibt, ohne selbst zu diesem Gegenstand zu gehören.

Die Grenze des Ganzen vermittelt einen Sinn, der seinen Teilen häufig fehlt. Eine sprachliche Konvention erlaubt, statt „Besenstiel und die Bürste, die an ihm steckt" einfach Besen zu sagen. Vielfach konstituiert die Grenze des Ganzen (Besen) eine neue Identität, die seinen Teilen (Besenstiel und Bürste) nicht zukommt:

„Denke, du sagtest jemandem statt ‚Bring mir den Besen!' – ‚Bring mir den Besenstiel und die Bürste, die an ihm steckt!' – Ist die Antwort darauf nicht: ‚Willst du den Besen haben? Und warum drückst du das so sonderbar aus?' [...] Ja, der Besen wird zerlegt, wenn man Stiel und Bürste trennt; aber besteht darum auch der Befehl, den Besen zu bringen, aus entsprechenden Teilen?" (Wittgenstein 1953: 274–275, § 60).

Über die Grenze des Gegenstands „Besen" entscheidet der regelgeleitete Gebrauch der Sprache, nicht die Körperlichkeit des Stiels oder der Bürste. Erst durch ihren regelgeleiteten Gebrauch bestimmen Grenzen die Form und den Inhalt der Dinge. Bei politischen Grenzen und Territorien wird der Zusammenhang zwischen den Teilen und dem Ganzen zur Konvention einer kollektiven Identität verdünnt. Kollektive Identität umfaßt „Konstrukte, die nichts anderes bezeichnen als eine näher zu spezifizierende Gemeinsamkeit im praktischen Selbst- und Weltverständnis einzelner" (Straub 1998: 103). Man sagt „Bundesrepublik Deutschland" oder „Stadt Oberhausen" und hat nur ungefähre Vorstellungen, woraus diese Objekte zusammengesetzt sind. Selbst erklärende Zusätze wie „im staatsrechtlichen Sinn", „als Gemeinwesen", „als Architekturstandort" knüpfen keinen engeren Zusammenhang zwischen den Teilen und dem Ganzen. Wer würde die Stadt Oberhausen definieren, indem er ihre Bewohnerinnen und Bewohner mit Name und Adresse oder architektonisch bemerkenswerte Gebäude mit ihrer Grundstücksnummer *aufzählt*? Die Grenzen des Ganzen werden eben nicht durch die einzelnen Teile, sondern durch sprachliche, politische, soziale, kulturelle Konventionen bestimmt. Die Konventionen mögen, wie etwa im Kommunalrecht, präzise, sie können aber auch vage ausfallen, etwa wenn mir jemand in Köln den Weg nach Oberhausen beschreibt. Konventionen über Grenzen – ob durch amtliche Landkarten oder spontanes *mind mapping* dargestellt – sind eine Kurzschrift, um Form und Inhalt der Territorien mitzuteilen. Das Ganze ist im Lichte dieser Konventionen freilich nicht bloß mehr als seine Teile, es ist häufig etwas anderes.

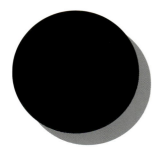

Sind Grenzen keine Dinge oder Eigenschaften, sondern Konventionen, ist die Frage sinnlos, welche Farbe die Grenze einer schwarzen Kreisfläche auf weißem Hintergrund hat. Eine Konvention besitzt keine Farbe. Auch ein Mietvertrag ist nicht rosa, weil der Vertragstext auf rosafarbenem Papier gedruckt wurde. Mit anderen Worten: Das Komplement ($\sim$) der schwarzen Kreisfläche oder des weißen Hintergrundes ist weder ein selbständiges Objekt noch eine Eigenschaft der schwarzen Kreisfläche oder des weißen Hintergrundes. Die Grenze *ist* nicht, sie *gilt*. Der Grund der Geltung einer Grenze ist die Konvention, hier solle eine Grenze sein. Durch die Bestätigung, Aufhebung oder Änderung dieser Konvention wird auch die Grenze bestätigt, aufgehoben, abgeändert. Dies wird deutlich, wenn man die Konvention für dreidimensionale Darstellungen betrachtet. Da die Kreisfläche in der Abbildung einen Schatten wirft, erscheint sie in einem gewissen Abstand zum Hintergrund. Auch wenn die schwarze Kreisfläche *auf* dem Papier ist, vermittelt die Konvention für dreidimensionale Darstellungen die Illusion des Schwebens.

RAUMPLANUNG ALS BOUNDARY MAKING

Was bedeuten Grenzen für die Raumplanung und Stadtgestaltung? An erster Stelle sind alte Stadtmauern zu nennen, die noch im Umriß vieler Stadtkerne zu erkennen sind (Tracy 2000; Waterhouse 1993). Überhaupt wird die europäische Kernstadt durch klare Abgrenzungen zwischen Stadtzentrum, Vorstadt, Stadtrand, Vororten und siedlungsfreier Landschaft geprägt (Benevolo und Albrecht 1994; Lichtenberger 2002: 151–162). Sir Raymond Unwin widmete zwei Kapitel seines *Town planning in practice* (Unwin 1909: 154 ff und 175 ff) dem Zusammenhang zwischen Stadtgestalt, Planung und Grenzen:

„Many ancient towns derive exceptional beauty from their enclosure by ramparts and walls. To this enclosure is due in no small measure the careful use of every yard of building space within the wall which has led to much of their picturesque effect" (Unwin 1909: 154).

Im Leitbild der europäischen Kernstadt wird das geopolitische Konzept der Rasiermessergrenzen (▶ S. 49) ästhetisiert. Grenzen sind nicht nur praktisch wichtig, etwa weil Stadtmauern der militärischen Verteidigung der Städte dienen. Nach Unwin spornen enge Stadtgrenzen auch zur sparsamen Bodennutzung an, die räumliche Knappheit führt zu städtischer Schönheit.

Eine Studie über Architektur und Grenzen erklärt die Stadt als Abfolge vielerlei Grenzen:

„In der Vergangenheit war auch die Stadt ein von Verteidigungsanlagen oder Verkehrswegen umgrenzter Ort und hob sich deutlich vom Umland ab: Tore und Zollstationen markierten den Eingang in einen Bereich mit besonderen Gesetzen und eigener Rechtsprechung. Hinter dieser Grenze bestanden und bestehen weitere Abgrenzungen: die Viertel, die in der islamischen Stadt schließlich durch Mauern getrennt werden" (Benevolo und Albrecht 1994: 6).

Die physischen Grenzen formen einen Behälter, nämlich die Stadt und ihre Stadtteile. In diesen Behälter werden Wirtschaftsräume, Sozialräume, Kulturräume, Kommunikationsräume eingeordnet. Die Hierarchie der Grenzen reicht von den Stadtmauern bis zu den Wohnungstüren:

„Hier wohnen Menschen mit denselben Bräuchen und Berufen, derselben Sprache und Religion oder wie bei modernen Vierteln Menschen, die einer bestimmten Einkommensschicht angehören. Diese Grenzen führen zu einer unterschiedlichen Bebauungsdichte, zu unterschiedlichen funktionalen Merkmalen, unterschiedlichen Eigentumsverhältnissen und einer unterschiedlichen Architektur. Andere Grenzlinien bestimmen den Zuschnitt der Grundstücke und die Trennung von öffentlicher und privater Sphäre. Wieder andere unterteilen den einzelnen Besitz und legen die Nutzung der Wohnräume fest. Jede Wohnung ist ein komplexes System von Abgrenzungen, mittels dessen die Räume für die alltäglichen Verrichtungen durch jene besonderen, beweglichen Grenzen getrennt werden, die sich öffnen und schließen lassen: den Türen" (Benevolo und Albrecht 1994: 6).

Werden die Wirkungen der Grenzen – vor allem der Stadtmauern – auf die Stadt als vorteilhaft empfunden, liegt die Empfehlung nahe, die Stadtplanung möge Grenzen zur Gestaltung der Stadtentwicklung nutzen: „[I]t is most necessary in some way to define our town areas, and in the case of large towns to define and separate new areas and suburbs. It would seem desirable to limit in some way the size of towns, but how far this may be possible we have yet to learn" (Unwin 1909: 154). Unwin erkannte nicht nur die Bedeu-

5–7

tung der Grenze – Grüngürtel, bewaldete Trennflächen, Baublöcke, öffentliche Plätze – als Gestaltungsmittel. Er forderte auch, die Stadtplanung solle ermächtigt werden, bestehende Eigentumsgrenzen zur Umsetzung räumlicher Planungen aufzuheben und abzuändern:

„One point of great interest in [...] Sir Christopher Wren's plan of London [is] his proposal that the boundaries of all existing properties should be disregarded, and that the individual parcels of land should all be temporarily given into the hands of public trustees or commissioners so that they might be rearranged and the area divided, each person receiving back, not his own plot exactly, but as nearly as possible the equivalent of it in the shape of a plot of land arranged to suit the new roads and new buildings proposed" (Unwin 1909: 113).

Die städtische Bodenordnung setzt konsequent die Idee um, eine Stadt werde durch ihre Grenzen gebildet. Wer über diese Grenzen verfügen darf, bestimmt die Stadtgestalt. Dies scheint um so wichtiger als Entfestigungen und Erweiterungen vieler Städte mit Formverlust verbunden waren oder sind (Lichtenberger 2002: 153–154). Zusätzlich wird in Grenzen ein planerisches Instrument zur Sicherung der Standortqualität gesehen: „Bodenbezogene Eigentumsgrenzen sollen dazu dienen, die Ressourcen eines Standortes sowie seine Nutzungsmöglichkeiten vor störenden Eingriffen von außen zu schützen" (Bökemann 1982: 71). Das „Grenzsystem der Bodenordnung" wird als der „geometrische Ort aller Punkte" definiert, „auf welchen die Interessenkollision in bezug auf bestimmte Nutzungs-(Stör-)faktoren durch Regelung (Widmung) vermieden wird" (Bökemann 1982: 100). So betrachtet, ist Raumplanung nichts anderes als *boundary making*. Die politische Geographie versteht unter *boundary making* die Kunst, „gute" Grenzen mittels rechtlicher, politischer, vermessungstechnischer, sozioökonomischer Kenntnisse und Fähigkeiten herzustellen (Holdich 1916; Jones 1945). In Städten akkumulieren Störungen: konkurrierende Nutzungen, Freiflächenverbrauch, ungebremstes Siedlungswachstum, Verkehrslärm, soziale Nachteile urbaner Dichte. Störungen beeinträchtigen die Qualität der Wirklichkeitsräume, *boundary making* verspricht Abhilfe. In seiner Kritik an herkömmlicher Stadtentwicklung beschreibt Richard Sennett folgende Strategie des planerischen Mauerbaus:

„Angesichts der Feindseligkeit zwischen verschiedenen gesellschaftlichen Gruppen in der Stadt geht der erste Impuls des Planers dahin, die miteinander in Konflikt liegenden, dissonanten Kräfte gegeneinander abzuschotten und im Inneren Wände statt durchlässiger Grenzen zu errichten. So dienen beispielsweise Schnellstraßen und Autoverkehr dazu, verschiedene soziale Territorien innerhalb der Stadt voneinander abzugrenzen; der Fluß der rasenden Maschinen schießt rasch und breit dahin, so daß der Übergang von einem Territorium ins andere praktisch unterbunden wird. Auch die funktionale Entflechtung ist zu einem Mittel geworden, Grenzen abzudichten[, …] um die Gefahr einer Berührung zwischen verschiedenen Klassen oder Rassen zu bannen und eine Stadt aus lauter festen inneren Mauern zu bauen" (Sennett 1991: 255).

Durch *boundary making* werden die Wirklichkeitsräume in Wert gesetzt, weil Grenzen alle Störungen territorialer Wirklichkeit – sei es in einem Wohngebiet, auf einem Bahnhofsvorplatz, in einem Einkaufszentrum – verhindern.

FRONTIER: NORMALZUSTAND

SÄUME UND SCHICHTEN

Eine entschieden andere Meinung vertritt Jane Jacobs, die städtische Grenzen nicht für eine Garantie, sondern für eine Gefährdung urbaner Qualitäten hält. Jacobs erblickt eine wichtige Ursache für den Niedergang der Städte im „Fluch des Grenzvakuums". Sie kritisiert die stadtplanerische Sicht, durch Grenzen könnten klare und ansehnliche Stadtformen geschaffen und die Intensität der städtischen Nutzungen gesteigert werden:

„The root trouble with borders, as city neighbors, is that they are apt to form dead ends for most users of city streets. They represent, for most people, most of the times, barriers. Consequently, the street that adjoins a border is a terminus of generalized use. If this street, which is the end of the line for people in the area of ‚ordinary' city, also gets little or no use from people inside the single-use border-forming territory, it is bound to be a deadened place, with scant users" (Jacobs 1961: 259).

Werden Grenzen zu Barrieren, verringern sie die Nutzungsvielfalt und verhindern Austausch. Durch die Grenze verarmt ein Territorium, so behauptet Jacobs, es verliert Möglichkeiten. Nehmen der Durchgangsverkehr und die Nutzungsvielfalt ab, bleiben potentielle Käufer aus. Aber nicht nur kommerzielle Nutzungen sind vom Vakuum einer städtischen Grenze betroffen:

„Borders can thus tend to form vacuums of use adjoining them. Or to put it another way, by oversimplifying the use of the city at one place, on a larger scale, they tend to simplify the use which people give to the adjoining territory too, and this simplification of use – meaning fewer users, with fewer different purposes and destinations at hand – feeds upon itself. The more infertile the simplified territory becomes for economic enterprises, the still fewer the users, and the still more infertile the territory. A kind of unbuilding, or running-down process is set in motion" (Jacobs 1961: 259).

Wird eine Stadt durch Grenzen zu stark vereinfacht, verarmt städtisches Leben. Ganz anders als Unwin plädiert Jacobs daher auch nicht für die Erhaltung der Grenzen. Sie fordert, unnötige Grenzen abzubauen und unvermeidliche Grenzen durchlässiger zu machen, um lebhafte und durchmischte Territorien zu schaffen: „To employ counterforce against *necessary* city borders means this: as many city elements as possible must be used to build lively, mixed territory, and as few as possible must be used to compose borders unnecessarily" (Jacobs 1961: 269). Auf ähnliche Weise warnt Richard Sennett, die Stadtplanung dürfe Grenzen nicht als Mauern mißverstehen:

„Den Menschen, die in abgeschlossenen Siedlungen leben, werden Entwicklungsmöglichkeiten genommen. Sie haben nichts, was sie den Narben vergangener Erfahrungen, den Stereotypen, die sich im Gedächtnis eingegraben haben, gegenüberstellen könnten. Wiedererkennungszeichen, wie sie sich an Grenzen abspielen könnten, bieten die einzige Chance, daß Menschen stereotype Bilder, die sich im Laufe der Zeit verfestigt haben, auflösen können. Nur wenn sie eine Grenze überschreiten, vermögen sie andere so zu sehen, als sähen sie sie zum erstenmal" (Sennett 1991: 255–256).

Nur wer Unterschiede beobachtet, kann daraus lernen. Wird die Nutzung der Unterschiede durch rigide Grenzziehungen unterbunden, verlieren Städte ihre Qualität als Orte des sozialen Lernens. Daher müßte der „Stadtplaner einer modernen, humanen Stadt [...] die Unterschiede übereinanderschichten statt sie zu segmentieren" (Sennett 1991: 256). Indem sie Grenzen ablehnen, bekräftigen Jacobs und Sennett das Konzept der Rasiermessergrenze (▶ S. 49). Die Begründung der Ablehnung enthält nämlich einen Grenzbegriff, der die Grenze als Trennungslinie betont. An diesem Punkt scheint es, als ob die Diskussion über Grenzen unentrinnbar durch Lord Curzon beherrscht würde.

Die gegensätzlichen Einschätzungen städtischer Grenzen erinnern an die beiden Nachbarn aus *Mending Wall* von Robert Frost (▶ S. 54). Im Gedicht wird ein Gegensatz beschrieben, der auch in der städtebaulichen Kontroverse zu finden ist. Welchen Einfluß üben Grenzen auf die Stadtentwicklung aus? Einige betonen, Grenzen wären für die Stadtentwicklung nützlich, andere meinen, begrenzte Städte würden verarmen. Beide Positionen überschätzen die Wirkungen der Grenzen. Territorien sind zumeist vielschichtig und können mittels Rasiermessergrenzen nicht so abgegrenzt werden, wie dies Unwin oder Bökemann vorzuschweben scheint. Territorien ohne Grenzen sind aber auch keineswegs stets so vielfältig und produktiv, wie dies Jacobs und Sennett behaupten. Erwünschte städtebauliche Erfolge können daher weder durch eine strikte Grenzziehung noch durch den Abbau der Grenzen erzielt werden. Was bedeutet dies für die Planung städtischer Territorien und Standorte? Die eine Seite sieht die Aufgabe der Raumplanung darin, Territorien durch Grenzziehungen zu schützen; die andere Seite unterstreicht, Grenzen müßten abgebaut werden, um lebendige Städte zu planen. Beide Positionen unterschätzen, daß die Raumplanung auf *unterschiedliche* Raumqualitäten reagieren muß. In einer brodelnden, unübersichtlichen Metropole können durch Grenzen Ruhezonen geschaffen werden (Newman 1972). Hingegen müssen in Siedlungsräumen, die unter Bevölkerungsverlust leiden, vielfältige Nutzungen erst angeregt werden. Grenzen, die den räumlichen Aufschwung behindern, sind zu beseitigen. Nutzt die Raumplanung bewußt die Errichtung *und* den Abbau von Grenzen als Gestaltungsmittel, gewinnt sie beträchtliche Spielräume (Venturi 2003: 87–88). Diese Spielräume sind um so wichtiger, je stärker in einer gegebenen Situation territoriale Heterogenität bemerkbar ist.

9–12

13–14

TERRITORIALE HETEROGENITÄT

Andere Räume besitzen andere Grenzen: Herrschaftsräume werden durch Landesgrenzen, die Grenzen der Wahlkreise, Eigentumsgrenzen bestimmt. Wirtschaftliche, soziale, kulturelle Grenzen definieren Wirtschaftsräume, Sozialräume, Kulturräume. Wieder andere Grenze formen Kommunikationsräume, Verkehrsräume, Umwelträume. Durch Außenhandel, Unternehmensverflechtungen, Zollfreiheit, Fernverkehr, Migration, Tourismus, Neugierde, ethnische Küche entstehen Funktionsräume, deren Umfang und Strukturen nicht durch staatliche, administrative und eigentumsrechtliche Grenzen bestimmt werden. Herrschaftsräumliche und funktionsräumliche Grenzen sind in der Regel nicht deckungsgleich, sondern bilden ein Schnittmuster verflüssigter Grenzen und Territorien. Diese territoriale Heterogenität folgt aus dem praktischen Gebrauch der Grenzen.

Natürlich könnten das Prinzip der Bodenordnung verallgemeinert und verflüssigte Räume mittels *boundary making* beplant werden. Die Konsequenzen wären allerdings selten willkommen. Mindestvoraussetzungen einer Kongruenz zwischen Herrschafts- und Funktionsräumen wären die Errichtung interkommunaler Verkehrsbeschränkungen und Handelszölle, Arbeitsverbote außerhalb der Wohnsitzgemeinde, die Unterbrechung des grenzüberschreitenden Nachrichtenverkehrs, die *gated community* als Wohnstandard, Einschränkungen der Beziehungen zwischen Frauen und Männern, zwischen jungen und alten Menschen, zwischen Menschen unterschiedlicher Staatsangehörigkeit. Die territoriale Homogenität könnte nur um den Preis der Aufhebung vieler Grundrechte und wirtschaftlicher Freiheiten, des Verlustes räumlicher Mobilität und sozialer Beziehungen erkauft werden. Doch selbst massive Schutz- und Kontrollmaßnahmen garantieren keine undurchlässigen Rasiermessergrenzen. *Boundary making* und Bodenordnung mögen in manchen Situationen und Lebenslagen sinnvoll sein, diese Praktiken können aber nicht als Handlungsempfehlung für Raumplanung und Städtebau verallgemeinert werden. Viel interessanter ist es daher, Grenzen und Zuordnungen jenseits der Illusion homogener Wirklichkeitsräume zu analysieren.

Territoriale Heterogenität erzeugt Ungewißheit (Newman 2000). Gelten *hier* noch dieselben Zuständigkeiten, Gebräuche, Zugehörigkeiten wie *dort*? Haben wir, ohne es zu bemerken, eine Grenze überschritten? Wer diese Ungewißheit verspürt, erlebt eine Frontiersituation. Die Fahrt vom Wohnort zum Arbeitsplatz, bei der eine „unsichere" Gegend durchquert wird, subkulturelle Nischen entlang der Einkaufsstraße oder in Bahnhofsnähe, der Wechsel zwischen dichter Bebauung und Einfamilienhaussiedlungen oder einfach die Begegnung mit als „fremd" empfundenen Menschen sind Beispiele dafür, daß wir immer wieder, vielleicht auch nur für kurze Zeit, in ein *borderland* versetzt werden (Hannerz 1997: 538–541). Die Vorstellung, es gäbe Rasiermessergrenzen und homogene Territorien, paßt nicht zur Praxis wilder Grenzen und territorialer Heterogenität. Welche Vorstellung würde zu dieser Praxis passen? Ist es der *marginal man*, dessen Leben durch den Konflikt gezeichnet ist, mehreren Kulturen anzugehören (Park 1950: 345–392). Sind es die distanzierte Annäherung zwischen West- und Ostdeutschen nach dem Fall der Mauer (Berdahl 1999), der Mut der *New Mestiza* (Anzaldúa 1999), die Ästhetisierung der *dangerous border crossers* (Gómez-Peña 2000)?

In *Der Rauch verbindet die Städte* beschreibt Joseph Roth bereits 1926 die Folgen territorialer Heterogenität im Ruhrgebiet:

„Hier ist der Rauch ein Himmel. Alle Städte verbindet er. […] Erfüllt ist von ihm die ganze große Stadt, die alle Städte des Ruhrgebiets zusammen bilden. Eine unheimliche Stadt aus kleinen und größeren Gruppen, durch Schienen, Drähte, Interessen verbunden und vom Rauch umwölbt, abgeschlossen von dem übrigen Land" (zitiert nach Schütz 1987: 33).

Roth empfindet den Mangel klarer territorialer Ordnung als bedrohlich. Eine große Stadt mag nicht schön sein, aber als Stadt stiftet sie immerhin einen gewissen Sinn:

WILDE GRENZEN

MÖGLICHKEITSRAUM

Räume mit Frontierbedingungen sind Möglichkeitsräume (Davy 2002a und 2002c). Die Wildnis der amerikanischen Frontier wird im Zusammenhang mit Stadt- und Regionalentwicklung zur Metapher für fragmentierte Räume, wilde Grenzen, Polyrationalität. Der Möglichkeitsraum ist keine traditionelle raumwissenschaftliche Kategorie. Das Konzept beruht auf einem Raumverständnis, das seine Aufmerksamkeit nicht auf Zentren, geschlossene Formen und eindeutige Zuordnungen richtet, sondern auf Peripherien, fragmentierte Strukturen, räumliche Ambiguität.

Der Begriff des Möglichkeitsraumes ist – wie auch die Begriffe Heterotopie (Foucault 1966: 20; Foucault 1967), Nicht-Ort (Augé 1995), Thirdspace (Soja 1996) – gegen ein konventionelles Raumverständnis gewendet. Möglichkeitsraum macht auf Phänomene aufmerksam, die am Rand üblicher Raumwahrnehmung liegen. In vielen Stadt- und Regionskonzepten – etwa in der Theorie der zentralen Orte, in der Charta von Athen, im Gartenstadtkonzept – kommen Peripherien, fragmentierte Strukturen, räumliche Ambiguität nicht vor. Ein typisches Beispiel bietet Martin Einseles Plädoyer für eine Ruhrstadt. Der Stadtplaner will eine „Superstadt an der Ruhr und Emscher" (Einsele 1963: 62) und spricht verächtlich über die Grenzräume im Ruhrgebiet, die sich bloß „mit Unkraut und Schwarzbauten" füllen (Einsele 1963: 54). Gehören Industriebrachen, Grabeland, Teestuben, aufgelassene Freilichtkinos, Tierfriedhöfe, Baumärkte, Tankstellen, Autobahnkreuze, Mülldeponien zum Bild der Stadt? Nach den meisten Stadt- und Regionskonzepten gehören solche Orte jedenfalls nicht zum Modellbild der Stadt und führen zur Klage über „gestohlene Zentralität" (Tenfelde 2000: 16). Sie sind Abweichungen vom städtischen Ideal, für die erst Bezeichnungen gesucht werden: *Edge City* (Garreau 1992), *Generic City* (Koolhaas 1995: 1248), *space of flow* (Castells 1996: 410–428), Zwischenstadt (Sieverts 1997; Bölling und Sieverts 2004), multifunktionale Übergangszonen (Clemens und Clemens 1999: 356), *spaces of uncertainty* (Cupers und Miessen 2002), die gewendete Stadt (Venturi 2003). Wie passen Industriebrachen in die Hierarchie zentraler Orte? Wie sehen die Baumärkte einer Gartenstadt aus? Welchen Stellenwert besitzen Teestuben im Leitbild der europäischen Kernstadt? Leider werden solche Fragen selten gestellt. Industriebrachen sind Warteräume künftiger Nutzungen, im Baumarkt werden unauffällige Mitmenschen zu wagemutigen Siedlern, Teestuben bilden die Kommunikationsräume der Migrationsgesellschaft. Diese Orte markieren wilde Grenzen und den „äußersten Saum der Welle" städtischen Sinneswandels.

19–21

Der Begriff des Möglichkeitsraumes stellt Peripherien, fragmentierte Strukturen, Zwischenräume – kurz gesprochen: wilde Grenzen – in den Mittelpunkt der Raumplanung (Davy 2002c). Dabei rücken unübersichtliche Agglomerationsräume, Siedlungsränder und die Restflächen nahe der neuen Kläranlage in den Vordergrund. Das Stadtzentrum, die Einfamilienhaussiedlung, die Kläranlage sind Wirklichkeitsräume, sie stellen klar definierte Raumnutzungstypen dar und symbolisieren insofern räumliche Ordnung. Demgegenüber bilden Agglomerationsräume, Siedlungsränder, Restflächen keine klar definierten Raumnutzungstypen, ihre wilden Grenzen symbolisieren keine räumliche Ordnung. Es sind schwer lesbare, unbedeutende, unterbrochene, unfertige Orte. Möglichkeitsräume liegen oftmals auf der falschen Seite einer Grenze: der Grenze des Gemeindegebietes, des gestutzten Rasens, der Rentabilität, unserer Aufmerksamkeit. Möglichkeitsräume sind beharrlich, füllen die Räume zwischen Wirklichkeitsräumen aus, durchdringen die erwünschte Ordnung mit ungebetener Unordnung: „Peripherie ist heute überall" (Prigge 1998b: 6). Gleichwohl ist diese Unordnung kein Makel, sie macht den besonderen Wert der Möglichkeitsräume aus: Agglomerationsräume, Siedlungsränder, Restflächen sind unübersichtlich, weil sie auf vielerlei Weise betrachtet werden können, sie sind mehrdeutig, weil sie zahlreiche mögliche Bedeutungen besitzen. Möglichkeitsräume machen Wirklichkeitsräume erst erträglich: „Many empty spaces are, in fact, not just unavoidable waste, but necessary ingredients of another process: that of the mapping of space shared by many different users" (Bauman 2000: 103). Werden Räume durch Menschen unterschiedlicher Rationalität genutzt, so erklärt der Soziologe Zygmunt Bauman, sind räumliche Leerstellen unverzichtbar. *Empty spaces* ermöglichen, verschiedenartige Ordnungsvorstellungen gleichzeitig in enger räumlicher Nähe zu verwirklichen. Möglichkeitsräume tragen zur Verflüssigung der Moderne bei: Meine Teestube ist dein blinder Fleck, eure Restfläche ist unser Tierfriedhof.

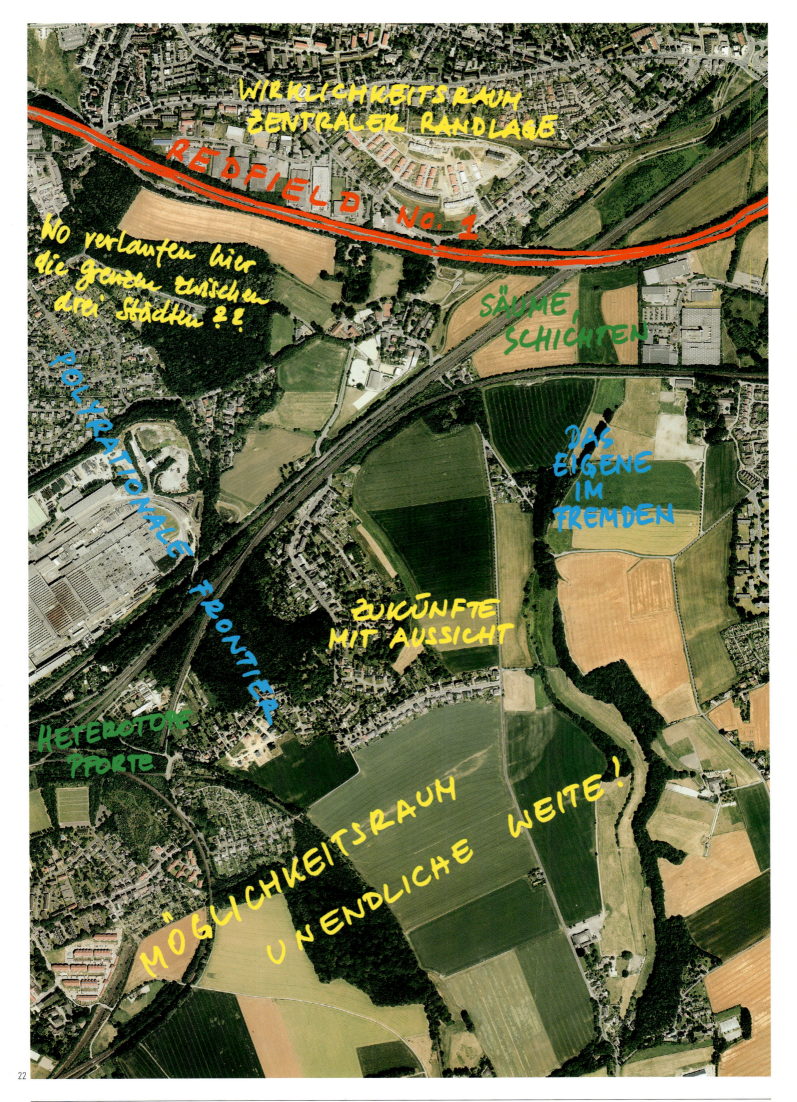

UNENDLICHE WEITE!

Als Folge wilder Grenzen entstehen Frontiersituationen. Darunter sind – in Anlehnung an Frederick Jackson Turner – Situationen zu verstehen, in denen Grenzen unklar geworden sind oder überhaupt noch keine Grenzen gezogen wurden (Turner 1894 und 1920). An der Frontier, wo Bekanntes auf Unbekanntes trifft, bilden sich Möglichkeitsräume. Noch ist unklar, nach welchen Ordnungsvorstellungen – nach welchem Wirklichkeitssinn – die Grenzen gezogen werden. Während im Deutschen die englischen Wörter *boundary*, *border* oder *frontier* mit Grenze übersetzt werden, ist im Amerikanischen mit *frontier* keine exakte Trennungslinie, sondern ein unbestimmter Raum voller Gefahren, Hoffnungen, Chancen, Herausforderungen gemeint (in der deutschen Synchronisation der TV-Kultserie „Raumschiff Enterprise" wurde das Wort *frontier* im Vorspann jeder Folge mit unendliche Weite übersetzt).

In der Kulturanthropologie greift Ullrich Kockel den Unterschied zwischen *boundary* und *frontier* auf, um die Wirkung europäischer Integration auf Nationalstaaten zu beschreiben. Kockel stellt einen Bedeutungsverlust nationaler Grenzen fest, der herkömmliche Territorien schwäche. Anstelle des räumlichen Zusammenhanges trete ein zeitlicher Zusammenhang, das Territorium werde durch die Wanderschaft (*trajectory*) ersetzt (Kockel 1999: 290–292). Das Wort *trajectory* bedeutet, wörtlich übersetzt, Flugbahn oder Kurve. Soll die Assoziation einer determinierten Bewegung vermieden werden, ist ein Begriff vorzuziehen, der die Unregelmäßigkeit der Bewegung ausdrückt. Die Wanderschaft ist nicht ortsgebunden. Sie ist eine zeitliche Abfolge von Ereignissen, die durch Beziehungen und Ortswechsel charakterisiert ist. Frontier und Wanderschaft sind ein Gegenbild zum klar abgegrenzten Territorium. Dementsprechend wohnen dem Selbstverständnis der Frontier ganz andere Inhalte inne als dem üblichen Territorialitätsdenken.

	Territorium	Wanderschaft
Geschichte	gegenwartsbezogen	entwicklungsbezogen
Kultur	ortsgebunden	bewegt
Markierungen	ortsbezogen	ereignisbezogen
Identität	räumlich und konstant	zeitlich und wechselnd
Orientierung	an besonderen Orten	an besonderen Ereignissen
Grenzen	starr	beweglich
Ideologie	betont Unterschiede	betont Beziehungen
Lebensstil	Haben	Sein

Objekt 23: Territorium und Wanderschaft (nach Kockel 1999)

Die Begriffspaare *boundary* und *frontier* lenken die Aufmerksamkeit von der räumlichen Organisation der Gesellschaft auf die soziale Organisation des Raumes. Wer mit gegenwärtigen und künftigen Ereignissen beweglich umgehe, halte nicht an klar abgegrenzten Strukturen fest:

„[T]he territorial world-view defines identity, and in consequence ethnicity, by reference to factors outside the person and beyond his or her control, whereas the trajectorial world-view refers to factors lying mostly within the individual [...]. Instead of a set of locations that signify events in relation to territory, we now have a sequence of events locating an individual or group in non-territorial cultural space" (Kockel 1999: 291–292).

23–25

Bilden Wirklichkeitsräume keine Orientierung mehr für politisches Handeln, kann dieser Verlust als bedrohlich, aber auch als Chance wahrgenommen werden. Können Gemeindegebiete nicht als feste Territorien abgegrenzt werden, wird das gegenwärtige Verständnis kommunaler Selbstverwaltung fragwürdig. Gleichwohl könnten neue Konzepte für die lokale Verwaltungsebene in fragmentierten Räumen entwickelt werden. Rückt die soziale Beziehung in den Vordergrund und verdrängt klar abgegrenztes Eigentum, wird der Status einer Person nicht mehr durch ihren Besitz bestimmt. Dafür werden Fähigkeiten zur Beziehungspflege wertvoller. Wird Identität nicht mittels Bindung an Orte („Heimat") begründet, folgt dem Verlust der Territorialität keine Eigenschaftslosigkeit. Vielmehr wird eine Identitätsbildung „auf Wanderschaft" gefördert. Unter Frontierbedingungen verlieren Herrschaftsräume, Identitätsräume, Statusräume ihren territorial geprägten Sinn. Dieser Sinnverlust transformiert Wirklichkeitsräume in Möglichkeitsräume.

Möglichkeitsräume stellen die Raumplanung vor die unbequeme Situation, mit wilden Grenzen planen zu müssen. Dies widerspricht der geläufigen Erwartung, Grenzen seien „gedachte Trennungslinien" (Brockhaus 1981, Band 3: 1392, Bedeutung 1.c), die klar zwischen räumlichen Einheiten unterscheiden. Anstelle einer Planung der Ordnung in Wirklichkeitsräumen tritt eine Planung in der Wildnis der Möglichkeitsräume. Mit Wildnis ist das Fehlen eindeutiger Ordnungen gemeint. Möglichkeitsräume sind Räume mit geringer Zentralität, mit vielschichtigen Identitäten, mit heterogener Territorialität. Möglichkeitsräume sind Räume im Naturzustand, also ohne Gesellschaftsvertrag und staatliche Ordnung. Dort ist Planung mittels Rasiermessergrenzen und eindeutigen Ordnungen einsam, kümmerlich, roh, kurzlebig (Hobbes 1651, 1. Teil, Kapitel 13: 116).

ÜBER MÖGLICHKEITEN

Möglich ist, was nicht der Fall ist, aber der Fall sein könnte. Dabei ist gleichgültig, ob es um mögliche Ereignisse, Ressourcennutzungen, Sozialbeziehungen, Politikinhalte geht. Möglichkeitsräume – also die räumliche Dimension solcher Möglichkeiten – sind Räume, die ungewöhnlich viele Möglichkeiten aufweisen, zulassen, anregen, erzwingen. Möglichkeitsräume können als Potentialräume, Stimulationsräume, Freiräume oder Gefahrenräume wahrgenommen werden. Der Normalzustand im Möglichkeitsraum ist das Vorläufige. Dies kann als befreiend, aber auch als beängstigend empfunden werden, denn Überraschungen sind manchmal willkommen, manchmal gefürchtet. In Möglichkeitsräumen sind (auch unliebsame) Überraschungen häufiger als die Erfüllung gefestigter Erwartungen.

Die „Möglichkeiten" im Möglichkeitsraum kombinieren Nutzungsabsichten, Nutzbarkeit und Verlockung (► Objekt 24). Zunächst einmal bietet ein Raum Möglichkeiten, wenn seine Nutzung nicht bereits festgelegt ist. Solche Festlegungen gehen auf naturräumliche Gegebenheiten, rechtliche Verpflichtungen, vorangehende Investitionen zurück. Im Möglichkeitsraum ist wenig festgelegt, die Nutzungsabsichten werden durch den Möglichkeitssinn bestimmt. Anders als Räume mit festgelegten Nutzungen sind Möglichkeitsräume gegenüber mancherlei Absichten offen. Ein Raum bietet aber nur dann Möglichkeiten, falls dort vielerlei Absichten verwirklicht werden können. Diese Eignung kann eine natürliche Voraussetzung sein oder durch technische und organisatorische Maßnahmen hergestellt werden. Im Gegensatz zu Räumen, die für vielerlei Nutzungen ungeeignet sind, sind Möglichkeitsräume vielfältig nutzbar. Schließlich sind in einem Raum nur dann Möglichkeiten vorzufinden, wenn er ungenutzte Gelegenheiten bietet. Der Reichtum an ungenutzten Gelegenheiten bildet eine Verlockung für *colonists*, für die Pionierinnen und Pioniere des Möglichkeitsraumes. Verlockende Gelegenheiten entstehen durch das Zusammentreffen von hoher Siedlungsdichte und Verkehrswegen, durch die relative Konzentration hochqualifizierter Arbeitskräfte, durch eine wirtschaftsräumliche Clusterbildung. Die Verlockung des Möglichkeitsraumes kann auch darin liegen, daß Vorhaben mit großem Neuheitswert ohne lästige Bindungen umgesetzt werden können. Im Gegensatz zu Räumen, die nur wenige ungenutzte Nutzungschancen bieten, sind Möglichkeitsräume sehr verlockend für Unternehmungslustige.

	Nutzungsabsichten	Nutzbarkeit	Verlockung
Wirklichkeitsraum	bereits festgelegt	nicht oder nur für einen Zweck nutzbar	Gelegenheiten sind weitgehend genutzt
Möglichkeitsraum	offen für ganz unterschiedliche Absichten	für vielfältige Zwecke nutzbar	reich an ungenutzten Gelegenheiten

Objekt 24: Wirklichkeitsraum und Möglichkeitsraum

Um das Mögliche in Möglichkeitsräumen zu sehen, lohnt der Vergleich mit zwei Extrembeispielen für Wirklichkeitsräume. Das erste Extrembeispiel sind Räume, die nicht genutzt werden können: Naturschutzgebiete, abgelegene Einöden, durch Krieg oder Katastrophen zerstörte Räume. Das zweite Extrembeispiel sind Räume, die bereits sehr ertragreich genutzt werden: belebte Einkaufsstraßen, schlüsselfertige Einfamilienhaussiedlungen, historische Stadtzentren. In beiden Extrembeispielen überragt der Wirklichkeitssinn den Möglichkeitssinn, alternative Nutzungen kommen nicht in Betracht (► S. 106). Demgegenüber bietet ein Möglichkeitsraum viele Alternativen. Er wird eben durch den Möglichkeitssinn geprägt, „das, was ist, nicht wichtiger zu nehmen als das, was ebensogut sein könnte" (Musil 1930: 16). Die Gleichwertigkeit unterschiedlicher Nutzungen verursacht ein „Flimmern", das die Grenze zwischen Wirklichkeit und Möglichkeiten verschwimmen läßt.

Die Qualität von Möglichkeitsräumen kann an der Standortsuche für großflächigen Einzelhandel veranschaulicht werden. Wer ein Einkaufszentrum „auf der grünen Wiese" plant, sucht einen Möglichkeitsraum. Verglichen mit dem Standort im Stadtzentrum mit seinen hohen Bodenpreisen und wenigen Parkplätzen ist die grüne Wiese für großflächigen Einzelhandel vorteilhafter. Diese Attraktivität könnte durch planungsrechtliche Vorgaben gemindert werden. Gleichwohl ziehen viele Kommunen zusätzliche Einnahmen aus Kommunalsteuern einer Bewahrung ihrer Freilandflächen vor. Allerdings ist nicht jede grüne Wiese als Standort für ein Einkaufszentrum geeignet. Die Nähe einer kaufkräftigen Bevölkerung sowie eine geeignete Verkehrsanbindung sind für den Erfolg unentbehrlich. Daher sind viele Wiesen, mögen sie auch grün sein, für Einkaufszentren ungeeignet. Die grüne Wiese, die Immobilienentwickler für ihre nächste *shopping mall* suchen, ist also weder durch vorangehende Investitionen und konkurrierende Nutzungen belastet (sonst wäre der Standort zu teuer), noch liegt sie fernab erschlossener Siedlungsräume (sonst wäre der Standort zu karg). Die städtebaulichen Folgen von Immobilienentwicklungen an der Grenze zwischen zu teuren und zu kargen Standorten werden als *Edge Cities* bezeichnet (Garreau 1992).

Nicht jede städtische Restfläche bildet einen physischen Möglichkeitsraum. Einzelne Standorte, womöglich von Wirklichkeitsräumen umgeben, sind keine Möglichkeitsräume. Ebensowenig bildet jede marginalisierte Gruppenidentität oder periphere Weltanschauung einen mentalen Möglichkeitsraum. Nicht alle ungewöhnlichen oder abweichenden Ideen und Praktiken verändern die Wirklichkeit. Möglichkeitsräume entstehen erst, wenn die wilden Grenzen physischer oder mentaler Räume zu verlockender Bindungslosigkeit und Nutzungsoffenheit (▶ Objekt 24) führen. Altindustrielle Regionen können zu Möglichkeitsräumen werden, weil bisherige Grenzen ungewiß geworden sind. Im Möglichkeitsraum fehlen präzise Zuordnungen, fehlt eine dominante Ordnung. Wilde Grenzen führen zu unklaren Zuständigkeiten, wechselnden Loyalitäten, bestrittenen Besitzständen, geschwächter Territorialität. Daher müssen beanspruchte Zuständigkeiten und Besitzstände entweder aufgegeben oder besonders verteidigt werden, können Zugehörigkeiten neu geordnet und Loyalitäten auf ihre Aufrichtigkeit hin erprobt werden. Möglichkeitsräume sind weder leer noch beliebig. Vielmehr sind Möglichkeitsräume durch eine lebhafte Konkurrenz verschiedenartiger Ordnungen (Institutionen, Wertvorstellungen, Identitäten, Symbole) gekennzeichnet. Im Möglichkeitsraum konkurrieren alle Beteiligten darin, ihr bevorzugtes Ordnungssystem durchzusetzen. Diese Konkurrenz der Ideale reicht vom erbitterten Kampf bis zum schöpferischen Durcheinander, sie kann zu Verwahrlosung und Verwüstung oder zu phantasievoller Vielfalt und neuer Sinngebung führen.

5 KULTUR DER DIFFERENZ

*Überkommene Kategorien des Eigenen und des Fremden
können ungewisse Grenzen nicht legitimieren.
In Möglichkeitsräumen werden Unterschiede
genutzt, nicht bloß geduldet.*

EIGENSINN UND POLYRATIONALITÄT

GRENZEN UND IDENTITÄTEN

Gloria Anzaldúa beschreibt in ihrem Buch *Borderlands/La Frontera* Frauenschicksale an der US-mexikanischen Grenze. Ihre Heimat bestehe aus rasiermesserscharfem Stacheldraht, einer 1.950 Meilen langen offenen Wunde: „This is my home this thin edge of barbwire" (Anzaldúa 1999: 24–25). Was ist das für eine Heimat, die durch eine grausame Grenze definiert ist? Es ist ein vager, unbestimmter Ort, erschaffen aus den emotionalen Abfällen einer unnatürlichen Grenze:

„The U.S.-Mexican border *es una herida abierta* where the Third World grates against the first and bleeds. And before a scab forms it hemorrhages again, the lifeblood of two worlds merging to form a third country – a border culture. Borders are set up to define the places that are safe and unsafe, to distinguish *us* from *them*. A border is a dividing line, a narrow strip along a steep edge. A borderland is a vague and undetermined place created by the emotional residue of an unnatural boundary. It is in a constant state of transition. The prohibited and forbidden are its inhabitants" (Anzaldúa 1999: 25).

Gloria Anzaldúa weckt keine chirurgischen oder staatsmännischen Assoziationen wie etwa Lord Curzons Rasiermessergrenze (▶ S. 49). Vielmehr beschwört sie das Bild menschlicher Körper, die durch die Grenze des *Tortilla Curtain* zerfetzt werden. Die Identität der *New Mestiza* entspringt lebenslanger Erfahrung mit Ausgrenzung, Diskriminierung, Selbstzweifel, Widerstand.

Borderlands/La Frontera ist ein Standardtext zeitgenössischer Border Studies, deren wichtigstes Referenzbeispiel die US-mexikanische Grenze bildet (Alvarez 1995; Nevins 2002). Anzaldúa interessiert sich nicht für die naturräumliche oder staatsrechtliche Grenze. Sie schreibt über die *New Mestiza* und ihre Identität in einem mentalen Möglichkeitsraum – *a vague and undetermined place, a constant state of transition*. In diesem Möglichkeitsraum wird die Demütigung darüber, die Sprache der Unterdrücker sprechen zu müssen, zum Stolz auf die Fähigkeit, acht Sprachen sprechen zu können – darunter Chicano-Spanisch, Tex-Mex, *pachuco* (Anzaldúa 1999: 77). *Die New Mestiza*, ungebrochen durch die Kultur der Herrschenden, erlangt ihre Stimme, indem sie eine eigene Sprache erfindet: „I will no longer be made to feel ashamed of existing. I will have my voice: Indian, Spanish, white. I will have my serpent's tongue – my woman's voice, my sexual voice, my poet's voice. I will overcome the tradition of silence" (Anzaldúa 1999: 81). Die Schlangenzunge, im dominanten Code ein Zeichen für Falschheit, wird zum Symbol für den Eigensinn der *New Mestiza* und zur Waffe gegen eine Tradition des Verschwiegenwerdens.

Grenzen tragen zur Identitätsbildung auf zweifache Weise bei, da sie zugleich Unterschiede und Ähnlichkeiten markieren. Was abgegrenzt wird, ist verschieden (z.B. trennt die Grenze zwischen Bochum und Dortmund verschiedene Städte). Die Verschiedenheit kann einen oder mehrere Unterschiede umfassen, etwa weil diesseits und jenseits der Grenze andere Sprachen gesprochen, andere Fußballklubs angefeuert, andere politische Ziele verfolgt werden. Unterschiede diesseits und jenseits der Grenze sind oft klein, fast unmerklich. Die feinen Unterschiede zwischen Dortmund und Bochum nimmt nur wahr, wer mit den örtlichen Verhältnissen gut vertraut ist. Grenzen verweisen eben auch auf Ähnlichkeiten, nicht nur auf Unterschiede. Die Ähnlichkeit läßt den Unterschied hervortreten, der durch die Grenze markiert, womöglich sogar erst begründet wird (▶ S. 65).

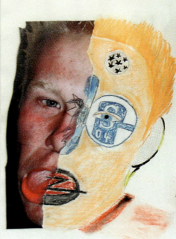

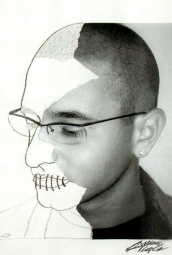

10

Fehlt eine Ähnlichkeit, ist die Grenze überflüssig. Weshalb sollte man über eine Grenze zwischen der Stadt Essen und der Stadt Augsburg nachdenken? Die Grenze zwischen den Städten Essen, Gelsenkirchen und Bochum zu beseitigen, wäre hingegen signifikant. An dieser Stelle grenzen außer den drei Städten auch die drei Regierungsbezirke Düsseldorf, Münster und Arnsberg sowie die beiden Landschaftsverbände Rheinland und Westfalen-Lippe aneinander (gleichsam eine Erinnerung an die historischen Territorien der Rheinprovinz, der Provinz Westfalen, des Landes Lippe). Der Grenzpunkt symbolisiert Unterschiede in den Verwaltungspraktiken, politischen Mehrheiten, Zuständigkeiten, Beziehungssystemen. In den drei Gebietsentwicklungsplänen ist am Grenzpunkt jeweils ein regionalplanerisches Ende, die Anfänge auf der anderen Seite der Grenze werden „berücksichtigt". Vor Ort stehen die Ähnlichkeit, der räumliche Zusammenhang, die Nähe im Vordergrund. Mitunter bildet die „Krisenregion" und der „Strukturwandel" den gemeinsamen Nenner (Aring u.a. 1989), Unterschiede sind kaum zu bemerken. Die Kreuzung zwischen der Haltener Straße (B 227) und einer Güterbahnbrücke, das landschaftliche Grün des Mechtenbergs mit seinem Bismarckdenkmal und die Umspannanlage Leithe bilden zusammen mit Wohngebieten und Gewerbeparks die ruhrgebietstypische Mischung, die der Stadtplaner und Architekt Thomas Sieverts als Zwischenstadt bezeichnet (Sieverts 1997). Das weite Herz des Ruhrgebiets umschließt die Unterschiede und Ähnlichkeiten als wäre es selbstverständlich, daß eine Stadtlandschaft *so* aussieht.

Der Zusammenhang zwischen Identität, Ähnlichkeit und Differenz wird in *Der Mann ohne Eigenschaften* von Robert Musil ironisierend so gekennzeichnet, daß „die tiefste Anlehnung des Menschen an seinen Mitmenschen in dessen Ablehnung besteht":

„Ungemein viele Menschen fühlen sich heute in bedauerlichem Gegensatz stehen zu ungemein viel anderen Menschen. Es ist ein Grundzug der Kultur, daß der Mensch dem außerhalb seines Kreises lebenden Menschen aufs tiefste mißtraut, also daß nicht nur ein Germane einen Juden, sondern auch ein Fußballspieler einen Klavierspieler für ein unbegreifliches und minderwertiges Wesen hält. Schließlich besteht ja das Ding nur durch seine Grenzen und damit durch einen gewissermaßen feindseligen Akt gegen seine Umgebung; ohne den Papst hätte es keinen Luther gegeben und ohne die Heiden keinen Papst, darum ist es nicht von der Hand zu weisen, daß die tiefste Anlehnung des Menschen an seinen Mitmenschen in dessen Ablehnung besteht" (Musil 1930: 26).

Wer andere ablehnt, zieht eine Grenze. Musil beschreibt diese Grenzziehung als einen „gewissermaßen feindseligen Akt". Welche Umstände sind für solche Grenzziehungen maßgeblich? Musil setzt voraus, daß

11

alle Leserinnen und Leser wissen, weshalb sich Germanen gegenüber Juden, Fußballspieler gegenüber Klavierspielern, Päpste gegenüber Heiden abgrenzen. Möchte man das Vorverständnis in Worte fassen, müßte man zahlreiche Motive für Abgrenzungen aufzählen: Rassismus, kulturelle Vorlieben, Religionszugehörigkeit. Sogleich fallen weitere Motive für Abgrenzungen ein, wobei gar nicht immer Feindseligkeit im Spiel ist: Geschlecht, Sprache, Beruf, soziale Herkunft, sexuelle Orientierung, Konsumpräferenzen. Solche *möglichen* Motive für Abgrenzungen – und zweifellos gibt es noch viele andere – werden zur Abgrenzung *tatsächlich* herangezogen, sobald jemand in eine Lage gerät, in der Ähnlichkeiten und Differenzen bedeutsam sind. Träfe ein Fußballspieler nie auf einen Klavierspieler, und wären Fußballspieler in jeder nur erdenklichen Einzelheit völlig von Klavierspielern verschieden, gäbe es keinen Abgrenzungsbedarf. Musils Beschreibung einer Ablehnung der Klavierspieler durch Fußballspieler wäre unverständlich. Jedoch können wir uns viele Situationen vorstellen, in denen die Ähnlichkeiten zwischen fußball- und klavierspielenden Menschen so deutlich hervortreten, daß jemand die Unterschiede betonen möchte. Und dies gilt auch für alle anderen Beispiele, mit denen Robert Musil seine tragisch-ironische Grenzdefinition illustriert.

Grenzziehungen, durch die jemand soziale, politische, weltanschauliche, kulturelle Zugehörigkeiten oder Ablehnungen kommuniziert, verfolgen Identitätsinteressen. Spricht Gloria Anzaldúa mit ihrer Schlangenzunge, hänseln Fußballspieler einen Klavierspieler oder bezeichnet sich jemand als Westfälin, so dient dies je und je dazu, eine bestimmte Identität zu bilden, zu pflegen, zu betätigen, zu erweitern. Eine Grenze wird gezogen, obwohl sie auch anders hätte gezogen werden können: Gloria Anzaldúa hätte einem texanischen Schützenklub beitreten, die Fußballspieler hätten Klavierunterricht nehmen oder die Westfälin ihre Identität als Bielefelderin betonen können. Niemand *hat* eine Identität so wie Menschen eine bestimmte Augenfarbe oder Körpergröße haben. Identitäten werden gebildet – manchmal zugeschrieben, übernommen, eingebildet – und sie sind, wie andere Grenzen auch, soziale Konstruktionen. In diesem Sinne definiert Benedict Anderson eine Nation als *imagined community*:

„Sie ist eine vorgestellte politische Gemeinschaft – vorgestellt als begrenzt und souverän. Vorgestellt ist sie deswegen, weil die Mitglieder selbst der kleinsten Nation die meisten anderen niemals kennen, ihnen begegnen oder auch nur von ihnen hören werden, aber im Kopf eines jeden die Vorstellung ihrer Gemeinschaft existiert" (Anderson 1983: 15).

So wie nationale Identitäten existieren auch soziale, kulturelle, weltanschauliche Identitäten „im Kopf". Dabei spiegeln Grenzen und Identitäten individuelle und kollektive Ordnungsvorstellungen wider (Anderson 1983; Assmann und Friese 1998; Niethammer 2000; Woodward 1997). Identitäten ordnen zu und grenzen aus, schaffen Zugehörigkeiten und Distanzen, begründen Mitgliedschaften und Feindschaften (Brown 2001: 129).

Von räumlicher Identität spricht, wer das Verhältnis zwischen Identitätsbildung und räumlichen Grenzen meint (Albert u.a. 2001; Berdahl 1999; Bormann 2001; Carter u.a. 1993; Donnan und Wilson 1999; Herb und Kaplan 1999; Michaelsen und Johnson 1997; Morley und Robins 1995; Pratt 1998; Rotenberg und McDonogh 1993; Thabe 1999; Weichhart 1990). Gleichwohl ist dieses Verhältnis vielschichtig. Werden Identitäten durch Grenzen bestimmt oder umgekehrt? In manchen Fällen erscheint räumliche Identität als Kurzformel für Identitäten, die räumliche Grenzen bestimmen. So wird Friedrich Ratzels Lebensraum durch die von ihm propagierte völkische Identität (Ratzel 1901), Gloria Anzaldúas texanisch-mexikanischer Grenzraum durch ihre Identität als *New Mestiza* (Anzaldúa 1999) bestimmt. Ratzel und Anzaldúa wollen durch Identitäten räumliche Grenzen beeinflussen. Für die ältere deutsche Geopolitik legitimierte das vermeintliche Völkerschicksal die „völkerrechtliche Großraumordnung mit Interventionsverbot für raumfremde Mächte" (Schmitt 1939). Aus der Sicht der *New Mestiza* erscheint die US-amerikanische Grenzbefestigung unmenschlich und soll beseitigt werden (Anzaldúa 1999). In anderen Fällen erscheint räumliche Identität hingegen als Kurzformel für Identitäten, die durch räumliche Grenzen bestimmt werden. Ein typisches Beispiel bietet der Einfluß, den Landesgrenzen, Staatsangehörigkeiten, Landkarten auf die Identitäts-

12–13

bildung nehmen (Black 1997; Davy 1999; Herb und Kaplan 1999; Rumley und Minghi 1991). So zeigt eine politische Landkarte klare Grenzen, wechselnde Färbungen signalisieren eindeutige Zuordnungen. Scheinbar kann man genau erkennen, wo jedes einzelne Land anfängt und aufhört, wer über den Raum bestimmen darf. Vereinfacht gesprochen: Grenzen schaffen Identitäten. Die politische Landkarte verzeichnet Grenzen nicht nur, sie ist zugleich ein Instrument räumlicher Identitätspolitik:

„Frontiers assert and separate identities. They reflect and create borders, and borders produce their own geography. The existence of frontiers encourages mapping, and they are in large parts known through maps. The map as expression of state power and the map as the creator and sustainer of national identity and shape, coincide and interact at frontiers" (Black 1997: 146).

Räumliche Identität meint Wechselwirkungen zwischen Identitäten und räumlichen Grenzen. Die vereinfachenden Hervorhebungen – Identitäten schaffen Grenzen, Grenzen schaffen Identitäten – betonen, daß der Begriff mit vielen Gedankeninhalten befrachtet ist. Gleichwohl ist räumliche Identität als Begriff nicht nutzlos. Im Gegenteil, sobald man die Gefahr einer banalen Zirkeldefinition erkannt hat, läßt sich ein brauchbarer Begriff bilden. Räumliche Identität warnt vor naturalistischen Vereinfachungen und unterstreicht die Komplexität der Wechselwirkungen zwischen Identitäten, Grenzen, Räumen (Davy 1999). Aus Identitäten werden Grenzen abgeleitet, umgekehrt beeinflussen kartographierte Grenzen die „vorgestellten Gemeinschaften" (Anderson 1983). In den genannten Beispielen – Lebensraum, *New Mestiza*, politische Landkarte – sind Identitäten und Grenzen keine natürlichen Tatsachen:

„Not only do the social and ethnic boundaries that enclose groups create the Us and the Other, but so, too, do territorial boundaries as the lines within which state activity takes place and that determine the spatial locus around which national identities are formed through processes of social construction" (Newman 2001: 146).

Die soziale Konstruktion der Ordnung verbindet mit Identitäten und Grenzen große Erwartungen: Wenn die Dinge an ihrem Platz sind, wenn also alles geordnet ist, erhalten die Dinge ihren Wert. Umgekehrt folgt Wertlosigkeit aus einer Störung dieser Ordnung – *dirt is matter out of place*.

Gewiß sind einzelne Ordnungsvorstellungen auch inhaltlich interessant: Worin bestehen die Grundlagen der Geopolitik Ratzels (Herwig 1999; Tuathail 1996), wie werden *queer spaces* konstruiert (Alderson und Anderson 2000), welches Identitätsverständnis bringen technokratische Gebietsreformen (Innenminister 1972; Tiggemann 1977) auf? Viel interessanter als inhaltliche Unterschiede sind die Gemeinsamkeiten vieler Konzepte räumlicher Identität. Sie beruhen allesamt auf der Annahme, durch Zuordnungen könne eine räumliche Ordnung der Dinge (▶ S. 65) hergestellt werden. Dies gilt zum einen für die Zuordnung der Räume zu Menschen. Hier soll räumliche Identität legitimieren, weshalb bestimmte Räume in einem engen Naheverhältnis zu bestimmten Menschen stehen. Beispiele sind der staatliche Anspruch auf Gebietsherrschaft, das private Bodeneigentum, die Revierbildung durch Jugendbanden. Dies gilt zum anderen aber auch für die Zuordnung der Menschen zu Räumen. Hier soll räumliche Identität legitimieren, weshalb bestimmte Menschen in einem engen Naheverhältnis zu bestimmten Räumen stehen. Beispiele sind die Schollengebundenheit der Leibeigenen (*glebae adscripti*), das durch Staatsangehörigkeit vermittelte Aufenthaltsrecht, der Nationalstolz. Alle diese Zuordnungen sind soziale Konstruktionen (O'Neill 2000: 172–174). Die mittelalterlichen Leibeigenen waren nicht tatsächlich, sie wurden durch Feudalrecht an den Boden gebunden. Eine Jugendbande hat keine naturgegebene Nahebeziehung zu einem Häuserblock, sie eignet sich einen Sozialraum durch territoriales Verhalten – etwa Graffitisprühen – an.

14–15

Als soziale Konstruktionen dienen räumliche Identitäten bestimmten Zwecken (Albert u.a. 2001; Paasi 1998). Wer meint, räumliche Identitäten wären durch die Natur vorgegeben, verhindert eine kritische Reflexion über diese Zwecke. Wozu werden Identitäten und Grenzen gebraucht? Vielleicht kann jemand, der in Duisburg aufgewachsen ist, seine Identität durch den Stolz auf die eigene Herkunft bilden. Aber berechtigt dies andere dazu, wegwerfend von einer „Pott-Pflanze" zu sprechen? Jedenfalls könnte dieser Spott nicht auf eine „natürliche" oder unabänderliche Verkettung zwischen dem Verspotteten und der Stadt Duisburg gestützt werden. Ebensowenig legitim könnte der Duisburger aufgrund seiner räumlichen Identität ein Verbot für eine Moschee oder Synagoge fordern. Gleichwohl hören wir häufig Aussagen folgender Art:

- „Für mich riecht Duisburg nach Kindheit."
- „Man kann einen Duisburger aus Duisburg holen, nicht aber Duisburg aus einem Duisburger."
- „In *unserer* Stadt ist weder für Moscheen noch für Synagogen Platz."

Solche Aussagen rekurrieren auf räumliche Identität. Es können erste Schritte auf dem Weg zur Ideologisierung räumlicher Identitäten sein, weil sie Grenzen und Identitäten mit bestimmten Ordnungsvorstellungen fest verbinden. Vielleicht kürzen solche Sätze nur Argumentationen ab, die Kindheitserinnerungen, charakteristische Mängel oder ein Bauverbot ausführlich erklären. Vielleicht wird die Abkürzung aber auch zu einer so starken *imagined community*, daß weitere Erklärungen überflüssig erscheinen. Grenzen werden ideologisiert, wenn abgegrenzte Unterschiede deshalb für unvereinbar gehalten werden, weil sie abgegrenzt wurden. In diesem Fall ersetzt räumliche Identität jede andere Erklärung: Die nackte Existenz der Grenze wird zur unangreifbaren Rechtfertigung aller ihrer Konsequenzen.

16

DIE ARBEIT DER TEILUNG

Durch ideologisierte Grenzen werden Möglichkeiten ausgeschlossen und Sinninhalte zensuriert, ohne zuvor über tatsächliche oder vermeintliche Unterschiede nachzudenken. Das ist unfruchtbar, denn ideologisierte Grenzen stiften keinen Sinn, sie ersetzen Sinn. Die Barbarei der Differenz verzichtet auf produktives Lernen, das zur Nutzung der Unterschiede befähigen könnte (Sennett 1991). Nur wer gelernt hat, Unterschiede konsensual und klug zu nutzen, bringt die Voraussetzungen für einvernehmliche Nachbarschaften und brauchbare Grenzen mit. Doch wie werden Unterschiede, wie werden Grenzen erlernt? Wörterbücher erklären Erfahrungen mit dem Eigentum an Grund und Boden, mit Mauern, Zäunen, Nachbarn, mit Staatsgrenzen und Schlagbäumen zum Inbegriff erfahrbarer Grenzen (Brockhaus 1981, Band 3: 1392; Duden 1993, Band 3: 298). Sind Eigentumsgrenzen und Landesgrenzen auch wichtig, ist zu bezweifeln, sie würden unsere Grundeinstellung gegenüber Grenzen formen. Diese Grundeinstellung ist anderen Ursprungs.

Die Erschaffung der Welt, die in Genesis 1 beschrieben wird, ist eine Abfolge von Grenzziehungen. Gott zieht die Grenzen zwischen Licht und Finsternis (Genesis 1, 3–5), Himmel und Wasser (Genesis 1, 6–8), Land und Meer (Genesis 1,9–10). Bevor diese Grenzen gezogen werden, war die Erde „wüst und wirr" (Genesis 1, 2). Durch die Grenzen wird eine räumliche Ordnung gebildet, die alle übrigen Schöpfungsergebnisse – Sterne, Fische, Vögel und Tiere, Menschen – aufnehmen kann (Genesis 1, 14–31). Dieser Schöpfungsakt ist fundamental, denn er beseitigt das Rätsel des grenzenlosen Raumes (▶ S. 51). Allen, die dem jüdisch-christlichen Weltbild verbunden sind, vermittelt Genesis 1 in wenigen Absätzen eine kraftvolle Vision: Die Welt beruht auf der Ordnung der Dinge, und Ordnung entsteht durch Grenzen. Einer Welt ohne Grenzen fehlt eine notwendige Existenzbedingung. Wenn der Mensch als Abbild Gottes erschaffen wurde (Genesis 1, 26), wie könnte er ohne das wichtigste Instrument der göttlichen Schöpfung auskommen? Die Frage ist weder theologisch gemeint noch dient sie der Auslegung einer orientalischen Erzählung. Die Frage beruht vielmehr auf der Annahme, daß Genesis 1 das Bewußtsein vieler Menschen prägt.

Folgt man Genesis 1, ist eine Welt ohne Einteilungen, Unterschiede und Differenz „wüst und wirr". Die Welt entsteht durch die höchst mühevolle Arbeit der Teilung. Es geht um fundamentale Unterschiede (Licht/Finsternis, Himmel/Wasser, Land/Meer), aber das Prinzip kann ohne Schwierigkeiten auf viele andere Sachverhalte übertragen werden. Unterscheidbarkeit setzt voraus, daß eine Grenze gezogen wird. So heißt es in Genesis 1, 6: „Dann sprach Gott: Ein Gewölbe entstehe mitten im Wasser und scheide Wasser von Wasser." Durch die Grenzziehung entstehen aus einem Ding (dem Chaoswasser) zwei Dinge (das Wasser oberhalb und das Wasser unterhalb des Himmels). Das Wasser unterhalb des Himmels wird wiederum durch Grenzziehung einer Unterscheidung unterworfen, so entstehen Meer und trockenes Land. Die Schöpfungsgeschichte erzählt von einem taxonomischen Prozeß der Unterscheidung und der Sinngebung (Benennung). In diesem Prozeß kommen keine Zwischentöne oder Überlagerungen vor. Ordnung – verstanden im Sinne der biblischen Schöpfungsgeschichte – entsteht durch klare Grenzen.

Ist die Schöpfungsgeschichte, ein Paradigma der Grenze, wichtig? In der Gegenwart werden religiöse Inhalte meist durch naturwissenschaftlich-technisches Wissen gefiltert und als Symbole oder Bildsprache relativiert. Deshalb ließe sich einwenden, heutzutage würde niemand mehr Genesis 1 ernst nehmen. Aber gilt dieser Einwand auch für das 17. Jahrhundert? Am Ende des Dreißigjährigen Krieges mochte Europa vielen Menschen als „wüst und wirr" (Genesis 1, 2) vorgekommen sein. Ein *bellum iustum* – ein gerechter, gottgefälliger Krieg – war als Grundlage einer haltbaren Friedensordnung unbrauchbar. Das positive Recht der zwischenstaatlichen Vereinbarungen trat an die Stelle des göttlichen Naturrechts (Verdross und Simma 1984: 20–21 und 60–62). Und diese zwischenstaatlichen Vereinbarungen – zunächst die beiden Vertragswerke des Westfälischen Friedens (1648) – schufen Ordnung, indem sie die Abgrenzung der Flächenstaaten und deren territoriale Souveränität verankerten (Mansbach und Wilmer 2001). Wenngleich eine Beeinflussung des Westfälischen Friedens durch Genesis 1 nicht überliefert ist, fällt die Parallele zwischen der biblischen Schöpfungsgeschichte und der Entstehungsgeschichte des neuzeitlichen Völkerrechts auf. Beide Narrative enthalten Grenzen als wesentliche Ordnungselemente.

Auch die Psychologie erinnert daran, daß menschliche Erfahrungen mit Grenzen grundlegender als Erfahrungen mit Eigentumsgrenzen oder Landesgrenzen sind. Hier geht es nicht um frühzeitliche Schöpfungsgeschichte, sondern um frühkindliche Grenzerfahrungen. Erkundet ein Säugling durch Tasten den Greifraum, erlernt ein Mensch den Unterschied zwischen Selbst und Umwelt. Zunächst ist alles eins, dann kommen die Unterschiede: die Zehe, die Mutter, das Bällchen. Grenzen lernt man, indem man Grenzenlosigkeit verlernt. In *Das Unbehagen in der Kultur* erörtert Sigmund Freud die Behauptung eines Freundes, wahre Religiosität könne man nur aufgrund eines „ozeanischen Gefühls" empfinden, gemeint ist „ein Gefühl von etwas Unbegrenztem, Schrankenlosem, gleichsam ‚Ozeanischem'" (Freud 1930: 197). Freud, der von sich behauptet, kein „ozeanisches Gefühl" zu empfinden, erinnert daran, es gäbe pathologische Zustände, „in denen die Abgrenzung des Ichs gegen die Außenwelt unsicher wird oder die Grenzen wirklich unrichtig gezogen werden" (Freud 1930: 199). Freud beschreibt den Prozeß der Ich-Werdung als eine Ablösung: „Ursprünglich enthält das Ich alles, später scheidet es seine Außenwelt von sich ab" (Freud 1930: 200). Im Leben jedes Menschen liegen solche kindlichen und präpubertären Erfahrungen vor den Erfahrungen mit Eigentums- und Staatsgrenzen. Beim Erlernen anderer Grenzen sind die frühkindlichen Lernerfahrungen – vielleicht auch nur unbewußt – entscheidend. Bekommen wir erstmals mit Eigentumsgrenzen oder Staatsgrenzen zu tun, haben wir Grenzen längst erlernt.

Wie verliefe unser Leben, wären wir zu ozeanischen Gefühlen fähig? Ohne Grenzen ist die Existenz individueller Personen und Gegenstände schwer vorstellbar. Individuen und Gruppen entstehen durch die Grenzen, die zwischen ihnen und dem Rest der Welt gezogen werden: Körpergrenzen, *personal space*, volkstümliche Kleidung, Uniformen, kollektive Identitäten. Gegenstände werden als solche – als *einzelne* Gegenstände – wahrgenommen, wenn zwischen ihnen und ihrer Umgebung eine Grenze besteht. Je nach regelgeleitetem Gebrauch spreche ich vom Wald und nicht von Bäumen, vom Sandhaufen und nicht von Sandkörnern, vom Besen und nicht von Stiel und Bürste. Wären wir zu ozeanischen Gefühlen fähig, würden wir gleichzeitig „ich" und „die anderen", „mein" und „Dein", Sandkörner und Sandhaufen sehen, spüren, sagen. Gottgegebene Grenzen und ozeanische Gefühle – oder: vorgefundene Begrenztheit und unverlierbare Grenzenlosigkeit – sind die beiden Extreme, zwischen denen *brauchbare* Grenzen (▶ S. 75) liegen. Brauchbare Grenzen werden in dem Bewußtsein gezogen, sie könnten auch ganz anders gezogen werden. Wir brauchen Grenzen, aber wir brauchen auch eine Erinnerung an ozeanische Gefühle. Erst diese Erinnerung befähigt uns dazu, Konventionen über Grenzen durch Aushandlung zu gestalten und zu vereinbaren. Da die Schöpfungsgeschichte sozialer Beziehungen täglich neu geschrieben wird, bedeutet die Gestaltungsfreiheit des konventionalen Grenzbegriffes auch eine beträchtliche Gestaltungsverpflichtung. Dieser Gestaltungsverpflichtung kommt nicht nach, wer vorgefundene Grenzen bloß wiederholt und bestätigt. Allerdings machen ozeanische Gefühle soziale Beziehungen aufwendiger und weniger berechenbar, sie erzeugen zusätzliche Komplexität und Enttäuschungsgefahr.

DENN WIR SIND VIELE

Begegnungen zwischen Akteuren, die ungleiche Rationalitäten und Identitäten besitzen, sind immer auch Begegnungen zwischen konkurrierenden Ordnungen. In der Konfrontation klar unterscheidbarer Handlungssubjekte mit klar erkennbaren Absichten und Identitäten entsteht das Bild eines Kampfes oder Wettstreits. Aber welches Bild entsteht, wenn Akteure einander begegnen, deren Identitäten verschwommen sind? Im Bild der Ruhrgebietsstädte schimmern viele *pentimenti* (➤ S. 17). Die Nähe zwischen den Städten in der Kernzone des Ruhrgebiets sorgt ohne Rücksicht auf politische Grenzen für eine enge funktionsräumliche Verflechtung. Betrachtet man ein Luftbild dieser Städte, fällt es schwer, überhaupt von einer Mehrzahl klar unterscheidbarer Städte zu sprechen.

Sind Städte keine umgrenzten Räume mehr, verschwimmt die klare Grenze zwischen „uns" und „den anderen". Was zunächst als Auseinandersetzung zwischen konkurrierenden Ordnungen vorstellbar war, wird zur Auseinandersetzung innerhalb derselben Ordnung. Solche Auseinandersetzungen beunruhigen, weil sie an Besessenheit erinnern. Wer mit vielen Stimmen spricht oder wessen Verhalten gegensätzliche Ziele verfolgt, gilt als irrational.

17

Die Erzählung der Heilung des Besessenen von Gerasa (Markus 5) berichtet über einen Mann, der von einem unreinen Geist besessen war. Jesus Christus fragte den unreinen Geist nach dem Namen: „Er antwortete: Mein Name ist Legion; denn wir sind viele" (Markus 5,9). Jesus gestattete den Dämonen, in eine Herde von Schweinen zu fahren. Die Schweineherde stürzte sich über einen Abhang in einen See, und der „Mann, der von der Legion Dämonen besessen war[,] ... war wieder bei Verstand" (Markus 5,15). Die Erzählung weckt Unbehagen gegenüber einem Menschen, der behauptet, „viele" zu sein. Schätzt man Mitmenschen, die berechenbar und verläßlich sind, so verunsichert es, wenn jemand vielstimmige Identitäten zur Schau stellt. Im Ausdruck Legion, der die größte römische Heereseinheit bezeichnet, schwingt die Bedeutung einer großen Zahl (6.000 Mann) und einer großen Bedrohung – durch die römische Besatzung – mit. Die gleichzeitige Anwesenheit vieler Identitäten in einem Mann macht ihn „unrein" und rechtfertigt einen Exorzismus (wobei die Opfer des Exorzismus, die Schweine, ihrerseits unrein sind). Hier steht das Wesen der Ordnung auf dem Spiel, kein oberflächlicher Interessengegensatz. Die Heilung des Besessenen von Gerasa ist eine frühe Parabel über Ordnung. Wer erwartet, daß eine Ordnung wider-

spruchsfrei, klar, verläßlich und eindeutig ist, erblickt im Widersprüchlichen, Unklaren, Wechselhaften, Mehrdeutigen begreiflicherweise Unordnung. Unter solchen Bedingungen ist jeder Akteur zugleich auch die Vielheit aller Akteure. Wie soll es da zum Wettstreit kommen? Höchstens entsteht ein Getümmel oder Chaos, denn sind die Unterschiede zwischen uns und den anderen nicht mehr erkennbar, wer soll dann noch Sieger und Besiegte unterscheiden?

Aus mehreren Gründen sind die Städte im Ruhrgebiet (oder Städte überhaupt) mit dem Besessenen von Gerasa vergleichbar. Aussagen über Städte wie etwa
- „Die Stadt Essen leidet unter Bevölkerungsschwund."

oder
- „Die Stadt Dortmund möchte sich als hervorragender IT-Standort profilieren."

oder
- „Die Stadt Duisburg plant die Errichtung eines Einkaufszentrums namens Multi Casa."

verlangen komplexe Hintergrundannahmen. Derartige Aussagen werden im kommunal- und regionalpolitischen Alltag oft gebraucht, doch ist fraglich, daß Sprechende und Hörende stets die erforderlichen Hintergrundannahmen mitdenken. Wer ist überhaupt gemeint, wenn über Städte wie Essen, Dortmund, Duisburg gesprochen wird? Meint man
- die Gesamtbevölkerung mit Wohnsitz in den Städten Essen, Dortmund oder Duisburg,
- einzelne Individuen oder Gruppen aus Politik, Verwaltung, Wirtschaft, Arbeit, Soziales, Kultur, Wissenschaft in den Städten Essen, Dortmund oder Duisburg,
- Stadträte, Oberbürgermeister, Beigeordnete, Verwaltungsorgane oder andere gewählte oder beruflich ernannte Repräsentanten der Städte Essen, Dortmund oder Duisburg?

Gewiß sind auch andere Konkretisierungen denkbar, die zivilgesellschaftliche, parteipolitische, amtsinterne, verbandsmäßige Aspekte vertiefen könnten. Im Laufe der Konkretisierung wird immer unklarer, welche der vielen Verzweigungen zutrifft, wenn über eine Stadt gesprochen wird: die Stadt als Gebietskörperschaft mit Selbstverwaltungsrecht, die Stadt als Agglomeration von Unternehmensstandorten, die Stadt als sozialer Verdichtungsraum, die Stadt als ökologisch belasteter Umweltraum. Wenn daher nach dem Namen der Stadt – nach dem wahren Namen, nicht nach dem Ortsnamen – gefragt wird, lautet die Antwort: „Wir sind viele!"

Wer die Aussage „Die Stadt Dortmund möchte sich als hervorragender IT-Standort profilieren." genau verstehen will, muß aus einer Vielzahl möglicher Bedeutungen auswählen. Ist die Stadt Dortmund ein Unternehmen der IT-Branche, die Oberbürgermeisterin, gar die gesamte Wohnbevölkerung? Geht es um eine spontane Absichtserklärung, ein Wahlversprechen, gar um einen verbindlichen Plan? Nach welchen Maß-

stäben ist zu beurteilen, ob der Stadt Dortmund die Profilierung als IT-Standort geglückt ist? Denkt man über die Bedeutungsvielfalt nach, merkt man rasch, wie groß die Ähnlichkeiten zwischen der Stadt Dortmund (oder anderen Städten) und dem Besessenen von Gerasa sind. Rasch wird auch deutlich, wie wichtig Institutionen sind, die wenigstens einen Teil der „unreinen" Vielfalt beherrschen. Solche Institutionen reduzieren Vielfalt: Die Geschäftsverteilung bestimmt Zuständigkeiten, die Geschäftsordnung den Gang der Beratungen im Stadtrat, das Planungsrecht die Träger öffentlicher Belange. Aber selbst Institutionalisierung und Organisation tragen nur in beschränktem Umfang dazu bei, die vielen Stimmen der Stadt zu bündeln.

Polyrationalität – die gleichzeitige Anwesenheit vieler Rationalitäten – ist freilich nur in gewissem Umfang durch Institutionen zu bändigen, die Leistungsfähigkeit des bürokratischen Exorzismus ist begrenzt. Ein typisches Beispiel dafür bildet in den Städten im Ruhrgebiet das Zusammenwirken zwischen Politik und Verwaltung. Als hätte jede Stadt den Kringelwirrwarr des gesamten Ruhrgebiets zum Bauplan ihrer Innenstruktur gewählt, ist „die Stadt" ein höchst komplexes Beziehungsgeflecht. Politische Parteien mit Ratsfraktionen, der Stadtrat und seine kommunalen Ausschüsse, die Oberbürgermeisterin, die Beigeordneten, der Stadtdirektor, die Amtsleiter und Abteilungsleiter sowie alle Mitarbeiterinnen und Mitarbeiter der Ämter und Anstalten der Stadt herrschen über unzählige Territorien, nach komplexen Regeln, mit kaum überschaubaren Interessenlagen. Formalisierte Schnittpunkte im Kringelwirrwarr – Sitzungen des Stadtrates, des Verwaltungsvorstandes, der Amtsleiter – machen die Komplexität des politisch-administrativen Systems einer Stadt nur sichtbar, nicht einfacher. Ganz gleich, ob man ein solches System durch die Beobachtung eines Aktenlaufes, eine Kartographie der Macht oder Liniendiagramme offener und verdeckter Kommunikationsbeziehungen untersucht, gewinnt man nicht den Eindruck, das System wäre widerspruchsfrei, klar, verläßlich, eindeutig. Beurteilt man Ordnung danach, ob jemand mit *einer* Stimme spricht, muß man finden: Es herrscht keine Ordnung in den Städten.

Das gleichzeitige Auftreten vieler Rationalitäten ist keineswegs auf Städte (im Ruhrgebiet oder anderswo) beschränkt. Das Phänomen kennzeichnet alle Organisationen mit politischer Entscheidungs- und Handlungsverantwortung. Wie soll man Städte unter den Bedingungen der Polyrationalität analysieren? Zum einen könnte man – modellhaft – ausgewählte Akteursqualitäten so festsetzen, daß man das Verhalten der Entscheidenden als rationales Verhalten untersuchen kann. Diesem Analyseweg entspricht die Anwendung der Theorie der rationalen Kooperation auf die Städte im Ruhrgebiet (▶ S. 92). Zum anderen könnte man – ebenso modellhaft – das Widersprüchliche, Unklare, Wechselhafte im Akteursverhalten mittels einer Theorie der Polyrationalität untersuchen (▶ S. 143). Im ersten Fall erscheint Regionalisierung als Gefangenendilemma, im zweiten Fall als Identitätsdilemma.

VIELE STIMMEN

REGIONALISIERUNG ALS IDENTITÄTSDILEMMA

Die Schlangenzunge der *New Mestiza*, die ozeanischen Gefühle, der Besessene von Gerasa zeigen uns Alternativen zu herkömmlichen Vorstellungen über Grenzen und Identitäten. Die Alternativen liegen im Eigensinn als Gestaltungskraft. Der texanische Weiße, Sigmund Freud, Jesus Christus verkörpern in den Beispielen das orthodoxe Denken, das mit bestimmten Ordnungsvorstellungen verbunden ist: die Ordnung der Vorherrschaft, die Ordnung der Psyche, die Ordnung des Glaubens. Werden diese Ordnungen herausgefordert, entstehen wilde Grenzen. Eine Konkurrenz eigensinniger Ideale entbrennt, in der es nicht um egoistische Bedürfnisbefriedigung, sondern um Sinnfindung geht. Die Analyse dieser Konkurrenz zeigt uns, wie Möglichkeitsräume verstanden und gestaltet werden können.

Im Modell des Gefangenendilemmas handelt rational, wer egoistisch handelt. Eine Theorie polyrationaler Kooperation verändert die Prämisse: Die Akteure sind eigensinnig, nicht egoistisch. Worin besteht der Unterschied zwischen Egoismus und Eigensinn? Egoismus leitet dazu an, das Nützliche zu tun und den eigenen Vorteil zu optimieren. Hätten alle Beteiligten dieselben Vorstellungen davon, was nützlich und vorteilhaft ist, wären Egoismus und Eigensinnigkeit dasselbe. Alle Interessenkonflikte wären dann Verteilungskonflikte: Wer bekommt am meisten von dem, was nützlich und vorteilhaft ist, wer bekommt weniger, wer am wenigsten? Die Akteure im Gefangenendilemma kennen die Auszahlungsmatrix, die möglichen Spielzüge und den bisherigen Spielverlauf. Sie erkennen den Maßstab für die Nützlichkeit (nämlich die Punktezahlen) an und entwickeln Strategien, um ihren Nutzen zu maximieren. Darauf beruht die grundlegende Aussage der Theorie der rationalen Kooperation: Unter den Bedingungen wechselseitiger Abhängigkeit gelingt die individuelle Nutzenmaximierung am besten, wenn jeder Akteur auch auf den Vorteil der anderen achtet. Was aber, wenn die Beteiligten nicht dieselben Vorstellungen davon haben, was nützlich und vorteilhaft ist?

Zwischen Egoismus und Eigensinn besteht derselbe Unterschied wie zwischen dem Nützlichen und dem Guten. In vielen Fällen ist der Unterschied gar nicht groß, gelegentlich ist er aber beträchtlich. Nicht alles, was nützlich ist, ist auch gut: Damit werden oft weltanschauliche, moralische oder ethische Bedenken gegen etwas begründet, das zwar nützlich erscheinen mag, aber nicht für gut gehalten wird. Egoismus ist das Prinzip, nach dem individuelle Präferenzen im höchsten Maße befriedigt werden; Eigensinn ist ein Aspekt der Identität, nach dem individuelle Präferenzen geformt und ausgestaltet werden. Die Theorie der rationalen Kooperation erklärt das soziale Verhalten von Egoisten; sie erklärt nicht, warum eigensinnige Akteure individuell rational – egoistisch – handeln. Handeln eigensinnige *player* nicht auch zugleich egoistisch, liegt eine Erklärung ihres Verhaltens außerhalb der Reichweite der Theorie rationaler Kooperation. Diese Einschränkung ist für die Analyse kommunaler Zusammenarbeit bedeutsam. Rationale Kooperation findet zwischen den Städten im Ruhrgebiet nämlich häufig selbst dann nicht statt, wenn sie – objektiv betrachtet – nützlich wäre. Städte handeln nicht irrational, wenn sie sich solchen Kooperationen verschließen. Städte sind nämlich keine Egoistinnen, die nur auf den eigenen Vorteil achten und die dazu in der Lage sind, egoistisch zu handeln. Diese Feststellung beschreibt einerseits ein Hindernis für rationale Kooperation, andererseits fordert sie zu einer Weiterentwicklung der Theorie heraus.

Die Theorie rationaler Kooperation setzt voraus, daß die von ihr beobachteten Akteure eindeutig voneinander abgegrenzt sind. Unter den Bedingungen wilder Grenzen geht die eindeutige Abgrenzung verschiedener Städte verloren. Die Lage würde durch verstärkte Zusammenarbeit zwischen Städten noch verschärft. Kommunen, die an stadtregionaler Kooperation teilnehmen, müssen selbst wilde Grenzen schaffen, um ihre stadtregionale Kooperationsfähigkeit herzustellen. Die eingeübte Durchsetzung kommunaler Interessen muß bis zu einem bestimmten Grad zurückgestellt werden. Dies widerspricht – jedenfalls kurzfristig – der kommunalen Handlungsrationalität. Warum können wilde Grenzen für Kooperation hinderlich sein? Grenzen bestimmen über das Eigene und das Fremde, das Bekannte und das Unbekannte, das Innen und das Außen, das Hier und das Anderswo. Werden Grenzen verändert, berührt dies Behördenzuständigkeiten, Standortqualitäten, Identitätsbildung. Auch interkommunale Kooperation verändert Grenzen und kann nur gelingen, wenn sie durch eine veränderte Wahrnehmung eigener Grenzen begleitet wird. Bereits bei Aristoteles findet man den Hinweis auf dieses Phänomen, das man heute als soziale Kohäsion bezeichnet: „Zwei Dinge erwecken vor allem die Fürsorge und Liebe der Menschen: Das Eigene und das Geschätzte" (Aristoteles 1978: 1262b). Was wir nicht als das Eigene empfinden, liegt jenseits der Grenze dessen, was wir lieben und worum wir uns fürsorglich kümmern. Familiäre, gesellschaftliche, staatsbürgerliche Bindungen verlangen von allen Beteiligten ein hohes Maß an Identifikation und Wertschätzung. Abgeschwächt gilt dies auch für die interkommunale Zusammenarbeit. Nehmen Städte die stadtregionale Kooperation nicht als „das Eigene und das Geschätzte" wahr, fehlt es an sozialer Kohäsion. Kooperation macht dann keinen Sinn und scheitert am Mißtrauen gegenüber einer – absichtlichen – „Verwilderung" eigener Grenzen. Erfordert Regionalisierung, daß Städte dennoch kooperieren, verursacht sie ein Identitätsdilemma. Vielleicht können grenzüberschreitende Probleme der Städte nur durch verstärkte stadtregionale Zusammenarbeit bewältigt werden. Allerdings ist der Preis für die Zusammenarbeit zu hoch, wenn jede einzelne Stadt das Nützliche nur zu Lasten des Guten, den Kooperationsvorteil nur zu Lasten ihres Eigensinns erlangen könnte.

23

POLYRATIONALITÄT UND EIGENSINN

Wer kooperiert, überschreitet Grenzen. Jede Kooperation berührt nicht nur die Interessen, sondern auch die Identitäten der Kooperationspartner. Ist eine solche Grenzüberschreitung nicht willkommen, ja wird sie als bedrohlich empfunden, schrecken die Beteiligten vor einer Zusammenarbeit zurück. Sie denken gar nicht erst nach, ob die Kooperation nützlich wäre; sie sind davon überzeugt, daß diese Kooperation nicht gut ist. Damit solche Überlegungen theoretisch berücksichtigt werden können, ist das Konzept der rationalen Kooperation zu überdenken. Was bedeutet Kooperation unter den Bedingungen der Polyrationalität?

Mary Douglas beschreibt Polyrationalität als eine fortwährende Widersprüchlichkeit sozialer Systeme, die im Krieg mit sich selbst stünden: „Perhaps all social systems are built on contradiction, in some sense at war with themselves" (Douglas 1966: 140). Soziale Systeme würden durch äußere und innere Grenzen bestimmt (Douglas 1966: 114–139), doch wären diese Grenzen stets eine kollektive Konstruktion, zu der *mehrere* Rationalitäten beitragen müßten (Douglas und Wildavsky 1983: 186–198; Douglas 1992: 255–270). Soziale Systeme lassen sich daher nicht als rational oder irrational beschreiben, sie sind polyrational. Mit Polyrationalität ist gemeint, daß verschiedene Rationalitäten zugleich wirken, wobei für „Rationalitäten" auch andere Ausdrücke verwendet werden: Rationalitätstypen, Weltbilder, Mythen, Kulturen, Identitäten, Eigensinn. Die Rationalitäten stehen miteinander im Widerspruch, sie ergänzen einander aber auch. Sie sind „Filter", mit denen soziale Sachverhalte wahrgenommen und Verhaltensstrategien entwickelt werden (Douglas 1966, 1978, 1992 und 1996; Douglas und Wildavsky 1983; Ellis und Thompson 1997; Schwarz und Thompson 1990; Thompson u.a. 1990; Thompson u.a. 1999; Thompson 2003).

In der durch Mary Douglas begründeten Theorie der Polyrationalität wird soziales Verhalten – die Befolgung religiöser Tabus, sexuelle Praktiken, Risikoentscheidungen, Konsumentennachfrage – durch das Zusammenspiel von vier Rationalitätstypen erklärt: Hierarchie, Gemeinschaft, Individualismus, Fatalismus. Die Rationalität der Hierarchie hebt Ordnung und Kontrolle hervor. Die Rationalität der Gemeinschaft unterstreicht Gruppenbindung und Solidarität. Die Rationalität des Individualismus betont Eigenverantwortlichkeit und Wettbewerb. Die Rationalität des Fatalismus zeichnet sich durch Gelassenheit oder Gleichgültigkeit aus. Die vier Rationalitätstypen erzeugen ungleiche Deutungsmuster, weshalb die vier Rationalitäten ungleiche Grenzstrategien entwickeln (► S. 146). Die Sinndeutungen dieser Grenzstrategien stehen in einem bemerkenswerten Zusammenhang, denn keine dieser Sinndeutungen ist erschöpfend oder überflüssig. Keiner der vier Rationalitätstypen macht die anderen Rationalitätstypen entbehrlich, es kann aber auch keine der vier Sinndeutungen ohne Sinnverlust weggelassen werden.

Betrachtet man Regionalisierung als Identitätsdilemma, lautet die Frage nicht, ob sie für Städte nützlich ist. Die Frage lautet vielmehr: Entspricht die Regionalisierung den Rationalitäten der Beteiligten? In der kommunalpolitischen Praxis lernt man rasch, daß vielerlei Arten des Eigensinns berücksichtigt werden müssen: Eitelkeiten und Statusdenken, Sorgen und Ängste, Vorlieben und Abneigungen. Man kann die kommunalpolitische Praxis irrational nennen, jedoch folgt daraus keine Erklärung, wie man Regionalisierung oder Kooperation unter Bedingungen der Polyrationalität organisieren kann. Jeder der vier Rationalitätstypen begründet eine Ausprägung des Eigensinns. Dabei bedeutet Eigensinn nicht Starrköpfigkeit, sondern jenes Wirken subjektiver Identitäten, bei dem aus den tiefen Überzeugungen einer Person einzelne Interessen und Präferenzen gebildet werden. Der Eigensinn hat nichts mit politischen, wissenschaftlichen, sozioökonomischen Standpunkten zu tun, wie sie häufig zur Abgrenzung zwischen befreundeten und verfeindeten Lagern verwendet werden:

„Es ist nichts mit diesen ‚Standpunkten', sie mögen heißen, wie sie wollen, und sie mögen von den fettesten Professoren vertreten werden. Sie sind alle Glatteis. Wir sind weder Rechenmaschinen noch sonstwelche Mechanismen. Wir sind Menschen. Und für den Menschen gibt es nur *einen* natürlichen Standpunkt, nur *einen* natürlichen Maßstab. Es ist der des Eigensinnigen" (Hesse 1998: 127).

Eigensinn weckt die Bereitschaft, aus eigener Initiative und auf eigenes Risiko zu handeln. Eigensinn befähigt auch zu eigenständigem, visionärem Denken. Jeder Versuch, den Eigensinn zugunsten eines „objektiven" Kooperationsvorteils zurückzudrängen, stößt auf Gegenwehr. Eigensinn ist aber nicht nur ein Hindernis für Kooperation, er kann auch *zugunsten* eines Kooperationsvorhabens genutzt werden. Freilich müssen die Grenzen und Identitäten der Beteiligten respektiert werden. Die Rationalität des Kooperationsvorhabens darf den Beteiligten nicht einfach aufgedrängt werden, sie muß auf die Rationalitäten der Beteiligten *antworten*. Ist diese Bedingung zugunsten des Eigensinns erfüllt, wird rationale Kooperation zu responsiver Kooperation (► S. 177).

ZUR THEORIE DER POLYRATIONALITÄT

Die hier verwendete Theorie der Polyrationalität ist situationszentriert, nicht akteurszentriert. Sie erklärt nicht, was einzelne Oberbürgermeisterinnen, Wirtschaftsbosse, Umweltaktivistinnen tun, sie trifft Aussagen über bestimmte Argumentations- und Handlungsmuster, die regelmäßig in politischen, ökonomischen, sozialen, kulturellen Situationen auftreten. Solche Situationen können den Streit über eine Grenze, die Verhandlungen über Kooperationsprojekte oder die Gründung einer regionalen Institution betreffen. Wie – nicht: durch wen – werden hierarchische, egalitäre, individualistische, fatalistische Rationalitäten eingesetzt, um in solchen Situationen zu argumentieren und zu handeln?

Der Unterschied zwischen einer akteurszentrierten und einer situationszentrierten Theorie der Polyrationalität kann an *Ruhr 2016*, der Simulation einer Konsensbildungskonferenz (▶ S. 192), veranschaulicht werden. Im Rahmen der zweiten Ankerveranstaltung wurden Verhandlungen zwischen Vertreterinnen und Vertretern der Ruhrgebietsstädte simuliert. Wie kann eine polyrationale Verhandlungsrunde betrachtet werden? Aus der Perspektive einer *akteurszentrierten* Theorie der Polyrationalität beobachtet man die Präferenzen, Weltbilder, Rationalitäten einzelner Personen. Aus dem Beobachtungsergebnis werden sodann Erwartungen für individuelle Verhandlungsstrategien abgeleitet. Man fragt etwa, ob die Forderungen der Frau X oder die Angebote des Herrn Y auf eine individualistische Rationalität schließen lassen. Stehen Frau X oder Herr Y einer marktwirtschaftlichen Problemlösung aufgeschlossen oder abgeneigt gegenüber? Bei der Vorbereitung auf eine Verhandlungsbeobachtung könnte – etwa mittels persönlicher Befragung oder eines Fragebogens – erhoben werden, ob eine bestimmte Person zu hierarchischem, egalitärem, individualistischem, fatalistischem Denken neigt. Akteurszentrierte Forschung ist nicht uninteressant, sie hilft aber bei der Analyse einer Regionalisierung der Ruhrgebietsstädte nicht weiter.

Eine *situationszentrierte* Theorie der Polyrationalität betrachtet eine Verhandlungsrunde zwischen Vertreterinnen und Vertretern der Ruhrgebietsstädte als soziales System. Wie macht sich Polyrationalität in diesem System bemerkbar? Wie tragen Hierarchie, Gemeinschaft, Individualismus, Fatalismus dazu bei, daß Verhandlungen über Kooperation gelingen oder scheitern? Beobachtet werden nicht Frau X oder Herr Y, beobachtet werden bestimmte Argumentationsmuster und Lösungstypen. Man würde, um im Beispiel der Simulation *Ruhr 2016* zu bleiben, beobachten, über welche marktwirtschaftlichen Problemlösungen verhandelt wird, welche Angebote und Forderungen eher einer individualistischen Rationalität entsprechen, welche Konsequenzen das Fehlen jeglicher „Marktaspekte" hat. Die situationszentrierte Theorie der Polyrationalität analysiert Verhandlungs*situationen* und beobachtet, wie hierarchische, egalitäre, individualistische, fatalistische Rationalitäten zum Zuge kommen. Die Theorie der Polyrationalität verhilft als Erkenntnismethode zu einer Analyse des Gesamtgeschehens, als Gestaltungsmethode zu einem Repertoire an Verhandlungsstrategien.

Die durch Mary Douglas begründete Theorie der Polyrationalität ist für eine situationszentrierte Analyse und Gestaltung aus mehreren Gründen geeignet. Zunächst unterstreicht diese Theorie, daß sich handelnde Subjekte zwar rational verhalten, aber *unterschiedliche* Rationalitätsmaßstäbe anlegen. Vielen Theorien liegt *ein* Verhaltensmuster zugrunde, das alle Erklärungen dominiert: der feindselige Mensch bei Thomas Hobbes, das Rationalitätsprinzip des *homo oeconomicus*, der egoistische *player* im Gefangenendilemma. Andere Theorien, ebenso monorational, erklären durch Gegensätze: rechtmäßiges und rechtswidriges Verhalten in der Jurisprudenz seit Ulpian, antagonistische Klassenwidersprüche bei Karl Marx, Wirtschaft und Gesellschaft bei Max Weber. Demgegenüber geht eine Theorie der Polyrationalität davon aus, daß es viele Rationalitäten gibt: Was einigen Beteiligten rational erscheint, mag anderen unvernünftig vorkommen. Treten verschiedene Rationalitätstypen in Erscheinung, warnt die Theorie der Polyrationalität davor, allzu rasch auf die „Irrationalität" einzelner Beteiligter zu schließen. Natürlich ist es für individualistische Rationalität irrational, stellte man die Effizienzgewinne eines Städtewettbewerbs zugunsten eines formalen Kontrollmechanismus in Frage. Kontrolle ist aber für die Rationalität der Hierarchie bedeutsam und wird dem „irrationalen" Glauben an die unsichtbare Hand des Marktes vorgezogen. Beide Vorschläge sollten nicht an einem bestimmten Rationalitätsmaßstab gemessen und als rational akzeptiert oder als irrational verworfen werden. Vielmehr sollten beide Vorschläge als Manifestation ungleicher Rationalitäten verzeichnet werden. Eine Kategorisierung durch genau vier Rationalitätstypen leidet unter denselben Schwächen wie jede andere Kategorisierung. Die Theorie der Poly-

24–27

rationalität behauptet nicht, daß es nur vier Rationalitätstypen gäbe. Gewiß können viele weitere Rationalitäten beschrieben werden, die größere Realitätsnähe würde aber die Modellbildung erschweren. Daher sind die vier Rationalitätstypen zur überschaubaren Modellbildung geeignet. Gleichwohl bieten die vier Rationalitätstypen deutlich mehr Erkenntnismöglichkeiten als die häufig vertretenen dichotomischen Einteilungen: Staat/Markt, Innen/Außen, Wirtschaft/Gesellschaft. Dadurch vermeidet eine situationszentrierte Theorie der Polyrationalität, daß wichtige Phänomene übersehen werden, weil sie nicht in die dichotomische Einteilung passen.

Der wichtigste Vorzug einer situationszentrierten Theorie der Polyrationalität liegt im Unbeständigkeitsprinzip (Thompson u. a. 1990: 3 und 86–93). Dieses Prinzip erklärt, weshalb Situationen unbeständig sind, solange nicht alle vier Rationalitäten zur Geltung gekommen sind. In unbeständigen Situationen dominiert *ein* Rationalitätstypus: Polizeistaat, reine Marktwirtschaft, gewaltfreie Kommune. Der dominierende Rationalitätstypus ist allerdings einer fortwährenden Subversion und Erosion durch andere Rationalitätstypen ausgesetzt. Nach einiger Zeit ist erkennbar, wie in der reinen Marktwirtschaft nachbarschaftlicher Altruismus auftritt, wie der Polizeistaat eine Vielzahl an Korruptionsfällen und Schwarzmärkten aufweist, wie die gewaltfreie Kommune nicht ohne Kontrollmechanismus für Gemeinschaftsdienste auskommt. Das Unbeständigkeitsprinzip besagt, daß Stabilität und Wandel vom Austausch zwischen den vier Rationalitätstypen abhängen. Die Theorie rationaler Kooperation (▶ S. 92) suggeriert eine Regionalisierungsstrategie der Stärke durch Gemeinsamkeit: „Gemeinsam sind wir stark!". Demgegenüber empfiehlt die Theorie der Polyrationalität, auf das unabhängige Wirken vieler Rationalitäten zu achten (Schwarz und Thompson 1990): „Getrennt sind wir stärker!"

VIELE GRENZEN

GRENZSTRATEGIEN

Wie verhält sich jemand in einer Grenzsituation? Solche Situationen können extrem und existentiell sein: An der Grenze zwischen Leben und Tod, zwischen Frieden und Krieg, zum Nichts. Freilich sind Grenzsituationen auch banal und alltäglich: Ärger mit der neuen Büroeinteilung, Rivalitäten zwischen Kleingärtnern, die Zugverspätung. Eine Grenzsituation ist eine Situation, in der mehrere Personen und eine Grenze vorkommen. Die Grenze könnte politisch, juristisch, wirtschaftlich, sozial, kulturell, ökologisch sein. Die Beteiligten könnten Menschen oder Gruppen, Behörden, Unternehmen oder Verbände sein. Die Grenze könnte bereits vorliegen und verändert, vielleicht auch erst gezogen werden. Die Theorie der Polyrationalität läßt vermuten, Grenzen wären regelgeleitete Praktiken (▶ S. 59), die mehr als einer Rationalität entsprechen. Sind Grenzen nach dem allgemeinen Sprachgebrauch „gedachte Trennungslinien" (Brockhaus 1981, Band 3: 1392, Bedeutung 1.c), würde eine polyrationale Analyse danach fragen, *was* jemand in einer Grenzsituation *denkt*. Eine Grenzsituation fordert die Betroffenen zu Wahrnehmungen und zu Verhalten heraus:

Wahrnehmung		Verhalten	
Unterschied	**Ähnlichkeit**	**Fremdbestimmung**	**Selbstbestimmung**
Fremdheit	Vertrautheit	Abhängigkeit	Unabhängigkeit
Peripherie	Zentrum	Distanz	Nähe
Zersplitterung	Einigkeit	Unselbständigkeit	Selbständigkeit
Interessengegensatz	Interessengleichheit	Grenze als Zweck	Grenze als Mittel
das Andere	das Selbst	Konfrontation	Konsens

Objekt 25: Wahrnehmung und Verhalten in Grenzsituationen

Was denken Menschen und Institutionen, wenn sie an Grenzen denken? Eine situationsbezogene Theorie der Polyrationalität systematisiert und erklärt Wahrnehmungen und Verhalten in Grenzsituationen. Folgt man Mary Douglas (▶ S. 143), betonen die Betroffenen andere Aspekte ihrer Wahrnehmung und ihres Verhaltens in Grenzsituationen. Wahrnehmung bedeutet hier: Wie nehmen sich die Betroffenen selbst wahr, wie sehen sie andere? Manchmal werden Unterschiede betont, manchmal Ähnlichkeiten. Verhalten bedeutet hier: Was tun die Betroffenen in einer Grenzsituation, welche Positionen nehmen sie ein, wie reagieren sie auf andere? Manchmal verhalten sich die Betroffenen eher fremdbestimmt, manchmal eher selbstbestimmt.

Wer in Grenzsituationen vor allem *Unterschiede* wahrnimmt, sieht die Betroffenen als Fremde. Durch Ausdifferenzierung werden Ränder ausgebildet. Die Betroffenen werden durch die Grenze getrennt, sie sind miteinander wenig verbunden. Soziale Situationen sind individualisiert, fragmentiert, atomisiert. Alle sehen bei der Verfolgung ihrer Interessen am deutlichsten die Gegensätze zu anderen. Die Grenze ist der Ort, wo „das Andere" sichtbar wird. Im Gegensatz dazu betont jemand, der in Grenzsituationen vor allem *Ähnlichkeiten* wahrnimmt, daß die Beteiligten einander vertraut sind. Die Ähnlichkeiten, nicht die verzweigten Unterschiede, bilden ein Zentrum. Die Beteiligten werden durch die Grenze zusammengehalten und geeint. Sie nehmen trotz aller Unterschiede und Gegensätze vor allem die gemeinsamen Interessen wahr. Die Grenze verhilft ihnen dazu, ihr Selbst zu finden und zu situieren.

In Grenzsituationen ist das Verhalten der Betroffenen durch *Fremdbestimmung* geprägt, wenn sie auf die Grenze als etwas reagieren, das ihnen vorgegeben ist und von dem sie – im positiven wie im negativen Sinne – abhängig sind. Das Verhalten der Betroffenen unterstreicht die Distanz, die durch eine Grenze geschaffen wird. Sie handeln unselbständig, da die Grenze alle Entscheidungen vorwegnimmt. Die Grenze ist bereits der Zweck, sie stiftet Ordnung und Sinn. Doch selbst wenn einzelne Betroffene dieser Ordnung nicht zustimmen, sind sie gebunden. Da Fremdbestimmung kaum Verhandlungsspielräume zuläßt, kommt es häufig zur Konfrontation, zum Aneinanderprallen an der Grenze. Im Gegensatz dazu ist das Verhalten der Beteiligten in Grenzsituationen durch *Selbstbestimmung* geprägt, wenn sie Grenzen in ihrem Verhalten vorwegnehmen und nicht erst auf Grenzen reagieren. Die Beteiligten suchen oder akzeptieren das Naheverhältnis zu anderen und bestimmen ihr Verhalten selbständig. Die Grenze ist ein Mittel, mit dem man eigene Interessen erreicht. In der Autonomie liegt ein Spielraum für Verhandlungen, der genutzt werden kann, um die Grenzsituation zu meistern.

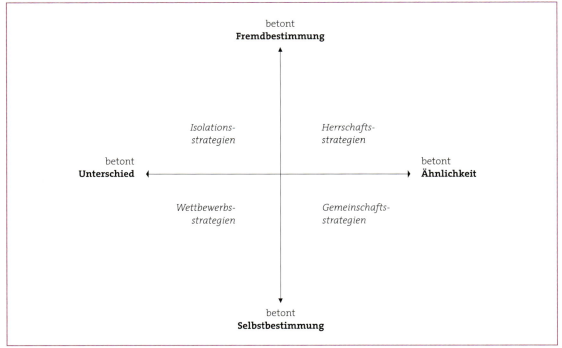

Objekt 26: Typologie der Grenzstrategien

Grenzstrategien sind Verhaltensmuster für den Umgang mit Grenzen (Objekt 26). Entlang der Wahrnehmungsachse (Unterschied ⇔ Ähnlichkeit) und der Verhaltensachse (Fremdbestimmung ⇔ Selbstbestimmung) können vier typische Grenzstrategien unterschieden werden: Isolations-, Herrschafts-, Gemeinschafts- und Wettbewerbsstrategien. Häufig liegen die dargestellten Idealtypen in Mischformen vor.

Aus der Kombination von Ähnlichkeit und Fremdbestimmung entsteht ein Über- und Unterordnungsverhältnis. Hierarchie ist die Grundlage traditioneller und bürokratischer Herrschaft. Wer Ähnlichkeiten mit anderen wahrnimmt und daraufhin Distanz betont (z.B. eine Klassen-, Standes- oder Rangordnung), verfolgt eine *Herrschaftsstrategie*. Eine Herrschaftsstrategie ist als aktive Strategie auf Unterjochung, Überwachung, Beherrschung gerichtet, als passive Strategie auf Gehorsam, Einordnung, Untertänigkeit. Durch Herrschaft wird allen Beteiligten „ihr" Platz im Herrschaftsraum zugewiesen, und Grenzen bilden ein Mittel zur Beschränkung. Wer erwartet, Ordnung werde durch Grenzen bewahrt, nutzt Grenzen zur Kontrolle. Der Mythos der *Kontrolle* besagt, es müsse zwischen Ordnung und Unordnung unterschieden und Ordnung durch Grenzen geschaffen werden. Grenzsteine und Wachposten oder – allgemeiner gesprochen – ausführliche Regeln und Vorschriften, die jeden Lebenssachverhalt erfassen, sind Sinnbilder für die Grenzstrategie der Herrschaft.

Die Kombination von Ähnlichkeit und Selbstbestimmung weckt Aufmerksamkeit für die Beziehungen zwischen allen Beteiligten. Wer Ähnlichkeiten wahrnimmt und darin Gemeinsamkeiten erblickt, verfolgt eine *Gemeinschaftsstrategie*. Wer nach dieser Strategie handelt, sucht die Nähe der anderen, betont gemeinsame Interessen, stärkt die Gleichheit zwischen den Gruppenmitgliedern. Als passive Strategie besteht die Gruppenbildung vor allem in der Beteiligung an gemeinsamen Aktivitäten und im „Einnisten" in vorhandene Gruppen. Durch Gemeinschaft entstehen gemeinsame Orte, vielleicht entsteht eine Heimat, deren Grenze die Mitglieder der Gruppe einschließt (Inklusion). Wer erwartet, die Mitglieder einer Gruppe würden durch gemeinsame Grenzen geschützt, erblickt in Grenzen eine Bedingung für Gemeinschaft. Der Mythos der *Gemeinschaft* rechtfertigt, daß sich Menschen mit ähnlichen Merkmalen, Vorlieben, Interessen zusammenschließen. Die Gruppe ist egalitär, ihre Mitglieder sind nach demokratischen Regeln zur Mitbestimmung ermächtigt. Alle Gruppenmitglieder fühlen sich für das Gruppenwohl verantwortlich und sind auch bereit, auf persönliche Vorteile zugunsten der Gemeinschaft zu verzichten. Gegenüber der Außenwelt, die durch die Gruppengrenze ausgeschlossen ist (Exklusion), verhält sich die Gemeinschaft mißtrauisch oder leidenschaftslos.

Eine Kombination aus Unterschied und Selbstbestimmung ergibt Wettbewerb. Wer Unterschiede zu anderen wahrnimmt und betont, verfolgt eine *Wettbewerbsstrategie*. Wer aktiv nach dieser Strategie handelt, nutzt die Unterschiede in der Grenzsituation zum eigenen Vorteil. Konkurrenz belebt das Geschäft, und wer selbstbewußt von der eigenen Qualität überzeugt ist, scheut nicht den kritischen Vergleich mit anderen. Eine passive Wettbewerbsstrategie sucht weniger die Konkurrenz als die selbstbestimmte Verwirklichung: „My home is my castle!" Individualisten betonen die Unterschiede zu anderen, denn Grenzen bilden Chancen. Dazu gehört auch der Mut, Grenzen zu überschreiten. Wer selbstbewußt erwartet, Selbstverwirklichung wäre erst durch Grenzüberschreitungen möglich, erblickt in Grenzen eine Voraussetzung für Freiheit. Der Mythos der *Freiheit* lockt mit dem Versprechen, beherzte Individualisten könnten aus Unterschieden zwischen Märkten, Begabungen, Anschauungen ihren Gewinn ziehen. Grenzen markieren komparative Vorteile, durch eine Grenze werden nur diejenigen eingeengt, die sich davor fürchten oder dahinter verstecken.

Aus der Kombination von Unterschied und Fremdbestimmung entsteht Isolation. Wer sich als anders wahrnimmt und wessen Schicksal durch andere bestimmt wird, verfolgt eine *Isolationsstrategie*. Wer aktiv nach dieser Strategie handelt, kultiviert die Gelassenheit, bleibt hitzigen Auseinandersetzungen um Grenzen fern. Darin liegt ein Machtverzicht, denn wer Auseinandersetzungen fernbleibt, übt auch keinen Einfluß aus. Isolation ist häufig weniger eine Strategie als eine Reaktion darauf, durch andere Beteiligte als fremd wahrgenommen und ausgeschlossen zu werden. Die erlittene Isolation kann verschiedene Gründe haben, die von Gleichgültigkeit und Wunschlosigkeit (seitens der Isolierten) bis zu Feindseligkeit, Diskriminierung und Verfolgung (seitens anderer) reichen. In der Isolation werden alle zu Fremden, zu Ausgegrenzten. Isoliert ist, wer seine Lage in der Grenzsituation durch eigenes Verhalten nicht zu verändern können glaubt. Der Mythos der *Ohnmacht* besagt, Grenzen oder andere Menschen könnten nicht beeinflußt werden. Grenzen sind Barrieren, die andere dazu verwenden, die isolierten Individuen und Gruppen auszugrenzen. Wer vergeblich gegen solche Barrieren angekämpft hat, gibt nach einiger Zeit auf. Fatalisten finden sich mit ihrer Isolation ab, was nicht bedeutet, sie fänden sich damit gut zurecht.

Strategie	Wahrnehmung und Verhalten	Grenze	Mythos	Rationalität
Herrschaft	Ähnlichkeit Fremdbestimmung	Beschränkung	Kontrolle	*hierarchist*
Gemeinschaft	Ähnlichkeit Selbstbestimmung	Eingrenzung	Gemeinschaft	*egalitarian*
Wettbewerb	Unterschied Selbstbestimmung	Chancen	Freiheit	*individualist*
Isolation	Unterschied Fremdbestimmung	Ausgrenzung	Isolation Gelassenheit	*fatalist*

Objekt 27: Grenzstrategien, Mythen, Rationalitäten

Die Typologie der Grenzstrategien veranschaulicht die Ergebnisse einer Kombination typischer Wahrnehmungen und Verhaltensweisen in Grenzsituationen. Die Merkmale jeder Strategie sind eine Kombination der Wahrnehmung von Unterschied oder Ähnlichkeit mit der Verhaltenspräferenz für Fremdbestimmung oder Selbstbestimmung. In Objekt 27 wird zu den vier Grenzstrategien angegeben, welche Bedeutung sie Grenzen zumessen und welche Mythen sie pflegen. Mit „ihrem" Mythos erklärt und rechtfertigt jede Grenzstrategie, wie eine bestimmte Grenzsituation wahrzunehmen und wie darauf zu reagieren ist. In der letzten Spalte von Objekt 27 werden den Grenzstrategien die ihnen entsprechenden Rationalitätstypen der situationsbezogenen Theorie der Polyrationalität zugeordnet (Douglas 1992: 263; Schwarz und Thompson 1990: 7; Thompson u.a. 1990: 8; Thompson 1997: 207). Das ergibt eine differenzierte, aber doch noch überschaubare Einschätzung mehrerer Grenzstrategien, die in Objekt 28 im Koordinatensystem der Wahrnehmungs- und Verhaltensachse dargestellt wird.

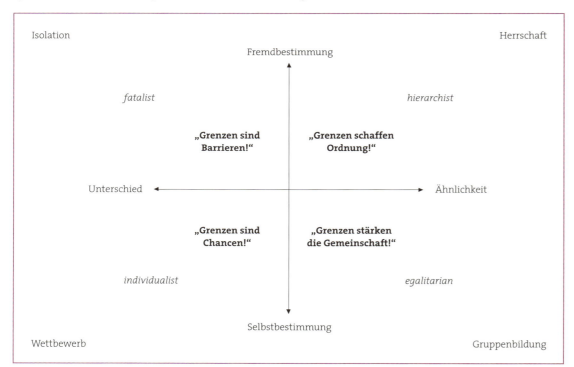

Objekt 28: Grenzstrategien und Polyrationalität

Die Darstellung der vier Grenzstrategien ist kein strenges Klassifikationsschema, sondern die Anleitung für eine Spurensuche, die mit der gleichzeitigen Präsenz verschiedener Rationalitäten rechnet.

Auf öffentlichen Versammlungen sind polyrationale Grenzstrategien gut zu beobachten. Eine monorationale Interpretation würde zu eindeutigen Typisierungen der Versammlung neigen: Kundgebung, Protest, Aufmarsch, Feier. Innerhalb der durch den Versammlungstypus gezogenen Zweckgrenze, so erwartet die monorationale Interpretation, würden die Versammelten im wesentlichen dasselbe Verhalten zur Schau tragen. Überdies vermutet eine monorationale Interpretation eine deutliche Grenze zwischen den Versammelten und anderen Personen, die nicht an der Versammlung teilnehmen. Tatsächlich zeigen öffentliche Versammlungen ein zumeist stark differenziertes Bild. Dies kann am Beispiel der Grenzen einer Versammlung veranschaulicht werden:

- Der Mythos der Kontrolle fordert Grenzen der Versammlung, um Ordnung zu schaffen und öffentliche Ruhe und Sicherheit zu gewährleisten. Hierarchische Grenzen werden durch eine genaue Bestimmung des Versammlungsorts und die behördliche Kontrolle der Teilnehmenden gezogen. Die Kontrolle dient dem öffentlichen Interesse, das durch eine Störung der Versammlung genauso wie durch ungebührliches Benehmen der Versammelten beeinträchtigt wird. Tritt eine Störung auf, wird die Ordnung durch die Eingrenzung der Störung – etwa durch eine Absperrung – hergestellt.
- Für den Mythos der Gemeinschaft bedeuten Grenzen der Versammlung, eine gemeinsame Idee im öffentlichen Raum sichtbar werden zu lassen. Solidarität, kollektive Identität, Verantwortungsgefühl können starke Motive für eine Teilnahme sein. Nirgendwo sonst kann eine gemeinsame Idee so nachdrücklich demonstriert werden, wie bei öffentlichen Versammlungen. Da erst durch die Teilnahme jene Gemeinschaft entsteht und erlebt werden kann, deren geglaubte Existenz das Motiv für die Teilnahme war, verstärkt die Grenze der Versammlung die versammelte Gemeinschaft.
- Der Mythos der Freiheit nutzt Grenzen der Versammlung für eigene Zwecke. Nicht nur Imbißverkäufer wissen um die Chancen der gleichzeitigen Anwesenheit vieler Menschen an einem öffentlichen Ort. Wer etwa eine Versammlung stört, erlangt ungewöhnlich große Aufmerksamkeit für individuelle Anliegen. Die Grenze der Versammlung wird bewußt, womöglich berechnend, überschritten, weil dies einen persönlichen Vorteil verspricht. Solange dieser Vorteil genügend groß ist, werden die Folgen der Grenzüberschreitung – mögen sie in sozialer Mißbilligung oder polizeilichem Gewahrsam bestehen – in Kauf genommen.

Eine polyrationale Spurensuche mißt die angeführten Beispiele für Grenzen der Versammlung nicht an einem einzelnen Rationalitätsmaßstab. Die Begrenzung einer Versammlung aus öffentlichem Interesse, die Teilnahme an einer gemeinsamen Kundgebung oder die Störung einer Versammlung sind nicht Beispiele für *eine* Handlungsrationalität. Diese Beispiele veranschaulichen wechselnde Grenzstrategien, für die eine Grenze ganz unterschiedliche Bedeutung besitzt. Bemerkenswert ist, daß die öffentliche Versammlung erst durch das Zusammenspiel der Bedeutungsunterschiede ihre eigentliche Bedeutung gewinnt. Gemeinschaftsgefühl kann öffentlich nur zur Schau gestellt werden, wenn es freiwillige oder unfreiwillige Zuschauer gibt, denen gegenüber sich die Versammelten abgrenzen. Kontrolle kann nur ausgeübt werden, wenn sich ausreichend viele Menschen aus Gemeinschaftsgefühl versammeln. Aufmerksamkeit für mutige Grenzüberschreitungen entsteht erst, wenn die Grenze durch andere gezogen und überwacht wird. Eine polyrationale Analyse zeigt die öffentliche Versammlung als vielschichtige soziale Kommunikation, in der um Werte und Sinn gerungen wird. Freilich nehmen nicht alle an dieser Art der Öffentlichkeit teil. Das gilt vor allem für jene, die durch Barrieren ausgegrenzt werden. Aber auch jene, die sich an öffentlichen Kontroversen nicht beteiligen wollen, leisten durch ihre fatalistische Strategie einen wichtigen Beitrag zu öffentlichen Diskursen. Solche Kontroversen wären nämlich unerträglich, würde die Auseinandersetzung nicht hin und wieder durch Gelassenheit oder Gleichgültigkeit abgekühlt (Ney und Thompson 1999: 218–219).

POLYRATIONALITÄT IM „WILDEN WESTEN PREUSSENS"

Herrschaft, Gemeinschaft, Freiheit und Ohnmacht sind Rationalitäten, die abwechslungsreiche Vorschläge für die Interpretation und den Gebrauch einer Grenze unterbreiten. Die Abwechslung folgt nicht aus gegensätzlichen Interessen oder handwerklich-technischen Einzelheiten. Vielmehr bildet jeder Diskurs über Grenzen gleichzeitig einen Metadiskurs über Polyrationalität. Wer die Spuren auch anderer Rationalitäten aufzuspüren versteht, kann den polyrationalen Metadiskurs – den Eigensinn – für robuste Problemlösungen nutzen. Dies gilt vor allem in Situationen, in denen noch keine Grenzen gebildet wurden oder Grenzen unsicher geworden sind.

Die historische Frontier-Debatte bietet ein Beispiel für einen solchen Metadiskurs. Im Metadiskurs über die europäische Besiedlung der Wildnis wurde der amerikanische Westen erfunden (Waechter 1996). Der Mythos der Freiheit findet in Frontiersituationen, jedenfalls solange die Einzelkämpfer überwiegen, ideale Bedingungen vor. Umgekehrt werden Frontiersituationen vom Mythos der Kontrolle und vom Mythos der Gemeinschaft eher als bedrohlich empfunden. Gleichwohl bieten sie Gelegenheiten, um neuartige Ordnungsmaßnahmen zu ergreifen oder um die Gruppensolidarität in schwierigen Lebenslagen zu erproben. Wer nach Polyrationalität sucht, findet sie in der Beschreibung typischer *frontier people*. Die Fallensteller und Waldläufer (*individualists*), die Kavallerie und Eisenbahngesellschaften (*hierarchists*), die Siedlerfamilien und ihre Trecks (*egalitarians*) sowie die stummen Menschenmassen in den Großstädten der Ostküste (*fatalists*) bildeten ein System handelnder Personen, die zur Besiedelung der amerikanischen Frontier beigetragen haben (Turner 1894). Diese Besiedelung war nicht friedvoll. Wird hier vom erfolgreichen Zusammenwirken der Rationalitätstypen gesprochen, soll damit der Völkermord an der indigenen Bevölkerung oder die Zerstörung der Naturlandschaft Nordamerikas weder romantisiert noch verharmlost werden. Allerdings veranschaulichen die Erzählungen über die amerikanische Frontier polyrationale Grenzstrategien. In Romanen und Spielfilmen über den „Wilden Westen" sind Gefahren, Demütigungen, Neugierde, Entbehrungen, Abenteuerlust, Verzweiflung, Triumphe niemals gewöhnlich, sie gewinnen im Metadiskurs über Rationalitäten heroische und geradezu sakrale Bedeutungen.

An solche Bedeutungen wird angeknüpft, wenn das Ruhrgebiet im Lichte der Industrialisierung und Migration in der zweiten Hälfte des 19. Jahrhunderts als „der ‚Wilde Westen Preußens' an der Ruhr" bezeichnet (Schlieper 1986: 18) oder über eine „wilde Kolonialisierung" (Günther 1997: 88) gesprochen wird: „Die räumlichen Veränderungen des Reviers im 19. Jahrhundert glichen etwa den brachialen Veränderungen des von Landpionieren eroberten amerikanischen Westens" (Bollerey 1992: 229). Die Grenzen, Terri-

38–42

torien, Identitäten im Ruhrgebiet sind das Ergebnis polyrationaler Kooperation. In den großtechnischen Anlagen der Kohle- und Stahlbarone, in montanwirtschaftlichen Disziplinarordnungen, in regulierten Kleingartenanlagen, in Eisenbahn-, Kanal- und Autobahnbauten, in den erzwungenen Gemeindezusammenlegungen werden hierarchische Grenzstrategien sichtbar. In der Solidarität der Grubenarbeiter, in den Gartenstadtexperimenten, in der Kultur der Trinkhallen und Teestuben, in den Fußballklubs und Sportvereinen, in den lokalen Identitäten finden sich Beispiele für egalitäre Grenzstrategien. Im Erfindungsreichtum und Wagemut innovativer Unternehmer, in Technologieparks und türkischen Lebensmittelläden, auch in den sorgfältig umzäunten Einfamilienhaussiedlungen oder in eigensinnigen Grabelandnutzungen erkennt man individualistische Grenzstrategien. Die Beispiele passen nicht in übliche Ordnungskategorien. Eigentlich scheinen Stahlwerke mit Kleingartenanlagen – oder Teestuben mit Gartenstädten oder Technologieparks mit Grabeland – wenig zu tun zu haben. Die Theorie der Polyrationalität läßt indes Ähnlichkeiten erkennen, die nicht mit der äußeren Erscheinung, sondern mit tieferliegenden Weltanschauungen zu tun haben (Douglas 1996: 149). Das großtechnische Stahlwerk funktioniert ebenso wie eine genau geordnete Kleingartenanlage nur durch hierarchische Ordnung. Die türkische Teestube floriert ebenso wie eine Gartenstadt nur mittels Gemeinschaftssinn. Im Technologiepark wie im Grabeland werden der Mut zum Risiko und eine geringe Sorge um Konformität sichtbar.

Durch das Wechselspiel vieler Rationalitäten entstand, was Roland Günther die „Gemenge-Stadt" (Günther 1997: 102) und Thomas Sieverts die „Zwischenstadt" (Sieverts 1997) nennt. Diese Entwicklung war nicht kontinuierlich, sondern voller Brüche. Die Rationalitätstypen der Herrschaft, Gemeinschaft und Freiheit waren im historischen Ablauf auch nicht durchgehend oder ausgewogen wirksam. Gerade in der ersten Hälfte des 20. Jahrhunderts wurde das Ruhrgebiet vom Mythos der Herrschaft und Kontrolle geprägt. Der „Wilde Westen Preußens" wurde parzelliert, hierarchisiert, als Standort für Kohle- und Stahlproduktion ausgebeutet. Die Dominanz der hierarchisierenden Grenzstrategie verursachte monoindustrielle Strukturen, eine der Wurzeln der „Kohlenkrise" und des ökonomischen Strukturwandels. Ungeachtet dieser Dominanz ermöglichten und ermöglichen die wilden Grenzen des Ruhrgebiets eine produktive Symbiose polyrationaler Grenzstrategien. Der Austausch zwischen gegensätzlichen und widersprüchlichen Absichten erlaubt fortwährendes soziales Lernen. Dieser Prozeß zeigt den Strukturwandel als kulturellen Wandel. Der Wandel der Städteregion Ruhr ist nicht abgeschlossen, im Gegenteil, durch den Bedeutungsverlust herkömmlicher Steuerungsformen – nämlich des Primats der Montanwirtschaft, parteipolitischer Netzwerke, der Förderpolitik – kommen ergiebige Unterschiede und wilde Grenzen verstärkt zum Vorschein.

5 KULTUR DER DIFFERENZ

43–53

6 RESPONSIVE KOOPERATION

KONKURRENZ DER IDEALE

STRUKTURWANDEL ALS KULTURELLER WANDEL

Der Journalist und Photograph Heinrich Hauser bereiste das Ruhrgebiet und stellte über das „Schwarze Revier" fest, im Ruhrgebiet herrsche ein „Konkurrenzkampf". Die Konkurrenz zwischen den Städten „gehört zu den auffallendsten Erscheinungen, denen man heute im Revier begegnet. Die Zeitungen sind voll davon, und nie hat der Kampf heftiger getobt als gerade jetzt" (Hauser 1930: 29–30). Hauser wollte bei seinen Leserinnen und Lesern, die er wohl eher in Berliner Salons und Wiener Kaffeehäusern als in Duisburger oder Bochumer Kneipen vermutete, Verständnis für die „Zivilisierung der Ruhrstädte" und den aufregenden Alltag in der Montanindustrie wecken. Der Bericht, der einen „Sturm der Entrüstung" erregte (Blotevogel 2002a: 477), enthält eine bemerkenswerte Passage über das Verhältnis der Ruhrgebietsstädte:

„Obwohl die Formen dieses Konkurrenzkampfes sehr oft unschön sind und viele Streitigkeiten extrem und ungesund, so glaube ich doch, daß die Konkurrenz der Städte [im Ruhrgebiet] im ganzen gesund ist und zum Besten der Allgemeinheit dient. Denn der Streit geht durchaus nicht nur um wirtschaftliche Vorteile, um Zuwachs an Steuerzahlern und Landgebiet, zahlreicher und augenfälliger sind die Fälle, wo es sich um die Konkurrenz der Ideale handelt" (Hauser 1930: 30).

Die „Konkurrenz der Ideale" ist kein wirtschaftlicher Wettbewerb, der durch Börsenkurse, Stückkosten, Preisnachlässe bestimmt wird. Vielmehr konkurrieren die Ruhrgebietsstädte um ihr regionales Ansehen: „Da streiten Städte um das beste Theater, um die bedeutendste Ausstellung, um den Sitz einer Kunstschule, man ringt nach dem Ruhm, die besten Konzerte, den schönsten Park, den größten Sportplatz, die modernste Badeanstalt, das erste Hotel zu haben" (Hauser 1930: 30). Der Gedanke, die Ruhrgebietsstädte stünden in einer „Konkurrenz der Ideale", widerspricht der verbreiteten Vorstellung, Städtekonkurrenzen wären ökonomisch motiviert. Wir dürfen das CentrO in Oberhausen, den Stolz auf das Weltkulturerbe Zeche Zollverein in Essen, die gepflegten Feindschaften zwischen den größeren und kleineren Fußballklubs, den „größten Weihnachtsbaum der Welt" in Dortmund, die Einfamilienhausgebiete im Süden und die Teestuben im Norden des Ruhrgebiets nicht nur unter ökonomischen Gesichtspunkten betrachten. Ansonsten entgeht uns, wie die „föderalistische Stadtlandschaft" (Kegel 1954) an der Ruhr durch widerstreitende Rationalitäten geschaffen wird.

Der vielzitierte „Strukturwandel" im Ruhrgebiet ist ein kultureller Wandel, der durch kein monorationales Modell erklärt werden kann. Hier werden Lebensentwürfe erprobt, Weltanschauungen geprägt, Werte verteidigt. Die Konkurrenz der Ideale im „Wilden Westen Preußens" entspringt dem Eigensinn, sie ist polyrational. Eigeninitiative und visionäres Denken sind unverzichtbar, um unkonventionelle Lösungen für schwierige Aufgaben zu finden. Der Eigensinn mißtraut übergeordneten Instanzen und der abstrakten Figur eines allgemeinen Besten, er ist keine Eigenschaft folgsamer Untertanen und Almosenempfänger. Als Starrköpfigkeit ist Eigensinn, weil unbelehrbar, notwendigerweise dumm. Doch in einer Konkurrenz der Ideale ist Eigensinn unentbehrlich, sorgt er doch für die Echtheit und Lebensnähe konkurrierender Konzepte, sobald „grandiose" Ordnungen die drängenden Probleme nicht mehr lösen. Solche Ordnungen haben die Stadt- und Regionalentwicklung lange Zeit hindurch geprägt – etwa als Theorie zentraler Orte, als Leitbild der kompakten Stadt, als Interventionsmodell einer Internalisierung externer Effekte. Ihre Fremdsinnigkeit führt zu einer Abhängigkeit im Denken und Handeln, die schmerzlich spürbar wird, weil geplante „grandiose" Ordnungen weder finanzierbar noch politisch erfolgreich sind. Der Eigensinn ist mißtrauisch gegenüber „grandiosen" Ordnungen. In einer Konkurrenz der Ideale gewinnen nicht die ganzheitlichen und hermetischen, sondern die *brauchbaren* Konzepte und Entwürfe. Brauchbarkeit entsteht durch Verzahnung, Durchmischung, Amalgamierung konkurrierender Ideale, weshalb weder Originalität um jeden Preis noch Sturheit um ihrer selbst willen eigensinnige Erfolge in der Konkurrenz der Ideale gewährleisten.

2–3

HIER KOMMT ALLES ZU ALLEM

Regionale Kooperationsvorteile – Wettbewerbsfähigkeit, sozialer Frieden, haushälterische Bodennutzung – sind durch eine klassische Regionalisierung nicht zu erzielen. Erstens können stadtregionale Probleme nicht durch regionale Bodenordnung gelöst werden, zweitens muß klassische Regionalisierung den lokalen Widerstand der Betroffenen überwinden und drittens gehen die Vorteile der Leidenschaft verloren, mit der Städte ihren Eigensinn durchsetzen. Gleichwohl beweist keiner der Gründe für das Scheitern klassischer Regionalisierung, eine Regionalisierung durch Kooperation und Eigensinn könnte gelingen. Die „Konkurrenz der Ideale" zwischen den Städten im Ruhrgebiet (Hauser 1930: 30) erklärt das Ausbleiben spontaner Zusammenarbeit. Die Theorie rationaler Kooperation (► S. 92), die eine solche Zusammenarbeit zwischen Egoisten vorhersagt, greift zu kurz. Sie beruht auf einer kaufmännischen Rationalität, wie sie etwa in der spieltheoretischen Auszahlungsmatrix eines Gefangenendilemmas ausgedrückt wird. In den Ruhrgebietsstädten wird aber nicht nur aufgrund kaufmännischer Rationalität gehandelt. Die Städte lösen viele ihrer grenzüberschreitenden Probleme selbst dann nicht gemeinschaftlich, wenn dies für jede einzelne Stadt nützlich wäre. Offenbar können viele Kooperationsprobleme nicht kaufmännisch gelöst werden. Der Widerstreit der Rationalitäten ist eine Konkurrenz des Eigensinns, kein Interessengegensatz. Das Regionalisierungsdilemma ist auch ein Identitätsdilemma (► S. 140), nicht nur ein Gefangenendilemma.

Wie die Konkurrenz des Eigensinns beschaffen ist, wird am (fiktiven) Beispiel des Marketings der Städteregion Ruhr deutlich. Die Städte wollen die Städteregion Ruhr für Investoren, hochqualifizierte Arbeitskräfte, einkommensstarke und junge Familien anziehend darstellen. Des weiteren möchte jede einzelne Stadt möglichst viel vom Regionalmarketing profitieren. Den „guten Ruf" kann eine Stadt allerdings nicht kaufen. Beim Regionalmarketing kann der Aufwand für Werbemaßnahmen nicht den positiven Wirkungen für eine bestimmte Stadt zugerechnet werden. Deshalb müssen sich die Städte damit begnügen, daß Erfolge regionaler Imagepflege indirekt jeder einzelnen Stadt zugute kommen. Wegen dieser Voraussetzungen ist Regionalmarketing geradezu das Musterbeispiel einer Gemeinschaftsaufgabe: Spannungen zwischen der kollektiven Erzeugung der Werte (Imageverbesserung) und der Aufteilung der Werte auf einzelne Städte sind gering. Da der stadtregionale Kooperationsvorteil ☯ groß und die Versuchung zur einseitigen Ausbeutung ☂ gering ist, müßten die Städte – so die Theorie rationaler Kooperation – spontan zusammenarbeiten ☺/☺.

Doch selbst wenn die Interessengegensätze beim Regionalmarketing relativ gering sind, einigen sich die Ruhrgebietsstädte nicht unbedingt auf ein Konzept. Zu diesem Thema sammelte *Städteregion Ruhr 2030* bemerkenswerte Erfahrungen. Eines der Arbeitspakete betraf die Öffentlichkeitsarbeit des Forschungsverbundes (Corporate Design, Logo, Webpage, Medienarbeit). Nach den Aufzeichnungen der Projektleitung äußerten Vertreterinnen und Vertreter der Verbundpartner im Laufe einer mehrmonatigen Diskussion unter anderem folgende Meinungen:

- „Unsere Außendarstellung darf nicht an Problemen, sie muß an den Potentialen der Städteregion Ruhr orientiert sein."
- „Die Öffentlichkeitsarbeit muß von einem professionellen, externen Unternehmen geleistet werden."
- „Ich habe hier mal einen Logoentwurf, den einer unserer Mitarbeiter in seiner Freizeit angefertigt hat. Sieht ein bißchen wie das IBA-Logo aus und gefällt mir sehr gut."
- „Auf jeden Fall müssen wir das Bild des ‚alten' Ruhrgebiets mit Kohle, Stahl und Bier vermeiden ... sonst hören wir wieder den Vorwurf von den ‚tieffliegenden Briketts' und der Kumpel-Nostalgie."
- „Man kann die Öffentlichkeit nicht an der Nase herumführen. Die Menschen werden ohnedies dauernd belogen, wir sollten zeigen, daß es auch anders geht."
- „Ich finde die Badewannenszene pfiffig."
- „Das Dunkelblau der Informationsmappe entspricht nicht der Vereinbarung ... es ist viel zu hell."
- „Die Badewannenszene ist geschmacklos. Das können wir auf keinen Fall verwenden."
- „Warum sind Sie als Projektleiter gegen die Firma XY? Ich komme prima mit denen aus."
- „Über die Öffentlichkeitsarbeit müssen die Beigeordneten entscheiden."
- „Die Städte sind dabei, weil es Geld vom Ministerium gibt. Ohne Geld würde uns das überhaupt nicht interessieren."
- „Man darf die Region nicht so zeigen, daß man nur Depressionen bekommt. Es ist Zeit für Antidepressiva im Ruhrgebiet."
- „Hatte nicht die Gewerkschaft schon Freecards mit einer Badewannenszene?"
- „Wir dürfen der Firma XY nicht die inhaltliche Ausformulierung überlassen, die haben ja keine Ahnung von unserem Projekt!"
- „Das Hauptziel ist die politische Kommunikation. Wir müssen den Ratsvertretern erklären, weshalb sie kooperieren müssen."
- „Die Beigeordneten entscheiden über die Öffentlichkeitsarbeit nicht, solange die Arbeitsgruppe kein Konzept vorlegt. *Wir* müssen uns entscheiden!"
- „Mir ist die Webpage gleichgültig. Das sind völlig belanglose Fragen, wir sollten uns auf unsere eigentlichen Anliegen konzentrieren."
- „Wenn man aus dem Fenster schaut, sieht man ja, wie es in der Region zugeht. Das kann man nicht verdrängen."

Vermutlich sind solche Meinungsunterschiede nicht nur für Ruhrgebietsstädte typisch, sie treten bei der Öffentlichkeitsarbeit in allen Organisationen auf. Indes läßt der Meinungsüberblick daran zweifeln, das Marketingkonzept würde an Interessengegensätzen scheitern. Der Überblick zeigt keine gegensätzlichen Interessen, er dokumentiert viele Stimmen, viele Rationalitäten.

Worüber sprechen die vielen Stimmen? Vielleicht geht es um die Verteilung der Macht: Wer trifft Entscheidungen, wer bestimmt die Inhalte? Aber die Machtfrage steht nur stellvertretend für den eigentlichen Meinungsunterschied, die Konkurrenz der Ideale. Durch Regionalmarketing wird ein Bild in die Öffentlichkeit getragen, das die Identität *aller* Beteiligten berührt. Solange dieses Bild monorational ist, lehnen es jene ab, die ihr Verhalten an einem anderen Rationalitätstypus orientieren. Wer eine der zitierten Meinungen äußerte, wollte die Identität der Städteregion Ruhr prägen und andere Identitätsvorschläge zurückdrängen. Gewiß könnte man versuchen, das Durcheinander vieler Stimmen – über Badewannenszenen, über zu helles Dunkelblau, über politische Kommunikation – zu ordnen. Besteht die „richtige" Lösung in Gleichgültigkeit gegenüber der Öffentlichkeitsarbeit oder müßte sie durch Vorgesetzte bestimmt, durch Gruppendiskussionen erarbeitet, in einem Wettbewerb erfochten werden? Jede dieser Lösungsvarianten hätte den Vorzug, eine drängende Frage überhaupt zu behandeln. Allerdings überzeugen monorationale Lösungen nur einen beschränkten Kreis. Der Grund liegt in den wilden Grenzen unserer Wirklichkeiten, in denen alles zu allem kommt.

Ariadne, die tragische Heldin in *Ariadne auf Naxos* von Richard Strauss (Libretto von Hugo von Hofmannsthal) verkündet ihre Sehnsucht nach Reinheit, während sie darum fleht, aus ihrem unreinen Dasein erlöst zu werden:

> Es gibt ein Reich, wo alles rein ist:
> Es hat auch einen Namen: Totenreich.
> Hier ist nichts rein!
> Hier kam alles zu allem!

Ariadne symbolisiert Monorationalität. Monorationale Strategien suchen „reine" Lösungen, die der Sehnsucht nach dem „Reich, wo alles rein ist" entsprechen. Solche Lösungen bringen Erlösung, indem sie reinigen, ordnen, in Einklang bringen. Dabei ist gleichgültig, ob das „Totenreich" hierarchisch, egalitär, individualistisch oder fatalistisch ist. Monorationale Strategien müssen einen hohen Preis dafür zahlen, ihre Vorstellungen in einer Welt durchzusetzen, in der alles zu allem kommt.

4

DER POLYRATIONALE GESELLSCHAFTSVERTRAG

GESELLSCHAFT DURCH FAIRE KOOPERATION

Wie können eigensinnige Akteure in einer Konkurrenz der Ideale zu einem Konsens finden? Wie sind wilde Grenzen für eine Regionalisierung durch Vereinbarung nutzbar? Diese Fragen führen zurück zum Modell des Gesellschaftsvertrages, das diesmal nicht monorational (▶ S. 100), sondern unter den Bedingungen der Polyrationalität betrachtet wird. In *Justice as fairness – A restatement* bezeichnet der Philosoph John Rawls eine wohlgeordnete Gesellschaft als faire Zusammenarbeit, die drei Merkmale aufweist:

„(a) Social cooperation is distinct from merely socially coordinated activity – for example, activity coordinated by orders issued by an absolute central authority. Rather, social cooperation is guided by publicly recognized rules and procedures which those cooperating accept as appropriate to regulate their conduct.

(b) The idea of cooperation includes the idea of fair terms of cooperation: these are the terms each participant may reasonably accept, and sometimes should accept, provided that everyone else likewise accepts them. Fair terms of cooperation specify an idea of reciprocity, or mutuality: all who do their part as the recognized rules require are to benefit as specified by a public and agreed-upon standard.

(c) The idea of cooperation also includes the idea of each participant's rational advantage, or good. The idea of rational advantage specifies what it is that those engaged in cooperation are seeking to advance from the standpoint of their own good" (Rawls 2001: 6).

Gesellschaftliche Kooperation beruhe nicht auf einer obrigkeitlichen Anordnung. Die Grundlage gesellschaftlicher Kooperation wären freiwillige Vereinbarungen über Regeln und Verfahrensweisen einer fairen Zusammenarbeit. Damit Kooperationsregeln fair sind, müßten sie für alle Beteiligten gelten und von ihnen befolgt werden. Außerdem sollten alle zum eigenen Vorteil und nach ihren eigenen Vorstellungen *(standpoint of their own good)* handeln können.

Die Städteregion Ruhr bezweckt eine Gesellschaftsbildung durch faire Kooperation. Die vielen Stimmen, die Geschichten über wilde Grenzen erzählen, gehen nicht in einer großen Erzählung *(social coordination)* auf. Gleichwohl können sie zu Verhandlungen beitragen, die zur Vereinbarung für ein Zusammenleben unter polyrationalen Bedingungen *(social cooperation)* führen. Setzt die Theorie von John Rawls, wie sogleich gezeigt wird, auch auf Monorationalität, bereichert sie die Regionalisierungsdebatte aus zwei Gründen. Erstens ergänzt Rawls die Gesellschaftsvertragslehre um einen wichtigen Verfahrensaspekt, den „Schleier des Nichtwissens". Dieser Verfahrensaspekt, mit dem die Schlüsselfrage der Gesellschaftsvertragslehre nach dem Zustandekommen des Vertragsinhaltes beantwortet wird, kann für eine Ausgestaltung polyrationaler Kooperation genutzt werden. Zweitens betont Rawls, wie bedeutsam Verhandlungen und Vereinbarungen für grundlegende gesellschaftliche Arrangements sind. Den Kern erfolgreicher Kooperation bilden vereinbarte Spielregeln, nicht Zwang und autoritäre Koordination.

Vielleicht entspricht die Vorstellung, eine Gesellschaft konstituiere sich durch faire Kooperation, nicht dem Wirklichkeitssinn. Aber wenn der Wirklichkeitssinn die tatsächliche Entwicklung der Städte (ob im Ruhrgebiet oder anderswo) immer weniger überzeugend erklärt, ist die Zeit für etwas mehr Möglichkeitssinn gekommen. Der Möglichkeitssinn provoziert zur Frage, ob Gesellschaften aus fairer Kooperation entstehen *könnten*. Die Leitbilder *Städteregion Ruhr 2030* bejahen diese Frage: Kooperation und Eigensinn, regelgeleiteter Projektverbund, Konkurrenz der Ideale, Kultur der Differenz (▶ Objekt 3, S. 19). Da Kooperationsregeln zu finden sind, denen eigensinnige Städte zustimmen wollen, weckt die Gerechtigkeitstheorie von John Rawls den Möglichkeitssinn.

7

DER SCHLEIER DES NICHTWISSENS

John Rawls nutzt das Modell des Gesellschaftsvertrages, das im 17. und 18. Jahrhundert erdacht wurde (► S. 100). Er entwickelt eine „Theorie der Gerechtigkeit als Fairness" und versteht darunter eine „ursprüngliche Übereinkunft", die sich auf „die Gerechtigkeitsgrundsätze für die gesellschaftliche Grundstruktur bezieht":

„Es sind diejenigen Grundsätze, die freie und vernünftige Menschen in ihrem eigenen Interesse in einer anfänglichen Situation der Gleichheit zur Bestimmung der Grundverhältnisse ihrer Verbindung annehmen würden. Ihnen haben sich alle weiteren Vereinbarungen anzupassen; sie bestimmen die möglichen Arten der gesellschaftlichen Zusammenarbeit und der Regierung" (Rawls 1979: 28).

Rawls geht von einem Naturzustand aus, in dem alle Menschen zusammenkommen, um über die gesellschaftliche Grundstruktur zu verhandeln. Die Mitglieder der verfassungsgebenden Versammlung befänden sich allerdings hinter einem „Schleier des Nichtwissens": „Zu den wesentlichen Eigenschaften dieser Situation gehört, daß niemand seine Stellung in der Gesellschaft kennt, seine Klasse oder seinen Status, ebenso wenig sein Los bei der Verteilung natürlicher Gaben wie Intelligenz oder Körperkraft" (Rawls 1979: 29). Die Mitglieder der verfassungsgebenden Versammlung besitzen zwar genaue Kenntnisse der allgemeinen Umstände ihrer Gesellschaft, sie wissen aber nicht, in welcher Lage sie sein werden, wenn der Schleier des Nichtwissens gelüftet wird. Daher kann niemand Gerechtigkeitsprinzipien zum eigenen Vorteil manipulieren (Rawls 1971: 159–166). Ist die Entscheidung über solche Prinzipien erst einmal getroffen, wird der Schleier des Nichtwissens gelüftet und jeder muß sein Leben in Übereinstimmung mit jenen Prinzipien fortsetzen, die ausgewählt und vereinbart wurden.

Rawls meint, wir würden uns in einer solchen Situation auf Gerechtigkeitsgrundsätze einigen, nach denen eine Gesellschaft geordnet werden könnte, in der unser Platz durch unseren Feind bestimmt werde (Rawls 1971: 178). Da wir nicht wissen, ob wir unter den oberen Zehntausend oder als Bodensatz der Gesellschaft leben werden, müssen wir damit rechnen, unser Leben unter armseligen Umständen zu führen. Wählen wir einen Gerechtigkeitsmaßstab, der die Wohlhabenden oder die Mittelklasse bevorzugt, würden wir an den Folgen unserer Entscheidung leiden, wenn sich herausstellt, daß wir weder zu den Wohl-

habenden noch zur Mittelklasse gehören. Unter diesen Umständen, so meint Rawls, würden Menschen dem Grundsatz zustimmen,

„daß soziale und wirtschaftliche Ungleichheiten, etwa verschiedener Reichtum oder verschiedene Macht, nur dann gerecht sind, wenn sich aus ihnen Vorteile für jedermann ergeben, insbesondere für die schwächsten Mitglieder der Gesellschaft" (Rawls 1979: 32; vgl. auch 174–185).

Rawls befürwortet ein Gerechtigkeitskonzept, durch das Leiden minimiert wird (Rawls 1979 und 2001). Institutionen, Gesetze oder – mit Blick auf die Raumplanung – Pläne sind gerecht, wenn sie denjenigen helfen, die in einer Gesellschaft am schlechtesten gestellt sind. Dadurch wird vielleicht nicht das größte Glück der größten Zahl erreicht, aber Leid möglichst verringert.

Für Rawls ist Gerechtigkeit eine Art Versicherungsschein gegen das Risiko, selbst zu den schwächsten Mitgliedern einer Gesellschaft zu gehören. Der Schleier des Nichtwissens gewährleistet, daß sich weder die Machtelite noch die Mittelklasse auf Kosten der Schwächsten begünstigen. Rawls verbindet ein traditionelles Modell der politischen Philosophie – den Gesellschaftsvertrag – mit der allgemeinen Annahme, Menschen seien risikoscheu. Aus dieser Annahme leitet er ab, Individuen, denen die maximale Befriedigung ihrer Bedürfnisse am Herzen liegt, würden angesichts außerordentlicher Ungewißheit den für sie sichersten Weg wählen. Allerdings ist die Annahme monorational und verdient eine polyrationale Kritik. Nicht alle Menschen sind risikoscheu, und neoliberalen Gerechtigkeitstheorien liegt ein risikofreundlicheres Menschenbild zugrunde (z.B. Hayek 1981). Jedenfalls reagieren nicht alle Menschen auf Risiko in gleicher Weise. Doch selbst wenn viele Menschen hinter dem Schleier des Nichtwissens genau so reagieren, wie Rawls dies erwartet, ist damit noch nicht gesagt, welche Spielregeln dem Schutz der Schwächsten dienen. Wird den Schwächsten der Gesellschaft am besten durch einen starken Staat gedient (hierarchische Lösung)? Werden die Schwächsten am besten durch die Förderung individueller Qualitäten und Stärken unterstützt (individualistische Lösung)? Oder ist es für die Schwächsten der Gesellschaft am vorteilhaftesten, wenn sie am Gemeinschaftsleben teilhaben (egalitäre Lösung)? Die Verhandlungen hinter dem Schleier des Nichtwissens könnten turbulenter sein, als Rawls dies erwartet.

VIELFALT UND KOOPERATION

Will man zu einem polyrationalen Gesellschaftsvertrag gelangen, muß man den „Schleier des Nichtwissens" (Rawls 1979: 29) als eine Lage betrachten, in der die Mitglieder der verfassungsgebenden Versammlung zwar alle Rationalitäten kennen, aber nicht wissen, welchem Rationalitätstypus sie selbst zugehören. In dieser Lage muß durch Verhandlung ein Konsens gefunden werden, der die Verschiedenheit handelnder Personen berücksichtigt.

Die Autoren der Gesellschaftsvertragslehre begründen ihre jeweilige Theorie mit verschiedenartigen Menschenbildern (► S. 100). Danach sind Menschen unter anderem bösartig (Hobbes), provozierbar (Locke), hilflos (Rousseau), listig (Kant) oder eben risikoscheu (Rawls). Die Menschenbilder werden jeweils als das Motiv dafür angesehen, einen Gesellschaftsvertrag zu schließen. Aber Menschen sind nicht entweder bösartig oder provozierbar, entweder hilflos oder listig, entweder risikoscheu oder nicht. Menschen sind *verschieden*. Die angeführten Beispiele für Kontraktmodelle sind monorational, weil sie diese Verschiedenheit – die vielen Stimmen – nicht anerkennen. Sie wählen jeweils nur ein Menschenbild, eine Stimme, aus. Das Ergebnis sind Gesellschaftsverträge, die nur zu dem ausgesuchten Menschenbild passen, zu anderen Menschenbildern aber nicht. Menschen, wie sie etwa John Locke beschreibt, sind fleißig und ehrgeizig; für sie wäre der Leviathan zu autoritär und der Sozialkontrakt nach Rawls zu ängstlich. Menschen, wie sie Hobbes schildert, könnten die Harmonie des *contrat social* von Rousseau nicht ertragen und wären zu roh für Kants „ewigen Frieden". Unterschiede zwischen Menschen sind fast beliebig vorstellbar. Unvorstellbar ist aber, ein Gesellschaftsvertrag könnte brauchbar sein, wenn er auf diese Unterschiede gar nicht eingeht. Wie würde ein Gesellschaftsvertrag aussehen, der einer Kultur der Differenz verpflichtet ist und Unterschiede nicht einfach ignoriert? Die verfassungsgebende Versammlung hinter dem Schleier des Nichtwissens (► S. 170) würde nicht der monorationalen Optimierung *eines* Menschenbildes dienen, sie würde zwischen ungleichen Rationalitäten vermitteln. In einem Diskurs vieler Stimmen würden die Beteiligten ihre Interessen, Erfahrungen, Präferenzen äußern und einander zuhören. Die Verhandlungen hinter dem polyrationalen Schleier des Nichtwissens sind *consensus building* (Forester 1989). Der Konsens wird gebildet, wenn in den Verhandlungen nicht nur viele Stimmen gehört werden, sondern wenn eine Kooperation vereinbart wird, die den vielen Stimmen antwortet.

Wie diese theoretische Einschätzung konkret erfüllt werden kann, zeigt ein Beispiel aus *Städteregion Ruhr 2030*. Bereits bei der Vorbereitung des Leitbildvorhabens und des Förderantrages wurde die polyrationale Akteursstruktur sichtbar. Die beteiligten Vertreterinnen und Vertreter der Ruhrgebietsstädte und der Fakultät Raumplanung lagen nicht nur in ihren Interessen, sie lagen auch in ihren Haltungen, Problemsichten, Beurteilungsmaßstäben weit auseinander. Um diese Unterschiede zu nutzen, vereinbarten die Verbundpartner bereits in der Anfangsphase mehrere Spielregeln, die Kooperation erleichterten:

- Das Leitbildvorhaben wurde inhaltlich nicht durch Probleme bestimmt, die in den Ruhrgebietsstädten zum Alltagsgeschäft gehören und für die weitgehend festgelegte Lösungsstrategien bestehen. Maßgebend waren vielmehr Zukunftsbilder – also gemeinsame Visionen und Träume – für eine langfristige Entwicklung der Städteregion Ruhr.
- Das Leitbildvorhaben wurde nicht in die langjährige Diskussion über die Organisation oder über Institutionen für die kommunale und regionale Verwaltung des Ruhrgebiets eingebettet. Statt dessen wurden Kooperationsvorteile, Gemeinschaftsaufgaben, Leitprojekte betont.
- Das Leitbildvorhaben wurde nicht an den üblichen Kategorien der Stadtentwicklung und Raumplanung – Wirtschaftsförderung, Verkehrsplanung, Bauleitplanung, Forschung – ausgerichtet. Der Wiedererkennungseffekt sollte nicht die Phantasie hemmen. Daher wurden neue Kategorien und Begriffe genutzt, deren Überraschungseffekt anregte: Möglichkeitsraum, Konkurrenz der Ideale, Möglichkeitsmanagement, Förderturm der Visionen.
- Das Leitbildvorhaben wurde nicht mit Blick auf die ungewisse Zukunft einer Städteregion Ruhr ausgeführt. Vielmehr wurden bereits alle Ereignisse während des Forschungsverbundes als Ereignisse in der Städteregion Ruhr angesehen und bewertet: „Alles, was uns passiert, passiert der Städteregion Ruhr!"

Zur Umsetzung der vier Vereinbarungen wurde ein dialogischer Aktionsraum gebildet, der markante Ähnlichkeiten mit der verfassungsgebenden Versammlung hinter dem „Schleier des Nichtwissens" (Rawls 1979: 29) aufwies. Der dialogische Aktionsraum stellte den Austausch zwischen den Verbundpartnern sowie mit anderen stadtregionalen Verantwortlichen sicher. Zugleich bot der dialogische Aktionsraum einen Möglichkeitsraum für konkretes Handeln der Städtepartner, insbesondere für die Vorbereitung kooperativer Leitprojekte. In achtzig Knotenereignissen – von der Ideenskizze für *Städte im Ruhrgebiet 2030* im Juli 2000 bis zum Stadtregionalen Kontrakt der Städteregion Ruhr im Juni 2003 – knüpften die Verbundpartner ein stadtregionales Netzwerk. Besonders wichtige Knoten in diesem Netzwerk bildeten fünf große Veranstaltungen, an denen rund achthundert Personen teilgenommen haben: die vier Ankerveranstaltungen und die Leitbildmesse „Unendliche Weite!" (▶ S. 258).

Die Spielregeln, mit denen der dialogische Aktionsraum vorbereitet wurde, sind empirische Beispiele dafür, wie polyrationale Kooperation inszeniert werden kann. Das „Nichtwissen" im dialogischen Aktionsraum nahm allerlei Formen an. Für jene, die zumeist wissenschaftlich arbeiteten, war die Realität der Städte überraschend; für alle, die kommunalpolitische Alltagsarbeit gewohnt waren, war das Forschen fremd. Ungewißheit folgte auch aus dem Zeithorizont des Jahres 2030 oder aus der Ergebnisoffenheit der Ankerveranstaltungen und der Leitbildmesse. Vermutlich würde man in anderen Zusammenhängen auch andere Spielregeln vereinbaren. Wesentlich für die vereinbarten Spielregeln war, daß sie eine Zusammenarbeit der Verbundpartner ermöglichten, weil sie auf die vielen Stimmen der Beteiligten antworteten. Bereits die Vorbereitung der Kooperation gelang als *responsive* Kooperation. Sie erlaubte eine eigensinnige Konsensbildung zwischen den Ruhrgebietsstädten, die schließlich zu einem postmodernen *contractus socialis* führte, dem Stadtregionalen Kontrakt.

10–11

EIGENSINNIGE KONSENSBILDUNG

DER STADTREGIONALE KONTRAKT

Der Stadtregionale Kontrakt der Städteregion Ruhr wurde am 6. Juni 2003 im Bochumer Rathaus geschlossen. Mit dem feierlichen Akt der Kontraktunterzeichnung dokumentieren die Städte ihre Entschlossenheit, die erfolgreiche Kooperation in der Städteregion Ruhr fortzusetzen. Der Text des Stadtregionalen Kontraktes (▶ Objekt 30) entspricht dem Leitbild eines regelgeleiteten Projektverbundes.

Stadtregionaler Kontrakt

Die acht Städte Duisburg, Mülheim an der Ruhr, Oberhausen, Essen, Geisenkirchen, Herne, Bochum und Dortmund bilden die Städteregion Ruhr 2030. Sie kooperieren aus Eigensinn mit dem Ziel, die Attraktivität und das Selbstbewußtsein der Region zu stärken und die Konkurrenzfähigkeit gegenüber anderen Metropolregionen zu verbessern. Dabei sind die Prinzipien einer nachhaltigen und geschlechtergerechten Entwicklung sowie der Polyzentralität zu Grunde zu legen. Die Kooperation ist offen für andere Kommunen und sonstige regionale Akteure.

- Artikel 1: Die Umsetzung erfolgt zunächst durch Leitprojekte.
- Artikel 2: Diese müssen den oben genannten Prinzipien/Grundsätzen genügen.
- Artikel 3: Die Umsetzung wird in Durchführungsverträgen geregelt.
- Artikel 4: Die 8 Städte werden Strukturen für eine dauerhafte Zusammenarbeit schaffen.
- Artikel 5: Handlungsfelder für erste Leitprojekte sind:
  - Stadtregionaler Masterplan
  - Haushaltskonsolidierung durch interkommunale Verwaltungskooperation
  - Kooperative Flächenentwicklung
  - Aktive kommunale Migrationspolitik – auf dem Weg zur interkulturellen Städteregion?
  - Neue Ufer
    - Ruhrtal
    - Wohnen am Wasser
  - Regionaler Flächennutzungsplan

Unterschriften:
- Ernst-Otto Stüber, Oberbürgermeister Stadt Bochum
- Oliver Wittke, Oberbürgermeister Stadt Geisenkirchen
- Dr. Gerhard Langemeyer, Oberbürgermeister Stadt Dortmund
- Wolfgang Becker, Oberbürgermeister Stadt Herne
- Jürgen Dressler, Beigeordneter Stadt Duisburg
- Dagmar Mühlenfeld, Oberbürgermeisterin Stadt Mülheim an der Ruhr
- Dr. Wolfgang Reiniger, Oberbürgermeister Stadt Essen
- Burkhard Drescher, Oberbürgermeister Stadt Oberhausen

Objekt 30: Der Stadtregionale Kontrakt der Städteregion Ruhr

Der Entwurf für diesen Text wurde in der Arbeitsgruppe der Verbundpartner im Rahmen einer mehrtägigen Klausur im September 2002 erarbeitet. Der Entwurf wurde mehrere Monate hindurch an die Verwaltungsvorstände der Verbundstädte sowie an die Fraktionen in den Stadträten vermittelt. Die politische Kommunikation war erfolgreich. Im Frühjahr 2003 faßten die Stadträte der beteiligten Verbundstädte (ausgenommen Stadt Duisburg) den übereinstimmenden Beschluß, die interkommunale Kooperation als Städteregion Ruhr fortzusetzen. Außerdem wurden die Oberbürgermeister dazu ermächtigt, den Stadtregionalen Kontrakt formal zu unterzeichnen.

Betrachtet man den Stadtregionalen Kontrakt nicht als kommunal- und regionalpolitisches Ereignis, sondern als Modell für responsive Kooperation, fällt zunächst der Bruch zwischen der Präambel und den einzelnen Artikeln auf. Dieser Bruch kann als Verbindung zwischen hierarchischen, egalitären und individualistischen Einflüssen gedeutet werden. In der Präambel sind programmatische Festlegungen zu finden, die zum Teil Herrschaftsstrategien (z.B. „... acht Städte ... bilden die Städteregion Ruhr", „Konkurrenzfähigkeit gegenüber anderen Metropolregionen"), zum Teil Gemeinschaftsstrategien (z.B. „Prinzipien einer nachhaltigen und geschlechtergerechten Entwicklung", „offen für andere Kommunen") erkennen lassen. Die Artikel – insbesondere Artikel 1 und 5 – entsprechen demgegenüber einer Wettbewerbsstrategie. Danach besteht Kooperation nicht in Programmatik, sondern in nützlichen Projekten, und der Wettbewerb wird zeigen, welches der Leitprojekte erfolgreicher ist als andere. Der geringe verbale Aufwand des Stadtregionalen Kontraktes bildet ein fatalistisches Element der Gelassenheit und schützt den Text vor einer Überinterpretation durch politische Gremien, Aufsichtsbehörden, Wissenschaftler. Artikel 3 und 4 über die „Durchführungsverträge" und die „Strukturen für eine dauerhafte Zusammenarbeit" weisen hierarchische Merkmale auf, zeichnen sich aber durch eine große Zurückhaltung gegenüber einer Institutionalisierung der Städteregion Ruhr aus (egalitärer und individualistischer Einfluß).

Am bemerkenswertesten erscheint am Text des Stadtregionalen Kontraktes die Liste der Handlungsfelder für erste Leitprojekte. Diese Leitprojekte bilden keine geschlossene Ordnung, keine Utopie. Die umschriebenen Handlungsfelder bilden eine heterotope Pforte, die eine Wanderschaft (Kockel 1999 ► S. 122) zu neuen Möglichkeitsräumen eröffnet. Manche Themen liegen nahe: Haushaltskonsolidierung, kooperative Flächenentwicklung. Andere Themen überraschen: aktive kommunale Migrationspolitik, „Wohnen am Wasser". Das Leitbildvorhaben hat die acht Ruhrgebietsstädte dazu motiviert, mit der Verwirklichung ihrer Leitbilder zu beginnen. Das gilt insbesondere für den gemeinsamen Flächennutzungsplan der Städte Bochum, Essen, Gelsenkirchen. Die Handlungsfelder für erste Leitprojekte arbeiten bewußt mit wilden Grenzen. Der Stadtregionale Kontrakt imitiert eben nicht das Gestaltungsprinzip der regionalen Bodenordnung. Vielmehr erlangen die Grenzen zwischen den Ruhrgebietsstädten durch Vereinbarung eine neue, brauchbare Bedeutung. Dies ist gleichzeitig eine Voraussetzung und ein wichtiges Merkmal für responsive Kooperation.

EMPFINDSAM, RESPEKTVOLL, ERFINDERISCH

Kooperation ist responsiv, wenn sie auf den Eigensinn der Beteiligten antwortet. Dies beginnt bei den Bedingungen, unter denen Verhandlungen stattfinden. Stets muß für alle Beteiligten erkennbar sein, daß ihnen keine fremdsinnigen Rationalitäten aufgedrängt oder abverlangt werden. Vielmehr muß der Rahmen für Verhandlungen zumindest neutral, besser noch mit einem Wiedererkennungseffekt für Eigensinn ausgestattet sein. Doch auch das Verhandlungsergebnis muß genügend Platz für Eigensinn bieten. Ist es monorational, überzeugt es nur jene Beteiligten, deren Rationalität es entspricht. Demgegenüber überzeugt das Verhandlungsergebnis einer responsiven Kooperation, indem es auf viele Stimmen, viele Rationalitäten antwortet.

Wer sich an responsiver Kooperation beteiligen möchte, muß gegenüber Polyrationalität empfindsam, respektvoll, erfinderisch sein:

- *Empfindsamkeit:* Der Sinn für den Eigensinn anderer verlangt Empfindsamkeit für andere Rationalitäten. Auch müssen die Kooperationswilligen ihren Eigensinn verständlich für andere darstellen. Wechselseitiges Verständnis erlaubt den Beteiligten einfühlsam aufeinander zu reagieren, wenn sie mit vielen Stimmen sprechen.
- *Respekt:* Aus Verstehen folgt Wertschätzung, und Respekt bedeutet nicht, daß man sich unterwirft oder gar missionieren läßt. Respekt verbietet allerdings, die eigene Rationalität anderen Personen aufzuzwingen. In gegenseitiger Wertschätzung werden Lösungen gefunden, ohne zuvor eine Uniformität der Werthaltungen herzustellen.
- *Erfindungsreichtum:* Responsive Kooperation besteht in einer Zusammenarbeit unter den Bedingungen der Polyrationalität, nicht in vornehmer Zurückhaltung. Aus Distanz, Toleranz, Isolation entstehen keine Kooperationsvereinbarungen. Allerdings kann man verschiedenartige Rationalitäten nicht ohne weiteres zu einem „polyrationalen Cocktail" mischen, etwa indem einzelne Elemente wahllos miteinander verbunden werden. Erfindungsreiche Polyrationalität sucht nach Lösungen, in denen alle Beteiligten etwas erblicken, das sie für die Kooperation begeistert, und in denen keine Elemente enthalten sind, die für einzelne Beteiligte tabu sind.

Mit dem Begriff der Kooperation werden vielerlei Bedeutungen verbunden. Diese Unterschiede sind nicht beliebig, sie können genauer beschrieben werden. Menschen mit hierarchischer Rationalität wollen durch Kooperation eine Ordnung herstellen. Sie wollen Einzelinteressen einem allgemeinen Besten unterwerfen und die Maximierung der Kooperationsvorteile mittels Expertengutachten errechnen. Menschen mit egalitärer Rationalität wollen durch Kooperation eine Gemeinschaft pflegen. Sie wollen diese Gemeinschaft durch Gleichberechtigung und Solidarität stärken und vor einer feindseligen Außenwelt schützen. Menschen mit individualistischer Rationalität wollen durch Kooperation faire Wettbewerbsbedingungen vereinbaren. Sie wollen verläßliche Abmachungen über Zeit, Ort, Art des Wettstreits, aber keine Einmischungen in seinen Verlauf und seine Ergebnisse. Jede dieser Deutungen konstituiert eine eigensinnige Form rationaler Kooperation. Doch erst wenn die verschiedenen Deutungen empfindsam, respektvoll und erfindungsreich behandelt werden, wird responsive Kooperation möglich.

Fehlt es den Kooperationswilligen an Empfindsamkeit, Respekt und Erfindungsreichtum, kann responsive Kooperation nicht gelingen. Statt dessen tritt polyrationale Konfrontation ein. Dies ist häufig zu beobachten, wenn eine Rationalität die anderen Rationalitäten zu dominieren und die wilden Grenzen der Polyrationalität zu zähmen versucht. Doch können andere Rationalitäten nicht einfach unterworfen und verdrängt werden. Sie wehren sich gegen die dominierende Rationalität durch Widerwillen, schleichenden Ungehorsam, Mißverständnisse, Subversion. Die dominierten Rationalitäten verursachen Störungen, die von der vorherrschenden Rationalität weder erklärt noch bewältigt werden können. Individualistisch dominierte Situationen werden häufig durch monopolistische Ausbeutung gestört. Der Wettbewerb wird durch den Freiheitsmißbrauch eines übermächtigen Unternehmens verzerrt. In hierarchisch dominier-

ten Situationen bildet die Gerüchteküche eine charakteristische Störung. Die zentrale Informationsweitergabe wird durch dezentrale Befriedigung der Neugierde umgangen. Egalitär dominierte Situationen werden häufig durch eine Allmendeklemme gestört. Gemeinsam genutzte Ressourcen werden egoistisch übernutzt und verwahrlosen. Die wilden Grenzen wirken – betrachtet aus der Sicht des dominierenden Rationalitätstypus – destruktiv. Sie entstehen, weil sich die verdrängten Rationalitäten gegen die monorationale Dominanz auflehnen.

Die dominierende Rationalität kommt mit den wilden Grenzen nicht zurecht: Monorationale Wettbewerbsstrategien besitzen kein Heilmittel gegen wettbewerbsstörenden Freiheitsmißbrauch. Monorationale Hierarchien können Kontrollmaßnahmen gegen Gerüchte ergreifen, aber die Nachrichtenübermittlung kraft Neugierde wird stärker sein. Monorationale Gemeinschaftsstrategien können gemeinschaftliche Ressourcen nicht durch soziale Verantwortung vor Übernutzung schützen. Um die wilden Grenzen zu zähmen, mag die dominierende Rationalität ihre Anstrengungen verstärken: Ausbeutung würde durch noch mehr Wettbewerb, Gerüchte durch noch intensivere Kontrollen, die Verwahrlosung der Allmende durch noch längere Gruppensitzungen bekämpft werden. Der Aufwand ist zumeist vergeblich. Da das jeweilige „Heilmittel" zu einem guten Teil selbst den Mißstand – die wilden Grenzen – verursacht, werden die monorational gezogenen und verteidigten Grenzen noch stärker verwildern. Monorationale Dominanz ist gegenüber anderen Rationalitäten dickfellig, respektlos, ohne Phantasie. Dieser Mangel kann der dominierenden Rationalität teuer zu stehen kommen. Nehmen die wilden Grenzen überhand, muß sie den anderen Rationalitäten zumindest einen gewissen Spielraum für Eigensinn zugestehen. Der eigentliche Preis der Monorationalität besteht aber im Verlust der Problemlösungsfähigkeit, die Polyrationalität bietet. Das gilt vor allem für Situationen, die keinen Raum für Fatalismus lassen. Als Rationalitätstypen sind Herrschaft, Gemeinschaft oder Freiheit unermüdlich. Allerdings sind unermüdliche Kontrolle, unermüdliche Gruppenarbeit, unermüdlicher Wettbewerb auch unerträglich. Ohne ein gewisses Maß an Gelassenheit – ohne die Mitwirkung der Rationalität des Fatalismus – können praktische Probleme nicht bewältigt werden.

14–17

Responsive Kooperation ist kein Balsam für monorationale *player*, dessen Wirkung eine Zusammenarbeit ermöglicht, obwohl die Beteiligten eigensinnig sind. Vielmehr gelingt responsive Kooperation, *weil* die Beteiligten eigensinnig sind und die Unterschiede zu anderen nutzen. Die wilden Grenzen der Polyrationalität, ein Störfaktor für jede monorationale Planung, verhelfen zu brauchbaren Lösungen. Für die oben angeführten Beispiele – Ausbeutung durch Freiheitsmißbrauch, Gerüchteküche, Verwahrlosung – sind solche Lösungen aus dem Alltag bekannt. Wettbewerbsstörungen durch Monopolbildung können mittels hierarchischer Maßnahmen gegen unlauteren Wettbewerb, sie können aber auch durch Gemeinschaftsaktionen wachsamer Konsumenten bekämpft werden. Die Informationsweitergabe innerhalb einer Hierarchie kann mittels Arbeitsgruppen, sie kann aber auch durch individualistische Netzwerke und kurze Wege verbessert werden. Die Verwahrlosung gemeinschaftlich genutzter Ressourcen kann mittels einer Nutzungsordnung besser beherrscht, sie kann aber auch durch die Zuordnung individueller Eigentumsrechte verhindert werden. Responsive Kooperation erbringt brauchbare Lösungen, indem verschiedene Rationalitätstypen an der Lösung beteiligt werden. Allerdings muß auch responsive Kooperation inszeniert werden, sie tritt nicht spontan ein.

MUT ZUR KOOPERATION

Weshalb kooperieren die Städte im Ruhrgebiet viel seltener als dies durch die Theorie der rationalen Kooperation für Situationen vorhergesagt wird, die einem Gefangenendilemma entsprechen? Die schwache Kooperationsneigung kann mit Polyrationalität erklärt werden: Bisherige Kooperationsbemühungen haben zu wenig auf die wilden Grenzen und vielen Stimmen der Städteregion Ruhr geachtet.

Interkommunale Zusammenarbeit dient nicht nur der Optimierung wirtschaftlicher Nützlichkeitskriterien, sie ist nicht monorational. Sie dient auch dem kommunalen Eigensinn. Daher müssen stadtregionale Kooperationspartner wechselseitig auf ihre Rationalitäten eingehen. Responsive Kooperation antwortet auf viele Identitäten, Sichtweisen, Kooperationskulturen. Die Inszenierung responsiver Kooperation nutzt Polyrationalität als Chance; andere Rationalitäten werden nicht unterdrückt, sie werden zum Dialog ermutigt. Die Konkurrenz der Ideale ist ein Möglichkeitsraum, in dem responsive Kooperation erlernt wird. In einer Konkurrenz der Ideale werden Kooperationsstrategien verfolgt, die auf wesentlichen Unterschieden in der Wahrnehmung und Wertschätzung stadtregionaler Zusammenarbeit beruhen:

- Die Rationalität der *Herrschaft* wendet Strategien der Ordnung und Kontrolle an. Kooperation wird vor allem durch rechtsverbindliche Festlegungen und klare Entscheidungs- und Leitungsstrukturen gefördert. Zusammenarbeit entsteht, wo das kollektive Interesse objektiv ermittelt und durch entsprechende Zwangsbefugnisse notfalls auch gegen den Willen der Kooperationspartner durchgesetzt werden kann. Als Kooperationsform werden unabhängige Organe, Verbandslösungen und Regionalorganisationen bevorzugt.
- Die Rationalität der *Gemeinschaft* nutzt Strategien der Gleichheit und Ähnlichkeit. Kooperation wird vor allem durch die Betonung gemeinsamer Interessen und eines starken Gemeinschaftsgefühls gefördert. Symbole gemeinsamer Identität und eine auf Gleichberechtigung beruhende Verhandlungskultur lassen Zusammenarbeit gelingen. Als Kooperationsform werden flache Hierarchien und starke Selbstverwaltung bevorzugt.
- Die Rationalität des *Individualismus* bedient sich wettbewerbsfördernder Strategien. Kooperation wird danach vor allem gefördert, wenn Freiheitsspielräume der Beteiligten vergrößert und Wettbewerbsschranken abgebaut werden. Zusammenarbeit stellt sich dort ein, wo sie für jeden einzelnen nützlich ist. Als Kooperationsform werden Netzwerke und unbürokratische, erfolgsorientierte Einzelprojekte bevorzugt.

Keine der angeführten Strategien liefert den „Königsweg" für eine Regionalisierung durch Vereinbarung. Umgekehrt nehmen erfolgreiche Kooperationen zumeist Elemente aus den Idealstrategien der Kontrolle, der Gleichheit und des Individualismus auf. Daher verbindet Regional Governance mehrere Rationalitäten: „Denn ‚regional governance' entwickelt sich aus der regionsspezifischen Mischung der drei Grundformen gesellschaftlicher Steuerung: Markt, Hierarchie (politische Steuerung) und sozio-emotionale Vereinigungen (*associations*)" (Fürst 2001: 374). Durch die polyrationale Mischung ist Regional Governance den formalen Steuerungsformen überlegen und „schiebt sich amöbenhaft zwischen etablierte Entscheidungsstrukturen" (Fürst 2001: 377). Dies läßt sich auch freundlicher sagen: Responsive Kooperation befähigt die Entscheidungsträger der Regionalisierung, ideenreiche und nutzbringende Lösungen ohne Verzicht auf Eigensinn zu finden.

Die Inszenierung responsiver Kooperation ist nicht einfach. Eine Regionalisierung durch Vereinbarung betrifft nicht bestimmte Menschen, die man vielleicht dazu gewinnt, über Hintergründe ihrer Interessen

18–20

und ihres Handelns – also über ihre Rationalität – zu sprechen und zu verhandeln. Als Beitrag zur Regionalisierung, zur Bildung der Städteregion Ruhr, muß responsive Kooperation die Zusammenarbeit zwischen den Städten unabhängig von einzelnen Menschen inszenieren. Gewiß kann nicht auf die Initiative und Mitwirkung einzelner Menschen verzichtet werden. Jedoch benötigt die Städtekooperation nicht nur Netzwerke oder Arbeitsgruppen, in denen motivierte Einzelpersonen als regionale Spielmacher und Mitspieler auftreten. Vielmehr ist eine soziale Situation zu inszenieren, in der stadtregionale Kooperation unabhängig von bestimmten Einzelpersonen wahrscheinlich ist. Eine solche Situation wird – wie erwähnt – durch einen Gesellschaftsvertrag beschrieben (▶ S. 100). Ein polyrationaler Gesellschaftsvertrag folgt aus Verhandlungen zwischen Personen mit ungleichen Rationalitäten. Für solche Verhandlungen bietet der „Schleier des Nichtwissens" einen neutralen Hintergrund. Nur durch empfindsame, respektvolle und erfindungsreiche Verhandlungen zwischen den Beteiligten läßt sich herausfinden, welche Arrangements für die Zusammenarbeit unter polyrationalen Bedingungen nützlich sind. Der Schleier des Nichtwissens nutzt die Gesellschaftsvertragslehre von John Rawls (▶ S. 170): Hinter dem Schleier des Nichtwissens ist zwar allen Mitgliedern der verfassungsgebenden Versammlung das breite Spektrum an Rationalitäten bekannt, das die praktische Zusammenarbeit zwischen den Städten im Ruhrgebiet prägt. Den Mitgliedern der verfassungsgebenden Versammlung ist aber unbekannt, auf welche Weise, mit welchen Inhalten und mit welcher Intensität diese Prägung ausfällt. Daher müssen die Vereinbarungen des polyrationalen Gesellschaftsvertrages so ausgehandelt werden, daß die stadtregionale Zusammenarbeit nicht vom Gewicht einzelner Rationalitätstypen abhängt, wenn der Schleier des Nichtwissens gelüftet wird.

Der Schleier des Nichtwissens ist für den polyrationalen Gesellschaftsvertrag, etwa den Stadtregionalen Kontrakt der Städteregion Ruhr, aus drei Gründen wichtig. Erstens betrifft stadtregionale Zusammenarbeit mehr als die Beziehungen zwischen bestimmten Personen. Der auszuhandelnde Gesellschaftsvertrag muß unabhängig von einzelnen Menschen erfüllbar sein. Zweitens muß der Gesellschaftsvertrag die Codes aller Rationalitätstypen enthalten. Das gilt sowohl für positive als auch für negative Codes. Die Kooperationsvereinbarung muß alle Kontraktparteien, gleichgültig welcher Rationalität, begeistern und darf niemanden provozieren. Und drittens nutzen Menschen in wechselnden Situationen verschiedene Rationalitäten. In Verhandlungen gegenüber dem Land mag eine Oberbürgermeisterin eine Gemeinschafts- oder Wettbewerbsstrategie anwenden, um sinnlos erscheinende Weisungen zu unterlaufen. Gegenüber den Ämtern und Dienststellen ihrer Stadt wird dieselbe Oberbürgermeisterin eine Herrschaftsstrategie verfolgen, um ihre Vorstellungen gegenüber den kommunalen Berufsbeamten durchzusetzen. Der polyrationale Gesellschaftsvertrag begünstigt eine stadtregionale Zusammenarbeit unabhängig davon, welche Weltbilder, Rationalitäten oder Werthaltungen einzelne Vertreterinnen und Vertreter der Städte gerade eben bevorzugen. Dieser Kontrakt muß an die wechselnden Rationalitäten kommunalen Handelns angepaßt werden können.

21

Der Schleier des Nichtwissens ist eine Metapher für empfindsame, respektvolle und erfindungsreiche Verhandlungen über wilde Grenzen. *Städteregion Ruhr 2030* zeigte, daß die bewegliche Handhabung der vielen Grenzen im Ruhrgebiet das Regionalisierungsdilemma enträtselt: „Dann wird der Mut zur Kooperation steigen", sagt Michael von der Mühlen, der Stadtdirektor der Stadt Gelsenkirchen, im 2030-Film *Unendliche Weite!*, „Und dann werden sich diese Grenzen, die ja von Befürchtungen geprägt sind, wenigstens teilweise verflüchtigen."

7 BRAUCHBARE SPIELREGELN

Einfache Regeln erleichtern die Zusammenarbeit eigensinniger Städte. Wer phantasievoll über vorteilhafte Lösungen verhandelt, muß nicht auf eigene Interessen verzichten.

REGIONALISIERUNG OHNE INSTITUTIONEN

REGIONALISIERUNG UND FORMENWAHL

Welche Form wäre für Regionalisierung durch Kooperation geeignet? Die Städteregion Ruhr bildet kein formal organisiertes Gemeinwesen mit dem Recht auf Selbstverwaltung. Sie ist ein Projektverbund, der Gemeinschaftaufgaben erfüllt, die acht kreisfreie Städte vereinbart haben. Offensichtlich werden die Zukunftsbilder und Leitprojekte *Städteregion Ruhr 2030* (▶ Objekt 3, S. 19) nicht durch eine *zufällige* Zusammenarbeit der acht Städte umgesetzt. Erst wenn für die Kooperation eine geeignete Form gefunden wird, kann die Zusammenarbeit erfolgreich sein. Dabei bedeutet „geeignet", daß die Form der Regionalisierung den kooperierenden Städten hilft, die vereinbarten Leitprojekte durch ihre Zusammenarbeit umzusetzen. Zum Thema der Regionalisierungsform werden viele Vorschläge erörtert: Regionalverband (Benz u.a. 1998: 30–32), Ruhrstadt (Tenfelde 2002a; Wegener 2003; Willamowski u.a. 2000), Europäische Metropolregion Rhein-Ruhr (Blotevogel 1998), Regierungsbezirk Ruhrgebiet (Hesse 2003), Städtenetze (Danielzyk und Priebs 1996), Designerregionen (Weichhart 2000), projektbezogene Kooperation mit privaten Organisationen (Benz u.a. 1998: 33–34), regionale Vernetzung, die von einem „Spielmacher" unterstützt wird (Ritter 2002: 369–371), strategische Regionsbildung (Mäding 1999: 16–18), intermediäre Strukturen (Benz u.a. 1999: 135–140), selbstregulierte föderative Subsysteme (Frey 2003: 460–461). Welche dieser Formen wäre für die Städteregion Ruhr empfehlenswert?

Objekt 31 stellt mögliche Regionalisierungsformen als polyrationale *mind map* aus Sicht der Ruhrgebietsstädte dar. Die *mind map* entsteht durch Zuordnung einzelner Regionalisierungsformen zu bestimmten Rationalitäten oder Grenzstrategien (▶ Objekt 28, S. 150). Die Zuordnung wird durch die kommunale Perspektive bestimmt: Welche Rationalität würde eine Stadt dazu veranlassen, die eine oder die andere Organisationsform vorzuziehen? Durch die Gründung einer internationalen Zone oder eines Ruhrstaates würden die Städte ihre heutige Stellung verlieren; dies wäre eine fatalistische Strategie. Ein Regionalverband Ruhr mit erweiterten Befugnissen oder ein Regierungsbezirk Ruhrgebiet würden die Administrierbarkeit der Städteregion verbessern. Diese Formen dienen, wie auch das Metropolenkonzept einer Ruhrstadt (▶ S. 36), einer Herrschaftsstrategie. Betrachtet man die Städteregion Ruhr als selbstverwaltete Gemeinschaft, ist eine Gemeinschaftsstrategie anzuwenden: Kreis, freiwilliger Zweckverband, Verein. Aus individualistischer Sicht paßt am besten die Form eines Netzwerkes kooperativer Einzelprojekte oder eine gänzlich formlose Zusammenarbeit; dies entspräche einer Wettbewerbsstrategie.

2

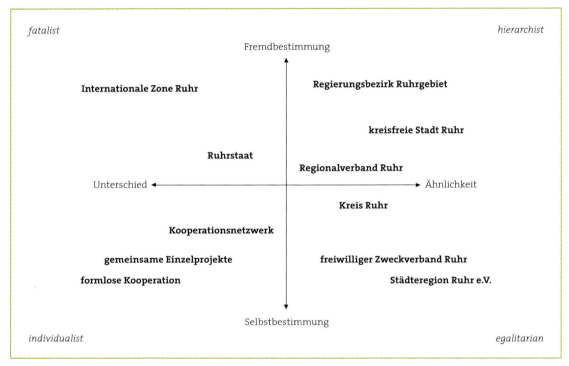

Objekt 31: Mögliche Regionalisierungsformen (Auswahl)

Regionalisierungsformen können nicht nur durch polyrationale Klassifikation, sie können auch durch allgemeine Merkmale – wie die Verbindlichkeit, die zeitliche Dauer, den Umfang oder den Institutionalisierungsgrad – charakterisiert werden:

- Eine Kooperation ist *unverbindlich*, wenn kooperatives Verhalten nicht durch moralischen, politischen, rechtlichen Druck erzwungen werden kann. Eine Kooperation ist *verbindlich*, wenn kooperatives Verhalten rechtlich erzwungen, zumindest aber durch moralischen oder politischen Druck herbeigeführt werden kann.
- Eine Kooperation ist *unbefristet*, wenn sie auf Dauer angelegt ist. Eine Kooperation ist *befristet*, wenn sie nur für einen begrenzten Zeitraum vorgesehen ist.
- Eine Kooperation ist *umfassend*, wenn sie viele Angelegenheiten betrifft, sie ist *beschränkt*, wenn sie nur einzelne Angelegenheiten betrifft (z.B. Einzelprojekte).
- Eine Kooperation ist *institutionalisiert*, wenn Einrichtungen zur Wahrnehmung kollektiver Interessen geschaffen werden: Verbandsorgane, eine Geschäftsstelle, eine Bürokratie. Eine Kooperation ist *nicht institutionalisiert*, wenn die Kooperationspartner selbst alle kollektiven Interessen wahrnehmen.

Verbindliche, unbefristete, umfassende und institutionalisierte Kooperationen sind stark ausgebildete Kooperationen. Unverbindliche, befristete, beschränkte und nicht institutionalisierte Kooperationen sind schwach ausgebildete Kooperationen. Die am schwächsten ausgebildeten Kooperationen entsprechen der Theorie rationaler Kooperation (▶ S. 92) oder libertären Wettbewerbsmodellen (▶ S. 96). Die am stärksten ausgebildeten Kooperationen entsprechen dem Gesellschaftsvertrag nach Thomas Hobbes (▶ S. 101). Wird die Städteregion Ruhr stark oder schwach ausgebildet, wirkt sich dies auf die Wahrung kommunaler und stadtregionaler Interessen aus.

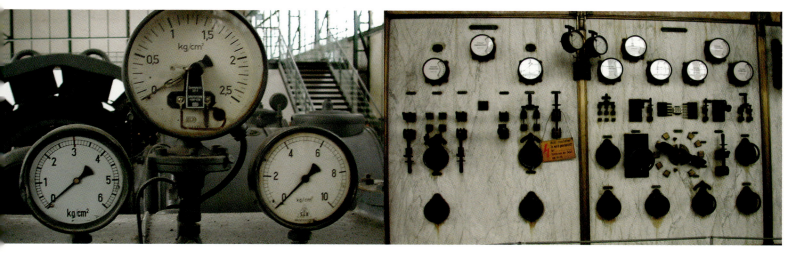

	stark ausgebildete Kooperation	schwach ausgebildete Kooperation
Verbindlichkeit	verbindlich	unverbindlich
Dauer	unbefristet	befristet
Umfang	umfassend	beschränkt
Institutionalisierung	institutionalisiert	nicht institutionalisiert

Objekt 32: Stark und schwach ausgebildete Kooperationen

Stark ausgebildete Kooperationen wahren das kollektive Interesse, sie können aber die Durchsetzung individueller Interessen schwächen. Wird eine Kooperation stark ausgebildet, verlieren die Beteiligten einen Teil ihrer individuellen Freiheit. Weil die Vereinbarung verbindlich ist, können sie nicht mehr frei entscheiden, ob sie sich an die vereinbarte Zusammenarbeit halten. Ist die Vereinbarung unbefristet, können sich die Beteiligten nicht nach einiger Zeit aus der Kooperation zurückziehen. Ist die Vereinbarung umfassend, darf niemand kooperationsfreie Zonen beanspruchen. Ist die Kooperation institutionalisiert, dürfen die Beteiligten nicht mehr selbst bestimmen, wie kollektive Interessen wahrzunehmen sind. Eine stark ausgebildete Kooperation schwächt individuelle Souveränität. Der Verlust kann womöglich durch den individuellen Anteil am Kooperationsvorteil ausgeglichen werden. Der Souveränitätsverlust kann bei den potentiellen Kooperationspartnern jedoch auch zum Widerstand gegen die lohnende Zusammenarbeit führen.

Schwach ausgebildete Kooperationen wahren die Souveränität der Teilnehmenden und erlauben die Durchsetzung individueller Interessen, sie können kollektive Interessen aber nur eingeschränkt fördern. Werden Kooperationen schwach ausgebildet, ist die Umsetzung kollektiver Interessen unter Umständen sehr schwierig. Da die Vereinbarung unverbindlich ist, steht den Beteiligten frei, ob sie die Vereinbarung einhalten. Ist die Vereinbarung befristet, darf sich jeder nach Ablauf der Kooperationsfrist zurückziehen. Ist die Vereinbarung inhaltlich beschränkt, dürfen einzelne selbst bestimmen, welche eigenen Wege sie in kooperationsfreien Zonen gehen. Ist die Kooperation nicht institutionalisiert, wird das kollektive Interesse kaum wahrgenommen werden. Schwach ausgebildete Kooperationen haben hohe Transaktionskosten, fortwährend müssen die Übereinstimmung und das Vertrauen zwischen den Kooperationspartnern bekräftigt werden. Wird der Kooperationszweck wiederholt nicht verwirklicht, schwindet die Bereitschaft zur fortgesetzten Zusammenarbeit. Unterliegen einzelne Kooperationspartner der Versuchung einseitiger Vorteilsnahme ♠ („Schwarzfahrer"), droht in einer schwach ausgebildeten Kooperation nur eine Sanktion, nämlich die Beendigung der Zusammenarbeit.

Die polyrationale *mind map* (▶ Objekt 31) veranschaulicht die Spannung zwischen einer stärkeren oder schwächeren Ausbildung der Städteregion Ruhr und kennzeichnet das Dilemma der Regionalisierung durch Vereinbarung. Eine starke Form scheitert am Widerstand der Organisationsgegner, eine schwache Form liefert den Kooperationsvorteil unkooperativen „Schwarzfahrern" aus. Aus der Sicht des monorationalen Wirklichkeitssinns betrachtet, scheint die Regionalisierung durch Vereinbarung vor ähnlichen Problemen zu stehen wie klassische Regionalisierungen (▶ S. 40). Können die Ruhrgebietsstädte nur wählen, auf welche Weise sie mit ihrer Regionalisierung scheitern? Um zu verstehen, daß alles auch ganz anders sein könnte, ist Möglichkeitssinn nötig.

FORMEN DURCH GRENZEN

Formen ziehen Grenzen. Regionalisierungsformen bestimmen, wie Macht über ein bestimmtes Gebiet ausgeübt wird, doch jede Regionalisierungsform zieht andere Grenzen der Machtausübung. Die Macht kann ins Zentrum oder an die Peripherie verschoben werden. Regionalisierung kann, je nach dem Grad der Bürokratisierung, technokratische oder charismatische Macht vergrößern. Manche Regionalisierungsformen stärken die demokratische Willensbildung, andere die Entscheidungsmacht der Elite.

Auch Kooperationsformen bilden Grenzen. Diese Grenzen sind im Vergleich zu formalen Organisationen weniger sichtbar, unbeständiger, durchlässiger. Gleichzeitig fordern die durch Kooperation gestalteten Grenzen die formalen Grenzen heraus. Durch eine Kooperation zwischen formalen Organisationen werden neue Übergänge und Verbindungen geschaffen, die Überlagerung der Interessens- und Handlungsräume wird verstärkt. Kooperation verflüssigt bestehende Grenzen, sie verursacht wilde Grenzen. Arbeiten Städte verstärkt zusammen, vergrößern sie die Reichweite kommunalpolitischen Handelns. Die Städte erlangen neue Einsparungsmöglichkeiten, können durch stadtregionale Migrationspolitik den Zuzug hochqualifizierter Arbeitskräfte gestalten, beeinflussen durch die Vereinbarung städtebaulicher Gestaltungsqualitäten auch Projekte in der Nachbarstadt. Kooperation beseitigt Restriktionen, und darin liegt ein Motiv für Städte, an stadtregionaler Kooperation teilzunehmen. Wer dabei ist, genießt den Vorteil eines Wettbewerbs unter Kooperationsbedingungen (Coopetition ► S. 96), wer nicht dabei ist, steht plötzlich einer neuen Konkurrenz gegenüber, nämlich einer Gruppe kooperierender Städte. Arbeiten Städte verstärkt zusammen, verändern sie die Machtverteilung. Die Kooperation der Beigeordneten für Stadtplanung oder Wirtschaftsförderung kann mit einem Machtverlust der Stadträte und kommunalen Ausschüsse verbunden sein, weil Entscheidungen außerhalb des Einflusses formal zuständiger Gremien vorbereitet werden. Auch gegenüber höheren Verwaltungsebenen findet eine Machtverschiebung statt, denn eine Städteregion hätte gegenüber der Bezirksregierung oder der Landesebene mehr Verhandlungsmacht als es jede einzelne Stadt hat. Die Machtverschiebung kann dazu führen, daß der Kooperationsbeziehung mißtraut wird.

Bei der Formenwahl für Regionalisierung durch Kooperation sind politische, theoretische, juristische Aspekte zu unterscheiden: Politisch steht die Akzeptanz der Regionalisierungsform durch die politisch Verantwortlichen sowie die landes-, regional- und kommunalpolitische Zweckmäßigkeit im Vordergrund. Maßstab für die Formenwahl sind das politisch Gewollte und Machbare, Veränderungen der politischen Zuständigkeiten, die Zustimmung durch die betroffenen Bürgerinnen und Bürger. Beim theoretischen Aspekt werden Modelle und Typen der Regionalisierung verglichen sowie ihre Vor- und Nachteile bewertet. Maßstab für die Formenwahl sind theoretisch begründete Modelle und Wirksamkeitsanalysen. Juristisch muß die Formenwahl vor allem die Rechtmäßigkeit verstärkter Zusammenarbeit prüfen. Maßstab für die Formenwahl sind die bundes- und landesrechtlich gebotenen oder zulässigen Formen sowie die organisationsrechtlichen Vorgaben für Gesetzgebung und Verwaltung. Je nachdem, unter welchem Blickwinkel eine verstärkte Zusammenarbeit der Ruhrgebietsstädte betrachtet wird, erlangen andere Tatsachen und Bewertungsmaßstäbe an Bedeutung. Vielleicht ist eine rechtlich zulässige Form politisch nicht gewollt, vielleicht ist eine theoretisch vorteilhafte Form rechtlich unzulässig.

Offensichtlich kann die Formenwahl für Regionalisierung durch Kooperation unter allerlei Blickwinkeln abgewogen werden, ohne dadurch eine konsensfähige Lösung zu gewinnen. Die Lösung bleibt nicht aus, weil die Abwägung zu inhaltsarm oder zu wenig sorgfältig wäre. Das Ausbleiben der Lösung erinnert vielmehr an eine Denksportaufgabe, die in Seminaren für Unternehmensführung und Organisationsberatung verwendet wird (Thompson 2001: 161; Watzlawick u.a. 1974: 43–47). Die Aufgabe veranschaulicht die Folgen begrenzten Denkens *(bounded rationality)*. Die Graphik zeigt neun Punkte, die durch höchstens vier gerade Linien miteinander zu verbinden sind. Die vier Linien müssen gezogen werden, ohne den Bleistift abzusetzen.

Die Denksportaufgabe kann nicht gelöst werden, solange man die neun Punkte mit einer mentalen Grenze umgibt. Innerhalb dieser mentalen Grenze sind die neun Punkte nämlich nicht durch höchstens vier zusammenhängende Linien zu verbinden.

Die Denksportaufgabe kann als Metapher für Planungskultur verwendet werden (Davy 1997b: 23 und 43). Mit Blick auf die Regionalisierungsformen werden die mentalen Grenzen durch jene Kategorien und Konzepte gebildet, die üblicherweise für die formale Einordnung kommunaler Zusammenarbeit herangezogen werden. Durch eine formale Einordnung wird aber nichts für die Frage gewonnen, wie Zukunftsbilder und Leitprojekte der acht eigensinnigen Städte umzusetzen sind. Das Nachdenken über die Institutionalisierung einer Kooperation erzeugt mentale Grenzen. Das Logo von *Städteregion Ruhr 2030* enthält eine Lösung der Denksportaufgabe. Um die neun Punkte miteinander zu verbinden, ist die mentale Grenze zu überschreiten:

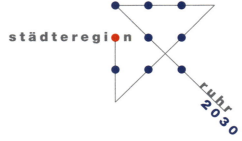

Eine – zumindest gedankliche – Grenzüberschreitung löst das Formenproblem der Städteregion Ruhr. Die Lösung akzeptiert die wilden Grenzen, die durch eine verstärkte Kooperation verursacht werden, und bearbeitet auftretende Probleme durch fortlaufende Verhandlungen und Vereinbarungen. Ein polyrationaler Gesellschaftsvertrag ist keine abgeschlossene Organisationsurkunde. Er begründet eine soziale Praxis, die für die Städteregion Ruhr die Form eines regelgeleiteten Projektverbundes angenommen hat. Sollte sich die Form bewähren, kann sie durch die Ruhrgebietsstädte und andere Entscheidungsträger ausgebaut werden. Versagt die Form des regelgeleiteten Projektverbundes, kann sie gegen andere Formen ausgewechselt werden. Regionalisierung durch Kooperation und Eigensinn ist an keine bestimmte Form – Projektverbund, Zweckverband, Großstadt – gebunden. Regionalisierung durch Kooperation und Eigensinn wird lediglich durch brauchbare Spielregeln zusammengehalten.

FRAKTALE REGIONALISIERUNG

Könnten wir einem Außerirdischen erklären, weshalb wir unser Leben durch Grenzziehungen erschweren? Diese Frage stellte S. Whittemore Boggs in *International Boundaries*, um zu erklären, weshalb formale Grenzänderungen ungeeignet seien, um Grenzkonflikte zu lösen (Boggs 1940: 201). Für ein Europa nach dem Zweiten Weltkrieg entwarf Boggs folgende „solution of boundary problems without boundary change": Durch Vereinbarungen müßten Grenzen vereinfacht und ihre Funktionen mittels aufgabenorientierter Kooperation („practical associations") entlastet werden (Boggs 1940: 200–204). Hinter diesem Vorschlag steht eine Idee, die plausibel erklärt, weshalb Spielregeln der Vorzug gegenüber stark ausgebildeten Formen und Institutionen einer stadtregionalen Kooperation zu geben ist. Durch eine formelle Institutionalisierung wächst die Bedeutung der Grenzen und steigen die Erwartungen an die neu geschaffene Einrichtung. Wird die Kooperation hingegen lediglich durch Spielregeln angeleitet, bleiben Störungen infolge belasteter Grenzen und überhöhter Erwartungen aus. Eine Regionalisierung ohne Institutionen, die Kooperationen mittels brauchbarer Spielregeln schmiedet, greift somit Ideen auf, die in internationalen Beziehungen längst selbstverständlich sind.

Städteregion Ruhr 2030 beweist, daß interkommunale Zusammenarbeit – und zwar jenseits der Debatte über Gremien, Institutionen, Gemeindezusammenlegungen – in brauchbaren Spielregeln einen roten Faden findet, der die Vielzahl einzelner Leitprojekte verbindet. Die Spielregeln für die Kooperation werden nicht verordnet, sie werden auf der Grundlage bisheriger Erfahrungen mit erfolgreicher Zusammenarbeit für jedes Leitprojekt vereinbart. Artikel 3 des Stadtregionalen Kontraktes sieht daher vor, daß für kooperative Leitprojekte sogenannte „Durchführungsverträge" geschlossen werden (► Objekt 30, S. 174). Spielregeln sind für stadtregionale Zusammenarbeit hilfreich. Bei der Zusammenarbeit treten Situationen ein, in denen das Akteursverhalten weder durch allgemein anerkannte Gewohnheiten noch durch Gesetze und Verordnungen gesteuert wird. Spielregeln sind situationsgeprägte und ergebnisorientierte Verhaltensanordnungen, die zwischen den Kooperationspartnern vereinbart werden. Die Spielregeln der Städteregion Ruhr koordinieren die Zusammenarbeit zwischen acht selbständigen Städten. Dadurch wird eine gewisse Harmonie erzielt, aber keine Friedhofsruhe geschaffen. Da die Städte keine Zuständigkeiten abgeben, ist für Turbulenz in der Zusammenarbeit gesorgt, allerdings fördern die Spielregeln die Vertrauensbildung und vermeiden Reibungsverluste.

Im Forschungsverbund *Städteregion Ruhr 2030* konnten für solche Spielregeln praktische Erfahrungen gewonnen werden, aus denen Empfehlungen für die Durchführungsverträge folgen. Dazu gehört beispielsweise die Empfehlung, im Zusammenhang mit jedem Leitprojekt über die Verteilung der Nutzen und Kosten zu verhandeln und einen Maßstab für stadtregionale Fairness zu vereinbaren. Im Einzelfall werden die Durchführungsverträge zu breit gefächerten Ergebnissen gelangen, die von ausgeklügelten Ausgleichsystemen bis zum Entschluß reichen werden, die Verteilungswirkung der Kooperation nicht zu beachten. Die Spielregel der stadtregionalen Fairness unterstreicht, wie bedeutsam kontinuierliche Ver-

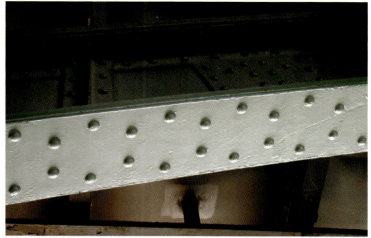

6–9

handlungen für die interkommunale Zusammenarbeit sind. Kooperation kann nicht gelingen, wenn eine Stadt das Gefühl hätte, dauernd zu verlieren. Verlierer im Kooperationsspiel gefährden den Fortbestand der Zusammenarbeit, weil sie enttäuscht, vielleicht sogar empört sind. Die destruktive Kraft gefühlter Ungerechtigkeit wird durch Aushandlung in die konstruktive Kraft eines Diskurses verwandelt. Stadtregionale Fairness ist also weder Mitleid noch ideale Gerechtigkeit, sie ist eine *brauchbare* Spielregel. Damit aufgabenorientierte Kooperation für die Städteregion Ruhr und für jede einzelne Stadt vorteilhaft ist, werden Gelegenheiten geboten, über die Verteilung der Vor- und Nachteile zu verhandeln.

Die Spielregeln sind für einen regelgeleiteten Projektverbund dasselbe, was Behörden, förmliche Verfahren, Zuständigkeiten für klassische Regionalisierung sind: Institutionen. Die Spielregeln der Städteregion Ruhr sind allerdings Institutionen mit wilden Grenzen. Ein Grund für die Brauchbarkeit dieser Spielregeln liegt in ihrer *Wiederholbarkeit*. Die Spielregel der stadtregionalen Fairness kann vielfach angewendet werden: Für die Verteilung der Bewirtungskosten auf Arbeitsgruppensitzungen, für die Aufteilung externer Beratungskosten, für die Betriebsansiedlungen, für Qualitätsvereinbarungen über stadtregionale Baukultur. Die wilden Grenzen dieser Spielregel gewährleisten stadtregionale Fairness für vielerlei Situationen. Anders als bei juristisch festgeschriebenen Regeln zählt hier nicht der Buchstabe des Gesetzes, es zählt die Erfahrung des gemeinsamen Erfolges. Einfache Regeln führen zu phantasievollen und vorteilhaften Lösungen, die ohne Verzicht auf eigene Interessen mit anderen Akteuren vereinbart werden. So betrachtet, besitzt stadtregionale Fairness eine *fraktale* Qualität. Unter einem Fraktal ist eine Form zu verstehen, die durch die Wiederholung desselben formgebenden Prinzips auf allen Maßstabsebenen entsteht (Mandelbrot 1987). Brauchbare Spielregeln erzeugen fraktale Elemente, es sind formgebende Regeln, die auf jeder Ebene interkommunaler Zusammenarbeit wiederholt werden können. Auf diese Weise tragen Kooperation und Eigensinn zu einer fraktalen Regionalisierung bei.

Fraktale Regionalisierung nutzt wilde Grenzen, um die föderalistische Stadtlandschaft zu organisieren. Es geht nicht um eine Organisation im herkömmlichen Sinn, die aus der Städteregion Ruhr eine Aktiengesellschaft, eine kreisfreie Stadt, einen Regionalverband machen würde. Vielmehr besteht die Organisation in der wiederholten Anwendung bestimmter Leitbilder: Kultur der Differenz, Konkurrenz der Ideale, Möglichkeitsmanagement. Welche formale Gestalt die Städteregion Ruhr letztlich annehmen wird, bleibt völlig offen. Daher wird nicht vorab eine bestimmte Organisationsform festgelegt, es muß aber auch nicht vorab *gegen* eine denkbare Organisationsform entschieden werden. Die Wahl einer geeigneten Regionalisierungsform ist für die Städteregion Ruhr ein Lernprozeß. Im dialogischen Aktionsraum *Städteregion Ruhr 2030* wurde ein typisches Regionalisierungsproblem simuliert, um mehr über Spielregeln für anpassungsfähige Grenzen herauszufinden. Die spielerisch gestalteten Verhandlungen über die Ansiedlung eines Unternehmens bilden ein Beispiel für lernende Kommunalpolitik. Der Name der Simulation lautete *Ruhr 2016*.

„RUHR 2016": DIE SIMULIERTE REGION

EIN RAHMEN FÜR MÖGLICHKEITEN

Die zweite Ankerveranstaltung des dialogischen Aktionsraumes *Städteregion Ruhr 2030* fand am 9. und 10. Juli 2002 auf Mont Cenis in Herne statt. Ihr Titel, *Spielregeln für eine föderalistische Stadtlandschaft*, spielt auf eine Charakterisierung der Ruhrgebietsstädte durch einen ehemaligen SVR-Direktor an (Kegel 1954:46 ► S.84). Die Veranstaltung wurde federführend von Mitarbeiterinnen und Mitarbeitern der Stadt Herne und der Stadt Mülheim an der Ruhr sowie der Fakultät Raumplanung der Universität Dortmund vorbereitet und durchgeführt. Die zentrale Fragestellung für diese Ankerveranstaltung lautete: Welche Spielregeln benötigen die Städte im Ruhrgebiet für eine stärkere Zusammenarbeit?

Die zweite Ankerveranstaltung wurde als simulierte Konsensbildungskonferenz mit rund fünfzig Teilnehmenden aus Politik und Verwaltung im Ruhrgebiet abgehalten. Die Ankerveranstaltung umfaßte zwei Verhandlungstage, die in vier voneinander unabhängigen Gruppen simuliert wurden, sowie eine Abschlußdiskussion. Den fiktiven Hintergrund der Simulation bildet *Ruhr 2016*. Am Ersten Tag verhandeln Vertreterinnen und Vertreter der acht Ruhrgebietsstädte über die Ansiedlung von Nanotronic und die dafür zu vereinbarenden Spielregeln; am zweiten Tag verhandeln sie mit einem Verhandlungsteam von Nanotronic (Nano.Law, Nano.Strategy, Nano.Ethics). *Ruhr 2016* wurde an der Fakultät Raumplanung der Universität Dortmund konzipiert und erstellt (Davy u.a. 2002a und 2002b). Der Gesamttext der Simulation umfaßt über dreihundert Seiten, die einzelnen Teilnehmenden erhielten rund zwei Wochen vor der Veranstaltung ihre persönliche Rolle in Form eines etwa dreißigseitigen Rollenbuches („Vertrauliche Instruktionen!"): Ein Essener Politiker übernahm die Rolle der Stadt Dortmund, eine Mülheimer Beigeordnete vertrat die Stadt Bochum, eine Wissenschaftlerin der Fakultät Raumplanung vertrat ein Wirtschaftsunternehmen.

10

kooperation und eigensinn

städteregion

kooperation eigensinn

städteregion

ruhr 2030

kooperation eigensinn

städteregion

11–12

Jedes Rollenbuch von *Ruhr 2016* schildert zunächst die Ausgangslage für die Konsensbildungskonferenz im Jahr 2016. Anfangs werden Megatronic und Nanotronic vorgestellt:

„Megatronic, ein weltweit operierendes Unternehmenskonglomerat, ist aus der hektischen Zeit der Übernahme und Verschmelzung von transnationalen Wirtschaftsunternehmen des Jahres 2009 hervorgegangen. Megatronic ist das drittgrößte Unternehmenskonglomerat. Noch in den 90er-Jahren des vorigen Jahrhunderts wurde unter ‚Globalisierung' bloß die weltweite Vernetzung innerhalb und zwischen weitgehend selbständigen Wirtschaftsunternehmen verstanden. Mittlerweile sind solche relativ kleinen Unternehmen (wie z.B. Wal-Mart, Sony oder Shell) in einem Unternehmenskonglomerat aufgegangen oder wurden vom Markt verdrängt. […] Nanotronic ist die europäische Tochtergesellschaft von Megatronic, deren Geschäftsbereich vor allem in der großindustriellen Nutzung der integrierten Nanotechnologie im Wirtschaftsraum der Europäischen Union besteht" (Davy u.a. 2002a).

Nanotronic sucht einen Unternehmensstandort in Europa, wobei auch das Ruhrgebiet in Frage kommt.

„Auf der Grundlage einer unternehmensinternen Standortanalyse kommen mehrere europäische Städte und Regionen in Frage. Auch wenn die Analyseergebnisse nicht veröffentlicht wurden, ist bekannt, daß neben der Region Sevilla (Reino de España) und Newcastle (United Kingdom) auch das Ruhrgebiet sowie der Raum Stuttgart (Bundesrepublik Deutschland) in die engere Wahl gezogen wurden" (Davy u.a. 2002a).

Für Nanotronic gibt es eine Reihe von Standortanforderungen, die auch „weiche" Standorteigenschaften betreffen.

„Im Schreiben von Nanotronic werden eine Reihe von Kriterien und Voraussetzungen genannt, die für die Standortentscheidung maßgeblich sind. […] Noch in den 90er-Jahren des vorigen Jahrhunderts waren Unternehmen an billigen Arbeitskräften, niedrigen Steuern, nachgiebigen Umweltvorschriften und großzügigen staatlichen Beihilfen interessiert. Diese Anforderungen werden heute nicht mehr gestellt. Einerseits verbietet die Nachhaltigkeitsklausel im WTO-Vertrag von New Delhi (2008) jede Form von Sozial- oder Öko-Dumping, andererseits haben sich die wirtschaftlichen Anforderungen an Standorte stark geändert. Moderne Unternehmen (nicht nur im Bereich der Nanotechnologie) haben längst erkannt, daß ihre Gewinne langfristig vom sozialen Frieden, einer hohen Umweltqualität und der Attraktivität ihrer Standorte für hochqualifizierte Arbeitnehmer abhängen" (Davy u.a. 2002a).

Die Städte im Ruhrgebiet bieten im Jahr 2016 das Bild einer föderalistischen Stadtlandschaft. Der wirtschaftliche Strukturwandel war sehr erfolgreich, anhand zahlreicher Beispiele beschreibt *Ruhr 2016* die Attraktivität des „Neuen Ruhrgebiets":

„Im Jahr 2016 blicken die Städte im Ruhrgebiet auf einen zwar schwierigen, aber sehr erfolgreichen Strukturwandel zurück. […] Ein Symbol für diese Entwicklung sind die neu gegründeten Unternehmen entlang der B1 (A40), einem städtebaulichen Schmuckstück des ‚Neuen Ruhrgebiets'. Mit dem Umbau zur Dienstleistungsgesellschaft wurde die B1 (A40) zu einer der ersten Adressen Deutschlands. [...] Die hohe Bevölkerungsdichte gewährleistet eine permanent hohe Nachfrage, wegen der gestiegenen Attraktivität der Ruhrgebietsstädte ziehen vor allem junge Familien gerne in die föderalistische Stadtlandschaft zwischen Duisburg und Dortmund (nach einem jüngst veröffentlichten Städtevergleich der Gesellschaft für Immobilienforschung zählen Mülheim an der Ruhr, Essen und Bochum wegen ihrer hohen Umweltgüte zu den begehrtesten Wohnstandorten Deutschlands)" (Davy u.a. 2002a).

Die Konsensbildungskonferenz soll den Städten im „Neuen Ruhrgebiet" helfen, gemeinsam über die Ansiedlungspläne von Nanotronic zu entscheiden:

„In den Rathäusern der Städte Duisburg, Mülheim an der Ruhr, Oberhausen, Essen, Gelsenkirchen, Herne, Bochum und Dortmund wurde [...] vereinbart, die Ansiedlungspläne der Nanotronic in einer Konsensbildungskonferenz zu beraten. Konsens bedeutet Übereinstimmung, vor allem wenn damit die Übereinstimmung zwischen Parteien mit unterschiedlichen Interessen gemeint ist, die nach Beratungen und Verhandlungen in einer zunächst umstrittenen Frage erzielt wird. Ein Konsens wird erzielt, wenn *alle* beteiligten Parteien einem Verhandlungsergebnis zustimmen. Da man es nie allen Leuten recht machen kann, gilt auch als Konsens, wenn sich zumindest die *meisten* Parteien einem Verhandlungsergebnis anschließen. Immerhin sind sich die acht Städte darüber einig, daß sie weitgehend einstimmigen Empfehlungen der Konsensbildungskonferenz folgen werden (obwohl die formalen Entscheidungen selbstverständlich von den zuständigen Gremien getroffen werden müssen)" (Davy u.a. 2002a).

Durch die Rahmenbedingungen wird unterstrichen, wie wichtig eine gemeinsame Entscheidung der Ruhrgebietsstädte über die Ansiedlungspläne von Nanotronic ist. Die Verhandlungen über den polyrationalen Gesellschaftsvertrag werden bewußt in Richtung einer Konsensbildung gesteuert, allerdings bleibt offen, welchen *Inhalt* dieser Konsens hat:

„In der Nanotronic-Frage ist ein Konsens vorteilhaft, weil der gute Ruf und die Selbständigkeit der Ruhrgebietsstädte auf dem Spiel stehen. In den Wirtschaftsnachrichten mehrerer europäischer Tageszeitungen wurden kritische Kommentare über die Eignung des Ruhrgebiets als Wirtschaftsstandort geäußert. Die Ruhrgebietsstädte, so heißt es, seien durch den Erfolg ihrer Attraktivitätsprogramme zu verwöhnt, um im internationalen Standortwettbewerb bestehen zu können. [...] Das wichtigste Ziel der Konsensbildungskonferenz ist natürlich die Entscheidung, ob überhaupt ein Interesse an der Ansiedlung eines güterproduzierenden Unternehmens besteht" (Davy u.a. 2002a).

Regionalpolitische Entscheidungen im Jahr 2016 werden überwiegend durch die Ruhrgebietsstädte getroffen. Da diese Städte eigensinnig handeln, fielen in letzter Zeit auch falsche Entscheidungen. Durch das Szenario einer erfolgreichen Region, der es an Regional Governance mangelt, wird der Rahmen für viele Möglichkeiten gespannt. In diesem Rahmen soll nicht lediglich nach Zufall kooperiert werden, es ist vielmehr über die Verfassung einer föderalistischen Stadtlandschaft zu verhandeln.

KOOPERATION ALS VERHANDLUNGSSACHE

Die Gestaltung der Rollen der acht Städte nutzte theoretische und empirische Grundlagen. Die theoretischen Grundlagen bildeten vor allem das gesellschaftsvertragliche Modell des „Schleiers des Nichtwissens" (► S. 170), das Gefangenendilemma (► S. 92), die sozialanthropologische Theorie der Polyrationalität (► S. 143). Die Simulation stützte sich auch auf die Kooperations- und Verhandlungstheorie (Axelrod 1988; Bischoff u.a. 2001; Davy 1997a; Lax und Sebenius 1986; Leigh 2001; Rapoport und Chammah 1965; Binmore 1994; Gauthier 1986; Pruitt 1981; Raiffa 1982 und 2002; Thompson 2001), insbesondere das *negotiated consensus building* (Fisher u.a. 1981; Forester 1989 und 1999; Haft 1992; Hall 1993; Healey 1997; Susskind und Cruikshank 1987; Susskind u.a. 1999). Die empirischen Grundlagen für *Ruhr 2016* bildeten neben einer Auswertung der Literatur über Kooperation im Ruhrgebiet vor allem die Ergebnisse qualitativer Interviews, die im Frühjahr 2002 mit mehreren Persönlichkeiten geführt wurden, die konkrete Erfahrungen mit verschiedenen Beispielen für Kooperation im Ruhrgebiet besitzen: ZIN-Region der Städte Mülheim an der Ruhr, Essen, Oberhausen (MEO), Internationale Bauausstellung Emscher Park, Regionales Einzelhandelskonzept Östliches Ruhrgebiet, interkommunale Zusammenarbeit im Kataster- und Vermessungswesen. Außerdem wurden Ergebnisse der teilnehmenden Beobachtung der Zusammenarbeit bei *Städteregion Ruhr 2030* genutzt.

Die Rollen der acht Städte wurden unabhängig von aktuellen Problemen und Positionen entwickelt. Mit anderen Worten: Die Positionen der Stadt Oberhausen in *Ruhr 2016* haben nichts mit den Positionen der Stadt Oberhausen im Jahr 2002 zu tun (und dies gilt ebenso für die anderen Städte). Allerdings stellte die Simulation der Konsensbildungskonferenz sicher, daß die auch heute relevanten Themen in einem möglichst breiten Spektrum an „Startpositionen" vertreten waren. Objekt 33 faßt diese Themen und die wichtigsten Fragen zusammen:

Thema	Fragestellung
Moderation	Wie soll die interkommunale Zusammenarbeit – beispielsweise bei der Gestaltung gemeinsamer Sitzungen – organisiert werden?
Vertrauen	Wie soll mit den emotionalen Zusammenhängen und zwischenmenschlichen Beziehungen im Rahmen der interkommunalen Zusammenarbeit umgegangen werden?
Information	Was sind die Spielregeln für die Weitergabe, Verarbeitung und Verwertung von Daten und Informationen im Zusammenhang mit interkommunaler Zusammenarbeit?
Kooperationsvorteil	Was sind die Spielregeln für die gemeinsame Herstellung und Verteilung der Kooperationsvorteile? Wie ist mit der „Versuchung" ♠ einzelner Städte umzugehen, sich einen Vorteil auf Kosten der anderen Städte zu verschaffen?
Kompensation	Was sind die Spielregeln, um Vor- und Nachteile auszugleichen, die sich aus Projekten mit stadtregionaler Bedeutung für alle beteiligten Ruhrgebietsstädte ergeben?
Verbindlichkeit	Was sind die Spielregeln, nach denen die Einhaltung einer interkommunalen Kooperationsvereinbarung kontrolliert und sanktioniert werden soll?
Außenvertretung	Was sind die Spielregeln für die Vertretung gemeinsamer Interessen der Ruhrgebietsstädte nach außen?

Objekt 33: Ruhr 2016 – Themen und Fragen

13–15

Die Teilnehmenden müssen mittels Verhandlung über diese Themen zu konsensfähigen Spielregeln für Kooperation im Ruhrgebiet gelangen. Die Rollenvorgaben verlangen lediglich, daß die Teilnehmenden von bestimmten Startpositionen ausgehen. Welche konkreten Ergebnisse durch Verhandlung erzielt werden, bleibt in den Rollenbüchern *Ruhr 2016* völlig offen und hängt ausschließlich vom Verlauf der Konsensbildungskonferenz ab.

In den Startpositionen der verhandelnden Städtevertreter sind über hundertachtzig Spielregelvorschläge enthalten (► S. 206). Manche dieser Vorschläge sind entgegengesetzte Basisvorschläge (z.B. „Essen soll die Moderation übernehmen!" – „Essen soll die Moderation nicht übernehmen!"). Andere Startpositionen enthalten Umformungen der Basisvorschläge (z.B. „Die Moderation soll von zwei Städten übernommen werden!", „Es soll keine Moderation geben!"). Die Umformungen entsprechen den Typen polyrationaler Weltbilder. Objekt 34 dokumentiert die Startpositionen, die zum Thema der Moderation in den vertraulichen Instruktionen der Ruhrgebietsstädte enthalten sind:

	Startpositionen für „Moderation"	**Anmerkungen**
Duisburg	Ein Nachteil der hohen Vertraulichkeit der Konsensbildungskonferenz ist, daß die acht Städte entschieden haben, auf eine externe Moderation zu verzichten. Dies hat zur Folge, daß die Verhandlungen von den Teilnehmenden selbst moderiert werden müssen.	
	Es war wahrscheinlich falsch, kein professionelles, externes Unternehmen mit der Moderation zu beauftragen. Kommunalverwaltungen sollten langsam einsehen, in welchen Bereichen sie von Profis unterstützt werden können. Allerdings bietet die Beauftragung eines solchen Unternehmens auch immer die Gelegenheit zur Manipulation. Es sollte Sie nicht wundern, wenn plötzlich jemand (z.B. der Vertreter von Essen) einen „externen, professionellen Moderator" aus dem Hut zaubert. Achten Sie darauf, daß sich keine Stadt durch solche „Zauberkunststücke" einen Vorteil verschafft!	
	Achtung, Kerninteresse! Für die Stadt Duisburg ist es selbstverständlich, daß sich Essen bemühen wird, die Moderationsrolle an sich zu ziehen und so die Verhandlungen zu beeinflussen. Auch wenn es natürlich sinnvoll ist, daß jemand die Moderation übernimmt, darf es auf keinen Fall die Vertreterin oder der Vertreter der Stadt Essen sein. Sollten alle anderen für Essen als Moderator sein, dürfen Sie sich nicht isolieren lassen. Bestehen Sie aber darauf, daß vor einer solchen Entscheidung von allen Beteiligten sichergestellt wird, daß Essen die Moderationsrolle nicht mißbrauchen kann. Lassen Sie sich dabei nicht mit allgemeinen Versprechungen abspeisen! Wenn die Vertreterin oder der Vertreter der Stadt Essen für die Moderation geeignet ist, wird es ihr/ihm nicht schwerfallen, konkrete Maßnahmen vorzuschlagen, um Ihrem berechtigten Mißtrauen Rechnung zu tragen. Bestehen Sie darauf, daß diese Vorschläge von allen befürwortet und schriftlich festgehalten werden.	**Basisposition 1:** Keine Moderation durch Essen! **(Gegenposition zu Essen)**
Mülheim an der Ruhr	Ein Nachteil der hohen Vertraulichkeit der Konsensbildungskonferenz ist, daß die acht Städte entschieden haben, auf eine externe Moderation zu verzichten. Dies hat zur Folge, daß die Verhandlungen von den Teilnehmenden selbst moderiert werden müssen.	
	Wir haben schon früher häufig die leidvolle Erfahrung machen müssen, daß Sachentscheidungen durch langatmige und fruchtlose Diskussionen über Nebensächlichkeiten verhindert wurden. Diskussionen darüber, wer gemeinsame Sitzungen moderieren soll, gehören dazu. Manchmal hat man den Eindruck, den Beteiligten ist es wichtiger, sich selbst darzustellen als die Interessen des Ruhrgebiets durchzusetzen. Am besten wäre es, wenn die Moderationsfrage ein für allemal durch einen Konsens zwischen allen Beteiligten beantwortet werden könnte. Natürlich ist ein solcher Konsens nur für die laufenden Verhandlungen bindend, aber eine vorbildhafte Lösung wäre für ähnliche Verhandlungssituationen in der Zukunft hilfreich. Wahrscheinlich wird die Moderationsfrage auch diesmal wieder von autoritären oder mißtrauischen Städtevertretern hochgekocht. Versuchen Sie, die Frage rasch vom Tisch zu bringen, allerdings besser durch eine sachgerechte Einigung als durch einen halbherzigen Kompromiß.	Motivation zur Konsensbildung (inhaltliche Vorgabe: sachliche Lösung)
Oberhausen	Ein Nachteil der hohen Vertraulichkeit der Konsensbildungskonferenz ist, daß die acht Städte entschieden haben, auf eine externe Moderation zu verzichten. Dies hat zur Folge, daß die Verhandlungen von den Teilnehmenden selbst moderiert werden müssen.	
	Wir vermuten, daß die Vertreterin oder der Vertreter der Stadt Essen die Moderation übernehmen wird, und sind damit voll einverstanden. Bei früheren Gelegenheiten hat Essen die Städte im Ruhrgebiet sehr gut vertreten, auch wenn dies von manchen der anderen Städte – offenbar aus Neid – nicht gerne zugegeben wird. Auch die Stadt Oberhausen ist nicht dazu bereit, sich in allen Fragen ihrer Nachbarstadt unterzuordnen. Aber die Moderation eines Arbeitstreffens oder einer Konsenskonferenz ist eine eher technische Einzelheit, wenn sichergestellt ist, daß die Geschäftsbedingungen klargestellt werden. Im übrigen besteht die Gefahr, daß mit einer ungeschickten Behandlung der Moderationsfrage nur alte Gräben aufgerissen werden. Schlagen Sie deshalb die Vertreterin oder den Vertreter der Stadt Essen für die Moderation vor, dann kommt es erst gar nicht zu irgendwelchen Mißverständnissen.	Unterstützung für Basisposition 2
Essen	Ärgerlicherweise konnte bei der Vorbereitung der Konsensbildungskonferenz noch keine Einigung erzielt werden, daß die Konferenz von Essen moderiert wird. Wir haben in dieser Angelegenheit keinen Druck ausgeübt, um die Konsensbereitschaft der anderen Städte nicht zu gefährden.	
	Achtung, Kerninteresse! Es ist wohl selbstverständlich, daß Sie in Vertretung der Stadt Essen – also der Hauptstadt des Ruhrgebiets! – die Moderation der Konsensbildungskonferenz übernehmen. Vermutlich wird ein entsprechender Vorschlag von den anderen Teilnehmenden ohnedies erleichtert akzeptiert werden (mit der Moderation ist schließlich eine große Verantwortung verbunden, und wer möchte schon gerne Verantwortung übernehmen?). Falls unerwartet doch jemand mit Ihrem Angebot nicht einverstanden ist, sollte die Moderation eher von Herne oder Mülheim, nicht aber von Duisburg, Bochum oder Dortmund übernommen werden. In diesem Fall sollten Sie sich ernsthaft bemühen, die Bedenken und Einwände durch sachgerechte Argumente zu zerstreuen. Wenn Bedenken geäußert werden, hat das wahrscheinlich viel mit Mißtrauen oder Angst zu tun. Sie müssen Mißtrauen oder Ängste ernst nehmen, was natürlich nicht bedeutet, daß Sie Ihren Anspruch auf Moderation gleich aufgeben sollen! Im Gegenteil, wenn es Ihnen gelingt, auf Einwände einzugehen, wird man Sie als seriösen Moderator anerkennen. Natürlich möchte die Stadt Essen in der Konsensbildungskonferenz wichtige eigene Interessen durchsetzen, aber das gilt für alle anderen auch!	**Basisposition 2:** Moderation durch Essen! **(Gegenposition zu Duisburg)** Herrschaftsstrategie (*hierarchist*)

	Startpositionen für „Moderation"	Anmerkungen
Gelsenkirchen	Ein Nachteil der hohen Vertraulichkeit der Konsensbildungskonferenz ist, daß die acht Städte entschieden haben, auf eine externe Moderation zu verzichten. Dies hat zur Folge, daß die Verhandlungen von den Teilnehmenden selbst moderiert werden müssen.	
	Die Moderationsfrage ist wichtig, weil es in Verhandlungen ohne Sitzungsleitung rasch zum Durcheinander kommt, wenn man sich nicht rechtzeitig auf ein bestimmtes Verfahren geeinigt hat. Da die Verhandlungsgegenstände ziemlich heikel sind und eigentlich alle Städte in ihren Interessen betreffen, kann man die Moderation nicht einem „Neutralen" anvertrauen. Aus Erfahrungen mit Verhandlungen weiß man, daß vielen Menschen nicht bewußt ist, wie stark sie von ihren eigenen Wahrnehmungen und Interessen beeinflußt werden. Es ist allerdings möglich, eine größere Objektivität aufzubringen, wenn man sich diese Abhängigkeit von eigenen Wahrnehmungen und Interessen bewußt macht. Am besten wäre daher eine Moderatorin oder ein Moderator, der/dem Sie zutrauen, sich trotz eigener Interessen fair und objektiv zu verhalten. Vielleicht erklären sich ja zwei Städtevertreter zu einer abwechselnden Moderation bereit. Dann muß aber sichergestellt werden, daß die Moderation auch wirklich gut funktioniert und die schwierigen Verhandlungen nicht zum Chaos werden.	„Stimme der Polyrationalität" Kompromißvorschlag: je 2 Städte übernehmen abwechselnd die Moderation
Herne	Eine Konsequenz der hohen Vertraulichkeit der Konsensbildungskonferenz ist, daß die acht Städte entschieden haben, auf eine externe Moderation zu verzichten. Dies hat zur Folge, daß wahrscheinlich die Frage aufgeworfen werden wird, wer die Verhandlungen moderiert.	
	Wie so oft, wird wohl Essen versuchen, die Moderationsrolle an sich zu ziehen. Dagegen ist grundsätzlich nichts einzuwenden. Allerdings bringt eine moderierte Verhandlung nicht immer die besten Ideen zum Vorschein. Schließlich genügt es nicht, wenn jemand das Kommando übernimmt, obwohl sich die anderen nicht kommandieren lassen. Und Sie wollen sich bestimmt nicht kommandieren lassen! Wir haben gute Erfahrungen mit Gesprächsrunden gemacht, bei denen auch auf die Gefühle, Ängste und Eitelkeiten der „Konkurrenten" eingegangen wird (z.B. bei der Gründung des „Gerne Herne!"-Festivals). Man muß die Menschen bei ihrem Gemeinschaftsgefühl zu fassen kriegen! Schließlich sind die Städte im Ruhrgebiet eine vielfältige Gemeinschaft, keine streng geordnete Verwaltungshierarchie. Wichtig ist, daß sich die Teilnehmenden genau zuhören und nicht dauernd gegenseitig unterbrechen. Man muß sich dafür viel Zeit nehmen, sonst lernt man die Argumente der anderen nicht kennen. Keinesfalls sollte jemand die Moderation übernehmen, um einzelne Punkte schnell abzuhaken und durch die Tagesordnung zu jagen.	Gemeinschaftsstrategie (*egalitarian*)
	Die Stadt Herne hat als Hauptorganisatorin der Konsensbildungskonferenz kurzfristig ein privates Unternehmen für Kommunikation und Moderation beauftragt, einen ausgebildeten Moderations-Profi bereit zu halten. Falls Sie meinen, daß die Diskussion über die Moderationsfrage dadurch erleichtert wird, können Sie den übrigen Teilnehmerinnen und Teilnehmern ja anbieten, die Serviceleistungen des Moderations-Profis zu nutzen. Möglicherweise ruft ein solcher Vorschlag aber auch Mißtrauen hervor (schließlich wurde ja ursprünglich vereinbart, auf eine externe Moderation zu verzichten). Stellen Sie daher sicher, daß eine Diskussion über externe Moderation niemandem die Gelegenheit bietet, Herne der Parteilichkeit oder irgendwelcher Tricks zu beschuldigen. Schließlich müssen wir das Unternehmen für Moderation bezahlen, wir brauchen nicht auch noch den Schaden, daß man uns ungerechtfertigt der Manipulation bezichtigt!	Angebot für externe Moderation
Bochum	Ein Nachteil der hohen Vertraulichkeit der Konsensbildungskonferenz ist, daß die acht Städte entschieden haben, auf eine externe Moderation zu verzichten. Dies hat zur Folge, daß die Verhandlungen von den Teilnehmenden selbst moderiert werden müssen.	
	Wir haben schon früher häufig die leidvolle Erfahrung machen müssen, daß Sachentscheidungen durch langatmige und fruchtlose Diskussionen über Nebensächlichkeiten verhindert wurden. Diskussionen darüber, wer gemeinsame Sitzungen moderieren soll, gehören dazu. Manchmal hat man den Eindruck, den Beteiligten liegen die für das Ruhrgebiet wichtigen Inhalte nicht so sehr am Herzen wie ihre Bereitschaft zur Selbstdarstellung. Am besten wäre es, wenn die Moderationsfrage gar nicht diskutiert oder zumindest rasch erledigt wird – halten Sie sich nicht mit Nebensächlichkeiten auf!	Strategie der Gelassenheit (*fatalist*)
Dortmund	Eine Konsequenz der hohen Vertraulichkeit der Konsensbildungskonferenz ist, daß die acht Städte entschieden haben, auf eine externe Moderation zu verzichten. Dies hat zur Folge, daß wahrscheinlich die Frage aufgeworfen werden wird, wer die Verhandlungen moderiert.	
	Wir haben sehr gute Erfahrungen damit gemacht, daß Verhandlungen ohne Moderation geführt werden. Wer auch immer die Moderation übernimmt, wird früher oder später diese Rolle mißbrauchen oder – noch schlimmer – ist für die Moderation ungeeignet. Aus diesem Grund wäre es am besten, wenn die Verhandlungen als eine Art „Marktplatz der besten Ideen" ohne Moderation geführt werden. Das erfordert natürlich von den Teilnehmenden eine gewisse Selbstdisziplin. Wenn etwas aufgeschrieben oder über einen Verhandlungsgegenstand abgestimmt werden muß, wird sich schon ein Weg finden (und es ist natürlich wichtig, die vorgebrachten Argumente aufzuschreiben und über Einigungsvorschläge abzustimmen). Im übrigen soll sich, ganz wie im wirklichen Leben, die beste Idee durchsetzen. Ein Konsens sollte nicht darin bestehen, daß alle auf „Frieden, Freude, Eierkuchen" machen, sondern daß sich die sinnvollsten und produktivsten Lösungen durchsetzen. Eine Moderation ist dafür nicht nötig, sondern stört nur den Wettbewerb der besten Ideen.	Wettbewerbsstrategie (*individualist*)

Objekt 34: Ruhr 2016 – Startpositionen zum Thema „Moderation"

Da die Startpositionen der Verhandelnden nach dem Muster kontradiktorischer Basisvorschläge festgelegt und mit polyrationalen Modifikationen und Varianten kombiniert werden, eröffnen sie ein breites Argumentationsspektrum. *Ruhr 2016* bevorzugt keine dieser Positionen. Die Verhandelnden dürfen jedem Ergebnis zustimmen, das auf begründetem Konsens beruht und schriftlich festgehalten wird (Susskind u.a. 1999). Unter diesen Bedingungen bietet *Ruhr 2016* eine beinahe grenzenlose Auswahl an Lösungen. Welche Spielregeln die Verhandelnden wählen, wird durch ihre Präferenzen, ihr Verhandlungsgeschick und ihre Überzeugungskraft bestimmt *(creative and cooperative bargaining)*. In erster Linie hängt die Wahl einer bestimmten Spielregel aber davon ab, daß sie konsensfähig ist.

WECHSELSEITIGE ABHÄNGIGKEIT

Ein Motiv für Regionalisierung durch Kooperation ist die wechselseitige Abhängigkeit. *Ruhr 2016* simuliert durch zwei Bedingungen, die Nanotronic stellt, wie abhängig die Städte im Ruhrgebiet voneinander sind: Einerseits soll die Betriebsansiedlung auf dem Gebiet von mindestens zwei und höchstens drei Städten erfolgen, andererseits möchte Nanotronic in keine Standortkonkurrenz verwickelt werden. Mit anderen Worten: Diejenigen zwei oder drei Städte, die den Standort wollen, müssen die anderen Städte davon überzeugen, kein weiteres Angebot an Nanotronic zu machen. Jene Städte, auf deren Gebiet sich Nanotronic nicht ansiedelt, können eine Koalition der Verhinderung schließen. Bei den Verhandlungen erweckt *Ruhr 2016* allerdings den Eindruck, zwei oder drei Städte müßten sich auf die Aufteilung einer Zusatzinvestition einigen, die Nanotronic den Standortgemeinden anbietet. Zunächst unterstreichen die Instruktionen, Nanotronic sei willkommen:

„Die Städte im Ruhrgebiet können von einer Nanotronic-Ansiedlung nur profitieren. Auch wenn in den letzten Jahren der erfolgreiche Aufbau einer Dienstleistungswirtschaft im Vordergrund stand, kann und will keine zukunftsbewußte Region auf Industriestandorte verzichten. Das gilt vor allem für integrierte Industriestandorte, bei denen nicht nur ein paar Hektar Gewerbebauland benötigt werden, sondern ganzheitliche Lösungen angestrebt werden. [...] Allerdings ist es im dicht besiedelten Ruhrgebiet unwahrscheinlich, daß eine einzelne Stadt alle benötigten Voraussetzungen bietet. Eine interkommunale Zusammenarbeit ist unerläßlich. [...]

Achtung, Kerninteresse! Unsere grundsätzliche Haltung zur Frage, ob Nanotronic den nächsten europäischen Standort für die Herstellung von integrierten nanotechnologischen Anwendungen im Ruhrgebiet aufmachen soll, ist eindeutig: *Wir sind dafür!*" (Davy u.a. 2002a).

Eine der Städte ist als simulierter Störfaktor nicht dazu bereit, die Ansiedlung von Nanotronic in einer anderen Stadt zu tolerieren. Jede Stadt erhält Informationen über die Standortplanung durch Nanotronic. Aus der Sicht der Stadt Duisburg sieht die Lage folgendermaßen aus:

„Nanotronic plant einen integrierten Industriestandort mit einer Basisinvestition von rund 1.300 Mio. €. Neben dieser Basisinvestition ist eine Zusatzinvestition geplant, deren Höhe von den sekundären Standortqualitäten und der Eignung der Standortkommunen abhängt.

Uns liegen eindeutige Informationen vor, daß sich Nanotronic für eine Betriebsansiedlung auf dem Gebiet der Städte Duisburg, Mülheim an der Ruhr und Oberhausen interessiert (DUMHOB-Variante):

Nanotronic-Triangle 2016 DUMHOB

In der DUMHOB-Variante plant Nanotronic auf dem Gebiet der Städte Duisburg, Mülheim an der Ruhr und Oberhausen eine Zusatzinvestition von insgesamt 121 Mio. € (Dreierlösung). Bei dieser Investition könnte die bestmögliche Mischung aus Industrie, Wohnbau, Infrastruktur und Kultur erzielt werden. Allerdings kämen auch einfachere Varianten in Betracht (Zweierlösungen). Wenn die Nanotronic-Ansiedlung nur auf dem Gebiet der Städte Duisburg und Mülheim an der Ruhr zustande kommt, würden 118 Mio. € investiert. Eine Ansiedlung in Duisburg und Oberhausen würde eine Zusatzinvestition von immerhin 84 Mio. € ins Ruhrgebiet locken. Kämen nur die Städte Mülheim an der Ruhr und Oberhausen als Standort in Frage, würde das zusätzliche Investitionsvolumen nur noch 50 Mio. € betragen. Andere Städte als Mülheim an der Ruhr oder Oberhausen kommen übrigens für Duisburg als Kooperationspartner in der Nanotronic-Ansiedlung nicht in Frage.

Nanotronic hat sehr deutlich gemacht, daß es an einem *Standort in bloß einer Stadt nicht interessiert ist*. Die geplante Mischung von Industrie, Wohnen, Infrastruktur und Kultur läßt sich in keiner der Städte allein erreichen. Wenn sich nur eine der Städte mit der Ansiedlung einverstanden erklärt, kommt eine Ansiedlung daher nicht zustande (um ein Angebot an Nanotronic zu unterbreiten, müssen sich *mindestens zwei Städte* auf eine Zusammenarbeit und eine genaue Aufteilung der Zusatzinvestition einigen). Ein Grund für die merkwürdigen Standortanforderungen liegt in der Nutzung von Möglichkeitsräumen. Im Grenzgebiet zwischen den Städten bieten sich Nutzungsmöglichkeiten, die in den Stadtzentren nicht verwirklicht werden können. Gleichzeitig ist der Bodenpreis natürlich am Stadtrand nicht so hoch wie in der Stadtmitte. ‚In Grenzbereichen findet man häufig besondere Möglichkeiten', hat eine Professorin für *Border Studies* erklärt, ‚Weil Grenzen nicht nur trennen, sondern auch verbinden.' Solche Möglichkeitsräume zwischen den Ruhrgebietsstädten möchte Nanotronic für die Entwicklung eines integrierten Standortes für Arbeit/Wohnen/Kultur nutzen" (Davy u.a. 2002a).

Damit die Verhandlungen über die Zusatzinvestition nicht zur Zahlenspielerei werden, enthalten die Duisburger Instruktionen, so wie die Informationen für alle anderen Städte auch, ein knappes Konzept, das die besonderen inhaltlichen Vorzüge einer Ansiedlung von Nanotronic aufzeigt:

„In der DUMHOB-Variante bietet offensichtlich der Schwerpunkt ‚Wohnen am Fluß' einen besonderen Akzent für das Vorhaben von Nanotronic. In den beteiligten Städten könnten aufgrund ihrer Lage und bisherigen Entwicklung spezifische Standortvorteile genutzt werden. Entlang der Ruhr können ehemalige Industriebrachen im Grenzbereich zwischen Mülheim und Duisburg zu hochwertigen Wohngebieten aufgewertet und durch Betriebsstandorte in Oberhausen ergänzt werden. Natürlich dürften die Städte dabei nicht bloß als passive Empfänger der Zusatzinvestition auftreten. Vielmehr sind kommunale Initiative und gestalterisches Geschick gefordert. Wir meinen, daß unsere Stadt – ungeachtet der Haltung der anderen Städte – einen deutlichen Beitrag zur Ausgestaltung des Schwerpunktes ‚Wohnen am Fluß' leisten kann. Dadurch könnten sich die Städte im Ruhrgebiet insgesamt gegenüber anderen europäischen Standorten auszeichnen. Aber auch innerhalb des Ruhrgebiets wäre der Schwerpunkt ‚Wohnen am Fluß' ein klarer Pluspunkt im Standortwettbewerb (falls etwas an den Gerüchten stimmen sollte, daß sich Nanotronic auch für andere Standorte im Ruhrgebiet interessiert). Mit überzeugenden Argumenten für die hohe Qualität des überlegenen Schwerpunktes ‚Wohnen am Fluß' sollten Sie die Standortfrage im Rahmen einer sachlichen Diskussion zu unseren Gunsten beantworten können!" (Davy u.a. 2000a).

Die inhaltliche Diskussion soll nicht im Vergleich städtebaulicher und regionalwirtschaftlicher Qualitäten steckenbleiben. Daher unterstreichen die vertraulichen Instruktionen die große Bedeutung einer verläßlichen Zusage. Die Verläßlichkeit wird Nanotronic danach beurteilen, daß die Städte die Zusatzinvestition verbindlich untereinander aufteilen:

„Nanotronic legt aber auch größten Wert auf eine verläßliche Zusage der Städte, in denen die Ansiedlung des integrierten Industriestandortes vorgenommen wird. Das Unternehmen erwartet daher eine verbindliche Zusage, in welcher Kombination die Städte zur Kooperation bereit sind. Die Kontaktperson von Nanotronic machte in diesem Zusammenhang recht kritische Bemerkungen über ‚Ruhrgebietsstädte, die rasch irgendwelche Kooperationsvereinbarungen schließen', sich aber auf die Details der Umsetzung selten einigen könnten. Gerade das Ruhrgebiet hätte ja den Ruf, daß die Kommunen zur Zusammenarbeit nicht fähig sind. Derartige Unverläßlichkeiten werde sich Nanotronic ‚nicht gefallen lassen'. Falls zu befürchten wäre, daß es wieder nur zu einem Durcheinander und folgenloser Ankündigungspolitik kommen werde, würde Nanotronic die Verhandlungen über die Betriebsansiedlung abbrechen.

Um den Städten die Kooperation zu erleichtern (vielleicht aber auch, um deren Fähigkeit zur Zusammenarbeit ‚zu testen'), stellt es Nanotronic den potentiellen Standortkommunen völlig frei, wie die Zusatzinvestition auf die Gebiete der beteiligten Städte verteilt wird. So liegt es bei der ‚großen' Lösung der DUMHOB-Variante (Investition von 121 Mio. € auf dem Gebiet der drei Städte) an einer Einigung zwischen Duisburg, Mülheim an der Ruhr und Oberhausen, wie diese Investition aufgeteilt wird. Denkbar wäre z.B. eine Aufteilung, bei der 100 Mio. € für Duisburg, 20 Mio. € für Mülheim an der Ruhr und 1 Mio. € für Oberhausen vorgesehen sind. Ebenso denkbar wäre aber auch eine Aufteilung, die 1 Mio. € für Duisburg, 100 Mio. € für Mülheim an der Ruhr und 20 Mio. € für Oberhausen vorsieht. Außerdem kommen, wie erwähnt, auch ‚kleine' Lösungen in Betracht, bei denen nur jeweils zwei Städte kooperieren. Wichtig ist lediglich, daß die Kooperation der beteiligten Städte eine *eindeutige* Verteilung der Investitionssumme nennt und *absolut verläßlich* ist" (Davy u.a. 2000a).

Die Verteilung der Zusatzinvestition verlangt ein *distributive bargaining*, bei dem jede Stadt nur das gewinnen kann, was eine andere Stadt verliert. Allerdings hängt die Höhe von Gewinn und Verlust maßgeblich von der Koalitionsbildung zwischen den Städten ab. Mögliche Koalitionen besitzen unterschiedlichen Wert, wenngleich keine der Koalitionen eindeutig „wertvoller" als die anderen Varianten ist. Die Auszahlungsmatrix beruht auf einem Koalitionsspiel über den Zusammenhang zwischen *framing* und Verhandlungsmacht (Raiffa 1982: 262–267):

„Hier noch eine *Übersicht der möglichen Kooperationslösungen* für die Nanotronic-Ansiedlung auf dem Gebiet der Städte Duisburg, Mülheim an der Ruhr und Oberhausen (die Höhe der Basisinvestition von rund 1.300 Mio. € ist von der Standortwahl unabhängig):

Kooperationsart	Zusatzinvestition (in Mio. €)
nur Duisburg (DU)	0
nur Mülheim (MH)	0
nur Oberhausen (OB)	0
DU + MH	118
DU + OB	84
MH + OB	50
DU + MH + OB	121

Nach den vorliegenden Zahlen haben wir wohl den Anspruch auf den größten Anteil am geplanten Investitionsvolumen. Offensichtlich ist die Ansiedlung mit Beteiligung der Stadt Duisburg die beste Lösung für die Nanotronic-Ansiedlung. Wir vertrauen darauf, daß Sie diesen naheliegenden Gedanken den anderen beiden Städten klar machen.

Die Fachleute in unserer Wirtschaftsförderung haben uns gewarnt, daß es für Mülheim an der Ruhr und Oberhausen durchaus nützlich sein könnte, eine Zweierlösung zu vereinbaren, von der Duisburg ausgeschlossen ist. Falls wir beispielsweise darauf bestehen, daß 100 Mio. € in Duisburg investiert werden, könnten sich Mülheim an der Ruhr und Oberhausen ‚ihre' 50 Mio. € auf eine Weise teilen, bei der beide Städte mehr bekämen als wir ihnen bieten. Da wir keine Möglichkeit hätten, eine solche Zweierlösung zu verhindern (wenn sich Mülheim an der Ruhr und Oberhausen auf eine verbindliche Aufteilung einigen), könnte es passieren (so lautet die Warnung unserer Fachleute), daß wir leer ausgehen. Sie müssen daher so geschickt verhandeln, daß wir nicht von einer Koalitionsbildung ausgeschlossen werden. Falls sich eine Zweierlösung zwischen Mülheim an der Ruhr und Oberhausen abzeichnet, könnten Sie ja selbst eine Zweierlösung vorschlagen (unter Beteiligung von Duisburg, versteht sich!)" (Davy u.a. 2002a).

Die Auszahlungsmatrix der Koalitionsverhandlungen besitzt kein dominantes Ergebnis. Gleichgültig, welche Aufteilung zwei Städte miteinander vereinbaren, kann die dritte Stadt jeder der beiden anderen ein besseres Angebot machen. Dadurch ist jede Zweierkoalition instabil. Diese Instabilität beeinflußt die Verteilung des Wertes der Dreierkoalition; in Seminarübungen erhält immer wieder ein „Oberhausen" fast denselben Anteil wie „Duisburg" oder „Mülheim".

Die verhandelnden Städte wissen nicht, daß es insgesamt drei mögliche Standortkombinationen gibt. Die Stadt Bochum ist an zwei Dreiecken beteiligt. Die Zusatzinvestition ist jeweils nach denselben Bedingung zu verteilen. Die Instruktionen erwähnen folgende „Gerüchte über die Standortplanung":

„Angeblich haben die Standortspezialisten von Nanotronic noch andere Standortmöglichkeiten im Ruhrgebiet aufgespürt. Es heißt, daß noch weitere Städtekombinationen in Betracht gezogen werden, von denen wir ausgeschlossen sind (an einer dieser möglichen Alternativstandorte sollen angeblich Bochum oder Essen beteiligt sein, wir kennen aber keine Einzelheiten).

Wenn das Gerücht stimmt, ist die Lage heikel. Sie müssen die Konsensbildungskonferenz dafür nutzen, sich mit Mülheim an der Ruhr und Oberhausen auf eine verbindliche Aufteilung zu einigen (sei es für eine Dreierlösung, sei es für eine Zweierlösung). Offensichtlich würden die anderen Städte (wie z.B. Essen oder Bochum) bei diesen Verhandlungen nur stören. Außerdem drängt die Zeit. Stellen Sie sich nur vor, was passiert, wenn eine andere Stadt oder andere Städte vor Ihnen ein Ansiedlungsangebot an Nanotronic erstatten! Es wäre bitter, wenn uns wieder einmal eine Investition entginge, weil Essen oder Bochum schneller ist als wir.

Wir empfehlen daher, daß Sie eine Verhandlungspause vorschlagen. Benutzen Sie den Vorwand, daß es doch sinnvoll ist, die Nanotronic-Frage nicht in großer Runde zu diskutieren, sondern erst einmal in kleineren Arbeitsgruppen zu besprechen! Wenn die anderen Städtevertreter damit einverstanden sind, bekommen Sie durch eine Verhandlungspause eine gute Gelegenheit, mit Mülheim und/oder Oberhausen auf einen grünen Zweig zu kommen.

Wir haben volles Vertrauen in Ihr Verhandlungsgeschick: Sie werden durch Fingerspitzengefühl verhindern, daß die Konsensbildungskonferenz daran scheitert, daß sich Duisburg wieder einmal als zu eigensinnig oder gar egoistisch verhalten hat. Wenn die Konferenz schief geht, darf das auf keinen Fall uns in die Schuhe geschoben werden. Treten Sie also so auf, daß unsere Kooperationsbereitschaft von niemandem bestritten werden kann! Sie wissen ja, wie rasch ‚Rudelverhalten' einsetzt und alle nach einem ‚Schuldigen' suchen, auf den man mit dem Finger zeigt. Vergessen Sie nicht, daß wir unter allen Umständen dafür sind, daß Nanotronic ins Ruhrgebiet kommt. Dabei ist selbstverständlich, daß Duisburg in der ersten Reihe bei der bevorstehenden Ansiedlung mit dabei ist!" (Davy u.a. 2002a).

Die vertraulichen Instruktionen enden mit Hinweisen zu formalen Voraussetzungen einer Einigung. Erst jetzt wird deutlich, daß andere Städte, auf deren Gebiet sich Nanotronic nicht ansiedelt, die Ansiedlung verhindern können, indem sie eine destruktive Kooperation eingehen:

„Sie finden in Ihren Unterlagen den Entwurf für einen *Kooperationsvertrag*, den Sie nur ausfüllen müssen. Um den strengen Kriterien von Nanotronic gerecht zu werden, müssen auch jene Städtevertreter unterschreiben, mit denen Sie sich geeinigt haben (und einigen Sie sich mit denjenigen, bei denen der Duisburger Anteil am größten ist!).

Stecken Sie den ausgefüllten und unterschriebenen Kooperationsvertrag in das beiliegende Kuvert. Wenn Sie das Kuvert sodann im Konferenzbüro hinterlegen, sind die Verhandlungen perfekt gelaufen ... dann haben wir die Nanotronic-Ansiedlung praktisch in der Tasche! Falls einer der anderen Städtevertreter das Ausfüllen und Abgeben des Kooperationsvertrages übernimmt, ist das natürlich in Ordnung (vorausgesetzt, Sie können dem Städtevertreter vertrauen).

Einen kleinen Haken hat die Sache noch: Es darf natürlich kein anderes Kuvert im Konferenzbüro hinterlegt werden (also weder von Mülheim an der Ruhr und Oberhausen noch von einer der anderen Städte). Sie müssen daher nicht nur rasch zu einem ausgefüllten und unterschriebenen Kooperationsvertrag kommen, sie müssen auch sicherstellen, daß die Verläßlichkeit unserer Zusage nicht in Zweifel gezogen wird.

Mit anderen Worten: Ihr Kuvert ist wertlos, wenn es nicht das erste und einzige Kuvert bleibt, das im Konferenzbüro hinterlegt wird. Nanotronic hat unmißverständlich erklärt, sich auf eine Betriebsansiedlung nicht einzulassen, wenn Zweifel über die Einigkeit der Ruhrgebietsstädte bestehen. Natürlich dürfen Sie nicht handgreiflich werden, um die Hinterlegung eines anderen Kuverts zu verhindern. Falls andere Städte ein Kuvert hinterlegen, sind zunächst einmal *alle* Vereinbarungen hinfällig.

Sollte es dazu kommen, daß mehr als ein Kuvert im Konferenzbüro hinterlegt wird, ist unser Kerninteresse ernsthaft gefährdet (weil dann plötzlich fraglich ist, daß Nanotronic im Ruhrgebiet investiert). In diesem Krisenfall, der hoffentlich nicht eintritt, gibt es nur eine Lösung: Die Vertreter der acht Städte der Kernzone des Ruhrgebiets müssen sich auf eine Ansiedlungsvariante einigen (bei der natürlich die Aufteilung des Investitionsvolumens zwischen zwei oder drei Städten zahlenmäßig genau festgelegt sein muß). Außerdem müssen alle acht Städtevertreter diese Vereinbarung unterschreiben (auch wenn auf dem Gebiet ihrer Stadt keine Ansiedlung stattfindet)" (Davy u.a. 2002a).

Die Simulation der Standortfrage modelliert die Komplexität wechselseitiger Abhängigkeit. Zunächst muß eine „Zusatzinvestition" zwischen jeweils drei Ruhrgebietsstädten aufgeteilt werden, wobei erheblicher Zeitdruck herrscht. Schließlich könnten ja auch drei andere Städte durch ihre Einigung die Nanotronic-Ansiedlung gewinnen. Im übrigen ist Koalitionsbildung keine langfristige Erfolgsgarantie. Die Einigung des einen Städtedreiecks könnte vom Angebot einer anderen Städtekoalition unterlaufen werden. Die Standortfrage kann somit nur geklärt werden, wenn zumindest sieben der acht Städte mit dem Ergebnis der Konsensbildungskonferenz einverstanden sind. Kooperation ist nötig, und der Weg zur Zusammenarbeit führt nur über eine Einigung zu den oben genannten Themen (▶ Objekt 33, S. 196).

Die Entwicklung konsensfähiger Spielregeln erfordert nicht nur Verhandlungsgeschick oder grundsätzliche Kooperationsbereitschaft; sie erfordert auch Sachwissen und Einfallsreichtum. An einem weiteren Beispiel aus *Ruhr 2016* läßt sich zeigen, wie die Mitglieder der verfassungsgebenden Versammlung hinter dem „Schleier des Nichtwissens" (Rawls 1979: 29) mit Informationen versorgt werden. Das Beispiel betrifft die stadtregionale Fairness: Wie sollen Vorteile und Nachteile einer verstärkten Zusammenarbeit zwischen den Städten aufgeteilt werden? In den vertraulichen Instruktionen zum Ersten Tag von *Ruhr 2016* sind folgende Ausführungen zu finden:

„Kompensation ist die Entschädigung für Nachteile oder Belastungen, die eine Stadt durch Entscheidungen, Ereignisse oder Vorhaben erleidet, von denen eine oder mehrere andere Städte profitieren. Gerade wenn andere Städte durch die Nachteile oder Belastungen einer Stadt – direkt oder indirekt – begünstigt werden, erscheint es nur gerecht, daß diese Stadt von den Begünstigten entschädigt wird.

Wegen der engen Verflechtung zwischen den Städten in der Ballungskernzone des Ruhrgebiets tritt häufig eine bemerkenswerte Lage ein. Die benachteiligte oder belastete Stadt kann auf die anderen Städte einen gewissen ‚Druck' ausüben. Die Nanotronic-Ansiedlung ist ein sehr gutes Beispiel: Alle Städte, auf deren Gebiet keine Ansiedlung stattfindet, können die potentiellen Standortkommunen dadurch sabotieren, daß sie nachträglich ihr ‚Kuvert' im Konferenzbüro hinterlegen. Mit Hilfe dieses Drucks kann das Thema der Kompensation im Ruhrgebiet kräftig betrieben werden (für die Städtekonkurrenz zwischen Hamburg und Berlin oder zwischen Köln und Stuttgart gilt das nicht).

Bis heute haben sich die Städte im Ruhrgebiet auf keine einheitliche Haltung in der Kompensationsfrage geeinigt. Die Konsensbildungskonferenz in Herne hat auch den Zweck, in dieser Frage endlich eine gemeinsame Sichtweise zu vereinbaren. Daneben muß aber auch der Einzelfall der Nanotronic-Ansiedlung für uns befriedigend behandelt werden. Wir brauchen schließlich nicht nur abstrakte, theoretische Prinzipien, sondern auch konkrete und praktikable Lösungen" (Davy u.a. 2002a).

Die Kompensationsfrage ist bei jeder asymmetrischen Kooperation – und das gilt auch für interkommunale Zusammenarbeit – heikel. Die Simulation der Konsensbildungskonferenz greift die Diskussion interkommunaler Ausgleichssysteme auf:

„In den bisherigen politischen Diskussionen und wissenschaftlichen Studien haben sich einige Punkte als besonders wichtig herausgestellt. Zu Ihrer Information fassen wir diese Punkte knapp zusammen:

Finanzausgleich oder Einzelfall. Eine umfassende Lösung der Kompensationsfrage erfordert, neben dem offiziellen Finanzausgleich (Artikel 104a bis 109 des Grundgesetzes) eine Art interkommunalen Finanzausgleich zu vereinbaren. Das ist allerdings aufwendig und mit juristischen Problemen verbunden. Für einzelne Fälle (z.B. das Vereinigte Infrastruktur Projekt oder die Nanotronic-Ansiedlung) könnten auch besondere Lösungen aus konkretem Anlaß vereinbart werden. Das bringt freilich höchstens einen ‚Flickenteppich' von Einzelfallentscheidungen und erfordert wiederkehrende Verhandlungen.

Zu berücksichtigende Wirkungen. Ein großes Problem bereitet die Bewertung von Vorteilen und Nachteilen von Entscheidungen, Ereignissen oder Vorhaben. Zunächst ist fraglich, welche Wirkungen überhaupt berücksichtigt werden sollen:
- Geht es nur um direkte Wirkungen (z.B. Nanotronic-Ansiedlung auf dem Gebiet der Städte X, Y und Z) oder auch um indirekte Wirkungen (z.B. steigende Nachfrage nach Dienstleistungen in allen Ruhrgebietsstädten als Folge der Nanotronic-Ansiedlung)?
- Geht es nur um quantifizierbare Wirkungen (z.B. Höhe des Anteils der Zusatzinvestition) oder auch um nicht-quantifizierbare Wirkungen (z.B. Imageverbesserung)?

Zurechnung von Vor- und Nachteilen. Selbst wenn man sich darauf einigt, welche Wirkungen bei der Kompensation berücksichtigt werden sollen, ist häufig unklar, wie hoch der Vorteil oder Nachteil einer Kommune ist. Was genau hat die Stadt X davon, daß Nanotronic auf dem Gebiet dieser Stadt zusätzlich 10, 20 oder 30 Mio. € investiert? Wie groß ist der Nachteil für die Nachbarstadt, in der eine solche Investition ausbleibt? Offensichtlich darf die Kompensation den Vorteil nicht übersteigen, den eine Stadt hat (und die Stadt X bekommt ja die 10, 20 oder 30 Mio. € nicht bar auf die Hand). Strittig ist daher, welche Vor- oder Nachteile einer Kommune zugerechnet werden sollen, um Kompensationspflichten und -ansprüche zu berechnen.

Folgen von Kompensation. Umstritten ist auch, welche Konsequenzen die Einführung einer allgemeinen Kompensationspflicht hätte. Manche meinen, daß eine solche Kompensationspflicht den Eifer und das Bemühen der Städte im Ruhrgebiet dämpfen würde. Wer würde sich denn noch um neue Impulse für die Stadtentwicklung oder um neue Betriebsansiedlungen bemühen, wenn die Vorteile nach dem Gießkannenprinzip (auch auf die vergleichsweise ‚trägen' Kommunen) verteilt werden? Andere halten dem entgegen, daß ja nur für solche Vorteile entschädigt werden soll, die erst durch eine erfolgreiche interkommunale Zusammenarbeit möglich werden (also, wie im Beispiel mit Nanotronic, durch Duldung der Ansiedlung in der Nachbarstadt). Werde aber in solchen Fällen nicht entschädigt, gebe es für die Stadt, die leer ausgeht, keinen Grund zur Kooperation. Nach dieser Ansicht ist die Kompensation die gerechte Verteilung des Kooperationsvorteils, der überhaupt erst durch eine gemeinsame Anstrengung erzielt werden kann. Mit anderen Worten: Ohne Kompensation gibt es auch keine Kooperation.

Methode der Kompensationsfestsetzung. Mehrere Stimmen fordern, daß die Bewertung von Vor- und Nachteilen sowie die Festsetzung der Art und des Umfangs der Entschädigung von Fachleuten (z.B. Experten auf dem Gebiet der kommunalen Finanzwirtschaft) vorgenommen werden sollte. Eines der Modelle sieht die Einrichtung eines Gutachterausschusses vor (wie z.B. bei der Grundstückswertermittlung), der regelmäßig Fachgutachten über stadtregionale Entschädigungsfragen erstattet. Andere Meinungen bezweifeln, daß die Kompensationsfrage mittels fachlicher Kompetenz – gleichsam rechnerisch – beantwortet werden kann. Da es sich um eine politische Frage handelt, müßte ein politisches Gremium gebildet werden. Immer wieder wird auch die Ansicht vertreten, daß über die stadtregionale Entschädigung im Einzelfall verhandelt werden müßte (wie z.B. auf der Konsensbildungskonferenz 2016). In solchen Verhandlungen würde man am ehesten eine effiziente und gerechte Lösung finden" (Davy u.a. 2002a).

23–26

Ruhr 2016 erlaubt auch, Spielregeln für stadtregionale Fairness durch ungewöhnliche Lösungen zu formulieren (Fisher u.a. 1981; Raiffa 2002: 165–190; Susskind u.a. 1999; Thompson 2001: 158–183). Das Merkmal solcher ungewöhnlicher Lösungen ist, daß es dafür in der deutschen Kommunalpraxis keine Vorbilder gibt. Derartige Lösungen sind nicht völlig abwegig, sie werden allerdings in deutschen Städten gegenwärtig nicht offiziell praktiziert:

„*Ungewöhnliche Lösungen*

- *Paketlösung:* Bei der Paketlösung suchen die Beteiligten solange nach weiteren Themen, die zu einem Paket von stadtregionalen Tauschgeschäften ‚geschnürt' werden können, bis alle Beteiligten einen Vorteil von einer Kooperationsvereinbarung haben. Unschön ist bei dieser Methode, daß sachlich nicht zusammengehörende Themen miteinander vermischt werden (z.B. Nanotronic, Symphonieorchester, öffentliche Verkehrsmittel, Instandsetzung von Kindergärten, Neuregelung der Dienstzeiten für kommunale Angestellte, Standort für die Konsensakademie des Landes Nordrhein-Westfalen). Man kann in der Kommunalpolitik aber auch feststellen, daß ohnedies alles mit allem zusammenhängt.

- *Lotterieverfahren:* Beim Lotterieverfahren läßt man das Los darüber entscheiden, welche von mehreren Kommunen einen Vorteil erhalten soll (und welche nicht). Falls Nanotronic mehrere Varianten für seine Standortentscheidung in Betracht zieht, gibt es mehrere Städtegruppen, die für eine Ansiedlung geeignet und an einer für sie günstigen Entscheidung interessiert sind. Wenn alle sachlichen Argumente ausgeschöpft sind, *wo* die Ansiedlung stattfinden soll, hilft das Lotterieverfahren bei der Vermeidung von unfruchtbaren Streitigkeiten. Das Zufallsprinzip tritt an die Stelle des (ausgereizten) Sachlichkeitsprinzips: Sind alle Beteiligten mit einer Losentscheidung einverstanden, kann man durch Lotterieverfahren rasch, kostengünstig und friedlich entscheiden. Wichtig ist, vor Durchführung der Lotterie zu vereinbaren, daß die ‚Verlierer' das Ergebnis akzeptieren müssen und nicht mehr sabotieren dürfen.

- *Auktionslösung:* Falls Nanotronic mehrere Varianten für seine Standortentscheidung in Betracht zieht, gibt es mehrere Städtegruppen, die für eine Ansiedlung geeignet und an einer für sie günstigen Entscheidung interessiert sind. Bei der Versteigerung (Auktion) geht es um das Recht, das einzige Kuvert für Nanotronic im Konferenzbüro zu hinterlegen (wer bei der Versteigerung überboten wird, verzichtet auf sein Recht, den besten Bieter zu sabotieren). Jede der in Frage kommenden Städtegruppen könnte sich nun überlegen, ob, wie und in welcher Höhe sie die andere(n) Städtegruppe(n) entschädigen möchte. Das Kompensationsangebot wird dann auf einen Zettel geschrieben und in einem verschlossenen Kuvert auf den Verhandlungstisch gelegt. Liegen alle Angebote vor, werden diese Kuverts geöffnet. Jene Städtegruppe, die den anderen Städten das höchste Kompensationsangebot unterbreitet, erhält den Zuschlag (= ersteigert die Nanotronic-Ansiedlung) und muß ihr Kompensationsangebot erfüllen. Falls keine Einigkeit besteht, wer das höchste Kompensationsangebot unterbreitet hat, ist die Versteigerung durch Nachbesserung der gleichwertigen Angebote zu wiederholen. Es ist zweckmäßig, daß sich alle Beteiligten vor der Auktion über alle Verfahrensschritte einigen und die Einigung schriftlich festhalten!

- *Holländische Auktion:* Bei der holländischen Auktion (*Dutch Auction*) wird von einem Auktionator das höchste Kompensationsangebot (121 Mio. €) ausgerufen. Will niemand die Nanotronic-Ansiedlung zu diesem ‚Preis' ersteigern, wird das Angebot schrittweise reduziert (also z.B. ‚120 Mio. €!', ‚119 Mio. €!', ‚118 Mio. €!' u.s.w.). Welche Städtegruppe als erstes ‚Ja!' ruft, erhält den Zuschlag und muß die anderen Städte entsprechend entschädigen.

Interkommunaler Finanzausgleich, Entschädigungen im Einzelfall, ein Kompensationsfonds, Paketlösungen, Lotterie, Auktion oder andere Modelle kommen als Verfahren natürlich nur in Betracht, wenn sich alle Beteiligten einig sind, daß es überhaupt eine Kompensation geben soll (und man sich nicht auf ein anderes Verfahren, also z.B. einen kommunalen Finanzausgleich oder ein Expertengutachten einigt)" (Davy u.a. 2002a).

Bei der Rollenverteilung zur Kompensationsfrage geht *Ruhr 2016* wiederum nach dem Prinzip vieler Stimmen vor. Die Positionen reichen von völliger Ablehnung einer Kompensationslösung bis zum ausgeklügelten System eines interkommunalen Finanzausgleichs.

KONSENSFÄHIGE SPIELREGELN

SPIELREGELVORSCHLÄGE

Die Startpositionen für die acht Städte, die auf der Konsensbildungskonferenz vertreten sind, enthalten zu den einzelnen Themen (► Objekt 33, S. 196) bestimmte Spielregelvorschläge. Diese Vorschläge bilden Startpositionen für die Verhandlungen, damit bestimmte Themen jedenfalls zur Sprache gebracht und typische Argumente genannt werden. In den anschließenden Verhandlungen müssen die Teilnehmenden eine gemeinsame Sichtweise suchen. Eine solche Sichtweise bildet die Grundlage für konsensfähige Spielregeln. Die wichtigsten der Spielregelvorschläge in *Ruhr 2016* (Davy u.a. 2002a) werden nun im Überblick dargestellt.

Wie soll die interkommunale Zusammenarbeit – beispielsweise bei der Gestaltung der Sitzungen – organisiert werden? Zur Frage der *Moderation* der Verhandlungen, mit denen eine stadtregionale Kooperation vorbereitet wird, enthielten die Instruktionen folgende Spielregelvorschläge:

1. Die Stadt Essen soll die Moderation nicht übernehmen.
1. Es sollen konkrete Maßnahmen gegen Mißbrauch der Moderation festgeschrieben werden.
1. Die Moderationsfrage sollte grundsätzlich und durch sachgerechte Argumente geklärt werden.
1. Die Stadt Essen (die inoffizielle „Hauptstadt" des Ruhrgebiets) soll die Moderation übernehmen.
1. Die Geschäftsbedingungen für das Moderationsverfahren sollen klargestellt werden.
1. Die Moderation soll von einer kleinen Stadt (z.B. Herne) übernommen werden.
1. Stadtregionale Verhandlungen sollen intern moderiert werden.
1. Zwei Städte sollten die Verhandlungen gemeinsam moderieren.
1. Die Moderation soll die Verhandlungen klar strukturieren und straffe Zeitvorgaben durchsetzen.
1. Die Moderation soll behutsam vorgehen und dem Meinungsaustausch viel Zeit einräumen.
1. Die Moderation soll durch ein externes und professionelles Unternehmen durchgeführt werden.
1. Für stadtregionale Kooperation ist die Frage der Moderation nebensächlich.
1. Es sollte keine Moderation, sondern einen Wettbewerb der Ideen geben.

27

Wie soll mit den emotionalen Zusammenhängen und zwischenmenschlichen Beziehungen im Rahmen der interkommunalen Zusammenarbeit umgegangen werden? Für die *Frage des Vertrauens* wurden ebenfalls Spielregeln vorgeschlagen:
- Vertrauen ist Verläßlichkeit im Sinne von Berechenbarkeit: Jede Kommune hat ihren Stil und soll ihren Stil pflegen können!
- Es sollen keine Vorgaben für Umgangsformen zwischen den Kommunen festgelegt werden.
- Kooperation braucht Vertrauen, und Vertrauen braucht Zeit.
- Vertrauensfundamentalismus, also bedingungsloses Vertrauen, soll abgelehnt werden.
- Vertrauen ist eine Voraussetzung für fairen Wettbewerb.
- Durch Vertrauen soll die Kooperationsgemeinschaft der Ruhrgebietsstädte zusammengehalten werden.
- Mißtrauen soll als ganz normal betrachtet werden und gehört zum Kooperationsgeschäft.
- Spielregeln für Kooperation sollen auf dem Grundsatz beruhen, daß Vertrauen ein hohes Maß an Offenheit, Gegenseitigkeit und Rücksichtnahme bedeutet.
- Das kommunale Interesse und der politische Wille entscheidet über den Erfolg der Kooperation, eine Diskussion über Vertrauen ist überflüssig.
- Zur Gewährleistung von Vertrauen sollen detaillierte Spielregeln die erforderlichen Verhaltensstandards festlegen.
- Durch informelle Treffen und andere vertrauensbildende Maßnahmen soll das Vertrauen zwischen den Städten gezielt gefördert werden.

Was sind die Spielregeln für die Weitergabe, Verarbeitung und Verwertung von Daten und Informationen im Zusammenhang mit interkommunaler Zusammenarbeit? Folgende Spielregelvorschläge betrafen die *Kommunikation und Informationspolitik* der stadtregionalen Zusammenarbeit:
- Informationen sind Macht und sollen dezentral bearbeitet werden.
- Es soll verhindert werden, daß Informationen bewußt unvollständig, unrichtig oder verspätet weitergegeben werden.
- Zur Verbesserung des Informationsflusses zwischen den Kommunen sollen Informationen zentral bearbeitet werden.
- Die Diskussion über Informationspolitik ist eine Nebensächlichkeit und sollte aufgeschoben werden, bis wichtigere Fragen der Kooperation beantwortet sind.
- Ein externes, professionelles Unternehmen sollte mit der stadtregionalen Informationsverwaltung beauftragt werden.
- Ideen für stadtregionale Projekte sollten in einem Pool gesammelt werden.
- Das Informationsmanagement der Städteregion Ruhr ist verbindlich festzulegen.
- Damit Kooperation funktioniert, müssen sich alle Städtevertreter für eine vollständige Offenlegung aller kooperationsrelevanter Informationen einsetzen.
- Eine hohe Qualität des Informationsaustausches spiegelt eine hohe Kooperationsbereitschaft wider.
- Ein effizientes Informationsmanagement muß durch eine Geschäftsstelle der Städte zentral gewährleistet werden.
- Mit Informationen soll eigenverantwortlich umgegangen werden.
- Zentrale Lösungen sind schädlich, am besten ist das Prinzip der „informationellen Selbstbedienung".

28–31

Was sind die Spielregeln, um diejenigen Vor- und Nachteile auszugleichen, die sich aus Projekten mit stadtregionaler Bedeutung für alle beteiligte Ruhrgebietsstädte ergeben? Die Startpositionen für die einzelnen Städte enthielten zur *Kompensation* eine Reihe von Vorschlägen:

- Es soll keinen interkommunalen Finanzausgleich als Sonderlösung für die Städte im Ruhrgebiet geben.
- Es sollen keine Kompensationszahlungen für nicht quantifizierbare oder indirekte Auswirkungen von Vorhaben vereinbart werden.
- Eine Kompensation sollte keinesfalls durch Experten- oder Gutachtenslösungen berechnet werden.
- Im Einzelfall sollen Regionalprojekte durch Auktion versteigert werden.
- Ein stadtregionales Ausgleichssystem soll die Solidarität zwischen den Städten fördern.
- Auch für nicht quantifizierbare oder indirekte Auswirkungen von Vorhaben sollten Ausgleichszahlungen geleistet werden.
- Wer durch ein Kooperationsvorhaben nicht begünstigt wird, soll voll entschädigt werden.
- Durch Kompensation sollen nicht nachträglich die Resultate eines fairen und engagierten Wettbewerbs in der Region korrigiert werden.
- Statt Kompensation sollte es Wettbewerb zwischen den Städten geben.
- Keine Stadt soll dauernd verlieren.
- Ein stadtregionales Kompensationsmodell soll einen finanziellen Anreiz zur Initiierung von mutigen Projekten bieten (z.B. Innovationsprämien).
- Ein Ausgleichssystem sollte nicht auf dem Konzept des Schadenersatzes aufbauen.
- Kompensation soll durch interkommunalen Finanzausgleich geleistet werden.
- Es sollen alle direkten und indirekten Vor- und Nachteile der stadtregionalen Kooperation kompensiert werden.
- Zur Festsetzung der Kompensationsleistungen soll ein Gutachterausschuß gebildet werden.
- Kompensation soll nicht als Direktzahlung an benachteiligte Kommunen geleistet werden, sondern durch Einzahlungen in einen Fonds zur Förderung von stadtregionalen Projekten.
- Kompensation soll nicht durch fiskalische Entschädigung, sondern durch symbolische Anerkennung geleistet werden.
- Anstelle eines Kompensationssystems sollten in geeigneten Fällen Versteigerungen oder Verlosungen durchgeführt werden.

Was sind die Spielregeln, nach denen die Einhaltung einer Kooperationsvereinbarung kontrolliert und sanktioniert werden soll? Unterschiedliche Spielregeln können die *Verbindlichkeit* der Zusammenarbeit absichern:
- Es soll weder Kontrolle noch Sanktionen geben.
- Das Land soll keinen zusätzlichen Einfluß in den Städten im Ruhrgebiet gewinnen.
- Durch Kontrolle oder Sanktionen dürfen keinesfalls Mehrkosten oder finanzielle Lasten entstehen.
- Nicht-Kooperation soll nicht bestraft, sondern Kooperation soll belohnt werden.
- Eine regionale Stelle soll beurteilen, welche Kooperationsvorhaben belohnungswürdig sind.
- Durch Konventionalstrafen und die Abschöpfung kooperationswidriger Vorteile sollen die Rahmenbedingungen für einen fairen Wettbewerb in der Region hergestellt werden.
- Kontrolle oder Sanktionen sollen keiner Doppelmoral dienen, sondern für alle Beteiligten gelten und von diesen als gerecht und vernünftig empfunden werden.
- Die Gemeinschaft der kooperierenden Städte soll sich selbst durch ein System von Kontrolle und Sanktionen schützen.
- Wird gemeinsam ein Bruch der Kooperationsvereinbarung festgestellt, soll die betreffende Kommune aus der Kooperationsgemeinschaft ausgeschlossen werden.
- Ein System von Kontrolle und Sanktionen ist unentbehrlich und sollte – aus Gründen der Objektivität – von einer Landesbehörde (Bezirksregierung) administriert werden.
- Einer Stadt, die sich nicht an die Kooperationsvereinbarung hält, sollten Fördergelder entzogen werden.
- Ein System von Kontrolle und Sanktionen sollte durch ein externes, professionelles Unternehmen hergestellt werden.
- Es sollte keine Geldstrafen, sondern nur symbolische Sanktionen geben.
- Kontrolle und Sanktionen sind sinnlos, weil sie sich nicht umsetzen lassen.

32–33

Was sind die Spielregeln für die Vertretung gemeinsamer Interessen der Ruhrgebietsstädte nach außen? Zur *Außenvertretung* enthielten die vertraulichen Instruktionen folgende Vorschläge:
- Es soll keine einheitliche Außenvertretung geben.
- Für einzelne Angelegenheiten sollte ein Städtesprecher bestimmt werden.
- Anstelle einer zentralen Außenvertretung sollte jede Stadt ihre eigene Sicht darstellen („Vielfalt in der Einheit").
- Die Ruhrgebietsstädte sollten unter dem Markenzeichen „Städteregion Ruhr" nach außen auftreten.
- Für wichtige Angelegenheiten sollte einer Person ein Verhandlungsmandat übertragen werden.
- Die Stadt Essen sollte die zentrale Außenvertretung übernehmen.
- Eine gewählte Regionalpräsidentin soll die Städte nach außen vertreten.
- Es sollte vereinbart werden, unter welchen Bedingungen stadtregionale Positionen nach außen vertreten werden.
- Jede Stadt sollte so oft wie möglich die Region vertreten und somit die Verantwortung für das Ruhrgebiet übernehmen.
- Die Außenvertretung sollte von jeweils drei Städten (zwei große Städte und eine kleine Stadt) übernommen werden.
- Die Städteregion Ruhr sollte öffentlichkeitswirksam durch eine überzeugende Persönlichkeit und mittelfristig durch eine Art Außenministerium vertreten werden.
- Gemeinsame Interessen sollten gemeinsam vertreten werden.
- Die Städteregion Ruhr sollte durch die Oberbürgermeister in einem festzulegenden Turnus vertreten werden.

Als Startpositionen dienten die Spielregelvorschläge in *Ruhr 2016* der Inspiration der Teilnehmerinnen und Teilnehmer am Ersten Tag der simulierten Konsensbildungskonferenz. In der Folge wurden die Spielregelvorschläge aber auch im internen Diskussionsprozeß der Verbundpartner genutzt. Die Diskussion verhalf *Städteregion Ruhr 2030* zu größerer Empfindsamkeit für stadtregionale Spielregeln (► S. 217). Zuvor ist noch kurz darauf einzugehen, welche Schlußfolgerungen aus der Ankerveranstaltung *Spielregeln für eine föderalistische Stadtlandschaft* gezogen werden können.

GAME OVER

Die vier voneinander unabhängigen Simulationsdurchgänge auf der zweiten Ankerveranstaltung wurden mittels Videoaufzeichnung festgehalten. Die teilnehmende Beobachtung der Simulationsdurchgänge, Zwischenbefragungen, die Plenardiskussion und die Auswertung der Videoaufzeichnungen erlaubten nicht nur Einsichten in die Verhandlungskultur im Ruhrgebiet. Vor allem wurde sichtbar, welche Spielregeln für eine Regionalisierung durch Vereinbarung konsensfähig und welche Probleme besonders klärungsbedürftig sind. Zur Verblüffung der Organisatoren, die Vorkehrungen gegen „Ausfallrisiko" getroffen hatten, nahmen *alle* angemeldeten Teilnehmerinnen und Teilnehmer an der Veranstaltung teil. Sie äußerten ein hohes Maß an persönlicher Zufriedenheit: Die Veranstaltung habe erlaubt, entscheidende Aspekte der Kooperation im Ruhrgebiet mit hoher Beteiligungsintensität zu bearbeiten. Im Vergleich mit üblichen Veranstaltungsformen – Vorträge mit Diskussion – ist die Simulation aufwendig, jedoch auch überlegen.

Angesichts der kontrovers geführten Debatten um die Ruhrstadt, um die KVR-Reform sowie um die im Jahr 2002 aktuellen Großvorhaben (z.B. Metrorapid, Olympiabewerbung, Projekt Ruhr GmbH) war es schwierig, Spielregeln für die interkommunale Kooperation im Ruhrgebiet unbefangen zu erörtern. Da ein enger Zusammenhang zwischen tagespolitischen Positionen und angestrebten Ordnungsvorstellungen besteht, konnte kaum erwartet werden, daß Verantwortliche aus den Ruhrgebietsstädten die Ausgestaltung der Städteregion Ruhr losgelöst vom Sachzwang aktueller Interessen diskutieren. Durch einen dreifachen Perspektivenwechsel wurde indes Spielregelbewußtsein ermöglicht. Erstens wurde der Rahmen der zweitägigen Veranstaltung auf Konsensbildung ausgerichtet und das individuelle Interesse an gemeinsamen Lösungen in den Vordergrund gestellt. Zweitens wurde durch die „Zeitmaschine" ein kreativer Bruch zugunsten des Möglichkeitssinns inszeniert. Und drittens verhalfen die Rollenbücher („Startpositionen") und der damit verbundene Rollentausch zu einer spielerischen Haltung. Natürlich kann – und soll – niemand auf die eigenen Werte, Erfahrungen, Positionen verzichten. Will man aber neue Einsichten für die Städteregion Ruhr gewinnen, hilft ein Perspektivenwechsel dabei, andere zu verstehen.

Die Konzeption der zweiten Ankerveranstaltung vermutete einen Bedarf nach Spielregeln für kommunale Regionalisierung. Diese Vermutung wurde voll bestätigt. Es ist eben nicht selbstverständlich, nach welchen Regeln die Städte des Ruhrgebiets verstärkt kooperieren könnten. Hier ist nicht in erster Linie an neue Gesetze oder Verordnungen zu denken. Vielmehr koordinieren Spielregeln die Zusammenarbeit zwischen acht selbständigen Städten und vermeiden Reibungsverluste. Mit den Spielregeln legen die Städte fest, *welches* Spiel sie eigentlich spielen, also beispielsweise welche Ziele mit welchen Mitteln durch eine stadtregionale Kooperation erreicht werden können. Ohne ausdrückliche Spielregeln ist eine solche Kooperation

34

schwierig. Ist die Begeisterung über ein gemeinsames Großprojekt oder das feierliche Versprechen zu „mehr Kooperation" abgeklungen, werden die Mühen der Zusammenarbeit in den vielen Einzelheiten offenkundig. Spielregeln sind notwendig, damit aus solchen Mühen keine Stolpersteine für die stadtregionale Kooperation werden. Die Simulation bestätigte auch die Vermutung, daß die Spielregeln einfach sein und Symbolkraft besitzen müssen. Komplizierte Regeln, die viele Details aufweisen und Ausnahmen zulassen, können weder verstanden noch gelebt werden. Und ohne Symbolkraft verkümmern vereinbarte Spielregeln bald zum bürokratischen Ballast, sie werden lästig anstatt zu entlasten.

Die Rollenbücher stellen drei gleichermaßen attraktive Standorte im Grenzgebiet von jeweils drei Städten zur Diskussion. Die Auswahl aufgrund sachlicher Kriterien fällt schwer, aber die Städte müssen entscheiden, *welche* Variante sie Nanotronic anbieten. Nur zögernd griffen drei der vier Verhandlungsgruppen zur „Notlösung" einer Losentscheidung. Die langen Diskussionen über Vorzüge und Schwächen der Standorte kosteten Zeit. Deshalb wurden nicht alle jene Punkte eingehend behandelt, bei denen inhaltliche Ergebnisse durch Sachargumente und Abwägung erzielt werden konnten: Kompensation, Kontrolle und Sanktionen, Außenvertretung. Die ungünstige Nutzung der Ressource Zeit bestätigt, daß Konsensbildungsprozesse nicht automatisch effizient sind. Doch wie kommt man am Hindernis der Standortfrage vorbei? Um effizient zu verhandeln, müssen die Beteiligten auch ungewohnte Entscheidungsmethoden akzeptieren. In einer der Verhandlungsgruppen wurde die Zustimmung zum Losverfahren für die Standortentscheidung von der Konsensbildung in anderen Fragen abhängig gemacht.

Eine Städteregion muß Spielregeln für die Verteilung der Nutzen und Kosten erfinden. Sollen Marktmechanismen wie Tausch oder Versteigerung im Vordergrund stehen? Sollen Institutionen für Mehrheitsentscheidungen geschaffen werden, etwa ein Regionalparlament? Oder stehen die Städte einer Städteregion wie die Mitglieder einer Familie zueinander, in der Vor- und Nachteile nach Sympathien und Solidarität, Fähigkeiten und Bedürfnissen verteilt werden? Keiner dieser Verteilungsmechanismen war in der Simulation eindeutig überlegen. Markant fiel das Mißtrauen gegenüber „kaufmännischer Schlauheit" aus, weshalb Marktlösungen kaum zum Zuge kamen. Die Chancen partnerschaftlicher Gruppenlösungen wurden ebenfalls wenig genutzt, vielleicht deshalb, weil es der Städteregion Ruhr eben noch an Identitäten fehlt, die ein Gruppenbewußtsein stiften könnten. Die Verhandelnden bevorzugten Expertenlösungen, bei denen Entscheidungen an externe Institutionen mit Sachverstand delegiert werden, etwa an einen Fachausschuß oder an ein Expertengremium. Die Theorie der Polyrationalität (▶ S. 143) wertet das Übergewicht hierarchischer Ansätze als Hinweis auf den in Verwaltungskreisen vorherrschenden Rationalitätstypus.

In jeder Kooperationssituation müssen die Beteiligten mit der Tatsache fertig werden, daß es Gewinner und Verlierer gibt (Baumol 1986; Forester 1989; Thompson 2001: 46–60). Diese Tatsache muß in Worte gefaßt werden – ohne jemanden zu kränken, zu beleidigen, auszuschließen. Sehr problematisch ist, wenn für Verlierer keine Sprache gefunden wird, wenn also diejenigen sprachlos bleiben, denen ein Kooperationsvorhaben nicht unmittelbar nutzt. Später rächt sich die Sprachlosigkeit, weil ja der nachhaltige Erfolg einer Zusammenarbeit gerade auch von der Kooperationsbereitschaft jener abhängt, die zunächst nichts gewinnen oder sogar verlieren. In den vier Simulationsdurchgängen überwog eine positive, konsensbewußte Sprache. Dadurch konnte zwar manchem Konflikt ausgewichen werden, es wurden aber auch Konflikte verschleiert. Zur Lösung dieser Konflikte konnte die Konsensbildung sodann wenig beitragen.

Am Zweiten Tag treffen die Vertreterinnen und Vertreter der acht Ruhrgebietsstädte mit Nanotronic zusammen. Auch die Verhandlungsteams von Nanotronic hatten vorab vertrauliche Instruktionen erhalten (Davy u.a. 2002b). In diesen Instruktionen ging es nicht um betriebswirtschaftliche, finanzielle oder organisatorische Fragen, es ging um die Konsensfähigkeit der Spielregeln. Im Gespräch mit Nanotronic begegnen die Städte dem Gewissen der Postmoderne. Da Nanotronic bei der Standortentwicklung in der Vergangenheit sehr schlechte Erfahrungen mit interkommunaler Zusammenarbeit gemacht hat, soll durch

Vorgespräche *(pre-test contracting)* geklärt werden, ob die Kernzone des Ruhrgebiets für die Ansiedlung eines integrierten Industriestandortes geeignet ist. Die Mitglieder des Verhandlungsteams sind instruiert, den ihnen präsentierten Konsens – den Vertrag von Mont Cenis – zu prüfen: Was genau besagt die Einigung? Weshalb wurden andere mögliche Konsensinhalte verworfen? Mit welcher Ernsthaftigkeit und Verbindlichkeit haben sich die Städte auf eine Zusammenarbeit geeinigt? Ungeachtet der hohen Konsensbereitschaft und der erzielten Verhandlungsergebnisse der vier Simulationsdurchgänge brachte der Zweite Tag eine gewisse Ernüchterung. Drei der vier Verhandlungsteams des Großunternehmens Nanotronic stimmten den Ergebnissen im Vertrag von Mont Cenis nicht zu. Die Mitglieder der Verhandlungsteams fanden die Spielregelkonsense zu wenig überzeugend. Lag das nur an der knappen Zeit? Oder daran, daß die Fähigkeit zur Kooperation erst erlernt werden muß?

Die Kooperation der Städte im Ruhrgebiet ist kein Spiel, wenn man unter „Spiel" etwas versteht, das keinen besonderen Ernst abverlangt und höchstens der Entspannung dient. Allerdings verhelfen spiel- und verhandlungstheoretische Ansätze dazu, die Diskussion über die Voraussetzungen einer robusten, effizienten und gerechten Kooperation so zu strukturieren, daß dabei ein gemeinsames Bemühen um konsensfähige Grundsätze und Prinzipien im Vordergrund steht (Susskind und Cruikshank 1987: 21–33).

83–85

216 7 BRAUCHBARE SPIELREGELN

LERNENDE KOOPERATION

Die Ereignisse auf der zweiten Ankerveranstaltung von *Städteregion Ruhr 2030* wurden durch die Verbundpartner intensiv erörtert. Das Ergebnis wurde auf der Leitbildmesse *Unendliche Weite!* im Februar 2003 öffentlich vorgestellt und diskutiert. Objekt 35 faßt die Spielregeln für die interkommunale Zusammenarbeit der Städteregion Ruhr zusammen.

Thema	Spielregel
Moderation	Die Städte werden gezielt zu einer kritischen Auseinandersetzung mit Moderation befähigt.
Vertrauen	Die Städte vereinbaren konkrete Maßnahmen zur gezielten Vertrauensbildung.
Information	Die Städte werden einander richtig, vollständig, rechtzeitig informieren.
Kooperationsvorteil	Die Städte führen ergebnisorientierte Verhandlungen über die Erzielung von Kooperationsvorteilen auf bestimmten Aufgabengebieten.
Kompensation	Erfolgreiche Leitprojekte der Städteregion Ruhr bieten Gelegenheiten, einfallsreiche und vorteilhafte Lösungen gemeinsam mit anderen Akteuren und ohne Verzicht auf eigene Interessen zu finden.
Verbindlichkeit	Um ihre Zusammenarbeit so verbindlich zu gestalten, wie es den Erwartungen und Bedürfnissen der Beteiligten entspricht, vereinbaren die Städte Anreiz- und Sanktionsmechanismen.
Außenvertretung	Die Städte vereinbaren, wie sie im Rahmen ihrer Kooperation gegenüber Dritten auftreten.

Objekt 35: Spielregeln für die Städteregion Ruhr

Wer vom Leitbild für stadtregionale Kooperation eine letztgültige Antwort auf die Frage nach der besten Organisationsform erwartet, wird den Spielregelkatalog unbefriedigend finden. Die Spielregeln sind keine Pointe für die Diskussion regionaler Bodenordnung (▶ S. 34). Die Enttäuschung ist unvermeidbar. In einer Welt voller wilder Grenzen werden monorationale Ordnungswünsche nicht erfüllt. Stadtregionale Kooperation, die aus dem Zusammenspiel mehrerer Rationalitäten entsteht, wird nicht durch eine einzige Rationalität erfaßt. Daraus ist nicht abzuleiten, die Städteregion Ruhr wäre völlig beliebig. Durch die Vereinbarung der Spielregeln für die Umsetzung kooperativer Leitprojekte wird ein Lernprozeß ermöglicht. Als Lernprozeß umfaßte *Städteregion Ruhr 2030* viele Schritte: wechselseitiges Kennenlernen, Vertrauensbildung, Übereinstimmung über Zukunftsbilder, erste Projekterfolge. Eine Bereinigung institutioneller und territorialer Grenzen kann diesen Lernprozeß nicht ersetzen, womöglich aber behindern.

Welche Spielregeln braucht Regionalisierung, wenn sie möglichst ohne Institutionendebatte auskommen möchte? Es sind genau jene Spielregeln nötig, die Kooperation unter den Bedingungen der Polyrationalität wahrscheinlicher machen. Solche Spielregeln beruhen auf Verhandlungen und Vereinbarungen zwischen den beteiligten Gebietskörperschaften. Die Spielregeln sind polyrational, sie berücksichtigen die vielen Stimmen des kommunalen Eigensinns, sie erzeugen eine stadtregionale Rationalität. Spielregeln machen kooperatives Verhalten ☺ der Städte wahrscheinlicher. Der Kooperationserfolg kann nicht garantiert werden, durch Spielregeln können aber jene Umstände begünstigt werden, die zur verstärkten Zusammenarbeit ermutigen. Die Kooperation der Städte, so erklärt das Modell des polyrationalen Gesellschaftsvertrages, wird durch Eigensinn wahrscheinlicher, nicht durch rechtlichen Zwang. Nur wenn jede einzelne Stadt anhaltend daran interessiert ist, die vereinbarten Zukunftsbilder und Leitprojekte umzusetzen, gelingt Kooperation. Die Vielzahl individueller Interessen der einzelnen Städte werden durch begleitende Vereinbarungen, wie beispielsweise die Spielregeln für die Städteregion Ruhr (▶ Objekt 35), koordiniert. Solche Vereinbarungen sind notwendig, weil die Umsetzung eines langfristigen Leitbildes nur durch abgestimmtes, verläßliches Verhalten aller Kommunen möglich ist. Die Koordinationswirkung einer solchen Vereinbarung hängt davon ab, welchen koordinierenden Maßnahmen die Städte zustimmen.

Objekt 36: Umsetzungspyramide und responsive Kooperation

Objekt 36 veranschaulicht einen Stufenbau der Maßnahmen zur koordinierten Umsetzung einer Kooperationsvereinbarung. Der Stufenbau entsteht, weil die Maßnahmen auf die Rationalitäten der Beteiligten eingehen, und bildet die Umsetzungspyramide responsiver Kooperation. Der stufenförmige Aufbau – die

86–88

7 BRAUCHBARE SPIELREGELN

89

breite Basis der freiwilligen Umsetzung und die schmale Spitze des strafweisen Ausschlusses einzelner Städte – ermöglicht differenzierte Maßnahmen (Ayres und Braithwaite 1992: 35–40). Die Differenzierung ist hilfreich, weil die Städte mit vielerlei Eigensinn an der Städteregion Ruhr teilnehmen. Die Maßnahmen *antworten* auch auf andere Rationalitäten. Jene Städte, die eine Gemeinschaftsstrategie verfolgen, werden vor allem durch positive Anreize zur Kooperation motiviert, etwa durch erfolgreiche Identitätspflege. Ähnliches gilt für Städte, die eine Wettbewerbsstrategie verfolgen. Sie orientieren ihr Verhalten an Freiwilligkeit und individuellen Vorteilen, etwa an Belohnungen durch „Innovationsprämien". Wären die Spielregeln auf Kontrollen und Strafen – die unentbehrlichen Elemente einer Herrschaftsstrategie – beschränkt, würden *egalitarians* und *individualists* gar nicht erst an der Zusammenarbeit teilnehmen. Gleichwohl verhindert die Umsetzungspyramide die Ausbeutung freiwillig mitwirkender Städte. Falls einzelne Städte die Kooperationsvereinbarung verletzen, kommen die ebenfalls vereinbarten schärferen Umsetzungsmaßnahmen ins Spiel. Die Spitze der Pyramide verhindert, daß „Schwarzfahrer" die stadtregionale Zusammenarbeit ungestraft ausbeuten.

Ohne Spielregeln kämen, nachdem eine Kooperation vereinbart wurde, nur zwei Verhaltensweisen in Betracht. Entweder erfüllen alle Städte die Kooperationsvereinbarung oder sie beenden ihre Zusammenarbeit. Dies ist die Situation, vor der Akteure in einem Gefangenendilemma im Sinne der Theorie der rationalen Kooperation stehen, wenn sie keine Vereinbarungen über ihr Verhalten treffen können (▶ S. 92). Es wäre allerdings zeitraubend und mühevoll, wenn Akteure absichtlich einen Zustand aufrecht erhielten, in dem sie entweder in voller Harmonie [oder im Krieg aller gegen alle N leben. Responsive Kooperation erweitert die Bandbreite möglicher Verhaltensweisen, die Vereinbarung einer Umsetzungspyramide macht die Zusammenarbeit robuster. Das ist für alle beteiligten Städte vorteilhaft, solange sie darin übereinstimmen, ihre Zukunftsbilder und Leitprojekte sollten umgesetzt werden. Der Eigensinn einzelner Städte wird unterstützt, indem die Beteiligten für die kooperative Leitbildumsetzung gewisse Regeln vereinbaren, um die Versuchung M nicht-kooperativen Verhaltens L herabzusetzen.

Die Spielregeln für die Städteregion Ruhr (▶ Objekt 35, S. 217) begleiten eine Regionalisierung ohne Institutionen: ohne neue Behörden, ohne neue Zuständigkeiten, ohne formale Entscheidungsverfahren. Diese Spielregeln sind weder grandios noch umfassend. Sie sind indes brauchbar. Sie antworten auf konkrete Fragen stadtregionaler Kooperation. Die Spielregeln lösen nicht alle Probleme, sie bilden den Ausgangspunkt für freiwillige, effiziente und gerechte Lösungen. Aufgrund ihrer fraktalen Qualität (▶ S. 190) können sie verwendet werden, um die Kooperationsbereitschaft aufzufrischen oder neue Kooperationen zu schmieden. Die Regionalisierung durch Vereinbarung beruht auf eigensinnigem Wissen um Kooperationsvorteile. Wie die Spielregeln bei einem sportlichen Wettkampf sind auch die Spielregeln für stadtregionale Zusammenarbeit nicht „das Spiel". So bestimmen etwa Fußballregeln nur, was die Spieler der beiden Mannschaften am kommenden Sonntag tun dürfen und was nicht. Welche Mannschaft am kommenden Sonntag gewinnen wird, steht nicht in den Fußballregeln. Die Spielregeln für die stadtregionale Zusammenarbeit schärfen die Aufmerksamkeit für ein gemeinsames Spiel, sie können und wollen dieses Spiel – die Zusammenarbeit der Städte als Städteregion Ruhr – nicht ersetzen.

Durch eine bewegliche Handhabung der Grenzen werden Barrieren abgebaut und Möglichkeitsräume erschlossen.

BEGRENZTE MÖGLICHKEITEN

WIRKLICHKEIT UND MÖGLICHKEITEN

Gelegentlich scheint uns die Zukunft gut vorstellbar und geradezu greifbar. Beim Würfelspiel sind vor jedem Wurf sechs einander ausschließende Ergebnisse möglich. Eine dieser Möglichkeiten wird durch den Wurf verwirklicht, die anderen werden ausgeschlossen. Das Ergebnis des Wurfes – die Wirklichkeit – ist eine Transformation des Möglichen durch eine Handlung der Spielenden. Dieses Verhältnis zwischen den Möglichkeiten und der Wirklichkeit wird in Objekt 37 dargestellt:

Objekt 37: Würfelspiel

Objekt 37 stellt einen Sachverhalt dar, den man als gut vorstellbar und geradezu greifbar – als objektiv und quantifizierbar – bezeichnen könnte: Der Würfel und das Ergebnis sind unabhängig von den Spielenden, den sechs Möglichkeiten kann eine zahlenmäßig bestimmte Eintrittswahrscheinlichkeit zugeordnet werden. Diese objektiven und quantifizierbaren Aspekte des Würfelspiels sind allerdings nur für die Statistik faszinierend. In der Praxis des Würfelspiels wird das Verhältnis zwischen Wirklichkeit und Möglichkeiten durch soziale Konstruktionen bestimmt: Zweck des Würfelspiels, Art und Höhe des Spieleinsatzes, Glückssträhne. Der Unterschied zwischen Zockern und Spielverderbern hat wenig mit den objektiven Aspekten des Würfelspiels zu tun. Erst die soziale Konstruktion der Möglichkeiten bestimmt, was überhaupt als Möglichkeit wahrgenommen wird, wie Möglichkeiten bewertet werden, welche Konsequenzen daraus für unser Verhalten abgeleitet werden. Dies trifft nicht nur auf Glücksspiele zu. Auch ein stadtregionales Leitbild enthält soziale Konstruktionen der Möglichkeiten.

Eine monorationale Konstruktion der Möglichkeiten ist *boundary making* (▶ S. 110): Die Welt ist komplex und kontingent, und wir ziehen Grenzen, damit *unsere* Sicht von Wirklichkeit und Möglichkeiten in Wert gesetzt wird (Luhmann 1997: 75–78; Willke 2000: 57). Die gezogenen Grenzen verhindern Störungen un-

serer Wahrnehmung und Bewertung der Wirklichkeit. Solche Grenzen existieren als mentale Grenzen in unserem Vorstellungsvermögen, als gebaute Grenzen in der vorhandenen Stadtform oder Siedlungsstruktur, als juristische Grenzen in rechtlichen Geboten und Verboten, als organisatorische Grenzen in der Zuständigkeitsverteilung, als soziale Grenzen in gesellschaftlicher Achtung und Ächtung. Wer Möglichkeiten einem *boundary making* unterzieht, wählt. Aus dem Spektrum der Möglichkeiten werden nur jene betrachtet, die dem Eigensinn – der *bounded rationality* oder monorationalen Deutung – entsprechen. Diese Begrenzung ist oft vorteilhaft, sie verhilft zu einer Ordnung der Dinge und erspart die Mühe, dauernd alles in neuem Licht sehen und erlernen zu müssen. Der Eigensinn läßt uns vorzugsweise jene Sachverhalte erkennen, für die in unserem kognitiven und pragmatischen Repertoire geeignete Erklärungen und Handlungsweisen vorgehalten werden. Das *boundary making* kann aber auch nachteilig sein, weil es selbstzufrieden, hilflos, betriebsblind, engstirnig macht. Es begrenzt nicht nur Möglichkeiten, es begrenzt auch den Möglichkeitssinn.

Vergangene und zukünftige Möglichkeiten umhüllen die Wirklichkeit. Das, was ist, hätte auch ganz anders kommen können und kann künftig ganz anders werden. Wir vergleichen die Wirklichkeit mit diesen Möglichkeiten. Wir betrachten *vergangene* Möglichkeiten und stellen fest, was wir versäumt haben, was uns erspart geblieben ist, was wir bewältigt haben. Versäumnisse, Schonung, Strapazen beeinflussen die individuelle und kollektive Einschätzung der Vergangenheit: Wir sind vom Lauf der Dinge enttäuscht, über das Geschehene erleichtert, stolz auf unsere Vergangenheit. Wir blicken auf *zukünftige* Möglichkeiten und ahnen, was alles besser wird, was uns bedroht, wie wir unsere Chancen wahren könnten. Glück, Bedrohung, gute Vorsätze prägen individuelle und kollektive Zukunftserwartungen: Wir haben Hoffnung, wir fürchten uns, wir sind handlungsbereit. Die Deutung vergangener und künftiger Möglichkeiten prägt den Eigensinn, mit dem Möglichkeiten eher optimistisch oder eher pessimistisch beurteilt werden. Eine optimistische Beurteilung verhilft dazu, auch unwahrscheinliche Möglichkeiten zu nutzen, sie verleitet allerdings dazu, die eigenen Chancen zu überschätzen. Eine pessimistische Beurteilung macht gegenüber allzu großen Erwartungen vorsichtig und erspart manche Enttäuschung, sie verstellt aber auch den Blick auf das Machbare. Optimismus und Pessimismus sind alltägliche Beispiele dafür, wie stark Wirklichkeit und Möglichkeiten durch „subjektive" Haltung bestimmt werden. Die soziale Konstruktion des Möglichen bestimmt unsere Wirklichkeit.

Robert Musil, der im *Mann ohne Eigenschaften* den Begriff des Möglichkeitssinns prägte (▶ S. 20), wußte durchaus, daß seine Begriffsschöpfung die „Träume nervenschwacher Personen" ebenso umspannte wie die „noch nicht erwachten Absichten Gottes" (Musil 1930: 16). In der Tat nehmen Möglichkeiten in unserem Denken und Handeln einen merkwürdigen Platz ein. Dies zeigt ein Ausschnitt aus dem Sprachfeld *Möglichkeit*: Abenteuer, Annahme, Aussicht, Ausweg, Bedrohung, Befürchtung, Chance, Denkbarkeit, Erwartung, Eventualität, Fügung, Gefahr, Gelegenheit, Glaube, Glückssache, Gunst des Augenblicks, Hoffnung, Lichtblick, Mutprobe, Prüfstein, Risiko, Schicksal, Spekulation, Unbestimmtheit, Ungewißheit, Unheil, Unsicherheit, Verdacht, Vorahnung, Vorausschau, Vorfreude, Wagnis, Wahrscheinlichkeit, Zufall, Zuversicht, Zweifel. Die Sprachbeispiele haben zwar alle mit vergangenen oder künftigen Möglichkeiten zu tun, sie reflektieren aber auch, mit welchen Gefühlen, Haltungen, Färbungen diese Möglichkeiten betrachtet werden: Einen Verdacht hegt man anders als man Vorfreude empfindet. In Glaubenssachen wie in Glückssachen werden Möglichkeiten ungleich eingeschätzt. Ein Abenteuer weckt andere Gefühle als ein mögliches Unheil. Und dennoch kreisen die Sprachbeispiele in ähnlicher Weise um Möglichkeiten und Wirklichkeit.

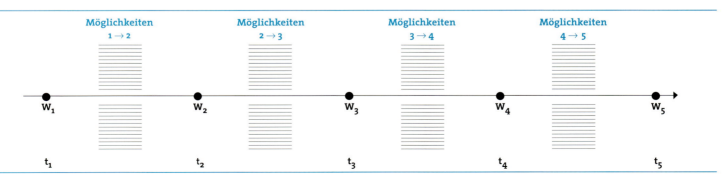

Objekt 38: Wirklichkeit und Möglichkeiten

3

Alles, was gegenwärtig der Fall ist, war in der Vergangenheit nicht wirklich, sondern bloß möglich. Die ehemalige Möglichkeit, die sich in der Gegenwart verwirklicht hat, war in der Vergangenheit eine aus mehreren Möglichkeiten (► S. 124). Aus der Menge aller Möglichkeiten kann allerdings nur *eine* Möglichkeit zur Wirklichkeit werden. Alle anderen Möglichkeiten sind von ihrer Verwirklichung ausgeschlossen. Wie ist dieser Vorgang vorstellbar, bei dem eine aus mehreren Möglichkeiten zur Wirklichkeit wird?

Das, was der Fall ist, ist wirklich. Objekt 38 zeigt, was zu einzelnen Zeitpunkten (t_1, t_2, t_3 ...) der Fall ist (W_1, W_2, W_3 ...). Das Intervall zwischen den Zeitpunkten kann beliebig gewählt werden und von einer logischen Sekunde bis zu vielen Jahrzehnten reichen. Die betrachteten Zeitpunkte können ganz oder teilweise in der Vergangenheit oder in der Zukunft liegen, je nachdem, ob man vergangene, gegenwärtige oder zukünftige Wirklichkeiten betrachtet. Die Wirklichkeit, die zu den betrachteten Zeitpunkten jeweils gegenwärtig ist (W_1, W_2, W_3 ...), wird durch einen Knotenpunkt ● symbolisiert. Welche Wirklichkeit betrachtet wird, hängt vom Beobachtungsinteresse ab. Wer Ergebnisse beim Würfelspielen interessant findet, wird Würfel beobachten. Im folgenden werden Zustände der Städteregion Ruhr betrachtet, genausogut könnte aber auch die Entwicklung der Stadt Herne oder einer einzelnen Person betrachtet werden. Die waagrechten Linien ober- und unterhalb der Zeitachse repräsentieren Möglichkeitsspuren, das ist die unsortierte Menge aller Möglichkeiten, die sich zwischen den Zeitpunkten bieten.

Die Menge aller Möglichkeiten für die Entwicklung der Städteregion Ruhr ist groß und, weil ansonsten kein Platz für das Unmögliche bliebe, begrenzt. Die Zahl der Möglichkeiten hängt von vielen Faktoren ab, beispielsweise vom Anfangszustand der Region, von äußeren Einwirkungen oder vom Wollen und Können regionaler Entscheidungsträger. Die Zahl der Möglichkeiten schwankt auch mit der Detailschärfe der Betrachtung. Je genauer man die Entwicklung betrachtet und je mehr Varianten man berücksichtigt, um so mehr Möglichkeiten sind für die stadtregionale Entwicklung in Betracht zu ziehen. Bei der Analyse der Szenarien könnte man ähnliche Möglichkeiten bündeln; das Bündel könnte dann *eine* der in Objekt 38 abgebildeten Möglichkeiten bilden. Die Komplexität von Wirklichkeit und Möglichkeiten kann auch anders reduziert werden: Man betrachtet in erster Linie soziale und ökologische Zusammenhänge, man analysiert die Entwicklung eines Faktors *ceteris paribus*. Schließlich könnte man mit höchstem Detaillierungsgrad versuchen, jeden auch noch so ausdifferenzierten möglichen Entwicklungszustand als eigene Möglichkeit zu betrachten; Objekt 38 läßt beliebige Körnigkeit zu.

4

EIGENSINNIGE ZUKÜNFTE

Für die Ruhr wurden schon vielfach Leitbilder und Visionen entwickelt. Von der „Superstadt an der Ruhr und Emscher" (Einsele 1963: 62) bis zur aktuellen Ruhrstadtdiskussion (Willamowski u.a. 2000) und zu *RheinRuhrCity* (MVRDV 2002) fasziniert die Metropole, die ultimative Großstadt. Klaus R. Kunzmann entwarf wiederholt Leitbilder, die vielschichtige Zukünfte des Ruhrgebiets und der Region Rhein-Ruhr skizzieren (Kunzmann 1987, 1992, 1993, 1995); besonders hervorzuheben ist *Ruhrstadt 2030* (Kunzmann 1984). Auf der VI. Architektur-Biennale in Venedig präsentierte Kunibert Wachten das Ruhrgebietsleitbild *Wandel ohne Wachstum* (Wachten 1996). In den Jahren 2000 und 2001 bot die Ausstellung *War die Zukunft früher besser? – Visionen für das Ruhrgebiet* einen Überblick über historische Zukunftsentwürfe: Anwerbeaktionen für polnische Arbeiterfamilien, industrielle Rationalisierungsphantasien, Wasserbahnhöfe und unterirdischer Autoverkehr, Industrietourismus (LVRL/RIM 2000). Vergangene Zukunftsvisionen laden zum Vergleich ein, der manchmal erstaunt, manchmal belustigt (Schmacke 1970).

Worauf achten wir, wenn wir an die Zukunft denken? Wie stellen wir uns das Verhältnis zwischen Möglichkeiten, künftiger Wirklichkeit und unseren Handlungen vor? In der Architektur, Regionalökonomie, Raumplanung werden jeweils eigene Ansichten über zukünftige Entwicklungen gepflegt – und dies gilt auch für Versicherungsmathematik, Astrologie, Militärstrategie. Jede dieser Disziplinen behandelt das Verhältnis zwischen Möglichkeiten und Wirklichkeit auf eine ihr eigentümliche Art und Weise. Was von der Zukunft erwartet wird, hängt auch vom Eigensinn und Beurteilungshorizont derjenigen ab, die mögliche Zukünfte einschätzen. Mögen sie auch alle eine Vorstellung vom Realisierungspfad besitzen, wird es eine je eigene Vorstellung sein, die nicht ohne weiteres mit anderen Zukunftsvorstellungen vergleichbar ist. Zukünfte sind eigensinnig.

Die Wirklichkeit ist stets die Realisierung einer früheren Möglichkeit. In Objekt 39 ist der Realisierungspfad als gestrichelte Linie dargestellt. Der Verlauf des Realisierungspfades wird durch jene Möglichkeiten bestimmt, die für die Städteregion Ruhr als stadtregionale Wirklichkeit zwischen den Jahren 1990 und 2030 eintreten. Das Ereignis der Wirklichkeit kann durch absichtsvolles Handeln oder bewußtes Gestalten, es kann aber auch durch den natürlichen Gang der Dinge oder durch das Zusammenspielen unüberschaubarer Faktoren verursacht werden. Die Darstellung des Realisierungspfades für die Städteregion Ruhr ist inhaltsoffen. Sie besagt lediglich, daß alle Entwicklungszustände der Städteregion Ruhr, die bis zum Jahr 2030 eintreten, vorangehende Möglichkeiten realisieren. Durch die Realisierung jeder dieser Möglichkeiten werden andere Möglichkeiten nicht verwirklicht. Die Darstellung besagt nicht, welche Möglichkeiten für die stadtregionale Entwicklung in Betracht kommen, wie diese Möglichkeiten und die tatsächlich erreichten Entwicklungszustände bewertet werden, ob Kooperation auch andere Möglichkeiten zuließe, nach welchen Kriterien die Realisierung stattfindet.

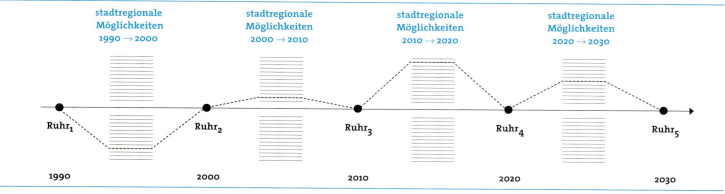

Objekt 39: Der Realisierungspfad

Die Zahl möglicher Entwicklungszustände der Städteregion Ruhr übersteigt zu jedem beliebigen Zeitpunkt die Vorstellungskraft und Aufmerksamkeit der meisten, vermutlich sogar aller Entscheidungsträger. Wie verarbeiten sie den Überschuß an Möglichkeiten? Die meisten Entscheidenden sehen die möglichen Entwicklungszustände der Städteregion Ruhr nicht als gleichwertig an. Manche der Entwicklungszustände scheinen ihnen besonders erstrebenswert, andere außerordentlich unangenehm: Chancen und Gefahren. Mögliche Entwicklungszustände könnten noch nach anderen Kriterien sortiert werden, etwa nach dem Grad ihrer Wahrscheinlichkeit. Am einen Ende der Reihung stünden dann die für sehr wahrscheinlich gehaltenen Entwicklungszustände; das sind nach dem gewöhnlichen Lauf der Dinge geradezu zwingende Ereignisse. Am anderen Ende der Reihung wären sehr unwahrscheinliche Entwicklungszustände versammelt: Auswirkungen höherer Gewalt, *acts of God*. Wie bewerten die Entscheidenden diese Möglichkeiten? Viele, die bestimmte Möglichkeiten als Chancen oder Gefahren wahrnehmen, sind bemüht, die Eintrittswahrscheinlichkeit der Möglichkeiten zu beeinflussen. Zu diesem Zweck werden sie planen, entscheiden, handeln.

Die inhaltliche Offenheit des Realisierungspfades (Objekt 39) gestattet, die Beziehung zwischen Wirklichkeit und Möglichkeiten als soziale Konstruktion zu untersuchen. Mit dieser Beziehung verbindet jede Rationalität – jede der polyrationalen Grenzstrategien (► S. 146) – eine andere Vorstellung, um die Komplexität sozialer Konstruktionsarbeit zu verringern (Douglas und Wildavsky 1983; Schwarz und Thompson 1990). Die Reduktion ist notwendig, um eine Flut an Informationen und Erwartungen einzudämmen, sie ist auch nötig, um Zeit, Arbeitsaufwand und andere Ressourcen zu sparen, bevor jemand entscheidet und handelt. Allerdings führt die Reduktion der Komplexität auch immer zu Verlusten, weil nur bestimmte Möglichkeiten und Handlungsweisen in Betracht gezogen werden. Die Verluste, die durch mentales *boundary making* eintreten, können auf einfache Weise aufgespürt und dargestellt werden. Welche Möglichkeiten werden aus der Perspektive einer bestimmten Rationalität *überhaupt nicht* in Betracht gezogen? Solche gänzlich ausgeschlossenen Möglichkeiten sind die „Monster" der Monorationalität. Soziale Wahrnehmungen unterscheiden sich darin, was als monströs angesehen wird: als das Atemberaubende und Mächtige, als das Mißgestaltete und Ungeheuerliche. Mary Douglas veranschaulicht die ungleiche Verteilung monorationaler Monster in verschiedenen Gesellschaften mit Hilfe einer *tribal insurance company*. Diese polyrationale Versicherungsgesellschaft versichert gegen das Risiko, einer Verunreinigung verdächtigt zu werden. Sie müsse Sachverhalte in Betracht ziehen, die sich von Gesellschaft zu Gesellschaft stark unterscheiden. Manchmal würden Menschen der Zauberei verdächtigt, manchmal wären die Mittellosen unrein. In einigen Gesellschaften wären Frauen verdächtiger als Männer, in anderen Gesellschaften sei das Lebensalter ausschlaggebend (Douglas 1978: 239–241). Mit Hilfe dieser Idee kann man auch aufspüren, welche Möglichkeiten durch mentales *boundary making* ausgegrenzt werden. Anstelle der *tribal insurance company* tritt der Überraschungsindex, denn monströse Möglichkeiten sind Überraschungen. Angesichts einer Überraschung werden die mentalen Grenzen einer Rationalität sehr anschaulich.

Nur wer großes Vertrauen in großtechnische Systeme besitzt, ist über das Versagen solcher Systeme überrascht. Es war auch vor dem Sinken der Titanic oder dem *blackout* in amerikanischen Großstädten im Sommer 2003 möglich, daß das „sicherste Schiff aller Zeiten" einen Eisberg rammt oder der *grid* überlastet wird. Aber eine Schiffskarte gekauft oder ohne Taschenlampe ihr Heim verlassen haben nur jene, die diese Möglichkeit nicht wahrgenommen oder für unwahrscheinlich gehalten haben. Sie waren dann überrascht, ihr Überraschungsindex zeigte einen hohen Wert. Wer umgekehrt großtechnischen Systemen schon immer mißtraute, war nicht überrascht; der Überraschungsindex zeigte einen niedrigen Wert. Derartige Unterschiede bestehen in allen Lebenslagen. Manche Menschen wissen genau, eine bestimmte Lebenspartnerschaft werde niemals gut gehen; andere sind davon überzeugt, genau diese Beziehung – ungeachtet ihres turbulenten Verlaufs – werde lange halten. Je nachdem, wie besagte Lebenspartnerschaft dann wirklich verläuft, sind manche überrascht, andere sind es nicht. Die Gründe für Überraschungen sind ebenso ungleich verteilt wie verschiedene Rationalitätstypen: Herrschaft und Kontrolle, Mißtrauen und Gemeinschaft, Freiheit und Wettbewerb, Gelassenheit und Fatalismus.

STADTREGIONALE ÜBERRASCHUNGEN

Objekt 39 (► S. 227) ist für vielfältige, selbst gegensätzliche Interpretationen offen. Es ist für ein Frage-Antwort-Spiel geeignet, bei dem die Fragen das Suchraster der Fragenden widerspiegeln: Wird der Realisierungspfad nicht zu einfach, vielleicht auch zu technisch dargestellt? Welche konkreten Möglichkeiten sind für die Entwicklung der Städteregion Ruhr denkbar? Wie könnten wir den Verlauf des Realisierungspfades am besten beeinflussen? Wer durch eine Antwort bestätigt oder zum Widerspruch herausgefordert wird, ist nicht überrascht. Überrascht ist, wen eine Antwort nachdenklich macht, verwundert, verwirrt. Für jede der vier Rationalitäten (► Objekt 27, S. 149) erscheint das Verhältnis zwischen Wirklichkeit und Möglichkeiten in einem eigenen Licht: wahrscheinlich oder unwahrscheinlich, erstrebenswert oder erschreckend. Vor allem aber werden die vier Rationalitäten, weil sie Möglichkeiten unterschiedlich wahrnehmen und bewerten, nicht durch dieselben Wirklichkeiten überrascht.

Der Mythos der Kontrolle will Möglichkeiten vollständig erfassen, ordnen, dokumentieren. Die hierarchisierende Ordnung der Möglichkeiten wird am Bedarf nach Herrschaftswissen orientiert: Haushaltspläne, Rechtslage, Investitionssummen. Vergangene Möglichkeiten werden als planvolle Geschichtsentwicklung dargestellt, um aus erklärter Vergangenheit für die Zukunft lernen zu können. In der Geschichtsdarstellung stehen Beherrschbarkeit und Macht im Vordergrund: Wer die Vergangenheit kontrolliert, beherrscht auch

die Zukunft. *Hierarchists* sind gründlich, aber phantasielos. Sozioökonomie ist wichtiger als Ästhetik, die Färbung des Abendhimmels über der Ruhr ist für eine Herrschaftsstrategie irrelevant. Daher beachtet technokratische Stadtplanung im Ruhrgebiet zwar demographische Prognosen, nicht aber die spektakulären Sonnenuntergänge. Die als relevant erfaßten Möglichkeiten werden in Chancen und Gefahren für die Beherrschung der Städteregion Ruhr eingeteilt. Ertragreiche Entwicklungen sind Chancen, wenn sie die Herrschenden gegenüber ihren Konkurrenten erfolgreicher machen. Abträgliche Entwicklungen sind nur dann Gefahren, wenn sie die Beherrschbarkeit der Städteregion Ruhr in Frage stellen. Das führt zu paradoxen Einschätzungen der Gefahren. Für *hierarchists* sind gefährdete Arbeitsplätze oder Umweltbeeinträchtigungen nicht schlimm, denn sie verlangen nach mehr Kontrolle. Der Mythos der Kontrolle möchte die Chancen und Gefahren steuern. Die Mittel der Steuerung umfassen für *hierarchists* unter anderem die wissenschaftliche Zukunftsforschung, die großräumige und langfristige Planung, die Aufteilung der Zuständigkeiten, rechtsverbindliche Gebote und Verbote, regelmäßige Kontrollen, Berichtspflichten.

Für den Mythos der Gemeinschaft sind jene Möglichkeiten besonders wichtig, die eine gegebene Lage verändern könnten. Mögliche Veränderungen werden eher als eine drohende Verschlechterung wahrgenommen, da sie die gegenwärtigen Gruppenbeziehungen auf die Probe stellen und womöglich erschüttern. Demgegenüber werden mögliche Störungen durch Mitglieder der eigenen Gemeinschaft vernachlässigt. Vergangene Möglichkeiten werden als gemeinschaftsbildende Ereignisse verallgemeinert, deren Erzählung einen festen Platz in der Gruppenpraxis einnimmt. In diesen Erzählungen ist Vertrauen wichtig, manchmal auch erlittenes Unrecht, mit dem Mißtrauen begründet wird. *Egalitarians* sind kleinmütig, wenn es um mögliche Verluste geht. Das Mißtrauen gegenüber Neuem und Fremdem ist ausgeprägter

5–7

8

als das Mißtrauen gegenüber dem Bekannten und Eigenen. Die Wahrnehmung der Möglichkeiten wird durch diese Asymmetrie bestimmt. Daher bewerten *egalitarians* selbst bescheidene Erfolge der vertrauten Großindustrie im Ruhrgebiet höher als die Wachstumsbranche lokaler ethnischer Ökonomie. Gemeinschaftsstrategien zeigen geringes Interesse an den Chancen technischer und wirtschaftlicher Innovationen. Zum Beispiel ist Informations- und Kommunikationstechnologie für *egalitarians* eher uninteressant, sie kommunizieren in persönlichen Begegnungen und durch Gespräche mit anderen Gruppenmitgliedern. Die wahrgenommenen Möglichkeiten werden einerseits in Chancen für die Bestätigung und Umsetzung gemeinsamer Werte, andererseits in Gefahren für die Solidarität und Kohäsion der Gemeinschaft und ihrer Werte eingeteilt. Weder die Ellenbogengesellschaft noch großtechnische Monopolindustrien sind erstrebenswerte Möglichkeiten. *Egalitarians* befürchten stets, daß gerade solche Möglichkeiten eintreten werden. Zukunftsgestaltung durch großspurige Interventionen widerspricht dem Mythos der Gemeinschaft, vielmehr soll eine bewährte Gruppe behütet werden. Diese Fürsorge umfaßt Argwohn gegenüber Veränderungen, die Unabhängigkeit gegenüber Außenstehenden, die Betonung gemeinsamer Identität und Tradition, persönliche Gespräche.

Der Mythos der Freiheit schätzt vor allem jene Möglichkeiten, die den persönlichen Handlungsspielraum erhöhen und sich zum eigenen Vorteil nutzen lassen. Mögliche Schäden – insbesondere, wenn sie andere treffen – sind weniger wichtig. Das Spektrum an Möglichkeiten wird wie eine zu umfangreiche Speisekarte betrachtet. *Individualists* wählen aus, ohne lange über Möglichkeiten zu grübeln, die sie bereits als irrelevant eingestuft haben. Vergangene Möglichkeiten sind für sie als Anregungen für den künftigen Erfolg bedeutsam. Die persönliche Erfolgsgeschichte unterstreicht den Fortschritt, also die Vorstellung von einer mühsamen Herkunft und einem aufstrebenden Lauf der Dinge, der durch eigenes Handeln gestaltet wird. *Individualists* halten die Wirklichkeit für gestaltbar – vorausgesetzt, alle haben die Freiheit, ihre Interessen zu verfolgen. Sie bestätigen ihre Freiheit, indem sie durch mutiges Handeln dort erfolgreich sind, wo andere nicht zu handeln wagen. Wettbewerbsstrategien stufen jene Möglichkeiten als Gefahr ein, die individuelle Handlungsfreiheiten beschränken. Umgekehrt werden Chancen in allen Möglichkeiten fernab eingefahrener Bahnen erblickt. Der Mythos der Freiheit hält Wagnisse für wertvoller als Vorsicht oder Tradition: *Navigare necesse est, vivere non!* Wettbewerbsstrategien bestreiten, daß man die Zukunft kontrollieren oder erlangte Zustände durch behutsame Pflege bewahren könnte. Wichtig ist, schneller zu handeln als das Unheil, das andere einschüchtert. Die Mittel des individuellen Handelns umfassen entschlossene Taten, die unermüdliche Suche nach unerwarteten Vorteilen, den Verzicht auf störende Regelwerke und Traditionen, kurze Wege, Netzwerke, unkonventionelle Experimente.

Für den Mythos des Fatalismus stellen Möglichkeiten alles dar, was wir nicht beeinflussen können. *Fatalists* haben zwar Interesse an der Zukunft, ihrer Überzeugung nach kann die Zukunft aber nicht gestaltet werden. Diese Überzeugung macht passiv und weckt das betäubende Gefühl, von allen Handlungsmöglichkeiten abgeschnitten zu sein. Passivität kann aber auch zur Überzeugung führen, wir seien nicht dazu bestimmt, uns um die Veränderung der Umstände zu bemühen, die wir nicht ändern können. Daher ist gleichgültig, ob man an politischen Wahlen teilnimmt, ob man das Wort ergreift, ob man sich für zukünftige Entwicklungen verantwortlich fühlt. Es ist schwer, *fatalists* zu überraschen. Die Verbreitung des Mythos des Fatalismus erklärt vielleicht, weshalb die Nutzungsmischungen in der Raumstruktur des Ruhrgebiets für so geringe Erregung sorgen. Typische Elemente einer Isolationsstrategie sind das Fernbleiben, die Ohnmacht, das Schweigen, das Wegschauen.

Die Zukunft der Städteregion Ruhr wird ...	wäre eine Überraschung	wäre keine Überraschung	wäre eine Chance	wäre eine Gefahr
... durch Investitionen aus Mitteln des Landes, des Bundes, der EU finanziert.	☐	☐	☐	☐
... durch einen Masterplan für die Städteregion Ruhr gestaltet.	☐	☐	☐	☐
... an der Konkurrenz zwischen den Städten scheitern.	☐	☐	☐	☐
... durch die Künstlerinnen und Künstler im Ruhrgebiet bestimmt.	☐	☐	☐	☐
... durch kooperative Leitprojekte der Städte im Ruhrgebiet gestaltet.	☐	☐	☐	☐
... vom wirtschaftlichen Erfolg der Migrantinnen und Migranten aus dem EU-Ausland abhängen.	☐	☐	☐	☐
... durch gute Nachbarschaft und zwischenmenschlichen Respekt geprägt.	☐	☐	☐	☐
... von einer zügigen und umfassenden Organisationsreform gekrönt.	☐	☐	☐	☐
... durch die Überalterung und Überfremdung der Bevölkerung geprägt.	☐	☐	☐	☐
... in den Händen der Klein- und Mittelunternehmen liegen.	☐	☐	☐	☐
... durch eine globale Umweltkatastrophe bestimmt.	☐	☐	☐	☐
... kaum anders aussehen als die Gegenwart.	☐	☐	☐	☐
... durch vielfältige Identitäten in Stadtteilen und dörflichen Strukturen bereichert.	☐	☐	☐	☐

Objekt 40: Stadtregionale Überraschungen

Werden die Möglichkeitsspuren in Objekt 39 (▶ S. 227) durch einzelne Aussagen veranschaulicht, überraschen manche Aussagen über die künftige Entwicklung der Städteregion Ruhr, andere nicht. Außerdem erschrecken manche dieser Aussagen, andere sind willkommen. Objekt 40 enthält Aussagen über stadtregionale Überraschungen. Damit ist nicht gemeint, jede dieser Aussagen wäre für alle Menschen gleichermaßen überraschend. Auch das Urteil, ob die Aussagen positiv oder negativ sind, wird nicht immer gleich ausfallen. Die Zukunftsaussagen in Objekt 40 sind ernsthaft gemeint. Sie stammen aus dem dialogischen Aktionsraum *Städteregion Ruhr 2030* und wurden im Rahmen einer der fünf großen Veranstaltungen aufrichtig geäußert. Die Äußernden waren davon überzeugt, über eine mögliche Entwicklung der Städteregion Ruhr zu sprechen. Das breite Spektrum an Erwartungen ist kein Beweis für fehlende Ernsthaftigkeit, sondern ein Anzeichen für Polyrationalität – für die wilden Grenzen des Denkens über stadtregionale Zukünfte.

ANPASSUNGSFÄHIGE GRENZEN

ZUKUNFT OHNE ORDNUNG

Wer Möglichkeiten mittels *boundary making* konstruiert, schützt sich vor „ozeanischen Gefühlen" (Freud 1930: 199). Sigmund Freud erblickte in der Fähigkeit, psychische Grenzen zu ziehen, eine Kulturleistung und nicht nur ein Entwicklungsstadium frühkindlicher Entwicklung:

„Die Ordnung ist eine Art Wiederholungszwang, die durch einmalige Einrichtung entscheidet, wann, wo und wie etwas getan werden soll, so daß man in jedem gleichen Falle Zögern und Schwanken erspart. Die Wohltat der Ordnung ist ganz unleugbar, sie ermöglicht dem Menschen die beste Ausnützung von Raum und Zeit, während sie seine psychischen Kräfte schont" (Freud 1930: 224).

Die soziale Konstruktion der Möglichkeiten macht aus Menschen keine Roboter, denn niemand wird völlig vom monorationalen „Wiederholungszwang" beherrscht. Wir schätzen das anregende Gespräch mit Andersdenkenden, ein provokantes Theaterstück, den Reiz einer neuen Idee, den Urlaub in einem fremden Land. Das bedeutet jedoch nicht, wir würden uns andere Denkweisen zu eigen machen oder in dem fremden Land leben wollen. Die Ausschlußwirkung des mentalen *boundary making* ist kein großes Problem, solange wir uns nicht andere Denkweisen aneignen wollen oder in dem fremden Land leben müssen. Allerdings kann sie uns daran hindern, unsere Möglichkeiten in vollem Umfang auszuschöpfen. Unter den Bedingungen wilder Grenzen weisen ozeanische Gefühle (► S. 135) den Weg zu Möglichkeiten, die wir zunächst aus der Perspektive unseres Eigensinns ausgeschlossen, eben nicht für möglich gehalten haben. Werden uns diese Möglichkeiten bewußt, sind wir überrascht. Aber dies bedeutet noch nicht, wir könnten diese Möglichkeiten nützen.

Polyrationale Diskurse verhelfen dazu, ganz unterschiedliche Sichtweisen kennenzulernen und zu nutzen. Damit ein Diskurs in diesem Sinn polyrational ist, genügt es allerdings nicht, vielerlei Eigensinn anzuhören, denn eigensinnige Vielfalt ist als solche kaum produktiv. Damit ein polyrationaler Diskurs über die Zukunft der Städteregion Ruhr lohnend ist, müßte der Diskurs
- bisher nicht erkannte Möglichkeiten glaubhaft machen,
- neue Bewertungen möglicher Entwicklungen zulassen und
- erfolgreichere Strategien zur Zukunftsgestaltung der Städteregion Ruhr gewährleisten.

Die stadtregionalen Überraschungen (► Objekt 40, S. 231) regen einen polyrationalen Diskurs an. Sie dokumentieren monorationale Erwartungshaltungen und ermöglichen, diese Erwartungshaltungen zu bestätigen oder ihnen zu widersprechen. Die Übersicht bietet für alle, die überrascht sind, auch die Gelegenheit, die eigene Haltung zu überdenken. Warum habe *ich* nicht daran gedacht? Wie könnte die Überraschung wirklich werden? Dazu zwei Beispiele. Im Lichte des Mythos der Gemeinschaft erscheint die Aussage, die Zukunft der Städteregion Ruhr werde „durch gute Nachbarschaft und zwischenmenschlichen Respekt geprägt werden", geradezu selbstverständlich. Sie bildet keine Überraschung. Aus der Sicht anderer Rationalitätstypen ist diese Aussage hingegen unwahrscheinlich, nebensächlich, albern. Im Lichte des Mythos der Freiheit erscheint die Aussage, die Zukunft der Städteregion Ruhr werde „vom wirt-

10

schaftlichen Erfolg von Migrantinnen und Migranten aus dem EU-Ausland abhängen", sehr plausibel. Für *egalitarians* und *hierarchists* ist diese Aussage hingegen unwahrscheinlich, womöglich sogar bedrohlich, selbst wenn in der Vergangenheit die Entwicklung des Ruhrgebiets in hohem Maße von ausländischen Investoren und Arbeitskräften abhing. Was aber, wenn diese Aussagen ernst gemeint oder gar richtig wären?

Wilde Grenzen sind reich an Überraschungen. Unter den Bedingungen wilder Grenzen fehlt es an einer Ordnung, die unsere „psychischen Kräfte schont". Jeder Moment kann eine völlig andere Lage bringen, in Frontiersituationen gehören Überraschungen zum Normalzustand. Bislang konnte man vielleicht fest damit rechnen, die Zukunft der Städte im Ruhrgebiet werde durch Investitionen aus Mitteln des Landes, des Bundes, der EU finanziert werden. Indes, der gewöhnliche Lauf der Dinge ist auf Abwege geraten. Vielleicht wird die Zukunft der Ruhrgebietsstädte durch öffentliche Fördergelder, politische Seilschaften, Großprojekte geprägt werden, wahrscheinlich ist dies aber nicht. Zukunftsvorstellungen haben sich verflüssigt, sie sind unschärfer geworden und halten für alle, die nicht die Isolationsstrategie der *fatalists* verfolgen, vielfältige Überraschungen bereit. Gleichwohl entsteht keine neue Ordnung, die „entscheidet, wann, wo und wie etwas getan werden soll, so daß man in jedem gleichen Falle Zögern und Schwanken erspart" (Freud 1930: 224). Die Kultur der Differenz hält Unterschiede für nützlich. Die Nützlichkeit der Unterschiede liegt nicht darin, Grenzen durch herkömmliche Kategorien des Eigenen und Fremden zu legitimieren. Die Nützlichkeit der Unterschiede liegt in der Dynamik, die sie einer Konkurrenz der Ideale verleihen, in der mehrere Rationalitäten zum Zuge kommen. Wir nutzen Unterschiede nicht, indem wir das Eigene festhalten und das Fremde ablehnen, wir nutzen sie aber auch nicht dadurch, daß wir das Eigene abwerten und das Fremde überschätzen. Vielmehr nutzen wir Unterschiede, indem wir Barrieren abbauen und Möglichkeitsräume erschließen.

GRENZFLEXIBILITÄT IN DER ALLTAGSPRAXIS

Räumliche Planung, die mit wilden Grenzen zu tun bekommt und nicht auf Rasiermessergrenzen vertrauen kann, muß Grenzen beweglich handhaben. Im Alltag ist Grenzflexibilität nicht ungewöhnlich, sie wird aber selten als Fähigkeit wahrgenommen und entwickelt. Grenzen sind zumindest in dem Sinne ungewiß, daß wir häufig nicht wissen, wo eine Grenze genau verläuft. Wir wissen zwar, daß auf der anderen Seite des Berges ein fremdes Land liegt, wo das Nachbargrundstück beginnt, daß die Frau am Nebentisch eine Ausländerin ist. Aber wir wissen nicht *genau*, wo die Grenze verläuft. Und selbst wenn wir im Gebirge einen Grenzstein finden, einen Zaun zum Nachbargrundstück errichten oder uns die Frau am Nebentisch ihren Reisepaß zeigt, ist unser Wissen um Grenzen zwar vielleicht größer, aber nicht unbedingt genauer geworden. Hilft es uns dann zu wissen, was gewiß innerhalb oder außerhalb dieser Grenze liegt? Muß ich, um einen Sandhaufen zu erkennen oder zu beschreiben, *genau* wissen, wo seine Grenze verläuft? Die Doktrin der Rasiermessergrenzen legt großen Wert darauf, wo *genau* eine Grenze verläuft. Sie richtet unsere Aufmerksamkeit auf die Klinge des Rasiermessers von Lord Curzon: Je schärfer die Grenze, um so wirkungsvoller oder besser erfüllt sie ihren Zweck. Der konventionale Grenzbegriff (▶ S. 59) lenkt unsere Aufmerksamkeit auf die Hand, die das Rasiermesser hält. Die Qualität einer Grenze folgt nicht aus der Schärfe der Abgrenzung, sie folgt aus den Absichten der Grenzziehenden, aus den sozialen Praktiken der Nachbarn, aus dem Verhalten der Ausgegrenzten.

11

In Ludwig Wittgensteins Sprachphilosophie werden ungenaue Begriffe anhand von Beispielen wie „Spiel", „ungefähr", „Sandhaufen" oder an der Abgrenzung zwischen einem vibrierenden Kreis und einem vibrierenden Hunderteck erörtert:

„ ‚Mach mir hier einen Haufen Sand.' – ‚Gut, das nennt er gewiß noch einen Haufen.' Ich konnte dem Befehl Folge leisten, also war er in Ordnung. Wie aber ist es mit diesem Befehl: ‚Mach' mir den kleinsten Haufen, den Du noch so nennst'? Ich würde sagen: das ist Unsinn; ich kann nur eine vorläufige obere und untere Grenze bestimmen" (Wittgenstein 1984: 240).

Der richtige Gebrauch der Sprache hängt nicht davon ab, daß die Mitglieder der Sprachgemeinschaft die genauen Grenzen der Begriffe kennen:

„Was ist noch ein Spiel und was ist keines mehr? Kannst du die Grenzen angeben? Nein. Du kannst welche *ziehen:* denn es sind noch keine gezogen. (Aber das hat dich doch nie gestört, wenn du das Wort ‚Spiel' angewendet hast.) [...] Wenn einer eine scharfe Grenze zöge, so könnte ich sie nicht als die anerkennen, die ich auch schon immer ziehen wollte, oder im Geist gezogen habe. Denn ich wollte gar keine ziehen" (Wittgenstein 1953: 279, § 68, und 283, § 76).

Sprache wird korrekt gebraucht, wenn die Mitglieder der Sprachgemeinschaft sprachliche Grenzen beweglich handhaben. Nach der Gebrauchstheorie der Bedeutung besitzen Wörter, Sätze, Texte jene Bedeutung, die ihnen nach ihrem Gebrauch in der Sprachgemeinschaft zukommt (Wittgenstein 1953: 262, § 43). Die Vagheit dieses Gebrauchs ist ein Merkmal der Sprache, kein Mangel. Doch wo verläuft die Grenze zwischen sicheren und unsicheren Anwendungsfällen der Sprache?

„Wie wenn man einen Sumpf durch eine Mauer abgrenzt, die Mauer ist aber nicht *die* Grenze des Sumpfes, sondern sie steht nur um ihn auf festem Erdreich. Sie ist ein Zeichen dafür, daß innerhalb ihrer ein Sumpf ist, aber nicht, daß der Sumpf genau so groß ist wie die von ihr begrenzte Fläche" (Wittgenstein 1930: 264).

Genügt es denn zu wissen, *daß* es eine Grenze gibt, auch wenn wir nicht genau wissen, wo diese Grenze verläuft? Und wenn wir nicht genau wissen, *wo* die Grenze verläuft, was bedeutet zu wissen, daß es eine

12–14

Grenze gibt? Eine um Präzision bemühte Theorie der Grenze müßte *genau* angeben, wo Grenzen verlaufen. Lord Curzons Wunsch nach einer rasiermesserscharfen Abgrenzung führt uns in sumpfiges Gelände. Denn solange der *genaue* Grenzverlauf ungewiß ist, könnte die Grenze auch *hier* verlaufen. Die Ungewißheit der Grenzverläufe – nimmt man das Anliegen der Präzision ernst – dringt in den Bereich des gewiß Eingegrenzten oder gewiß Ausgegrenzten vor: Die Grenze ist überall. Das Ungewißheitsproblem ist um so größer, je weniger formalisiert und sichtbar Grenzen sind. Wo verlaufen die Grenzen zwischen Inländern und Ausländern, Männern und Frauen, dem Eigenen und dem Fremden *genau*? Und dennoch: Die Diskriminierung von Ausländern oder Frauen ist wirksam, weil die Grenzen wirksam sind.

Worum könnte eine Theorie der Grenze bemüht sein, wenn es ihr *nicht* um Präzision ginge? Sie müßte zumindest erklären, welches Maß an Ungenauigkeit notwendig ist, um mit der Illusion genauer Grenzen leben zu können. Eine solche Theorie der Grenze müßte den Umgang mit Grenzen als politische, wirtschaftliche, soziale, kulturelle Praxis beschreiben, in der Gewißheit und Starrheit ebenso wichtig sind wie Ungewißheit und Wandel:

„Accepting that boundaries are not constants, how can territorial boundaries be treated as both independent variables, shaping political outcomes within them and outside them, and as dependent variables, reflecting calculations, trends, and competitions on both sides of the line?" (Lustick 1999: 904).

Eine Theorie der Grenze als Konvention untersucht den *Gebrauch* der Grenzen. In diesem Sinne schlägt etwa Ulf Hannerz mit Blick auf Staatsgrenzen vor, „to hang out at [...] borders [...] and observe how humanity now deals with these political artifacts" (Hannerz 1997: 545). An Grenzen im Alltag fällt auf, daß der konventionale Charakter der Grenzen dazu genutzt wird, differenzierte Lösungsstrategien zu entwickeln. Die Überwindung oder Auflösung der Grenze ist eine, womöglich aber nicht die wichtigste dieser Lösungsstrategien. Vielmehr werden Grenzen manchmal bekräftigt und verschoben, neu gezogen und verteidigt, durchlässiger oder undurchlässiger gemacht. Es scheint daher nützlich, anhand einiger typischer Beispiele die Grenzflexibilität der Alltagspraxis zu betrachten.

Menschen legen großen Wert auf ihren *personal space* und die Respektierung ihrer Privatsphäre (Altman 1975; Hall 1959 und 1966; Sommer 1969). Die Abgrenzung des *personal space* ist nach Art und Umfang kulturell abhängig und variiert zwischen Ländern und Kulturkreisen beträchtlich. Verletzungen der Grenzen des *personal space* – jemand tritt einer anderen Person „zu nahe" – lösen Verunsicherung, Ablehnung, Aggression aus. Umgekehrt gilt es bei Gesprächen als unpassend, zu einem Gesprächspartner allzu große Entfernung zu wahren. Daher ist die bewegliche Handhabung der Grenzen des *personal space* ein unverzichtbares Element sozialen Lernens. Im Gedränge einer U-Bahn oder Diskothek oder bei ärztlichen Behandlungen tolerieren wir Verhaltensweisen, die unter anderen Umständen *personal space* verletzten. Wir gestalten unser Verhalten nicht nach tatsächlicher Nähe und Entfernung, wir passen uns aufgrund der Spielregeln für Nähe und Entfernung der jeweiligen Situation an. Manchmal ist die meßbare Distanz angemessen, manchmal nicht.

Soziale Rollen bestimmen die Grenzen sozialer Gruppen und beeinflussen Zugehörigkeit und Nichtzugehörigkeit. Persönliche Selbstverwirklichung und soziale Beziehungen wären unmöglich, könnten Menschen ihre Grenzen und Identitäten nicht anpassungsfähig gebrauchen (Fischer und Wiswede 1997: 428–462). Die junge Frau, die mit ihren Eltern über ihr Taschengeld verhandelt, ist Tochter; im Hörsaal ist sie Studentin; nimmt sie an der Landesmeisterschaft im Bogenschießen teil, ist sie Konkurrentin; in der Synagoge ist sie Gläubige; wenn sie der Schilderung der Beziehungsprobleme ihrer Freundin zuhört, ist sie Kumpel. Sie handhabt ihre Identitäten, indem sie „Interaktionsrituale" vollzieht (Goffman 1967), sie stellt ihre Identitäten nie gleichzeitig zur Schau. In den angeführten Situationen überschritte die junge Frau Grenzen, falls sie ihre Identitäten – als Tochter, Studentin, Konkurrentin, Gläubige, Kumpel – beliebig austauschte. Menschen müssen ihr Verhalten gegenüber Identitäten und Grenzen den jeweiligen Umständen anpassen, wenngleich der Selbstbestimmung der Identitäten selbst Grenzen gezogen sind. Wer zu anpassungsfähig ist, gilt als unaufrichtig. Das Selbst ist nichts Gegenständliches mit einem fest umgrenzten Kern. Vielmehr praktizieren Menschen „das Selbst als *diskursiven Prozeß* [...] in dem das Individuum sein Selbstkonzept im Umgang mit der objektiven und sozialen Umwelt konstituiert" (Fischer und Wiswede 1997: 332).

Wer eine Sprache spricht, gebraucht definierte – das heißt: abgegrenzte – Bedeutungen. Jedoch müssen die Mitglieder einer Sprachgemeinschaft die genauen Grenzen der verwendeten Begriffe nicht kennen, um erfolgreich zu kommunizieren. Mehr noch: Selbst eine noch so sorgfältige Analyse sprachlicher Äußerungen vermag nicht, ein abschließendes Bild der Grenzen begrifflicher Bedeutungen zu vermitteln. Bridge, Schach, Fußball, Monopoly werden in der normalen Sprache als Spiele bezeichnet, obwohl es den Mitgliedern der Sprachgemeinschaft schwer fiele, die genauen Grenzen des Begriffes Spiel anzugeben. Ludwig Wittgenstein wies auf den Widerspruch zwischen ausgeübter Sprachkompetenz und dem Anspruch auf klar definierte Begriffe hin: „Eine unscharfe Begrenzung, das ist eigentlich gar keine Begrenzung. Man denkt da etwa so: Wenn ich sage ‚ich habe den Mann fest im Zimmer eingeschlossen – nur *eine* Tür ist offen geblieben' – so habe ich ihn eben gar nicht eingeschlossen" (Wittgenstein 1953: 295, § 99). Mitglieder einer Sprachgemeinschaft wenden die Regeln der Sprache ohne genaue Kenntnis der Grenzen sprachlicher Ausdrücke an: „Wenn ich der Regel folge, wähle ich nicht. Ich folge der Regel *blind*" (Wittgenstein 1953: 351, § 219). Auch die Sprachkompetenz ist ein Beispiel für die bewegliche Handhabung der Grenzen.

VEREINBARTE GRENZEN

Liminale Funktionalität (▶ S. 68) wird, wie die Beispiele für Grenzflexibilität als Alltagspraxis unterstreichen, in hohem Maße durch Verhandlungen und Vereinbarungen hergestellt. In internationalen Beziehungen ist der bewegliche Umgang mit Grenzen stark formalisiert und wird in schriftlichen Verträgen festgehalten. Solche Vereinbarungen, durch die häufig auch Grenzstreitigkeiten beigelegt oder vermieden werden, betreffen die Ausübung der Hoheitsmacht auf fremdem Territorium, den grenzüberschreitenden Waren- und Dienstleistungsverkehr, Ausnahmen vom Schutz der Grenze. So förmlich ist die Grenzflexibilität in der Alltagspraxis nicht. Müßten jeweils formale Verhandlungen auf höchster Ebene geführt und schriftliche Verträge abgeschlossen werden, um Grenzflexibilität im Alltag zu erzielen, wäre dies unpraktisch, doch ist ein solcher Aufwand nicht nötig.

Verhandlungen und Vereinbarungen, durch die administrative, wirtschaftliche, soziale, kulturelle Grenzen verflüssigt werden, sind zumeist unaufwendig. Die Verhandlungen müssen nicht förmlich und nicht einmal bewußt geführt, die Vereinbarungen müssen nicht ausdrücklich oder schriftlich getroffen werden. Im Gegenteil, es wäre wohl verwunderlich, wenn jemand eine geschäftliche Besprechung mit den Worten beginnt: „Ich werde jetzt anders mit Ihnen sprechen als ich mit meiner Familie spreche." Aufgrund eingeübter „Interaktionsrituale" (Goffman 1967) kann ein Geschäftsgespräch geführt werden, ohne daß die Be-

15

teiligten vorab über ihre Identitäten sprechen. Erwartungsgemäß grenzen Geschäftsleute ihre Rolle von ihren Identitäten als Familienmitglieder ab. Umgekehrt sorgt ein breites Spektrum an Ritualen dafür, daß Grenzen durch Verhandlungen verschiebbar sind. Wer sich entschuldigt, um im Gedränge auf der Rolltreppe voranzukommen, bietet die Gelegenheit, über den Eingriff in fremden *personal space* zu verhandeln. Wer in einem Gespräch erklärt, einen bestimmten Begriff in fachsprachlicher Bedeutung zu verwenden, markiert eine Bedeutungsverschiebung gegenüber den Grenzen des allgemeinen Sprachgebrauchs; dies erlaubt anderen, die Grenzverschiebung zu akzeptieren oder abzulehnen. Die Beispiele für Grenzflexibilität als Alltagspraxis zeigen, wie problemlos man mit wilden Grenzen zurecht kommen kann. Gewiß, eine neue soziale Umgebung, eine ungewohnte Sprechsituation, die ersten Tage in der Großstadt liefern auch Beispiele für Überraschungen, für Mißverständnisse, für Fehlleistungen. Doch wer die ungewohnten liminalen Praktiken erlernt, lernt auch rasch, wie Grenzen zu nutzen sind, um anpassungsfähig zu teilen, zu trennen, zu verbinden.

Das liminale Erlebnis der bewußten Regelverletzung stellt Konventionen über Grenzen auf die Probe. In vielerlei Zusammenhängen gehört die bewußte Regelverletzung zur liminalen Regel selbst; die Regel wird durch ihre Verletzung eher bestätigt als in Frage gestellt. Dazu ein Beispiel. Jemand macht in einer geschäftlichen Besprechung eine vertrauliche Bemerkung. Die Änderung des Tonfalls oder die Verkürzung körperlicher Distanz signalisiert nicht, eine familiäre Beziehung aufnehmen zu wollen. Das Signal, das die vertrauliche Bemerkung markiert, eröffnet lediglich einen Gesprächsabschnitt, bei dem die bis dahin praktizierte Abgrenzung so verschoben wird, *als ob* ein familieninternes oder freundschaftliches Gespräch im Gange wäre. Das Signal ist ein Angebot, das angenommen oder abgelehnt werden kann. Aus der vertraulichen Bemerkung kann zu einem späteren Zeitpunkt eine freundschaftliche oder familiäre Beziehung erwachsen. Der unmittelbare Gesprächsverlauf hängt aber nicht von einer solchen Entwicklung ab, sondern davon, daß spontan eine Grenzänderung vereinbart wird. Konventionen über Grenzen besitzen selbst einen liminalen Charakter, der Unschärfen, Brüche, Übergänge einschließt. Gelegentlich ein Tabu zu brechen bedeutet nicht, daß man das Tabu nicht anerkennt.

Manchmal wird die Flexibilisierung einer Grenze durch einzelne Beteiligte erzwungen. Körperliche Überlegenheit, Lebensalter, politische oder wirtschaftliche Macht, Konfliktbereitschaft, Dreistigkeit können Gründe dafür sein, Grenzen einseitig zu verändern. Die erzwungene Flexibilisierung der Grenze läßt beobachten, wie Zwangsausübende und Gezwungene der neuen Grenzsituation begegnen. Wie verhalten sich Menschen, wenn sie Grenzänderungen erzwingen? Manche stellen ihre Macht zur Schau, andere rechtfertigen ihr Verhalten. Auch die einseitige Grenzänderung kann zu Verhandlungen führen, wenn jene, die Zwang ausüben, den Betroffenen eine Zuwendung für Gehorsam versprechen. Wie handeln jene,

16

die zur Grenzänderung gezwungen werden? Manche reagieren mit Ohnmacht, Unterwerfung, Trauer, andere begegnen der einseitigen Grenzänderung mit Empörung, Widerstand, Ungehorsam. In vielen Fällen wird die einseitige Grenzänderung zum Beginn weiterer Verhandlungen und Vereinbarungen, die – beherrscht vom Moment der Zwangsausübung – dazu führen, daß die Grenze weiterhin verschoben, in Frage gestellt, bestätigt, abgeändert wird. Doch selbst eine deutliche Überlegenheit der Zwangsausübenden kann selten dazu genutzt werden, „klare" und „eindeutige" Grenzen zu schaffen.

Mehr noch als aus der Beobachtung solcher Zwangslagen ist für das theoretische Verständnis der Grenzflexibilität zu gewinnen, wenn man freiwillige und spontane Grenzänderungen beobachtet. Weshalb verhandeln Beteiligte auch ohne Zwang über die Flexibilisierung der Grenzen? Erlangen alle Beteiligten einen ökonomischen Vorteil, falls eine Grenze angepaßt wird, werden sie verhandlungsbereit sein. Allerdings ist das wechselseitige Interesse nicht auf ökonomische Vorteile beschränkt. Der *personal space* wird auch aus emotionalen Motiven beweglich gehandhabt, die Identitätsbewahrung gebietet auch unökonomisches Verhalten, sprachliche Grenzverschiebungen werden auch aus ästhetischen Gründen vorgenommen. Jedenfalls müssen die Beteiligten darauf vertrauen, eine vereinbarte Grenzflexibilisierung könne wieder rückgängig gemacht werden, wenn sie sich als unbefriedigend erweist. Je stärker die Beteiligten einander vertrauen, um so bereitwilliger verhandeln sie über konsensuale Grenzflexibilisierung. Es wäre unerträglich, würde der Verlust an *personal space*, der mit der Nutzung eines öffentlichen Verkehrsmittels

17

verbunden ist, die künftige Allokation des *personal space* in der eigenen Wohnung präjudizieren. In diesem Fall wäre wohl niemand dazu bereit, im Gedränge der Straßenbahn die körperliche Distanz zu anderen Fahrgästen zu verkürzen.

Das wechselseitige Interesse an anpassungsfähigen Grenzen hängt auch mit der Effizienz und Kostenersparnis zusammen, die eine flüssigere Grenze ermöglicht. Die Grenze zum Nachbargrundstück muß nicht befestigt werden, wenn die Nachbarn darin übereinstimmen, die „unsichtbare" Linie zwischen dem Birnbaum und der Wacholderhecke zu respektieren. Durch ihre Übereinstimmung vermeiden die Nachbarn die finanziellen und funktionellen Folgen einer Einzäunung und erzielen dieselbe Wirkung, die sie mittels einer körperlichen Einfriedigung erreichen könnten. Die Vereinbarung ersetzt die physische Barriere. Umgekehrt kann, wenn dies im Interesse der Beteiligten liegt, eine flexible Handhabung der Grenzen durchaus auch kostspielig sein. Ökonomisch ist es vielleicht sinnvoll, wenn Nachbarn gemeinsam einen Rasenmäher oder andere Gartengeräte anschaffen. Die individualistische Pflege der Grenze achtet, wie aus der Unzahl der Rasenmäher in Einfamilienhausgebieten zu schließen ist, nicht ausschließlich auf wirtschaftliche Rationalität. Die vielen Rasenmäher bezeugen, daß Grenzflexibilität durchaus die Betonung einer Grenze erforderlich machen kann.

Im Alltag weisen anpassungsfähige Grenzen mehr schöpferische als intellektuelle Aspekte auf. Nicht die tiefe Reflexion, sondern die spontane Kreation steht im Vordergrund. Stellen wir uns die Territoriumsbildung an einem Badestrand, in einer Bibliothek, im Straßenverkehr vor, erkennen wir phantasievolle Handhabungen der teilenden, trennenden, verbindenden Funktion der Grenzen. Treten funktionelle Überlagerungen auf, passen sich die Beteiligten den wilden Grenzen rasch an und nutzen sie zum eigenen Vorteil. Das gilt vor allem, wenn das territoriale Verhalten nicht durch Bade-, Bibliotheks- oder Straßenverkehrsordnungen reguliert ist, aber selbst solche „Ordnungen" müssen immer wieder gegen die Verwilderung der durch sie gezogenen Grenzen durchgesetzt werden. Im Alltag ist nicht so wichtig, wo eine Grenze *genau* verläuft, sie wird zwischen den Beteiligten auf kurzem Weg vereinbart, bekräftigt, angepaßt, aufgegeben. Die Zweckmäßigkeit des Gebrauchs einer Grenze, nicht ihre Genauigkeit, ist entscheidend.

Zweifellos sind formalisierte Grenzen weniger beweglich. Eigentümer wollen wissen, wo die Grenze ihres Grundstücks verläuft, Staaten überwachen die Integrität der Landesgrenze. Die Unternehmensleitung verlangt, daß die Mitarbeiterinnen und Mitarbeiter nicht gegenüber irgendeinem Unternehmen loyal sind, sondern gegenüber *ihrem* Unternehmen. Allerdings müssen auch formalisierte Grenzen beweglich gehandhabt werden. Damit liminale Funktionalität (▶ S. 68) gewährleistet ist, muß das Grundstück verlassen werden können, muß wirtschaftlicher Austausch über Landesgrenzen hinweg stattfinden, müssen Angestellte auch Beziehungen zur Unternehmensumwelt aufbauen. Angesichts wilder Grenzen, bei denen keine klaren Zuordnungen und funktionelle Trennungen vorliegen, ist Grenzpurismus fehl am Platz. Immobilien mit offenen Übergängen zwischen privatem, halböffentlichem und öffentlichem Raum fördern abgestuftes Nutzungsverhalten. Das Hochwassereinzugsgebiet an der Grenze läßt nicht zu, Schutzmaßnahmen auf lediglich einer Uferseite zu ergreifen (Backhaus 1999). Ein Unternehmen, das häufig mit Neueinstellungen und Entlassungen operiert, entwickelt Motivationsstrategien, die nicht auf jahrzehntelangen Bindungen aufbauen.

Der konventionale Grenzbegriff (▶ S. 59) erklärt Grenzflexibilität als eine Praxis differenzierter Konventionen. Erscheinungsformen dieser Praxis schließen einseitiges und mehrseitiges, stillschweigendes und ausdrückliches, übliches und unübliches, erzwungenes und konsensuales Verhalten ein. Welche Verhaltensweisen notwendig sind, um brauchbare Grenzen zu vereinbaren, hängt davon ab, ob nach den Umständen des einzelnen Falls eine einfache oder eine schwierige Grenzsituation vorliegt. Für jede Grenzsituation (▶ S. 146) gilt: Je mehr Personen beteiligt sind, je komplexer diese Situation ist, je weniger die Chancen und Gefahren durch eingespielte Verhaltensweisen bewältigt werden können und je weniger einzelne Beteiligte die Lage durch Zwangsausübung gestalten können, um so eher erfordert diese Grenzsituation mehrseitige, ausdrückliche, unübliche und konsensuale Verhaltensweisen. Die Anforderungen an die planerische Gestaltung vereinbarter Grenzen berücksichtigen diesen Unterschied:

	einfache Grenzsituationen	schwierige Grenzsituationen
Akteure	Bei wenigen Akteuren mit ähnlichen Rationalitäten können Grenzen häufig *einseitig* flexibel gehandhabt werden.	Bei vielen Akteuren mit unterschiedlichen Rationalitäten ist eine flexible Handhabung der Grenzen nur durch *mehrseitiges* Verhalten möglich.
Komplexität	In überschaubaren Lagen mit wenig Einflußfaktoren ist es häufig möglich, Grenzen durch *stillschweigendes* Verhalten anzupassen.	In unübersichtlichen Lagen mit vielen Einflußfaktoren muß der flexible Umgang mit Grenzen *ausdrücklich* verhandelt und vereinbart werden.
Instrumente	Eingespielte Problemlösungsstrategien lassen Grenzflexibilität auf die *übliche* Weise zu.	Grenzflexibilität ist auf *unübliche* Weise herzustellen, wenn bewährte Problemlösungsstrategien fehlen.
Zwang	Verfügen einzelne Akteure über genügend Macht, können sie die anderen Beteiligten zur Anpassung der Grenzen *zwingen*.	Stehen den Akteuren keine Zwangsinstrumente zur Verfügungen, ist die Anpassung der Grenzen nur durch *Konsens* möglich.

Objekt 41: Anforderungen an vereinbarte Grenzen

RAUMPLANUNG UND MÖGLICHKEITSMANAGEMENT

RAUMPLANUNG MIT MÖGLICHKEITSSINN

Wer mit Wirklichkeitssinn plant, so könnte man Robert Musils *Der Mann ohne Eigenschaften* abwandeln, achtet auf den festen Rahmen räumlicher Entwicklungen. Eine solche Planung beruht auf festen Grenzen, die in ihrem Bestand verzeichnet, bewertet und neu geordnet werden. Planung in Wirklichkeitsräumen bestätigt oder ändert vorgefundene Ordnungen, Planung mit Wirklichkeitssinn ist *boundary making*. Aufgrund objektiver Tatsachengrundlagen, der Abwägung aller Belange und vorgegebener Verhaltensnormen werden „gute" Grenzen geschaffen. Regionale Bodenordnung (▶ S. 34) oder Stadtplanung als *boundary making* (▶ S. 110) sind Beispiele für Raumplanung mit Wirklichkeitssinn. Demgegenüber kann in Möglichkeitsräumen nicht mit Wirklichkeitssinn und festen Grenzen geplant werden, weil dort keine Ordnung allgemein anerkannt wird. Daher ist im Möglichkeitsraum nichts selbstverständlich, offenkundig, unbestreitbar. In den wilden Grenzen eines Möglichkeitsraumes konkurrieren die Beteiligten darin, überhaupt erst einmal ihre Rationalitäten zu behaupten. Diese Konkurrenz der Ideale ist ein Prozeß polyrationaler Deutungen, sie liefert kein monorationales Ergebnis. In Möglichkeitsräumen ist die Zahl der Überraschungen – der „Monster" (▶ S. 227) – immer größer als die Zahl jener Möglichkeiten, die monorational erkannt und genutzt werden können. Diese Monster – vielleicht sind es Chancen, vielleicht Gefahren – werden durch monorationale Planung nicht erkannt. Daher ist eine monorationale Planung nicht in der Lage, das Potential eines Möglichkeitsraumes auszuschöpfen.

Monorationale Planung erscheint in vielen Spielarten. Bauleitplanung, Gewerbeplanung, Umweltplanung, Verkehrsplanung können an verschiedenen Rationalitäten orientiert sein. Die festgestellten Mängel treffen daher nicht nur technokratische Planungsansätze, die dem Weltbild der *hierarchists* entsprechen. Auch eine Planung, die nur der Rationalität der *egalitarians* entspricht, ist monorational und beschränkt sich auf Partizipation, Bürgerzellen, sozialverträgliche Stadtteilerneuerung. Ebenso monorational ist eine Planung, die nur die Rationalität der *individualists* abbildet: Deregulierung, städtebauliche Verträge, Investitionsanreize. Jede dieser Spielarten monorationaler Planung leidet an der Schwäche ihres Wirklichkeitssinns. Die Schwäche ist in vielen Zusammenhängen nicht spürbar. Solange nämlich breiter Konsens darüber besteht, durch Planung seien gerade solche Probleme zu lösen, die einer bestimmten Rationalität entsprechen, legitimiert diese Rationalität die monorationale Planung: als Planung für Sozialgerechtigkeit, als utilitaristische Planung, als neoliberale Planung. Kommen indes wilde Grenzen, Möglichkeitsräume und Polyrationalität ins Spiel, ist monorationale Planung höchst fehleranfällig. Als Folge der *bounded rationality* werden bedeutsame Möglichkeiten nicht erkannt oder können nicht genutzt werden.

19

Nehmen Peripherien, fragmentierte Strukturen und räumliche Ambiguität zu, entstehen Möglichkeitsräume (▶ S. 118). Möchte man in diesen Möglichkeitsräumen planen, ist die Fähigkeit aufzubringen, „alles, was ebensogut sein könnte, zu denken und das, was ist, nicht wichtiger zu nehmen als das, was ebensogut sein könnte" (Musil 1930:16). Planerischer Möglichkeitssinn betrachtet polyrationale Vielfalt als eine Konkurrenz der Ideale. Wer Möglichkeitssinn aufbringt, erschrickt nicht über Frontiersituationen, die keine eindeutigen Zuordnungen, keine festen Grenzen, keine klaren Ordnungen aufweisen. Im Gegenteil, der Möglichkeitsraum ist geradezu das räumliche Abbild des Möglichkeitssinns. Im Möglichkeitsraum wird das, was der Fall ist, von dem überwogen, was ebensogut der Fall sein könnte. Durch planerischen Möglichkeitssinn kann das große Angebot an Überraschungen genutzt werden, die ein Möglichkeitsraum bietet. In Frontiersituationen werden nützliche Möglichkeiten durch Grenzflexibilität erschlossen, niemand kann auf Rasiermessergrenzen vertrauen. Die polyrationale Überraschung – das Monster einer monorationalen Raumplanung – wird zur Inspiration für eine Raumplanung mit Möglichkeitssinn. Die stadtregionale Überraschung (▶ Objekt 40, S. 231) signalisiert, was alles noch der Fall sein könnte.

Raumplanung mit Möglichkeitssinn ist ertragreich, wo Grenzflexibilität die einzige oder die beste Methode ist, wilde Grenzen zu nutzen. In einer vorgefundenen Frontiersituation ist Raumplanung mit Möglichkeitssinn die *einzige* erfolgversprechende Methode, weil eine monorationale Ordnung fehlt, auf die sich Planung stützen könnte. Typische Beispiele für vorgefundene Frontiersituationen sind altindustrielle Stadträume (z.B. Pittsburgh, Liverpool, Manchester, Ruhrgebiet), geteilte Städte (z.B. Berlin zwischen 1961 und 1989, Jerusalem) und Räume, die unter den Folgen eines Krieges oder Bürgerkrieges leiden (z.B. Los Angeles, Sarajewo, Bagdad). Raumplanung mit Möglichkeitssinn ist die *beste* Methode, wenn ein Planungsproblem am erfolgreichsten durch wilde Grenzen, durch eine inszenierte Frontiersituation, bewältigt werden kann. Ein Beispiel für inszenierte Frontiersituationen sind Räume, in denen allgemeines Planungsrecht außer Kraft gesetzt wird: London Docklands, Potsdamer Platz in Berlin. Ein Anwendungsfall für die planerische Inszenierung einer Frontiersituation sind Räume, die unter rastlosem Stillstand – der Unfähigkeit zur Veränderung – leiden. In „versteinerten" Räumen sind nicht die Räume versteinert, sondern die Problemlösungsfähigkeiten der Beteiligten. Versteinerte Räume werden von einem erschöpften

Wirklichkeitssinn beherrscht, der gerade noch die Kraft zur Verhinderung des Neuen besitzt. Das beste Beispiel sind unrentabel gewordene monoindustrielle Städte und Regionen. Klaus R. Kunzmann stellt für das Ruhrgebiet fest, die „Hemmnisse einer strukturellen Modernisierung der Region sind eng miteinander verflochten und bedingen sich gegenseitig in einem komplizierten Geflecht von mentalen, modernisierungsfeindlichen Altlasten und sozialer Verantwortung" (Kunzmann 1996: 135–136). Gelingt in versteinerten Räumen die planerische Inszenierung einer Frontiersituation, können Entwicklungen durch „bestmögliche Erschütterung" *(optimal perturbation)* angestoßen werden (Thompson 1997: 214). Allerdings bringen Planerinnen und Planer nicht immer den nötigen Möglichkeitssinn auf. Die Planungsgeschichte enthält viele Beispiele für die Mißerfolge, die durch die vergebliche, gleichwohl zwanghafte Suche nach Wirklichkeitssinn verursacht werden: in den London Docklands, in Los Angeles, in Jerusalem, im Ruhrgebiet.

Aus den Anforderungen für vereinbarte Grenzen (▶ Objekt 41, S. 241) sind vier Merkmale für die planerische Gestaltung wilder Grenzen abzuleiten:
- Raumplanung mit Möglichkeitssinn ist *mehrseitig*. Damit eine Konkurrenz der Ideale zu den besten Lösungen für gemeinsame Probleme führt, werden Rationalitäten bewußt in ihrer Vielheit wahrgenommen und gehört.
- Raumplanung mit Möglichkeitssinn ist *ausdrücklich*. Weil in Möglichkeitsräumen ein robustes Arrangement zwischen Rationalitäten fehlt, werden die nützlichen Unterschiede sichtbar gemacht und ihre Nutzung ausdrücklich vereinbart.
- Raumplanung mit Möglichkeitssinn ist *unüblich*. Da es in Möglichkeitsräumen keine eingespielten Institutionen, Verfahren, Instrumente gibt, sind Gemeinschaftsaufgaben meistens nur auf ungewöhnlichen Wegen zu bewältigen.
- Raumplanung mit Möglichkeitssinn ist *konsensual*. Sobald nicht eine einzige Rationalität dominiert, müssen Zukunftsbilder oder andere Planinhalte zwischen den Beteiligten ausgehandelt und vereinbart, sie können nicht erzwungen werden.

Raumplanung mit Möglichkeitssinn nutzt Grenzflexibilität. Durch Verhandlungen werden Konventionen über Grenzen vorbereitet, die auch anderen Realitäten entsprechen. Möglichkeitsmanagement ist kein *boundary making*, das vor „ozeanischen Gefühlen" (Freud 1930: 197–198) schützt, sondern ein Dialog mit vielen Stimmen des Besessenen von Gerasa (▶ S. 137).

THE WILDERNESS MASTERS THE PLANNER

Die sozialen und kulturellen Praktiken, durch die wilde Grenzen geformt werden, sind weder aus Landkarten noch aus Flächennutzungsplänen zu entnehmen. Sie zu entdecken und zu entwickeln, ist das Ziel planerischen Möglichkeitsmanagements (Davy 2002c). Raumplanung mit Möglichkeitssinn sucht nach neuen Verträglichkeiten, nach neuem Eigensinn (Frug 1996 und 1999; Healey 1997; Nicolini 1997). Aus planerischer Sicht sind Möglichkeitsräume aus mehreren Gründen bedeutsam:
- Im Möglichkeitsraum kann nicht mit den Konzepten und Instrumenten des Zentrums – gleichsam mittels vorgetäuschter Normalität – geplant werden. Im Widerstreit ungleicher Ordnungen gelingt es räumlicher Planung selten, die von ihr bevorzugte Ordnung ohne intensive Auseinandersetzung mit konkurrierenden Rationalitäten durchzusetzen.
- Die planerische Inszenierung eines Möglichkeitsraumes begünstigt den wirtschaftlichen, sozialen, kulturellen Wandel. In einem Möglichkeitsraum können konkurrierende Rationalitäten erprobt und eine neue Ordnung entwickelt werden.
- Die Beschäftigung mit Möglichkeitsräumen steigert die Fähigkeit zur Nutzung wilder Grenzen. Möglichkeitsmanagement ist ein Planungsverständnis, das der Fragmentierung städtischer Räume, der wirtschaftlichen und kulturellen Globalisierung, der Individualisierung der Gesellschaft aktiv Rechnung trägt.

Alle drei Aspekte – Voraussetzungen, Instrumente und Kultur räumlicher Planung – faßt der Begriff des Möglichkeitsmanagements *(frontier management)* zusammen. Möglichkeitsmanagement gestaltet und nutzt Grenzen. Dies erscheint, auf den ersten Blick betrachtet, nicht aufsehenerregend. Immerhin bestehen Raumordnung, Landesplanung, Bauleitplanung oder Fachplanungen darin, Grenzen zu ziehen und zulässige Nutzungsarten zu bestimmen (Bökemann 1982: 63–67; Clemens und Clemens 1999): durch die Festlegung zentraler Orte, durch die Festsetzung der Baugebiete, durch Baulandumlegung, durch Trassenplanungen. Möglichkeitsmanagement verändert jedoch das Selbstverständnis der Raumplanung.

Möglichkeitsmanagement ist polyrational, nutzt *wilde* Grenzen und bemüht sich nicht um den Anschein einer widerspruchsfreien Raumordnung. An die Stelle objektiver Tatsachengrundlagen tritt der Eigensinn, an die Stelle der Abwägung tritt das Verhandeln, an die Stelle vorgegebener Verhaltensnormen treten vereinbarte Spielregeln, an die Stelle gesetzter Planinhalte tritt die projektbezogene Zusammenarbeit. Möglichkeitsmanagement beruht auf responsiver Kooperation (▶ S. 177). Für postindustrielle Opferzonen fehlen objektive Planungsgrundlagen, wer an solchen Orten planen will, muß Eigensinn aufbringen. Polyrationalität – die Wildnis vieler eigensinniger Stimmen – ist selbst noch keine Lösung, sie kann aber

20

zu Lösungen führen. *The wilderness masters the planner* verweist auf Frederick Jackson Turners Beobachtung, Menschen würden in Frontiersituationen selbst verändert (Turner 1894: 201). Raumplanung in Möglichkeitsräumen läßt sich durch die Überraschungen polyrationaler Vielfalt selbst überraschen. Wer Beiträge hierarchischer, egalitärer, individualistischer, fatalistischer Strategien zusammenklaubt, arbeitet nicht an einem „großen" Plan. Raumplanung mit Möglichkeitssinn gleicht eher dem Lumpensammeln, bei dem die Abfälle großer Erzählungen und monolithischer Monorationalität nach brauchbaren Inhalten durchstöbert werden (Davy 1997a: 353–356).

Der Vergleich mit dem Lumpensammeln spiegelt eine Qualitätsanforderung polyrationaler Diskurse wider. Konkrete Beiträge, die aus der Sicht eines bestimmten Rationalitätstypus für geradezu perfekt gehalten werden, erscheinen aus der Perspektive anderer Rationalitäten nebensächlich, irreführend, monströs (► S. 227). Das perfekte Zukunftsbild einer Herrschaftsstrategie ist daher womöglich das perfekte Schreckensbild für eine Gemeinschafts-, Wettbewerbs- oder Fatalismusstrategie, vielleicht erscheint es lediglich albern. Jede Rationalität produziert mehr oder weniger „perfekte" Zukunftsbilder, Ideen, Konzepte – inakzeptabel aus der Sicht anderer Rationalitäten. Als Nebenprodukt der monorationalen Produktion perfekter Beiträge entstehen aber auch allerlei Zukunftsbilder, Ideen, Konzepte, die weit höhere Akzeptanzchancen finden, sobald sie unter dem Blickwinkel der Polyrationalität betrachtet werden. Diese unvollkommenen Zukunftsbilder, Ideen, Konzepte nach brauchbaren Lösungen zu durchstöbern, ist Aufgabe des Lumpensammelns. Susanne Hauser beschreibt die neue Bewertung und Erschließung altindustrieller Regionen durch den Begriff der Metamorphosen des Abfalls:

„Die Förderung eines Prozesses der Aufmerksamkeit, die Tabus und Grenzen des Wahrnehmbaren in Frage stellt und überwindet, ist das in den letzten Jahrzehnten immer wichtiger gewordene Programm in der Modellierung der postindustriellen Umwelten" (Hauser 2001: 289–290).

Lumpensammeln erfordert viel Eigensinn (Assmann 1999: 384–390; Thompson 2003). Wer sich mit dem Unvollkommenen beschäftigt, muß phantasievoll entdecken, was daran wertvoll ist. Daher erscheinen die brauchbaren Spielregeln der Städteregion Ruhr (► Objekt 35, S. 217) zwar vielleicht nicht als die perfekte Grundlage interkommunaler Zusammenarbeit. Diese Spielregeln enthalten aber den Wertstoff breiter Konsensfähigkeit. Die Spielregeln sind unabhängig von einem bestimmten Rationalitätstypus konsensfähig, sie können mit einer Herrschafts- oder Fatalismusstrategie ebenso vereinbart werden wie mit einer Wettbewerbs- oder Gemeinschaftsstrategie.

Auf die Städteregion Ruhr treffen die Voraussetzungen einer schwierigen Grenzsituation zu (▶ Objekt 41, S. 241). Der Kringelwirrwarr der Grenzen im Ruhrgebiet bietet einen Möglichkeitsraum für Kooperation und Eigensinn. Regionalisierung und Regional Governance – eine Abstimmung zwischen Rationalitäten – läßt sich nicht allein mittels Wirklichkeitssinn herstellen. Die Probleme wechselseitiger Abhängigkeit und funktionsräumlicher Verflechtung sind komplex, doch es gibt niemanden, der andere – gleichsam wie ein Leviathan (▶ S. 101) – in eine Ordnung zwingen könnte. Der Stadtregionale Kontrakt der Städteregion Ruhr (▶ Objekt 30, S. 174) begründet einen regelgeleiteten Projektverbund, der viele Anforderungen für die planerische Gestaltung wilder Grenzen erfüllt. Der Projektverbund ist ein Prozeß, in dem Konventionen für brauchbare Grenzen vereinbart und die Möglichkeitsräume der Städteregion Ruhr genutzt werden. Im Forschungsvorhaben *Städteregion Ruhr 2030* wurde Möglichkeitsmanagement als Planungsmethode theoretisch entwickelt und praktisch erprobt. Dies kann am besten an der Zusammenarbeit der Verbundpartner – dem mehrmonatigen Bemühen um polyrationales Lumpensammeln – veranschaulicht werden.

LUMPENSAMMELN

Auf der Ebene internationaler Beziehungen trat die klassische Regionalisierung bis 1945 als usurpatorische Strategie in Erscheinung: Entdeckung, Eroberung, Kolonialisierung. Wer die Grenzen des eigenen Territoriums als zu eng empfand, zog aus, um Grenzen zu überschreiten, und führte Kriege, um fremde Territorien zu unterwerfen. Im Völkerrecht wurde die usurpatorische Regionalisierung durch die Völkerbundsatzung (1919/20), noch deutlicher durch die Satzung der Vereinten Nationen (1945) verpönt. Das alteuropäische Grenzdenken, das auf der westfälischen Doktrin beruht, war mit seinen Rasiermessergrenzen (▶ S. 49) gegen jene Art usurpatorischer Regionalisierung gerichtet, die seit dem 11. September 2001 als *war on terrorism* auf die Ebene internationaler Beziehungen zurückkehrte. Im innerstaatlichen Zusammenhang verfolgen Eingemeindungen, Neugliederungen und andere formale Gebietsänderungen – ohne militärische Mittel, wohl aber mit dem Ziel des Landgewinns – ebenfalls usurpatorische Strategien. Für das Ruhrgebiet sind hier vor allem die Eingemeindungswellen 1926–1929 und 1974–1976 zu nennen: Aus vielen kleinen Städten und Dörfern wurden wenige Großstädte. Usurpatorische Regionalisierung in ihrer extremen Form behandelt Differenz mittels Gewalt: Machtergreifung, militärische Landnahmen, der „Kampf um Raum". In einer milderen Form wendet usurpatorische Regionalisierung zwar keine militärischen, in ihrer Zielrichtung aber ähnliche Mittel an: Vereinheitlichung der Ortsnamen, Abschaffung eigener Gremien, Kompetenzverluste. Usurpatorische Regionalisierung ist das Gegenteil von Möglichkeitsmanagement; sie löscht Grenzen aus, um Unterschiede einzuebnen.

Die monorationale Logik der Machtergreifung ist durch Tatendrang und Entschlossenheit ausgezeichnet. Alexander der Große, der den gordischen Knoten mit seinem Schwert durchschlug, gilt als Problemlöser. Durch seine Tat erlangte er, dem Orakel entsprechend, die Herrschaft über Asien. Der kompliziert geknüpfte Knoten, ein Wunder der antiken Welt, kann als Metapher für die Mehrdeutigkeit gekerbter und glatter Räume (Deleuze und Guattari 1980: 658–661) gelesen werden. Der gordische Knoten weist gleichzeitig Merkmale des Gewebten/Geknüpften sowie des Verschlungenen/Gefilzten auf. Der Knoten ist, mit Blick auf die kulturellen Unterschiede zwischen Makedoniern und Persern, ein Symbol für polyrationalen Eigensinn. Die Respektlosigkeit gegenüber diesem Symbol wird Alexander in der verbreiteten Meinung über seine Fähigkeit zur Problemlösung nicht vorgeworfen. Im Gegenteil: „Nicht alles, was schwer fällt, ist nützlich", kommentierte Bertolt Brecht die Wehklage der Bewohner Gordions (heute: Yassı Hüyük in Anatolien) über die Zerstörung des gordischen Knotens (Brecht 1997: 115–116). Ist auch unklar, ob Alexander das Orakel durch seinen Schwerthieb verspottet oder erfüllt hat, lobt Brecht ihn als Pragmatiker, der erfolgreich handelte anstatt erfolglos zu grübeln:

> „Nicht alles, was schwer fällt, ist nützlich und
> Seltener genügt eine Antwort
> Um eine Frage aus der Welt zu schaffen
> Als eine Tat."

Weshalb werden handlungsfreudige Menschen in der kommunal- und regionalpolitischen Praxis höher geschätzt als Menschen, die grübeln? Auf den ersten Blick scheint die Antwort recht einfach: Geschätzt wird, wer für Arbeitsplätze, aufsehenerregende Großprojekte, neue Investitionen sorgt. Da kann es nicht verkehrt sein, Alexander den Großen zum Vorbild zu wählen. Doch war es nicht auch eine Tat, den berühmten Knoten zu knüpfen? Überdies hat Alexander das eigentliche Rätsel dauerhafter Regionalisierung, nämlich die kunstvolle Verknüpfung, nicht gelöst. Das eroberte Reich wurde nach seinem Tod in den Diadochenkämpfen aufgeteilt. Und so stehen die Taten Alexander des Großen und anderer handlungsfreudiger Menschen unter dem Verdacht, den Pragmatikern sei rascher Erfolg wichtiger als dauerhafte Problemlösung.

Wer zur Vernetzung regionaler Entscheidungsträger beitragen möchte, wird durch die Geschichte vom gordischen Knoten provoziert. Soll ein schwieriges Problem durch eine überraschende Tat gelöst werden oder sollen die regionalen Akteure in mühevoller Kleinarbeit ein Netz knoten? Die Künste des Knotenmachers sind nicht zu verachten. Um einen haltbaren Knoten anzufertigen, muß man wissen, wovon die Haltbarkeit eines Knoten abhängt, und man muß diese Kenntnisse auch praktizieren können. Daher ist die Gegenüberstellung zwischen Theoretikern und Praktikern in Brechts Gedicht vom gordischen Knoten weniger klar als es auf den ersten Blick scheint. Rasche Lösungsversuche für schwierige Aufgaben unterhalten zwar ein Publikum, das Pragmatiker schätzt, solche Pragmatiker produzieren aber selten mehr als reine Unterhaltung. Die Städte, die an *Städteregion Ruhr 2030* teilnahmen, verstanden ihre Regionalisierung als stadtregionales Knotenmachen, nicht als usurpatorische Strategie. Diese Städte sind durchaus an Machtzuwachs interessiert. Allerdings wissen sie auch, daß Regionalisierungsprobleme im Ruhrgebiet bislang nie durch Zwangsmittel gelöst werden konnten, und keine Stadt ist mächtig genug, um die anderen Städte zu überwältigen. Möglichkeitsmanagement bot den Verbundpartnern die Gelegenheit, jenseits usurpatorischer Regionalisierung mehr Macht zu erlangen: die Macht der Kooperation.

Ein Beispiel für Möglichkeitsmanagement bildeten die Neuen Konstellationen, in denen die Ankerveranstaltungen des dialogischen Aktionsraumes (▶ S. 258) vorbereitet wurden. Um gemeinsames Lumpensammeln zu erleichtern, vereinbarten die Verbundpartner, die Veranstaltungen maßgeblich durch die beteiligten Städten selbst zu konzipieren, zu organisieren, durchzuführen. Keinesfalls sollten die Städte wie Auftraggeber inhaltlich nur am Rande und erst im nachhinein an der Entwicklung der Ideen für die Städteregion Ruhr beteiligt werden. Der Förderturm der Visionen entwickelte für die Ankerveranstaltungen inhaltliche Impulsbeiträge. Allerdings mußten die wissenschaftlichen Beiträge – und darin bestand die Aufgabe der städtischen Verbundpartner – in ein umfassenderes Konzept eingebunden werden. Dieses Konzept mußte die Verantwortlichen aus Politik, Verwaltung, Wirtschaft, Kultur, Wissenschaft zur Teilnahme am dialogischen Aktionsraum anregen. Jede Veranstaltung war als eine Tat zu konzipieren, durch die zwar mentale Knoten zerschnitten, gleichzeitig aber auch neue – stadtregionale – Knoten geknüpft wurden. Gewiß ließen sich vier Veranstaltungen in zeitlich kurzen Abständen nicht zugleich durch alle neun Verbundpartner vorbereiten. Doch wie war die Veranstaltungsvorbereitung organisierbar? Die einfachste Antwort, daß jede Stadt jeweils eine Ankerveranstaltung vorbereitete, war durch die begrenzte Veranstaltungszahl ausgeschlossen. Die nächstliegende Antwort, daß zwei benachbarte Städte jeweils eine Ankerveranstaltung organisierten, wurde durch eine Vorgabe der Projektleitung ausgeschlossen. Und so entstanden, beinahe zwanglos, vier Neue Konstellationen: Bochum und Duisburg, Mülheim an der Ruhr und Herne, Oberhausen und Dortmund sowie, als Ausnahme von der Regel, Essen und Gelsenkirchen. Diese „Ankertandems" bildeten mit Wissenschaftlerinnen und Wissenschaftlern des Förderturms der Visionen die Vorbereitungsgruppen für die vier Ankerveranstaltungen. Regelmäßig berichteten die Ankertandems über ihre Vorbereitungen in den Arbeitsgruppensitzungen, so daß wichtige Fragen durch alle Verbundpartner beschlossen werden konnten. Indem die Ankerveranstaltungen quer zu den kommunalen Organisationsgrenzen vorbereitet wurden, entstanden – ohne daß dies besonders auffiel – tragfähige Arbeitsbeziehungen. Neue Konstellationen sind hilfreich für eine verstärkte Zusammenarbeit der Ruhrgebietsstädte.

Natürlich haben die Stadt Essen oder die Stadt Dortmund sehr klare Vorstellungen über ihre zukünftige Entwicklung und ihre Stellung in der Region. Das gilt auch für alle anderen Städte. Allerdings sind diese eigensinnigen Vorstellungen zunächst unvereinbar. Ginge eine der beiden Städte einseitig und stillschweigend davon aus, die anderen Ruhrgebietsstädte würden sich ihren Zukunftsbildern unterwerfen, würde sich rasch herausstellen, daß die Essener oder Dortmunder Zukunftsbilder mangels Zwangsmittel nicht umzusetzen sind. Die Zusammenarbeit bei *Städteregion Ruhr 2030* bewies, wie leistungsfähig Möglichkeitsmanagement sein kann. Am Beispiel der Neuen Konstellationen sind folgende Merkmale

21

des Lumpensammelns zu erkennen: Mehrseitigkeit, Ausdrücklichkeit, Unüblichkeit, Konsens (▶ Objekt 41, S. 241). Aufgrund polyrationaler Verhandlungen gelang es, im Stadtregionalen Kontrakt einen regelgeleiteten Projektverbund zu vereinbaren. Solche Verhandlungen sind nicht beliebig, sie werden allerdings durch *viele* Stimmen geprägt. Der gedankliche und tatsächliche Gang auf und über Grenzen erzielte inhaltliche Fortschritte. Die Beteiligten wechselten zwischen bekannten und unbekannten Territorien, etwa dem Alltag in ihren Städten und den ungewissen Erträgnissen stadtregionaler Zusammenarbeit. Die Vertreterinnen und Vertreter der acht Ruhrgebietsstädte vermieden monorationale Festlegungen, indem sie thematische Perspektiven verschoben. Und dabei entdeckten sie in den wilden Grenzen der föderalistischen Stadtlandschaft die Neunte Stadt.

*Die Neunte Stadt hat viele Bilder,
viele Stimmen, viele Orte.
Sie ist Symbol für wilde Grenzen,
für das Eigene im Fremden.*

9 DIE NEUNTE STADT

DIE NEUNTE STADT ALS MÖGLICHKEITSRAUM

DIE FLÄCHEN DER NEUNTEN STADT

Raumplanerische Leitbilder sind Kurzformeln für politischen Willen. Fehlt eine institutionelle Grundlage für die politische Willensbildung, kann ein Leitbildvorschlag rasch ins Leere laufen. Dies ist eine Gefahr für die Städteregion Ruhr, die als fraktale Regionalisierung (▶ S. 190) keine herkömmliche Organisation aufweist, und ein Kernproblem aller interkommunaler Kooperationen, die ohne eine regionale Institution auskommen müssen oder auskommen wollen (Fürst 2003: 444–447). Wie können stadtregionale Leitbilder ohne institutionelle Grundlage umgesetzt werden? Reicht das eigenverantwortliche Engagement einzelner Städte oder einzelner Personen aus, um eine stadtregionale Kooperation aufrecht zu erhalten?

Die Leitbilder *Städteregion Ruhr 2030* (▶ Objekt 3, S. 19) und der Stadtregionale Kontrakt (▶ Objekt 30, S. 174) antworten auf diese Fragen: Wilde Grenzen – also die Folgen inkongruenter Herrschafts- und Funktionsräume – können nicht durch klassische Regionalisierung und regionale Bodenordnung gezähmt werden. Gleichwohl können stadtregionale Probleme durch eine themenorientierte Zusammenarbeit zwischen den Ruhrgebietsstädten gelöst werden. Gegenwärtig ist ein regelgeleiteter Projektverbund die beste Form für eine solche Zusammenarbeit, in der Zukunftsbilder auf der Grundlage vereinbarter Spielregeln mittels Leitprojekten umgesetzt werden. Durch Möglichkeitsmanagement und responsive Kooperation *antworten* die Städte auch anderen Rationalitäten. Von der Qualität dieser Antworten hängt es ab, ob in den einzelnen Städten nicht nur der politische Wille für die Unterzeichnung, sondern auch für die Umsetzung des Stadtregionalen Kontraktes gebildet werden wird. Schließlich beruht die Bindungswirkung eines Gesellschaftsvertrages auf der Überzeugung der Beteiligten, sie würden durch Zusammenarbeit mehr gewinnen als verlieren (▶ S. 103).

Jede wilde Grenze weicht von einer höheren Ordnung ab, sie kann aber nicht zur Vollendung dieser höheren Ordnung bereinigt werden. Jeder Versuch der Bereinigung – durch Gebietsreformen, Straßenbau, Standortplanung – erzeugt wiederum wilde Grenzen. Dieser Sachverhalt ist nicht auf das Ruhrgebiet beschränkt, wenngleich er sich dort häufiger ereignet als in anderen Regionen. Es gibt nämlich keine „natürliche" Übereinstimmung zwischen allen bedeutsamen Funktionsräumen und einem bestimmten Herrschaftsraum. Wilde Grenzen sind keine räumliche Anomalie, sie gehören zum Normalzustand vieler städtischer Ballungsgebiete:

„Today, with labour markets constantly expanding, commuter belts constantly extending, and distribution networks feeding ever-growing market areas, the urban – or whatever counts as a city – is constantly being redefined, even though administrative boundaries constantly lag behind this process. In other words, in nearly every economic register, cities are becoming increasingly unbound as discreet spaces" (Amin und Thrift 2003: 53).

Wilde Grenzen formen Möglichkeitsräume, und ein Leitbildvorhaben wie *Städteregion Ruhr 2030* ermutigt Städte, ihre Möglichkeitsräume zu nutzen. Der Verzicht auf die Institutionalisierung der Städteregion Ruhr ist eine bemerkenswerte Lösung der Rätsel der Regionalisierung (▶ S. 10). Durch diesen Verzicht werden wilde Grenzen und Möglichkeitsräume im Ruhrgebiet nicht bloß geduldet, sie werden in Wert gesetzt.

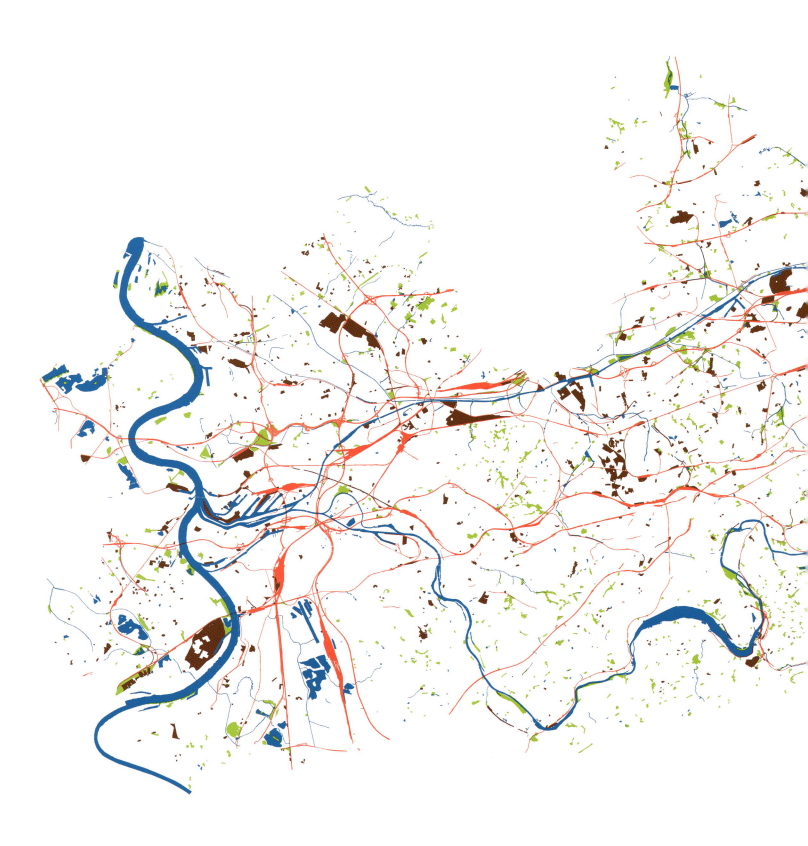

Objekt 42: Die Flächen der Neunten Stadt

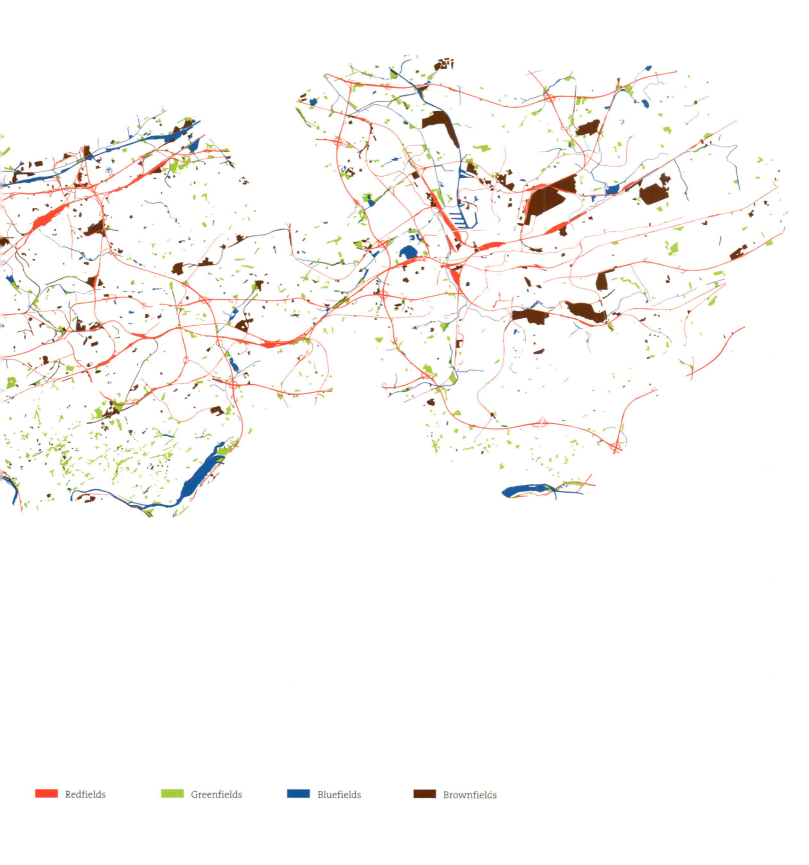

Doch wie können Leitbilder für wilde Grenzen entworfen und umgesetzt werden? Möglichkeitsräume sind soziale Konstruktionen, es sind jedoch keine Phantasieräume wie die untergegangene Stadt Atlantis oder die Städte in *Der Herr der Ringe*. Die Möglichkeitsräume der Städteregion Ruhr sind verflüssigte Räume mit fragmentierten Grenzen, die planerisch gestaltet werden können. Die Zahl der Entwicklungsvarianten ist in Möglichkeitsräumen besonders hoch. In einem ersten Schritt kann man die Möglichkeitsräume der Städteregion Ruhr als die Summe aller Flächen mit verdünntem Wirklichkeitssinn begreifen. Darunter fallen Flächen, die zwar in den Grenzen der Ruhrgebietsstädte liegen, für die aber gegenwärtig keine sinnstiftende Nutzung ausgeübt oder vorbereitet wird (z.B. „Stadtbrachen" auf ehemaligem Industriegelände). Darunter fallen auch Flächen, deren eigentliche Bedeutung erst im stadtregionalen Zusammenhang erkennbar ist (z.B. grenzüberschreitende Verkehrsbänder und die sie begleitenden Geländestreifen). Solche Flächen liegen verstreut, sie sind leicht zu übersehen. Wer jedoch diese Flächen zusammenzählt, macht eine erstaunliche Entdeckung. Auf dem Gebiet der acht kreisfreien Städte Duisburg, Mülheim an der Ruhr, Oberhausen, Essen, Gelsenkirchen, Herne, Bochum und Dortmund existiert eine weitere Stadt, die Neunte Stadt.

Sucht man die Neunte Stadt ausschließlich auf dem Gebiet der einen oder der anderen Stadt, findet man höchstens Spuren und Fragmente. Die Neunte Stadt ist, konventionell betrachtet, fast unsichtbar. Erst wenn man den Blicken und Gedanken erlaubt, die Grenzen zwischen den Städten außer acht zu lassen, und die acht Städte in ihrer Gesamtheit ansieht, kann man die Neunte Stadt erkennen. Wer im Wirklichen auch etwas *anderes* erblicken kann, bietet genügend Möglichkeitssinn auf, um die Neunte Stadt aufzuspüren. Die Neunte Stadt ist die *frontier* der Städteregion Ruhr. Sie umfaßt Flächen im Umfang von rund 133 km², die verstreut auf dem Gebiet der Städte Duisburg, Mülheim an der Ruhr, Oberhausen, Essen, Gelsenkirchen, Herne, Bochum, Dortmund liegen (Fakultät Raumplanung 2002a: 12–13).

Es sind Flächen, deren eigentliche – stadtregionale – Bedeutung erst sichtbar wird, wenn man die Grenzen zwischen den acht Städten vernachlässigt. Industrielle und agrarische Brachflächen, regional bedeutsame Verkehrswege, grenzüberschreitende Gewässer und Wasserwege sind die *brownfields, greenfields, redfields, bluefields* der Städteregion Ruhr. Sie bilden ein Netz fragmentierter Raumstrukturen, deren Sinn außerhalb der Eigenlogik kommunalen Denkens liegt. Auf dem Gebiet jeder einzelnen Stadt besitzen diese Flächen lokale Bedeutung. Sie bilden ein Stückchen Landfläche zwischen dem Rhein-Herne-Kanal und der Emscher auf dem Gebiet der Stadt Oberhausen oder einen Abschnitt der Autobahn A40/B1 auf dem Gebiet der Stadt Dortmund. Sie bilden eine verlorene Grünfläche auf dem Gebiet der Stadt Duisburg oder eine ausgedehnte Industriebrache auf dem Gebiet der Stadt Essen. Lokale Bedeutung heißt: Flächen als Zwischenraum, Stauraum, Warteraum, Immobilienprojekt. Betrachtet man die Flächenfragmente der Neunten Stadt in ihrer Gesamtheit, gewinnen sie einen neuen Sinn. Die Landstückchen zwischen Rhein-Herne-Kanal und Emscher werden zur Insel (Fakultät Raumplanung 2002c: 23), die A40/B1 wird zum Boulevard (Koch u.a. 2002), die industriellen Brachflächen werden zum Siedlungsraum für Pionierinnen und Pioniere der Städteregion Ruhr.

Die Neunte Stadt ist ein Gegenbild zum herkömmlichen Bild der europäischen Kernstadt, vielleicht zum Bild der Stadt überhaupt. Räumliche Dichte und Kohäsion sind vertraute Elemente des Stadtbegriffs. Das Gegenbild einer Stadt, das viele als hemmungslose Zersiedlung und manche – einfühlsamer – als Zwischenstadt bezeichnen, provoziert den traditionellen Stadtbegriff. Die Neunte Stadt besteht aus Exklaven. Unter städtischen Exklaven versteht man üblicherweise Gebietsteile, die außerhalb der Grenzen der eigentlichen Stadt liegen und deren räumlicher Zusammenhang mit dieser Stadt unterbrochen ist. Eine Exklave ist das eigene Territorium im fremden Territorium; das fremde Territorium im eigenen Territorium wird als Enklave bezeichnet (Graf Vitzthum 1997b: 413). Die Neunte Stadt ist auf gewisse Weise die Antithese zur westfälischen Doktrin, denn sie wird nicht durch klare Grenzlinien und eindeutige territoriale Zuordnungen, sondern durch Grenzflexibilität konstituiert. Die Neunte Stadt ist das Stadtregionale der Städteregion Ruhr. Keine einzelne Stadt könnte allein das Potential der *brownfields, bluefields, greenfields* und *redfields* nutzen. Erst durch gemeinschaftliches Handeln wird die Neunte Stadt sichtbar und gestaltbar. Formal betrachtet, ist die Grenze der Neunten Stadt ($G_{9.\,Stadt}$) das Komplement (▶ S.109) zum Inneren ($X_{i\,9.\,Stadt}$) und Äußeren ($X_{a\,9.\,Stadt}$) der Neunten Stadt:

$$G_{9.\,Stadt} =_{df} \sim (X_{i\,9.\,Stadt} + X_{a\,9.\,Stadt})$$

Das Innere und Äußere der Neunten Stadt sind aber nicht bloß die Flächen und Grundstücksgrenzen der *brownfields, bluefields, greenfields, redfields*. Es ist vielmehr das Nutzungspotential, das durch eine interkommunale Zusammenarbeit bei der Entwicklung dieser Flächen gewonnen werden kann. Oder weniger utilitaristisch formuliert: Das Innere und Äußere der Neunten Stadt sind die Träume und Sehnsüchte der Pionierinnen und Pioniere der Städteregion Ruhr. Besteht eine Stadt nur aus Exklaven, werden ihre Grenzen nicht durch Ortsschilder markiert. Das Komplement (~) der Neunten Stadt – ihre Grenze – wird durch die regelgeleitete Kooperation der kreisfreien Städte Bochum, Dortmund, Duisburg, Essen, Gelsenkirchen, Herne, Mülheim an der Ruhr und Oberhausen gebildet.

Die Neunte Stadt ist die städtebauliche Seite territorialer Heterogenität (► S. 115), sie verleiht den vielen Exklaven ihren Eigensinn. Um diese Exklaven herum liegen die Wirklichkeitsräume der acht Städte: Stadtzentren, Einkaufsmeilen, Wohngebiete, Gewerbegebiete, Freizeiteinrichtungen, Grünzüge. Gelegentlich sind die Exklaven durch unüberwindliche Barrieren von den Wirklichkeitsräumen getrennt, etwa durch Fabrikmauern oder Lärmschutzwälle, manchmal sind es Restflächen oder andere Raumfragmente. Das Fremdkörperliche dieser Exklaven unterbricht den städtebaulichen Zusammenhang, die Exklaven stören die Wirklichkeitsräume der acht Städte. Erst wenn die Exklaven als stadtregionale Möglichkeitsräume betrachtet werden, wird aus der Störung eine Bereicherung der Wirklichkeitsräume. Der Städtebau für die Neunte Stadt muß in besonderem Maße auf eine Formensprache der Exklave, des Fragmentierten, der wilden Grenzen achten. Schließlich ist die städtebauliche Gestaltung der Neunten Stadt für Exklaven gedacht, und zwar nicht *auch* für Exklaven, sondern *nur* für Exklaven. Der Neunten Stadt fehlt der herkömmliche städtebauliche Zusammenhang: Baubestand, Straßenzüge, einheitliche Planungsverwaltung. Vielmehr wird der städtebauliche Zusammenhang der Flächen der Neunten Stadt durch die Kooperation und den Eigensinn der acht Ruhrgebietsstädte hergestellt.

Man kann den Stadtregionalen Kontrakt als einen Akt der Stadtgründung, nämlich der Gründung der Neunten Stadt, begreifen. Daher folgen die städtebaulichen Anforderungen an die Neunte Stadt aus dem Inhalt der vereinbarten Zusammenarbeit, etwa aus dem „Ziel, die Attraktivität und das Selbstbewußtsein der Region zu stärken und die Konkurrenzfähigkeit gegenüber anderen Metropolregionen zu verbessern" (Präambel des Stadtregionalen Kontraktes ► S. 174). Die Neunte Stadt verbindet die Möglichkeitsräume der Städteregion Ruhr mit den Wirklichkeitsräumen der acht Städte. Ihre *brownfields, bluefields, greenfields* und *redfields* sind nützlich

- als *Potentialräume* für die abgestimmte Erweiterung oder Erneuerung der acht Städte, die nach einem Programm für stadtregionale Baukultur entwickelt werden: Immobilienprojekte auf Brachflächen, Ergänzung von Stadtquartieren, Naherholungsräume durch Rückbau;
- als *Stimulationsräume* stadtregionaler Identitätsbildung, die den stadtregionalen Zusammenhalt verstärken: Landmarken, Zonen des Eigensinns, Freiland für Pionierinnen;
- als *Freiräume* für die probeweise Weiterentwicklung städtischer und stadtregionaler Nutzungen außerhalb üblicher Rahmenbedingungen: Experimentalflächen, Steueroasen, Künstlerkolonien.

Der Städtebau der Neunten Stadt gestaltet die *brownfields*, *bluefields*, *greenfields* und *redfields* in der Städteregion Ruhr, er gestaltet territorial heterogene Exklaven. Von der gemeinsamen Entwicklung interkommunaler Gewerbegebiete über eine stadtregionale Migrationspolitik bis zum Kooperationsprojekt Neue Ufer werden periphere Lagen durch Zusammenarbeit zu Möglichkeitsräumen.

Diejenigen, die eine Vereinbarung über Grenzen schließen, entscheiden darüber, wie sie liminale Funktionalität (► S. 68) ausgestalten. Durch Kooperation und Eigensinn bestimmen die Ruhrgebietsstädte selbst, wie die Grenzen der Neunten Stadt einteilen, trennen, verbinden. Der zerstreute Raum, der naturgemäß *immer* außerhalb und nebenbei gelegen ist, erfordert Koordinations- und Kooperationsleistungen, die für die Planung auf dem Gebiet *einer* Stadt nicht notwendig sind. Oder doch? Stellen nicht die Globalisierung der Märkte, die Finanzkrise öffentlicher Haushalte, die Ausdifferenzierung der Gesellschaft, der Verlust eindeutiger Ordnung *alle* Städte vor die Schwierigkeiten fragmentierter Raumentwicklung? Diese Schwierigkeiten können mit konventionellen Planungsstrategien nicht bewältigt werden. Die Neunte Stadt der Städteregion Ruhr stellt daher keinen zurückgelassenen, armseligen Un-Ort dar, sie ist ein Vorbild für die Zukünfte aller Städte im 21. Jahrhundert. Für die Gestaltung der Neunten Stadt bilden Globalisierung, Finanzkrise, Ausdifferenzierung, Fragmentierung nämlich keine Hindernisse, sondern eine Voraussetzung (Ipsen 2003; Kreibich u.a. 1994; Sieverts 1997).

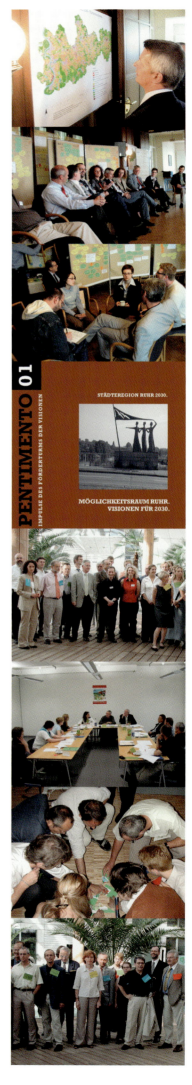

DIE NEUNTE STADT IM DIALOG

Die Neunte Stadt erschöpft sich nicht in den *bluefields, greenfields, brownfields, redfields* der Städteregion Ruhr. Ebenso wichtig wie diese Flächen sind die Beziehungen zwischen allen Entscheidungsträgern, die in der föderalistischen Stadtlandschaft mehr sehen als bloß viele Städte. *Städteregion Ruhr 2030* führte diese Entscheidungsträger in einem dialogischen Aktionsraum zusammen, der fünf Veranstaltungen umfaßte: vier Ankerveranstaltungen und die Leitbildmesse *Unendliche Weite!* Diese Veranstaltungen inszenierten die Neunte Stadt als Dialog. Die Neunte Stadt entsteht nicht im Seminar einer Planungsfakultät oder am CAD-Arbeitsplatz eines Architekturbüros, sie entsteht im Austausch zwischen den Pionierinnen und Pionieren der Städteregion Ruhr.

Die erste Ankerveranstaltung fand unter dem Titel *Möglichkeitsraum Ruhr – Visionen für 2030* am 13. und 14. Juni 2002 in der Schifferbörse in Duisburg statt. In zahlreichen *Open Space* Miniworkshops stellten die rund vierzig Teilnehmenden ihre persönlichen Visionen für die langfristige Entwicklung der Städteregion Ruhr zur Diskussion. In den Miniworkshops wurden Leitbildinhalte formuliert: Spielregeln für Kooperation im Netzwerk, ethnisch-kulturelle Vielfalt der Ruhrgebietsstädte, das Wechselspiel zwischen Metropole und Dorf, das Ruhrgebiet als Kulturhochburg, die Neuen Ufer für ein Leben und Wohnen am Rhein-Herne-Kanal, die Internationalisierung, Visionen für die regionale Wirtschaft, die Entlastung der Alltagsarbeit in Politik und Verwaltung durch kooperative Projekte, eine Kooperationsakademie. Die Miniworkshops erbrachten erste Leitbilder der Städteregion Ruhr und inspirierten die weiteren Ankerveranstaltungen. Wichtige Ergebnisse der ersten Ankerveranstaltung bildeten Annäherungen an die Konzepte Möglichkeitsraum und Möglichkeitsmanagement, die positive Bewertung stadtregionaler Migrationspolitik, erste Ideen zu einer Kooperationsakademie sowie viele Visionen für konkrete Projekte.

Die zweite Ankerveranstaltung am 9. und 10. Juli 2002 auf Mont Cenis in Herne war *Spielregeln für eine föderalistische Stadtlandschaft* gewidmet. Mehr als vierzig Personen aus Politik, Verwaltung, Wissenschaft nahmen an einer simulierten Konsensbildungskonferenz teil. Jede dieser Personen erhielt vor der Veranstaltung eine Rollenbeschreibung: Im Jahr 2016 würden die acht größten Städte des Ruhrgebiets zusammenkommen, um über die Ansiedlung eines Großprojektes durch den Weltkonzern Nanotronic zu beraten (*Ruhr 2016* ► S. 192). Die Rollenbücher regten die Teilnehmenden, die vielfach in kommunalen Leitungspositionen tätig sind, dazu an, über die Kooperation der Ruhrgebietsstädte zu verhandeln. Die Ergebnisse der simulierten Konsensbildungskonferenz bildeten die Grundlage der Spielregeln und des Stadtregionalen Kontraktes der Städteregion Ruhr. Solche Spielregeln können nicht formalisiert oder in Organisationsreformen umgesetzt werden. Die intensiven Verhandlungen zeigten, daß interkommunale Kooperation nur gelingt, wenn auf andere Kooperationskulturen eingegangen wird. Regionalisierung durch Kooperation ist nicht unbedingt rational, sie sollte aber jedenfalls responsiv sein. Auch bei responsiver Kooperation (► S. 177) müssen alle Beteiligten – bis zu einem gewissen Grad – zu Zugeständnissen bereit sein und den Eigensinn der anderen berücksichtigen. Allerdings verlangt responsive Kooperation nicht, daß sich die Beteiligten einer Rationalität unterwerfen, die ihrer eigenen Identität widerspricht.

Die dritte Ankerveranstaltung – am 8. und 9. Oktober 2002 unter dem Titel *Städteregion Ruhr 2030 – Kooperativ und eigensinnig gestalten!* im Technologiezentrum Umweltschutz in Oberhausen – nutzte wieder die schöpferische Energie der Arbeit in Werkstätten. Die Qualität der Gestaltung sowie Vorschläge für kooperative Leitprojekte standen im Mittelpunkt. Die Workshops, an denen rund neunzig Personen aus Verwaltung, Politik, Wirtschaft, Wissenschaft, Kultur teilnahmen, wurden drei größeren Themenblöcken zugeordnet. Der Workshop „Neue Ufer. Neues Wohnen. Neues Bauen." behandelte architektonische, ästhetische und soziale Aspekte stadtregionaler Baukultur. Im Workshop „Neues Wissen. Neue Köpfe. Neue

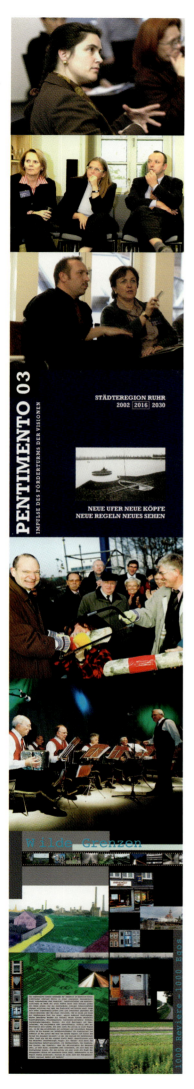

Kompetenzen." wurden Visionen für eine stadtregionale Migrationspolitik entwickelt, die dem demographischen Wandel und der Wissensgesellschaft gerecht wird und kulturelle Vielfalt zu nutzen versteht. Bei „Neue Bilder. Neues Sehen. Neues Ego." standen Impulse für stadtregionales Marketing sowie das Leitbild einer Kultur der Differenz im Vordergrund. Ein vierter Workshop mit dem Titel „Neue Räume. Neue Regeln. Neue Projekte." betraf die Umsetzung kooperativer Leitprojekte. Wichtige Ergebnisse der dritten Ankerveranstaltung bildeten die Einigung auf das Leitprojekt eines Masterplans für die Ruhrgebietsstädte, erste Projektideen für Neue Ufer und eine aktive stadtregionale Migrationspolitik, Ideen für eine stadtregionale Baukultur sowie das Leitbild einer Kultur der Differenz.

Die dritte Ankerveranstaltung war auch der Hintergrund für die Verhandlungen zwischen den Städten Bochum, Essen und Gelsenkirchen, ihre verstärkte Zusammenarbeit durch einen gemeinsamen Flächennutzungsplan zu erproben. Dieses Vorhaben belebte die Diskussion über eine Neuordnung des Landesplanungsrechts in Nordrhein-Westfalen. Als erste politische Handlung legten die Städte der Städteregion Ruhr eine gemeinsame Stellungnahme zum Landesplanungsbericht vor. Diese Diskussion führte zum ZusammenarbeitsG (Februar 2004), mit dem das Landesplanungsrecht probeweise um Planungsgemeinschaften und regionale Flächennutzungspläne ergänzt und der Kommunalverband Ruhrgebiet in einen Regionalverband Ruhr umgestaltet wurde. Im Düsseldorfer Signal der Regierungsparteien (Juli 2003) wurde vorgeschlagen, die fünf Regierungsbezirke durch drei neu zu bildende Regierungsbezirke zu ersetzen, darunter auch den Regierungsbezirk Ruhrgebiet (► S. 33). Diese Entwicklung wurde, wie Zeitungsberichten sowie Landtagsprotokollen entnommen werden kann, auch durch *Städteregion Ruhr 2030* beeinflußt. Wenngleich zweifelhaft ist, ob die genannten Beschlüsse und Vorschläge den städtischen Verbundpartnern und dem Ruhrgebiet dienen, zeigte die stadtregionale Kooperation erste Wirkungen.

Die vierte Ankerveranstaltung, die am 10. November 2002 auf dem Gelände des Gewerbegebiets Zollverein (Triple Z und Prüfstand) in Essen mit breiter Publikumsbeteiligung stattfand, befaßte sich mit *Grenzen und Identitäten* in der Städteregion Ruhr. Durch mehrere Wettbewerbe (Schreibwettbewerb, Photowettbewerb, Malwettbewerb) wurden professionelle Künstler und Hobby-Künstler dazu angeregt, ihre Sicht der Wirkungen von Grenzen auf die Menschen im Ruhrgebiet darzustellen. In Diskussionsrunden kamen politische und wissenschaftliche Expertinnen und Experten zu Wort, der Dialog wurde mit Alltagserfahrungen und Berichten aus den Lebenswelten vieler Betroffener abgerundet. Die Exponate des Förderturms der Visionen setzten das Forschungsprogramm der Border Studies anschaulich um: Durch die multikulturelle Interaktivübung für Gespräche über Grenzen, durch eine Plakatserie mit der künstlerischen Auswertung von Kreativjournalen, durch den Grenznavigator. Kabarett, Filme aus dem Ruhrgebiet, ein Musikprogramm und die Vorpremiere des Theaterstücks „Ruhr.Mensch" bildeten einen künstlerischen Veranstaltungsrahmen. Er erleichterte den Teilnehmenden, sich auch mit den emotionalen Aspekten der Grenzen und Identitäten auseinanderzusetzen. Wichtige Ergebnisse der vierten Ankerveranstaltung für die Leitbilder der Städteregion Ruhr bildeten künstlerisch gestaltete Visionen, die eine differenzierte Wahrnehmung der Identitätsbildung durch Grenzen dokumentieren. Zum Teil handelt es sich um die Auseinandersetzung mit Klischees der Menschen und des Lebens im Ruhrgebiet, zum Teil um zukunftsweisende Konkretisierungen für den beweglichen Umgang mit fragmentierten Bildern der Selbst- und Fremdwahrnehmung. Durch ihren Aktionismus und Mut zur expressiven Kommunikation ergänzte die vierte Ankerveranstaltung das kommunikative Repertoire der Verbundpartner. Während die erste bis dritte Ankerveranstaltung nüchtern gestaltet worden waren, erlangten die Verbundpartner durch *Grenzen und Identitäten* mehr Mut zum Experimentieren mit künstlerischen Formen und – auf diesem Umweg – zur Auseinandersetzung mit der Gefühlswelt einer Regionalisierung durch Kooperation. Dieser Aspekt der Regionalisierung ist heikel. Alle, die an der Vorbereitung der vierten Ankerveranstaltung teilnahmen, waren emotionalem Druck ausgesetzt. Wer Grenzen überschreitet, verliert zunächst die Sicherheit gewohnter Handlungsmuster; die neuen Möglichkeiten, die aus Grenzüberschreitungen erwachsen, werden erst schrittweise erfahrbar.

Die Leitbildmesse *Städteregion Ruhr 2030: Unendliche Weite!* fand vom 5. bis 7. Februar 2003 im Choreographischen Zentrum auf Zeche Zollverein statt. Als Weltkulturerbe der Vereinten Nationen lag dieser Veranstaltungsort für die Verbundpartner in der Städteregion Ruhr, nicht in der Stadt Essen. Die Idee, eine Leitbild*messe* abzuhalten, entsprach dem Wunsch, die Ergebnisse des Forschungsverbundes nicht nur zu präsentieren, sondern – wie auf einer Messe – feilzubieten. Dadurch konnten kommunale und regionale Verantwortliche, die bislang nichts oder wenig mit *Städteregion Ruhr 2030* zu tun gehabt hatten, für die Zusammenarbeit gewonnen werden. Den Teilnehmenden der Leitbildmesse wurde ein umfangreiches Rahmen- und Begleitprogramm geboten. Der Film *Unendliche Weite!* (▶ S. 262–263) zeigte Forschungsergebnisse, die an der Fakultät Raumplanung der Universität Dortmund erzielt worden waren. Die Uraufführung des Theaterstücks „Ruhr.Mensch", gestaltet vom Dortmunder Theater im Depot, fesselte durch eine einprägsame Beschreibung der Menschen und Orte in der Städteregion Ruhr. Ein Zeitstrahl mit Visionen stadtregionaler Meilensteine, Plakate, Photographien, Modelle, Zeichnungen und Diashows setzten die Ergebnisse des Leitbildvorhabens in Szene und provozierten zur kritischen Auseinandersetzung.

Am ersten Tag der Leitbildmesse führte ein Erfahrungsaustausch über interkommunale Kooperation in Stadtregionen zur Begegnung zwischen der Städteregion Ruhr, der Regio Randstad, dem Regionalverband Rhein-Main-Gebiet, der Technologieregion Karlsruhe, dem Verband Region Stuttgart, der Region Hannover. Eine wissenschaftliche Tagung über regionale Identitäten verband die vierte Ankerveranstaltung mit sozial- und kulturwissenschaftlicher Regionalforschung. Am zweiten Tag der Leitbildmesse wurden Kooperationspartner für geplante Leitprojekte gewonnen. Beigeordnete und andere haushaltsverantwortliche Städtevertreter trafen Vereinbarungen für eine interkommunale Kooperation mit dem Ziel der Haushaltskonsolidierung. Ein Planungsforum veranschaulichte die Vorteile einer gemeinsamen Flächennutzungsplanung und des Masterplans Ruhr. Ein Diskurs über aktive Migrationspolitik erkundete nächste Schritte auf dem Weg zur interkulturellen Städteregion. Der Workshop „Neue Ufer – Wohnen am Wasser" war neuen Wohnformen und städtebaulichen Qualitäten für eine verstärkte Nutzung der Gewässerränder in der Städteregion Ruhr gewidmet. In einem Ruhrtal-Symposium wurde für die Vermarktung der „Südseite" des Ruhrgebiets durch sanften Tourismus geworben. Anhand konkreter Einzelprojekte wurde über interkommunale Gewerbegebiete in der Städteregion Ruhr verhandelt. Ein Beispiel für den Erfolg der Leitbildmesse bildeten am dritten Tag die Beratungen der Verbundpartner mit dem Frauennetzwerk Ruhrgebiet und den Gleichstellungsbeauftragten der Städteregion Ruhr und des Kommunalverbandes Ruhrgebiet. Als Ergebnis eines Studios *Gender Mainstreaming im regionalen Entwicklungsprozeß* wurde der Textentwurf für den Stadtregionalen Kontrakt um das Ziel einer geschlechtergerechten Entwicklung ergänzt. Die interkommunale Zusammenarbeit in Quartiersfragen wurde in einer Werkstatt für die Lösung grenzüberschreitender Probleme in drei Essener und Gelsenkirchener Stadtbezirken praktiziert. Partizipationserfahrungen und eine verstärkte Öffentlichkeitsbeteiligung waren Themen eines Austausches zwischen der Landesarbeitsgemeinschaft Agenda 21 e.V. und den Verbundstädten. Im Lichte des regionalen Einzelhandelskonzeptes für das östliche Ruhrgebiet – einem Beispiel für erfolgreiche interkommunale Zusammenarbeit – wurden schließlich die Spielregeln für Kooperation und Eigensinn vorgestellt (▶ Objekt 35, S. 217).

REGIONALISIERUNG UND MAGIE

Der Forschungsverbund *Städteregion Ruhr 2030* diente mancherlei Zwecken. Die Fakultät Raumplanung wollte beweisen, wie die langfristige Stadt- und Regionalentwicklung durch Border Studies, Möglichkeitsmanagement, responsive Kooperation unterstützt wird. Die Städte des Ruhrgebiets stellten gemeinsame Projekte in den Rahmen einer stadtregionalen Kooperation, die kommunalem Eigensinn mindestens dasselbe Gewicht wie übergeordneten Zielen beimißt. Durch die vereinbarten Zukunftsbilder und Spielregeln erlangten diese Projekte stadtregionalen Eigensinn. Die Zusammenarbeit der Verbundpartner nutzte die Chancen anwendungsorientierter Forschung. Die vermeintlich scharfen Grenzen zwischen Praxis und Theorie, zwischen Auftraggebern und Auftragnehmern, zwischen Ergebnis- und Prozeßorientierung in der Raumplanung wurden durch den Maßstab stadtregionaler Relevanz ersetzt: In der gemeinsamen Forschungsarbeit zählte, was die Städteregion Ruhr voranbrachte. *Städteregion Ruhr 2030* erprobte Möglichkeitsmanagement, die Konkurrenz der Ideale, eine Kultur der Differenz, responsive Kooperation.

Städteregion Ruhr 2030 war aus verschiedenen Gründen erfolgreich. Einige Gründe sind offensichtlich, vor allem die Förderung durch das Bundesministerium für Bildung und Forschung und das Ministerium für Städtebau und Wohnen, Kultur und Sport des Landes Nordrhein-Westfalen. Andere Gründe sind weniger offensichtlich. Sie können als Magie bezeichnet werden. Der Begriff mag romantisch oder kitschig klingen. Allerdings kann die Einsatzfreude vieler Mitarbeiterinnen und Mitarbeiter der Ruhrgebietsstädte und der Universität Dortmund kaum mit üblichen Wissenschaftsbegriffen beschrieben werden. Wie kam es zur Motivation, wie zur Zusammenarbeit? Allein mit dem Hinweis auf Fördermittel oder auf egoistische Interessen einzelner Beteiligter ist der Eifer der Pionierinnen und Pioniere der Städteregion Ruhr nicht zu erklären. Vielfach wird Geld mit geringerem Erfolg ausgegeben, oft bleibt Egoismus wirkungslos. Der Mehrwert von Kooperation und Eigensinn wurde durch eine besondere Konstellation verursacht, eben durch die Magie der Neunten Stadt.

Beschreibt man die Elemente einer Magie, geht das „Magische" zwangsläufig verloren. Dennoch lohnt die Beschreibung. Zwar kann daraus kein Universalrezept für stadtregionale Zusammenarbeit abgeleitet werden, doch wird durch Beschreibung deutlich, welche Faktoren wichtig waren. Auf diesem Weg sind vielleicht keine Rezepte, wohl aber Anregungen zu vermitteln. In diesem Sinne können drei magische Anwendungen unterschieden werden, nämlich die Magie der Gelegenheiten, die Magie der Worte und die Magie der Vereinbarungen.

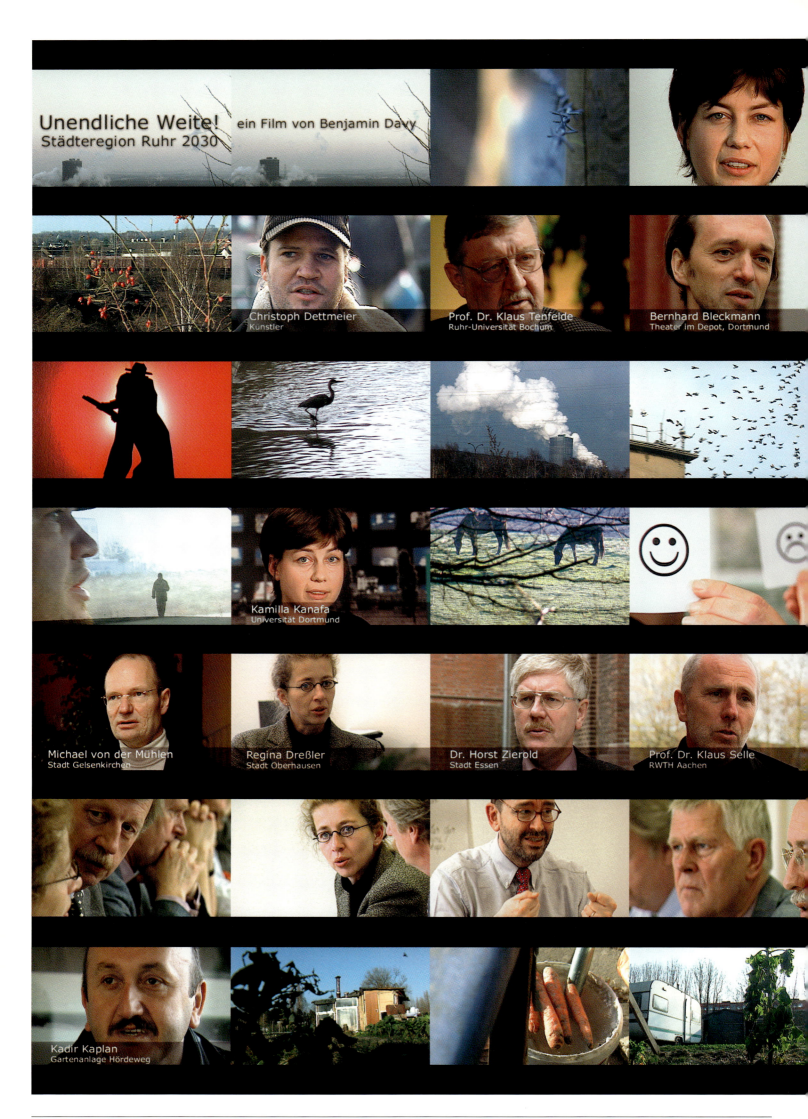

25–80

DIE MAGIE DER NEUNTEN STADT

MAGIE DER GELEGENHEITEN

Die Magie der Gelegenheiten zeigte sich bei *Städteregion Ruhr 2030* bereits zu Beginn. Das Ende der Internationalen Bauausstellung Emscher Park (1999) und der Start der Projekt Ruhr GmbH (2000) hatte in den Ruhrgebietsstädten eine Mischung aus Sehnsucht und Verärgerung verursacht. Die Sehnsucht galt den Erfolgen der IBA, die Industriebrachen als Industriekultur neu definiert und dadurch in Wert gesetzt hatte (Kurth u.a. 1999; Hauser 2001: 31–34; Sack 1999). Die IBA Emscher Park verlieh dem Strukturwandel eine emotionale und psychologische Bedeutung. Ein neues Selbstverständnis des Ruhrgebiets trat an die Stelle des Schmerzes über verlorene Arbeitsplätze, stillgelegte Zechen, erbettelte Subventionen. Der Start der Projekt Ruhr GmbH wiederum rief den Ruhrgebietsstädten deutlich in Erinnerung, wie unzulänglich Kommunalpolitik durch die goldenen Zügel finanzieller Zuwendungen der EU und des Landes gelenkt wird. Das lag übrigens nicht allein an der Konstruktion oder dem Auftreten dieser Landesgesellschaft, sondern an den eingeübten Erwartungshaltungen im Verhältnis zwischen Land, Städten, Kreisen, Kommunalverband Ruhrgebiet. Während aber die IBA Emscher Park sehr wohl eine gewisse Magie ausübte, verhalf die Verteilung der Kohäsionsmittel nicht zur kommunalen Emanzipation, sie verstärkte die erlernte Hilflosigkeit der Ruhrgebietsstädte. *Städteregion Ruhr 2030* knüpfte an die Sehnsucht nach einer Neubewertung des Ruhrgebiets an und zeigte, welchen Beitrag die Kommunen selbst zur Regionalisierung leisten können.

Die Magie der Gelegenheiten bestimmte die achtzig Knotenereignisse des dialogischen Aktionsraumes. *Städteregion Ruhr 2030* bot den städtischen Verbundpartnern die Gelegenheit, ihre Zusammenarbeit in einem Rahmen zu erproben, der wegen seines Forschungscharakters politisch unverdächtig erschien. Bei diesen Gelegenheiten – ob Arbeitsgruppensitzung oder Großveranstaltung – wurden Inhalte in den Vordergrund gestellt und die institutionellen Konsequenzen interkommunaler Kooperation vernachlässigt. Gleichzeitig waren die Gelegenheiten aber auch belangvoll. Die Verbundpartner wollten durch ihren Arbeitseinsatz verwertbare Ergebnisse erzielen, keine „leeren Kilometer". Daher standen bei den meisten der achtzig Knotenereignisse nicht Routinefragen, sondern Rätsel auf der Tagesordnung. Diese Rätsel betrafen vor allem die Regionalisierung: Welchen Kooperationsvorteil bietet eine Zusammenarbeit zwischen Duisburg und Dortmund, Mülheim an der Ruhr und Herne? Sollen die Vor- und Nachteile stadtregionaler Kooperation ausgeglichen werden, welche Verfahren und Methoden kämen in Betracht? Wie können die Grenzen zwischen den Ruhrgebietsstädten genutzt werden, ohne diese Grenzen gleichzeitig zu beschädigen? Im dialogischen Aktionsraum wurden Erkenntnisse gewonnen, weshalb stadtregionale Zusammenarbeit nützlich ist – und zwar nützlich für die Städteregion Ruhr *und* für jede einzelne Stadt. Patsy Healey unterstreicht in *Collaborative Planning*, wie durch gemeinsame Anstrengungen institutionelle Energie erschlossen wird:

„Collaborative efforts in defining and developing policy agendas and strategic approaches to collective concerns about shared spaces among the members of the political communities serve to build up *social, intellectual and political capital* which becomes a new institutional resource" (Healey 1997: 311).

Bei *Städteregion Ruhr 2030* wurde aus dem Gedankenspiel einer Kooperation aus Eigensinn schrittweise Ernst. Ein Spiel entsteht, wenn die Beteiligten etwas aufs Spiel setzen. Und dieser Einsatz nahm im Laufe der Knotenereignisse erkennbar zu. Was als Forschungsskizze begann, führte zum Stadtregionalen Kontrakt – aufgrund übereinstimmender Stadtratsbeschlüsse und mit den Unterschriften der Oberbürgermeister. Für diesen Erfolg erzeugte die Magie der Gelegenheiten wichtige Voraussetzungen: Vertrauen, Aufmerksamkeit, Engagement, politisches Gewicht.

82

Versucht man, aus der Beschreibung der Magie der Gelegenheiten handhabbare Vorschläge für Regionalisierungsprozesse zu gewinnen, so scheinen folgende Anregungen nützlich:
- Die Magie der Gelegenheiten wirkt in Situationen entspannter Neugierde, die zwar Aufmerksamkeit erregen, aber so unverdächtig erscheinen, daß weder Langeweile noch Gegenzauber einsetzen.
- Die Magie der Gelegenheiten wird durch einen Perspektivenwechsel begünstigt, bei dem eingefahrene Verhaltensweisen unter dem Blickwinkel gemeinsamer Vorteile überprüft werden können; dadurch wird kommunaler Eigensinn für den stadtregionalen Blick genutzt.
- Die Magie der Gelegenheiten wird durch produktive Störungen begünstigt, weil sich die Beteiligten sodann nicht distanziert und respektvoll (und leider auch unproduktiv) gegenüberstehen, sondern als handelnde Einheit konstituieren.

Nicht alle Gelegenheiten, die *Städteregion Ruhr 2030* bot, waren für die Verbundpartner oder die beteiligten Personen angenehm. Das galt insbesondere für die Stellvertretungsfunktion mancher Ereignisse. Die Entwicklung der Projektphilosophie, die Zusammenarbeit mit einem Büro für Veranstaltungsmanagement, die Debatten über den wissenschaftlichen Wert des kommunalpolitisch Wünschenswerten (und über den kommunalpolitischen Wert des wissenschaftlich Interessanten) hatten eine solche Stellvertretungsfunktion. Nur vordergründig waren der Farbton im Briefkopf oder die Zweckmäßigkeit der Mittelverwendung umstritten. Es ging um Machtfragen, und nicht immer bewiesen die Verbundpartner eine hohe Geschicklichkeit, die mit Machtfragen verbundenen Probleme zu lösen. Mitunter entstand aber auch eine produktive Störung. Darunter sind Abweichungen von den eingeübten Haltungen und Erwartungen zu verstehen, die dazu zwingen, die eigenen Positionen nochmals zu überdenken und gegebenenfalls auch zu verändern (Thompson 1997: 214). Immerhin boten die achtzig Knotenereignisse mehrfach Anlässe, um Kooperation und Eigensinn praktisch zu erproben. Auf diese Weise verhalf die Magie der Gelegenheiten zu einer Behandlung der Machtfragen, die das Gelingen des Leitbildvorhabens nicht in seiner Gesamtheit in Frage stellte.

MAGIE DER WORTE

Der dialogische Aktionsraum, ein wesentlicher Baustein von *Städteregion Ruhr 2030*, betonte Kommunikation und Diskurs im Leitbildvorhaben. Häufig ist Kommunikation darauf beschränkt, daß die Beteiligten ihre jeweilige Position darstellen und – falls Einwände erhoben werden – verteidigen. Positionierung ist im kommunalen Alltagsgeschäft eine verbreitete Kommunikationsstrategie. Sie ist unproduktiv, weil sie verhindert, die eigenen Positionen durch Kommunikation zu verbessern. Mehr noch, durch die Positionierung wird gleichsam von vornherein ausgeschlossen, daß die Beteiligten über ihre Interessen – die Grundlage ihrer Positionierungen – verhandeln und nach Lösungen suchen, die im wechselseitigen Vorteil liegen (Fisher u.a. 1981: 151–153). Bilden Worte eine Barrikade, bleibt Kommunikation unfruchtbar.

Dazu ein Beispiel aus der Anfangsphase des Forschungsverbundes, in der sich zwei Lager gebildet hatten. Beide Lager wollten die Projektphilosophie nach ihrer Vorstellung prägen. Das eine Lager forderte, das Leitbildvorhaben müsse die Regionalökonomie stärken. Das andere Lager betonte das Prinzip einer nachhaltigen Stadt- und Regionalentwicklung. Beide Lager vertraten ihre Positionen nachdrücklich, es schien kaum möglich, eine gemeinsame Grundhaltung – und sei es auch nur eine Arbeitshypothese – zu finden. Die Situation wurde dadurch verschärft, daß hinter den beiden Lagern auch bis zu einem gewissen Grad die Differenz zwischen den Beigeordneten und der aus Verwaltungsangestellten gebildeten Arbeitsgruppe sichtbar wurde. Während die Beigeordneten eher an einer ökonomischen Ausrichtung interessiert waren, hatte die Arbeitsgruppe vorgeschlagen, ökonomische Ziele um soziale und ökologische Zielstellungen zu ergänzen. In dieser Phase zeigte sich auch, daß die Kommunikation zwischen den Beigeordneten und den Verwaltungsangestellten nicht in allen Ruhrgebietsstädten gut organisiert war. Während in einigen Städten eine direkte Kommunikation zwischen Beigeordneten und Verwaltung selbstverständlich war, wurde aus anderen Städten berichtet, bis Jahresende 2000 hätten nicht einmal Gespräche über das Forschungsvorhaben stattgefunden. Viele Arbeitsgruppenmitglieder empfanden den Ökonomiebeschluß der Beigeordneten als ungerechtfertigt. Umgekehrt kritisierten einige Beigeordnete, die weisungsgebundenen Angestellten würden das Bemühen um eine Stärkung der Regionalökonomie untergraben und wollten einen unüberschaubaren Akteurskreis einbeziehen, der gelegentlich mit „diese Lokale-Agenda-Leute" bezeichnet wurde.

Regionalökonomie versus Nachhaltigkeit ist ein typisches Beispiel für Positionierung. Mit Hilfe eines Arbeitspapiers konnten die Verbundpartner eine Einigung darüber erzielen, daß sowohl regionalökonomische Erfolge als auch nachhaltige Entwicklung langfristig von „Möglichkeiten" abhängen. Bei einem Betrachtungshorizont von dreißig Jahren ist zunächst unklar, aus welchen Möglichkeiten künftig regionalökonomische Produktivität geschöpft werden soll. Offensichtlich wird auch im Jahr 2030 der wirtschaftliche Erfolg davon abhängen, daß Möglichkeiten durch regionalökonomische Anstrengungen genutzt werden. Ebenso gleichen Nachhaltigkeitsstrategien langfristig ökonomische, soziale, ökologische Interessen aus. Solche Strategien können nur erfolgreich sein, wenn Möglichkeiten zum Interessenausgleich

83

verfügbar sind. Die Einigung der Verbundpartner stand unter dem Schlagwort „Möglichkeitsmanagement". Die Magie der Worte bestand aber nicht darin, ein Wort zu erfinden, das den Positionsstreit zwischen Regionalökonomie und Nachhaltigkeit zu verbergen half. Vielmehr war ein Wort zu finden, das die gemeinsamen Interessen betonte, die hinter den gegensätzlichen Positionen standen. Möglichkeitsmanagement und Möglichkeitsraum machten im Verlauf von *Städteregion Ruhr 2030* eine bemerkenswerte Karriere. Diese Begriffe wurden nicht nur zentrale Schlagwörter für die Ankerveranstaltungen und für die Leitbildmesse. Der Wettbewerb um ihre inhaltliche Ausfüllung motivierte zum Umdenken über Grenzen und Möglichkeiten in der langfristigen Regionalentwicklung.

Für die Magie der Worte bietet *Städteregion Ruhr 2030* viele Beispiele. Die Forschungsgruppe an der Fakultät Raumplanung der Universität Dortmund wurde „Förderturm der Visionen" genannt, die Mitglieder der Arbeitsgruppe oder die Teilnehmerinnen und Teilnehmer der Ankerveranstaltungen als „Pionierinnen und Pioniere der Städteregion Ruhr" angesprochen. Stadtbrachen und Restflächen wurden „Möglichkeitsräume" genannt, das ineffiziente Durcheinander der Zuständigkeiten und Funktionsräume führte zu „wilden Grenzen". Die Kurzformel für die regionalen Interessen der acht städtischen Verbundpartner lautete „Neunte Stadt", aus der Debatte über geeignete Organisationsformen für das Ruhrgebiet wurde ein Dialog über die „Spielregeln einer föderalistischen Stadtlandschaft". Auch diese Wortschöpfungen tarnten nicht etwa altbekannte Probleme durch Neubenennung. Der eigentliche Mehrwert der Magie der Worte bestand in der „sanften Kunst des Umdeutens" (Watzlawick u.a. 1974: 116–134). Nach einiger Zeit verband sich mit „Möglichkeitsraum" eben nicht mehr die deprimierende Gemengelage aus Stadtbrachen und Restflächen. Vielmehr trat im Gebrauch des Wortes Möglichkeitsraum das stadtregionale Potential jener Flächen in den Vordergrund, die im lokalen Zusammenhang als schwer verwertbare Immobilien angesehen werden. Als stadtregionale Möglichkeitsräume erlangen diese Flächen einen eigenen Sinn, der kommunalen Entscheidungsträgern bei isolierter Betrachtung verborgen bleibt. Eine „Pionierin der

Städteregion" ist nicht bloß eine Gemeinde- oder Universitätsangestellte, sie wagt ein Abenteuer, das zwar Mühen verursacht, aber auch den Reiz des Entdeckens bietet. Wer über „Spielregeln" spricht, denkt vielleicht auch an die Freude am Spielerischen, nicht nur an Enttäuschungen früherer Verwaltungsreformen.

Zur Magie der Worte gehört auch das Geschichtenerzählen (Forester 1999), das vor allem die Arbeitsgruppensitzungen und Klausurworkshops geprägt hat. Erzählt wurden Geschichten über frühere Erfolge und Mißerfolge, über den Verwaltungsalltag, über die Arbeit in politischen Gremien, über Begegnungen mit Bürgerinnen und Bürgern. Solche Geschichten sind sehr wichtig. Sie zeigen – unsystematisch, aber kompakt – die Erwartungen, Sorgen, Wünsche, Ängste, Hoffnungen der Beteiligten. Da solche Gefühle zwar selten aktenmäßig festgehalten, aber häufig ähnlich empfunden werden, vermittelt das Geschichtenerzählen bekannte und vertraute Gefühle. Alle Verwaltungsleute haben sich schon einmal darüber geärgert, daß ihre Pläne im Gemeinderat auf Unverständnis gestoßen sind. Werden solche Erfahrungen geteilt, kann daraus eine gemeinsame Anstrengung entstehen, die politische Kommunikation zu verbessern. Das Erzählen der Geschichten über den demokratischen Willensbildungsprozeß motivierte bei *Städteregion Ruhr 2030* dazu, die Leitbildinhalte an die politische Ebene so zu vermitteln, daß eine übereinstimmende Ratsvorlage in sieben der acht Verbundstädte beschlossen werden konnte.

Ein zweites Beispiel für die große Bedeutung des Geschichtenerzählens bildet das Leitbildvorhaben selbst, dessen Verlauf wegen des großen Kreises an Beteiligten und wegen der Ergebnisoffenheit des dialogischen Aktionsraumes nur schwierig zu steuern war. Der projektinterne Erzählprozeß gestaltete den Projektverlauf. *Städteregion Ruhr 2030* brachte eine unüberschaubare Flut an Protokollen, E-Mails, Ideenskizzen, Zwischenberichten und anderen Dokumenten hervor. Die Flut bildete den Hintergrund für viele Gespräche, in denen die Beteiligten einander ihre jeweilige Version erzählten. Mit Hilfe solcher Erzählungen wurde *Städteregion Ruhr 2030* ständig weiterentwickelt, wurden Probleme kurzfristig gelöst, neue Ideen kommuniziert. In der Orientierungsphase des Förderzeitraumes motivierten die Erzählungen, was denn eigentlich Inhalt der Vorhabensbeschreibung sei, zur erhöhten Beteiligung. Da jede einzelne Erzählung ein bißchen anders klang als die anderen Erzählungen, bot die Gesamtheit der Erzählungen kein übereinstimmendes Bild. Die vielen kleinen Erzählungen fügten sich aber zu einer Rahmengeschichte zusammen, die zunehmend die Funktion der Projektsteuerung übernahm. Indem alle, die an der Entwicklung der Rahmengeschichte teilnahmen, gleichzeitig erzählten *und* zuhörten, wurden die Beteiligten von der Magie der Worte zusammengehalten. Sie begannen, dieselbe Sprache zu sprechen.

Versucht man, aus der Beschreibung der Magie der Worte handhabbare Vorschläge für Regionalisierungsprozesse zu gewinnen, sind folgende Anregungen nützlich:
- Die Magie der Worte wird durch einen bewußten, mitunter sogar geplanten Sprachgebrauch vermittelt, wenn dadurch die gemeinsame Sicht stadtregionaler Zusammenarbeit unterstrichen wird.
- Die Magie der Worte hilft bei der Vermeidung unfruchtbarer Positionierung, weil ein Perspektivenwechsel den Zwang zur Verteidigung eingeübter Positionen verringert und einen Dialog über andere Sichtweisen ermöglicht.
- Die Magie der Worte wirkt in einem fortgesetzten Prozeß des Erzählens, in welchem die Inhalte und Verfahren kooperativer Regionalisierung in vielen kleinen Erzählungen vermittelt werden.

An der Magie der Worte ist zu erkennen, daß Kooperation inszeniert werden kann (► Objekt 17, S. 85). Die Zusammenarbeit wird durch die Inszenierung nicht unaufrichtig. Versagt die inszenierte Kooperation, geben sie die Beteiligten rasch wieder auf. Allerdings unterstützt eine Inszenierung der Kooperation soziales Lernen, ohne das keine nachhaltige Zusammenarbeit möglich ist.

84

MAGIE DER VEREINBARUNGEN

Im Stadtregionalen Kontrakt gingen die Ruhrgebietsstädte eine bemerkenswerte Verpflichtung ein. Bereits ab Unterzeichnung des Kontraktes, nicht erst im Jahr 2030, so sagten die Städte einander zu, werden die Leitbilder *Städteregion Ruhr 2030* durch Leitprojekte erprobt und sichtbar gemacht (▶ S. 174). Ob diese Leitprojekte nun tatsächlich umgesetzt werden, hängt davon ab, wie stark die Magie der Vereinbarung wirkt.

Ein Gesellschaftsvertrag im Sinne der Staatsphilosophie ist kein juristisch bindender Vertrag. Hobbes, Locke, Rousseau, Kant haben ihre Theorien des Gesellschaftsvertrages nicht als Rechtsanwälte verfaßt. Vielmehr ist den Theorien gemeinsam, was erst durch die Spieltheorie berechenbar wurde, nämlich die Voraussetzungen, unter denen kollektive Rationalität mit individueller Rationalität vereinbar ist. Weder despotische Willkür noch anarchistischer Egoismus vermögen das Steuerungsproblem selbständig handelnder Akteure zu lösen. Selbstverständlich kann der ideale Grad an Regionalisierung nicht errechnet werden. Gleichwohl sind die Eckpunkte erfolgreicher Kooperation mittels spieltheoretischer Modelle – vor allem des Gefangenendilemmas (▶ Objekt 20, S. 92) – abzuschätzen. Diese Kooperation bildet den Inhalt des Gesellschaftsvertrages, im Fall der *Städteregion Ruhr 2030* des Stadtregionalen Kontraktes vom Juni 2003. Da der Kontrakt kein rechtsverbindlicher Vertrag ist, können die vereinbarten Inhalte nicht gerichtlich eingeklagt werden. Der Stadtregionale Kontrakt ist auch keine Kodifikation interkommunaler Kooperationspraxis und wird daher nicht durch die Macht der Gewohnheit umgesetzt. Allerdings liegt dem Stadtregionalen Kontrakt ein Mechanismus zugrunde, der bei *Städteregion Ruhr 2030* getestet wurde und den man als die Magie der Vereinbarung bezeichnen könnte.

In der Anfangsphase des Forschungsverbundes, als die Unterzeichnung der Ideenskizze *Städte im Ruhrgebiet 2030* anstand (Juni 2000), war die Magie der Vereinbarung an einem ersten Beispiel zu beobachten. Zunächst waren keineswegs alle späteren Verbundstädte bereit, an einem Forschungsvorhaben teilzunehmen. Einige Städte hätten lieber ohne die Beteiligung anderer Städte eine Bundesförderung beantragt. Andere Städte sahen keinen Sinn in der Beteiligung an einem Forschungsvorhaben, fürchteten die

Konkurrenz ihrer Nachbarstädte, erinnerten sich an schlechte Erfahrungen mit Organisationsreformen im Ruhrgebiet. In dieser Phase wirkte die Magie der Vereinbarung in zweifacher Weise. Erstens wollte keine Stadt, die zur Mitwirkung eingeladen worden war, als einzige fernbleiben. Als die Vereinbarung einer Ideenskizze greifbar wurde, übte sie eine Sogwirkung auf die zögernden Städte aus. Zweitens motivierte die Vereinbarung bereits vor der positiven Vorentscheidung durch das Bundesministerium für Bildung und Forschung dazu, die in der Ideenskizze angeregte Zusammenarbeit tatsächlich zu beginnen. Durch die Magie der Vereinbarung wurde das Eis zwischen den Städtepartnern gebrochen und eine Zusammenarbeit angebahnt, die auch ohne den Anstoß durch ein Forschungsvorhaben sehr sinnvoll erschien.

Die Magie der Vereinbarung wirkt, wenn sich die Beteiligten miteinander ein Ergebnis vorstellen, das für alle vorteilhafter als ihre gegenwärtige Lage ist. Wird eine solche Vorstellung vereinbart, besitzen alle Beteiligten ein ausreichend großes Interesse an der Erfüllung der Vereinbarung. Sie werden auch ohne juristische Verpflichtung zur Umsetzung beitragen. Aus der Sicht der städtischen Verbundpartner besteht der wechselseitig vorteilhafte Vereinbarungsinhalt vor allem in den Leitprojekten: Masterplan Ruhr, Haushaltskonsolidierung durch Verwaltungskooperation, Neue Ufer. Andere Leitbildinhalte, insbesondere die Spielregeln der Städteregion Ruhr, bilden einen roten Faden, der den einzelnen Leitprojekten einen übergreifenden Sinn – den Eigensinn der Städteregion Ruhr – verleiht. Durch die begleitende Beobachtung dieser Kooperation entstanden Erkenntnisse, mit deren Hilfe die Zukunft der Städteregion Ruhr eingeschätzt werden kann:

- Die Kooperation innerhalb der Städteregion Ruhr wird gelingen, wenn die beteiligten Städte immer wieder aushandeln, welchen Nutzen sie für die anderen Kooperationspartnerinnen stiften und welchen Nutzen sie von ihnen erwarten. Kooperation ist keine Pflichtübung, sie dient wechselseitigen Vorteilen.
- Die Kooperation innerhalb der Städteregion Ruhr wird gelingen, wenn die bemerkenswerten Potentiale der Menschen in den Ruhrgebietsstädten anerkannt, entwickelt, genutzt werden. In der Praxis kooperieren Menschen, nicht Städte.
- Die Kooperation innerhalb der Städteregion Ruhr wird gelingen, wenn die Städte einander genügend Spielräume für Eigensinn zugestehen und gleichzeitig durch Grenzflexibilität die verstärkte Zusammenarbeit voranbringen. Kooperation dient der Nutzung der Unterschiede, nicht der Gleichmachung.
- Die Kooperation innerhalb der Städteregion Ruhr wird gelingen, wenn die Vorteile einer Zusammenarbeit mittel- bis langfristig dafür eingesetzt werden, den Aufwand für das Alltagsgeschäft zu reduzieren. Themenorientierte Zusammenarbeit ist nur sinnvoll, wenn Kernaufgaben erfüllt und nicht zusätzliche Arbeiten geschaffen werden.

Die Magie der Neunten Stadt hängt zunächst mit dem Erfolg der acht Ruhrgebietsstädte, ihrer Kooperation und ihrem Eigensinn zusammen. Die Magie der Neunten Stadt kann auch verallgemeinert und auf andere Städte und Stadtregionen übertragen werden. Acht Städte und ihre Neunte Stadt gibt es überall.

ACHT STÄDTE UND DIE NEUNTE STADT

EIGENSINNIGE STADTRÄUME

Stadträume werden auf mancherlei Weise eingeteilt. Solche Einteilungen ergeben sich aus dem Blickwinkel und der Interpretation jener Menschen, die Städte oder städtische Erscheinungsformen einteilen. Eine historische Einteilung enthält daher die Kategorien der antiken Stadt, der mittelalterlichen Stadt, der barocken Stadt, der modernen Stadt. In einer wirtschaftswissenschaftlichen Einteilung werden Handelsstädte, Hafenstädte, wohlhabende Städte, Industriestädte, Dienstleistungsstädte, globalisierte Städte unterschieden. Eine städtebauliche Einteilung charakterisiert Stadträume als gewachsene oder geplante Städte, Gartenstädte, Bandstädte, kompakte Städte, Regionalstädte, suburbanisierte Städte. Eine geographische Einteilung unterscheidet europäische, amerikanische, asiatische Städte, Weltstädte oder Städte an Flüssen, in Ebenen, im Gebirge. In einer politischen Einteilung finden wir freie Städte, Hauptstädte, Grenzstädte, Kreisstädte, geteilte Städte, mächtige Städte. Jede dieser Einteilungen ist fremdsinnig. Sie teilt Stadträume so ein, wie es einem bestimmten Blickwinkel oder Erkenntnisinteresse, einer bestimmten Interpretation oder Lesart entspricht. Wie würde eine Einteilung aussehen, die Stadträume nach ihrem Eigensinn unterscheidet?

Die Einteilung städtischer Räume nach ihrem Eigensinn stellt unsere taxonomische Kompetenz auf eine harte Probe. Nach welchen Gesichtspunkten sollen Ordnungen gebildet werden, wenn Eigensinn eingeteilt wird? Eigensinn ist Unordnung, und Unordnungen sind nicht zu klassifizieren. Unordnung enträt nicht nur der Systematik und Kategorisierung, sie wird durch erfolgreiche Systematik und Kategorisierung aufgelöst und zerstört. Die Unordnung ist ihrem Wesen nach „wüst und wirr" (Genesis 1, 2). Trifft man Unterscheidungen und zieht Grenzen, tritt an die Stelle ursprünglicher Unordnung eine neue, fremde Ordnung. Diese Ordnung wird durch die Unterscheidungen und Grenzen nicht nur charakterisiert, sondern geschaffen; das ist die Arbeit der Teilung (▶ S. 134). Die Stadt der Immobilienmakler, die Stadt der Alleinerziehenden, die Stadt der Wohnungslosen, die Stadt der Vollbeschäftigten, die Stadt der Flaneure sind verschiedene Städte. Keine gemeinsame Sichtweise, keine urbane Rationalität, macht diese Städte gleichzeitig sichtbar und lesbar. Die Orte, an denen Wohnungslose frieren, mögen in der Nähe jener Orte sein, an denen Immobilienmakler ihre besten Geschäfte machen. Diese Orte könnten aber ebenso gut auf einem anderen Stern sein. Die Distanz zwischen der Stadt der Wohnungslosen und der Stadt der Immobilienmakler könnte nicht größer sein. Was einen Hauseingang zum Übernachten geeignet macht, ist nicht dasselbe wie das, was eine städtische Immobilie profitabel macht. Wir erblicken hier keine einheitliche Identität, nur viele Identitäten. Die Wege, die der alleinerziehende Vater durch die Stadt nimmt, um seine Kinder nach der Schule zum Sport zu bringen und dabei auch noch Lebensmittel einzukaufen, kreuzen nicht die Wege der erlebnishungrigen Spaziergängerin, die in der Abenddämmerung nach der neu eröffneten Single-Bar ausspäht. Selbst wenn die beiden Menschen einander physisch nahe sind, folgen sie völlig verschiedenen *mental maps* „ihrer" Stadt. Jede dieser *mental maps* verzeichnet einen bestimmten Eigensinn, doch der Eigensinn städtischer Räume ist nicht einfach die Summe polyrationaler *mental maps*. Man kann immer nur eine *mental map* „lesen". Wer die Stadt der Immobilienmakler „liest", kann nicht gleichzeitig die Stadt der Wohnungslosen „lesen" – jedenfalls nicht mit dem Gefühl, derselben Ordnung zu folgen. Tatsächlich steckt in der Stadt Duisburg, der Stadt Toronto oder der Stadt Istanbul insgesamt *eine* Stadt, die einem Duisburger Immobilienmakler vertrauter ist als die Schlafplätze für Wohnungslose in Duisburg. Diese *eine* Stadt der Immobilienmakler (oder die *eine* Stadt der Flaneure oder die *eine* Stadt der Wohnungslosen) ist gelebter Eigensinn. Diese *eine* Stadt wird mittels mentaler Elemente konstruiert, die örtlich nicht gebunden sind. Die Frage, *wo* diese Stadt denn sei, wird daher nicht mit Breiten- und Längengraden, sondern mit den Koordinaten eines monorationalen Weltbildes beantwortet.

Die Einteilung städtischer Räume nach ihrem Eigensinn erinnert an Michel Foucaults Zitat aus einem chinesischen Wörterbuch (Foucault 1966: 17). Wir suchen gleichsam nach der Stadt, die mit einem ganz feinen Pinsel aus Kamelhaar gezeichnet wurde, wir suchen nach der Städteregion, die gerade den Wasserkrug zerbrochen hat (► S. 66). Der Eigensinn ist eben kein vorgegebenes und fremdbestimmtes Ordnungskriterium, das die Komplexität der einzuteilenden städtischen Räume reduziert. Vor allem erweist die Einteilung der Städte nach ihrem Eigensinn, daß jede einzelne Stadt viele Bilder zeigt, mit vielen Stimmen spricht, viele Orte enthält. Eigensinnige Städte sind wie der Besessene von Gerasa in Markus 5 (► S. 137). Wer Städte nach ihrem Eigensinn einteilt, nennt sie Legion, läßt sich auf einen Dialog mit Unordnungen ein, praktiziert Möglichkeitsmanagement. Aus den vielen Bildern ist nicht *ein* Bild auszuwählen, aus den vielen Stimmen ist nicht *eine* Stimme herauszuhören, die vielen Orte sind nicht zu *einem* Ort zu verdichten. Wer Städte nach ihrem Eigensinn einteilt, darf keinen Exorzismus unternehmen wie Jesus Christus in Markus 5, der den Besessenen von Gerasa „heilt", indem er ihm zu *einer* Rationalität verhilft. Wer Städte nach ihrem Eigensinn einteilt, muß die Spuren suchen, die wechselnde Rationalitäten hinterlassen haben. Das ist die Suche nach *pentimenti*, nach den eigensinnigen Absichten, die Städte und Regionen geprägt haben und prägen (► S. 17).

Der Eigensinn unterschiedlicher Akteure bringt *pentimenti* vieler Rationalitäten hervor. Knüpft ein Leitbild an *pentimenti an*, erlangt Sinnproduktion eine dynamische Komponente. Das Leitbild nimmt dann nicht nur die Sinngebung einer bestimmten monorationalen Ordnung auf, es zeigt auch die Spuren anderer Ordnungen, anderer Rationalitäten. Leitbilder, wie etwa die Konkurrenz der Ideale oder die Kultur der Differenz (► Objekt 3, S. 19), geben vielen Stimmen und vielen Absichten eine Bedeutung. Diese Bedeutung ist freilich immer fragmentarisch, bietet also kein vollständiges Bild. Ein Pentimento ist ja stets nur die Spur einer Absicht oder eines Bildes, verdeckt und übermalt durch andere Spuren, die ganz andere Absichten oder Bilder darstellen. Die Methode des Pentimento macht andere Rationalitäten lesbar, unterstreicht Widersprüche, betont aber auch Gemeinsamkeiten. Diese Lesbarkeit stiftet zunächst nicht mehr Sinn als Foucaults chinesisches Wörterbuch. Wird ein Frauenantlitz zunächst mit dem Bild eines betenden Mönchs und später mit einer Karnevalsszene übermalt, mag es phantasiebegabten Interpreten gelingen, dem *pentimento* einen Sinn abzuverlangen, also *eine* Geschichte zu erzählen, die von einer Frau, einem Mönch, dem Rosenmontag handelt. Dieser Sinn ist freilich nur ein Echo der interpretierenden Vernunft und kein Sinngehalt des interpretierten *pentimento*.

Aus der Gleichzeitigkeit vieler Stimmen und Absichten kann kein eigener, über die Dokumentation der Polyrationalität hinausreichender Sinn abgeleitet werden. Wir kennen keine Welt, in der Tiere definiert werden wie beispielsweise durch die Unterscheidung zwischen Tieren, die mit einem ganz feinen Pinsel aus Kamelhaar gezeichnet wurden, und Tieren, die gerade den Wasserkrug zerbrochen haben. Dementsprechend ist eine Stadt nicht die Schnittmenge jener Städte, die Immobilienmakler, alleinerziehende Eltern, Wohnungslose, Vollbeschäftigte, Flaneure erleben. Flaneure haben in ihrer Stadt keinen Platz für diskontierte Jahresbruttomieten und Immobilienmakler wollen nicht wissen, wo man Gratissuppe bekommt, ohne der Frau mit den Plastiktüten zu begegnen. Und dennoch sind die Städte der Immobilienmakler, Alleinerziehenden, Wohnungslosen, Vollbeschäftigten, Flaneure zugleich. Dies mag gelungen oder mißlungen wirken, es mag als neutrales Nebeneinander, feindseliges Gegeneinander oder harmonisches Miteinander erscheinen. Anders als dies Sigmund Freud in seinem Gedankenspiel zur Ewigen Stadt Rom vermutete (Freud 1930: 203), liegt hier jedoch weder etwas Unvorstellbares noch etwas Absurdes vor. Es ist eben nicht so, daß *alle* vergangenen, gegenwärtigen und künftigen Absichten in einer Stadt gleichzeitig *zur Gänze* verwirklicht sind. Nur in diesem Fall würde der Einwand gelten, „derselbe Raum verträgt nicht zweierlei Ausfüllung" (Freud 1930: 203). Für Stadträume ist es durchaus typisch, daß zeitgenössische Baulichkeiten neben historischem Baubestand, Ruinen, Baustellen, freigehaltenen Reserveflächen existieren. Die Gleichzeitigkeit von Frau, Mönch, Karneval gehört in vielen Städten zum Alltag, auch wenn sie häufig nicht bewußt wahrgenommen wird. Vollbeschäftigte, Immobilienmakler, Flaneure, Alleinerziehende, Wohnungslose ignorieren die Gleichzeitigkeit anderer Rationalitäten, um ihre eigenen Identitäten zu schützen. Polyrationalität mischt indes „alles zu allem" (► S. 165). Jede Absicht – und jede *andere* Absicht – fügt sich, sobald sie Spuren in Stadt und Region hinterlassen hat, in ein *pentimento*.

86-88

89–91

92–94

95–96

97–98

ACHT STÄDTE

Wie werden städtische Räume durch *andere* Rationalitäten sozial konstruiert? Wie kann diese Frage beantwortet werden, ohne daß die interpretierende Vernunft an die Stelle des interpretierten Eigensinns tritt? Eine situationszentrierte Theorie der Polyrationalität macht den Eigensinn städtischer Räume lesbar. Sie zeigt, daß in den vielen Bildern, durch die vielen Stimmen, an den vielen Orten eben viele Geschichten erzählt werden. Objekt 43 zeigt acht Städte im polyrationalen Koordinatensystem, das durch die Wahrnehmungsachse und die Verhaltensachse gebildet wird (► Objekt 26, S. 148). Diese acht Städte sind keiner bestimmten geographischen Lage und auch keiner bestimmten politischen Gesinnung, beruflichen Tätigkeit, wissenschaftlichen Betrachtungsweise zugeordnet. Die acht Städte entsprechen den vier Rationalitäten der von Mary Douglas entwickelten Theorie der Polyrationalität (► S. 143). Jeder Rationalität werden zwei Stadtbilder zugeordnet. Zum einen ist es ein Bild der Stadt, das mit der betreffenden Rationalität übereinstimmt; dementsprechend hat dieses Bild eine positive Konnotation. Zum anderen ist es ein Bild der Stadt, das der betreffenden Rationalität durch *andere* Rationalitätstypen zugeschrieben wird; dementsprechend hat das zweite Stadtbild eine negative Konnotation.

Objekt 43: Acht Städte

Die geordnete Stadt und die herrschsüchtige Stadt entsprechen der Rationalität der *hierarchists*, sie werden durch Herrschaftsstrategien hervorgebracht. Der Mythos der Kontrolle findet sich in Straßenrastern und Baufluchtlinien, in aufwendiger technischer Infrastruktur, in der geplanten Verteilung der Nutzungen, in den Ressorts kommunaler Ämter, in Überwachungskameras. Als eigene Rationalität produzieren Herrschaftsstrategien die *geordnete* Stadt. Die geordnete Stadt ist dem allgemeinen Besten verpflichtet. Ihre gebauten Räume verkörpern das Wohl der Allgemeinheit, ihre Wirtschafts- und Sozialräume beschränken private Interessen und fördern öffentliche Interessen. Die geordnete Stadt ist eine utilitaristische Stadt, die dem größten Glück der größten Zahl dient. Als andere Rationalität vermittelt der Mythos der Kontrolle das Bild der *herrschsüchtigen* Stadt. Ihre Räume und die Menschen, die darin leben, werden durch übergeordnete Instanzen überwacht und diszipliniert. Die Bemühungen der herrschsüchtigen Stadt reichen von den gnadenlos geraden Linien der Straßenraster über die hartnäckige Stadtbürokratie bis hin zu den genauen Regelwerken für die Entwicklung und Nutzung der Stadträume. Die geordnete und die herrschsüchtige Stadt nehmen viele Formen an; sie sind im stadtregionalen Masterplan ebenso erkennbar wie in der Nutzungssatzung des Kleingartenvereins.

Die solidarische Stadt und die ausschließende Stadt entsprechen der Rationalität der *egalitarians*, sie bilden die Konsequenz einer Gemeinschaftsstrategie. Der Mythos der Gemeinschaft inspiriert Nachbarschaftshilfe und Fahrgemeinschaften, Wohnkommunen und Hausbesetzungen, Gartenstädte und sozialen Wohnbau, ehrenamtliches Engagement und bürgerschaftliche Vereine, lokale Identitäten und Heimatmuseen. Als eigene Rationalität bringen Gemeinschaftsstrategien die *solidarische* Stadt hervor. Die solidarische Stadt ist den Nächsten verpflichtet. Ihre gebauten Räume dienen dem sozialen Zusammenhalt und erlauben allen Mitgliedern der Gemeinschaft, an den Annehmlichkeiten der Stadt teilzuhaben. Ihre Sozial- und Wirtschaftsräume werden durch Familienbetriebe, Teestuben und Trinkhallen, zivilgesellschaftliches Interesse, das Gefühl der Zusammengehörigkeit geprägt. Die solidarische Stadt ist eine Stadt gemeinschaftlicher Verantwortung, sie sorgt für ihre schwächsten Bewohnerinnen und Bewohner. In der

solidarischen Stadt wartet man nicht auf die kommunale Abfallbeseitigung, wenn eine leere Zigarettenschachtel den öffentlichen Raum verunreinigt; die solidarische Stadt säubert sich selbst. Als andere Rationalität erscheint der Mythos der Gemeinschaft als *ausschließende* Stadt. Wer nicht die sozialen Merkmale der Gemeinschaft aufweist oder ihre sozialen Regeln ablehnt, wird ausgeschlossen. Exklusion ist die Kehrseite der Inklusion, und für Fremde ist kein Platz in der urbanen Wagenburg. Im Wohngebiet, das von einer Mauer umgeben ist und dessen Zugänglichkeit privat überwacht wird *(gated community)*, kann niemand *anders* sein. Jedes Mitglied der Gemeinschaft unterliegt aufdringlicher Neugierde, die soziale Konformität erzwingt. Die solidarische und die ausschließende Stadt haben viele Gesichter, die im Gemeinschaftskonzept für sanften Tourismus ebenso erkennbar sind wie in der Lokalen Agenda 21.

Die mutige Stadt und die rücksichtslose Stadt entsprechen der Rationalität der *individualists*, sie folgen aus Wettbewerbsstrategien. Der Mythos der Freiheit prägt das Stadtbild durch kühne Architektur und eigenwillige Bauten, durch den Wunsch nach dem freistehenden Einfamilienhaus, durch technische Innovationen und individuelle Mobilität, durch die Nutzung der Nischen und Gelegenheiten, die andere nicht wahrnehmen. Als eigene Rationalität erkämpft der Mythos der Freiheit die *mutige* Stadt. Die mutige Stadt ist der Selbstverwirklichung gewidmet. Ihre gebauten Räume bestehen aus narzißtischen Monumenten erfolgreicher Individualisten, aber auch aus gemütlichen Ecken, in denen ungestört vom städtischen Treiben gelebt wird. Die Sozial- und Wirtschaftsräume der mutigen Stadt inspirieren zur Konkurrenz um die erfolgreichste Erfindung, die wagemutigste Tat, die beste Wirtschaftsidee. In der mutigen Stadt fehlen ausgetretene Pfade; hier wartet niemand auf staatliche Förderung oder den Zuspruch der Mitmenschen. Als andere Rationalität führt der Mythos der Freiheit zur *rücksichtslosen* Stadt. In den Autos, die in langen Staukolonnen die Straßen der rücksichtslosen Stadt blockieren, sitzen Individualisten, die ihr eigenes Verhalten nicht mit anderen Menschen abzustimmen verstehen. Die Art und Weise, wie sie sich bewegen, wie sie arbeiten, wie sie ihr privates Eigentum besitzen, nimmt keine Rücksicht auf andere. Der Wettbewerb in der rücksichtslosen Stadt ist unproduktiv, er schädigt die Umwelt und gefährdet die Lebensqualität. Dem Häuschen am Waldesrand folgen solange weitere Häuschen nach, bis die individuellen Wohnwünsche die letzte Restfläche versiegelt haben. Man begegnet der mutigen Stadt und der rücksichtslosen Stadt an vielen Stellen. Sie sind im *Wohnen am Wasser* und der stadtregionalen Migrationspolitik ebenso erkennbar wie im unerschütterlichen Glauben des letzten Einzelhändlers, der Konkurrenz der Großkonzerne widerstehen zu können.

Die gelassene Stadt und die gleichgültige Stadt entsprechen der Rationalität der *fatalists*. Der Mythos der Ohnmacht erduldet Straßenkriminalität und Verkehrslärm, Leerstand und verspätete öffentliche Verkehrsmittel, verwahrloste Schulen und soziale Kälte. Als eigene Rationalität kann Ohnmacht einen Schutzpanzer bilden, der zu ertragen hilft, was nicht geändert werden kann. Angesichts der Korruption in öffentlichen Ämtern, ausbeuterischer Spekulation, feindseliger Nachbarn bietet die *gelassene* Stadt einen Zufluchtsort für verzweifelte Opfer. In der gelassenen Stadt meidet man die Konfrontation und weicht aus. Niemand vermag den Lauf der Dinge zu beeinflussen, es leidet aber auch niemand unter der Qual der Wahl. In der gelassenen Stadt lebt man unauffällig und ohne Erklärungen – die Werkshalle auf der anderen Straßenseite verfällt wohl schon seit längerer Zeit. Als andere Rationalität betrachtet, zeigt der Mythos der Ohnmacht das Bild der *gleichgültigen* Stadt. Die gleichgültige Stadt verwandelt einzelne Menschen in einen Strom unbeteiligter Passanten. Ihr Schweigen ist erdrückend, und später heißt es, niemand habe die Hilferufe gehört.

99–100

101–102

281

DAS EIGENE IM FREMDEN

Durch den Filter unserer Rationalität betrachtet, entspricht unsere soziale Konstruktion der Stadt unserem Eigensinn. Der Eigensinn anderer Städte ist uns hingegen fremd. Die Theorie der Polyrationalität gibt den Blick auf acht eigensinnige Städte frei, auf andere Weltbilder, andere Rationalitäten. Je nachdem, welcher Eigensinn uns selbst naheliegt, erscheinen uns manche dieser Städte bekannt und anziehend, anderen Städten sind wir höchstens am Rande unserer Wahrnehmung begegnet. Vielleicht sind uns die anderen Städte unheimlich, womöglich reagieren wir mit Neugier und sind überrascht. Betrachtet man die acht Städte allerdings zugleich, überwiegt ein unbehagliches Gefühl. In ihrem Nebeneinander erscheinen die acht Städte wüst und wirr, in ihrem geballten Eigensinn kommt alles zu allem.

Das *pentimento* der vielen Bilder, Stimmen, Orte wird sichtbar, wenn wir die Grenzen zwischen den einzelnen Rationalitäten auflösen, doch das Resultat polyrationaler Gleichzeitigkeit ist unerträglich. Aus monorationaler Sicht betrachtet, erscheint eine plurale Vernunft oder Polyrationalität als unvernünftig. Wenn *unsere* Vernunft nur als eine unter vielen gelten darf, also jenseits der Grenzen unserer Rationalität, begegnen wir Monstern (► S. 227). Wir können keinen Sinn in der Aufzählung städtischer Räume erkennen, in der die gleichgültige Stadt, die mutige Stadt, die herrschsüchtige Stadt, die solidarische Stadt gleichwertig enthalten sind. Eine solche Aufzählung ist ebenso unsinnig wie die Definition der Tiere im chinesischen Wörterbuch (► S. 66). Das gleichzeitige Nebeneinander der acht Städte hebt die Grenze – den Unterschied – zwischen dem Bekannten und Unbekannten, dem Eigenen und dem Fremden, auf. Die Grenze der Neunten Stadt umfaßt: alles.

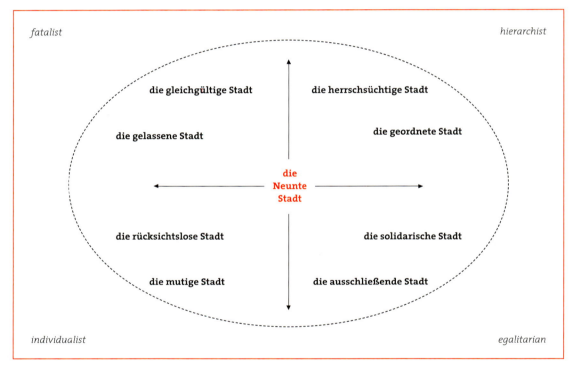

Objekt 44: Die Neunte Stadt ············ die Grenze der Neunten Stadt

Die Neunte Stadt ist die *frontier* der föderalistischen Stadtlandschaft. Sie enthält viele Bilder, viele Stimmen, viele Orte, die durch wilde Grenzen geteilt, getrennt, verbunden werden. In der Neunten Stadt überwiegen Peripherien, fragmentierte Strukturen, räumliche Mehrdeutigkeiten; demgegenüber sind Zentren, geschlossene Formen und eindeutige Zuordnungen nur selten. Die Neunte Stadt ist kein moderner Ort, denn sie kennt keine Ordnung. Da in der Neunten Stadt eben alles auch anders sein könnte, stellt die Neunte Stadt unsere Geduld, unser Vertrauen, unsere Toleranz auf eine harte Probe.

Vermag die Neunte Stadt auch nicht durch eine bestimmte Ordnung zu trösten, löst sie immerhin die drei Rätsel der Regionalisierung (► S. 10). Das Rätsel der Grenze wird durch die Grenzflexibilität in Möglichkeitsräumen – durch Möglichkeitsmanagement – gelöst. Das Rätsel der Kooperation wird durch die Konkurrenz der Ideale gelöst, die brauchbare Konzepte hervorbringt, indem sie auch anderen Rationalitäten antwortet. Und die Lösung des dritten Rätsels, des Eigensinns, liegt in der Kultur der Differenz, in der Unterschiede genutzt, nicht bloß geduldet werden. Die Neunte Stadt gestattet überraschende Raumnutzungen und ist fehlerfreundlich. Michiel Schwarz und Michael Thompson charakterisieren die Stärke der polyrationalen Gestaltung technischen Fortschritts, ihr Kommentar paßt auf die Neunte Stadt:

„The simple but profound message is that the cultural pluralism is *essential*. The three active rationalities – the hierarchical, the individualistic and the egalitarian – structure the world in different and (in the right circumstances) complementary ways. [...] Diversity, contradiction, contention and criticism [...] are the best tools we have for understanding the inchoate. We must learn to husband them and make the most of them. Divided we stand; united we fall" (Schwarz und Thompson 1990: 12–13).

Vielfalt, Widersprüche, Widerstreit und Kritik wären am besten für die Nutzung pluraler Rationalitäten geeignet. Schließlich wäre nicht Polyrationalität in Monorationalität zu transformieren, man müsse die vielen Stimmen des Eigensinns nutzen: „Getrennt sind wir stark, geeint kommen wir zu Fall!"

Die Harmonie zwischen den Rationalitäten der Neunten Stadt ist turbulent, weil Hierarchie, Individualismus und Gemeinschaft die Stadt bestimmen wollen. Sie werben um die Gruppe der Fatalisten, die manchmal als schweigende Mehrheit, manchmal als ausgebeutete Masse betrachtet wird. Gelingt es einer Rationalität, die Stadtentwicklung für längere Zeit zu dominieren, treten Störungen auf, bis es den anderen Weltbildern gelingt, sich in Nischen, in Subkulturen und in verstecktem oder offenem Widerstand zu artikulieren. Der Widerstreit der Rationalitäten ist eine soziale Tatsache, mit der man sich abfindet oder die man bekämpft. Man kann eine Konkurrenz der Ideale aber auch ganz bewußt in ein städtisches oder stadtregionales Leitbild aufnehmen und so den Eigensinn zur Inspiration nutzen.

Die Neunte Stadt besteht nicht aus abgeschlossenen Territorien, sondern aus Exklaven. Das können verstreute Flächen sein, wie bei den *brownfields, greenfields, bluefields* und *redfields* der Städteregion Ruhr, die durch einen regelgeleiteten Projektverbund eigensinniger Städte entwickelt werden (► S. 256). Das können aber auch wirtschaftsräumliche, sozialräumliche, kulturräumliche Exklaven sein, die durch eine eigensinnige Handhabung ihrer Grenzen verbunden werden. Diese Verbindung stiftet allerdings keine einheitliche Ordnung, wie bei den mittelalterlichen Hansestädten, dem britischen Empire, bei den Tochtergesellschaften eines internationalen Konzerns. Die Verbindung zwischen den Exklaven wird durch einen dauernden Austausch über Grenzen und Identitäten hergestellt. Die Neunte Stadt ist ein Ort verflüssigter Bindungen und verhandelbarer Besitzstände.

Die Neunte Stadt ist das Eigene im Fremden.

LITERATUR

Altman 1975 = Irwin Altman. 1975. *The environment and social behavior. Privacy, personal space, territory, crowding.* Monterey, CA: Brooks/Cole.
Alvarez 1995 = Robert R. Alvarez, Jr. 1995. „The Mexican-US border: The making of an anthropology of borderlands". *Annual Review of Anthropology* 24: 447–470.
Amaral 1994 = Ilidio do Amaral. „New reflections on the theme of international boundaries". In: Schofield 1994: 16–22.
Amin und Thrift 2003 = Ash Amin und Nigel Thrift. 2003. *Cities. Reimagining the urban.* Cambridge: Polity.
Anderson 1983 = Benedict Anderson. 1988. *Die Erfindung der Nation. Zur Karriere eines folgenreichen Konzepts.* Frankfurt a.M. – New York: Campus (Erstveröffentlichung 1983).
Anderson 1996 = Malcolm Anderson. 1996. *Frontiers. Territory and state formation in the modern world.* Cambridge: Polity Press.
Anderson 1999 = Ewan W. Anderson. „Geopolitics: International boundaries as fighting places". In: Gray und Sloan 1999: 125–136.
Anderson 2000 = Ewan W. Anderson. 2000. *Global geopolitical flashpoints. An Atlas of conflict.* London: The Stationary Office.
Anderson 2003 = Ewan W. Anderson. 2003. *International boundaries. A geopolitical Atlas.* London: The Stationary Office.
Ante 1995 = Ulrich Ante. „Grenze". In: ARL 1995: 423–436.
Anzaldúa 1999 = Gloria Anzaldúa. 1999. *Borderlands – La frontera. The New Mestiza.* 2. Auflage. San Francisco: Aunt Lute Books.
Ardrey 1966 = Robert Ardrey. 1975. *The territorial imperative. A personal inquiry into the animal origins of property and nations.* Glasgow: Fontana / Collins (Erstveröffentlichung 1966).
Aring u.a. 1989 = Jürgen Aring, Bernhard Butzin, Rainer Danielzyk und Ilse Helbrecht. 1989. *Krisenregion Ruhrgebiet? Alltag, Strukturwandel und Planung.* Wahrnehmungsgeographische Studien zur Regionalentwicklung, Heft 8. Oldenburg: Bibliotheks- und Informationssystem der Universität Oldenburg.
Aristoteles 1978 = Aristoteles. 1978. *Politik.* 3. Auflage. München: Deutscher Taschenbuchverlag.
ARL 1970 = Akademie für Raumforschung und Landesplanung (Hrsg.). 1970. *Handwörterbuch der Raumforschung und Raumordnung.* 3 Bände, 2. Auflage. Hannover: Gebrüder Jänecke: 1060–1064.
ARL 1977 = Akademie für Raumforschung und Landesplanung (Hrsg.). 1977. *Verwaltungsgrenzen in der Bundesrepublik Deutschland seit Beginn des 19.*

1–4

Adami 1927 = Vittorio Adami. 1927. *National frontiers in relation to international law.* London: Oxford University Press.
Agnew 1998 = John Agnew. 1998. *Geopolitics. Re-visioning world politics.* London – New York: Routledge.
Agnew 2000a = John Agnew. „Boundary". In: Johnston u.a. 2000: 52–53.
Agnew 2000b = John Agnew. „Territoriality". In: Johnston u.a. 2000: 823–824.
Albers 1974 = Gerd Albers. „Ideologie und Utopie im Städtebau". In: Wolfgang Pehnt (Hrsg.). 1974. *Die Stadt in der Bundesrepublik Deutschland.* Stuttgart: Philipp Reclam jun.: 453–476.
Albers 1992 = Gerd Albers. 1992. *Stadtplanung.* 2. Auflage. Darmstadt: Wissenschaftliche Buchgesellschaft.
Albert 1998 = Mathias Albert. „On boundaries, territory and postmodernity: An international relations perspective". In: Newman 1998a: 53–68.
Albert 2000 = Stephanie Albert. 2000. *Informelle Kooperationen als Aufgabe der Raumplanung.* Kaiserslautern: Universität Kaiserslautern.
Albert u.a. 2001 = Mathias Albert, David Jacobson und Yosef Lapid (Hrsg.). 2001. *Identities, borders, orders. Rethinking international relations theory.* Minneapolis – London: University of Minnesota Press.
Albert und Brock 2001 = Mathias Albert und Lothar Brock. „What keeps Westphalia together? Normative differentiation in the modern system of states". In: Albert u.a. 2001: 29–49.
Albrechts u.a. 2003 = Louis Albrechts, Patsy Healey und Klaus R. Kunzmann. 2003. „Strategic spatial planning and regional governance in Europe". *Journal of the American Planning Association* 69 (Nummer 2): 113–129.
Alderson und Anderson 2000 = David Alderson und Linda Anderson (Hrsg.). 2000. *Territories of desire in queer culture. Refiguring contemporary boundaries.* Manchester – New York: Manchester University Press.

Jahrhunderts. Forschungs- und Sitzungsberichte der Akademie für Raumforschung und Landesplanung, Band 110. Hannover: Hermann Schroedel.
ARL 1995 = Akademie für Raumforschung und Landesplanung (Hrsg.). 1995. *Handwörterbuch der Raumordnung.* Hannover: Verlag der ARL.
ARL 1996 = Akademie für Raumforschung und Landesplanung (Hrsg.). 1996. *Agglomerationsräume in Deutschland.* Forschungs- und Sitzungsberichte der Akademie für Raumforschung und Landesplanung, Band 199. Hannover: Verlag der ARL.
Assmann 1999 = Aleida Assmann. 1999. *Erinnerungsräume. Formen und Wandlungen des kulturellen Gedächtnisses.* München: C. H. Beck.
Assmann und Friese 1998 = Aleida Assmann und Heidrun Friese (Hrsg.). 1998. *Identitäten.* Frankfurt a. M.: Suhrkamp.
Augé 1995 = Marc Augé. 1995. *Non-places. Introduction to an anthropology of supermodernity.* London – New York: Verso.
Axelrod 1988 = Robert Axelrod. 1988. *Die Evolution der Kooperation.* München: Oldenbourg.
Ayres und Braithwaite 1999 = Ian Ayres und John Braithwaite. 1992. *Responsive regulation. Transcending the deregulation debate.* New York – Oxford: Oxford University Press.

Back 1995 = Hans-Jürgen Back. „Regionalisierung". In: ARL 1995: 821–823.
Backhaus 1999 = Jürgen G. Backhaus. 1999. „Land rents and ecological crisis: The case of the Oder River Valley". *American Journal of Economics and Sociology* 58: 193–196.
Bafoil 1999 = François Bafoil. 1999. „Post-communist borders and territories: Conflicts, learning and rule-building in Poland". *International Journal of Urban and Regional Research* 23: 567–582.

Baird u.a. 1994 = Douglas G. Baird, Robert H. Gertner und Randal C. Picker. 1994. *Game theory and the law.* Cambridge, Massachusetts: Harvard University Press.

Bauer und Rahn 1997 = Markus Bauer und Thomas Rahn (Hrsg.). 1997. *Die Grenze. Begriff und Inszenierung.* Berlin: Akademie Verlag.

Bauman 2000 = Zygmunt Bauman. 2000. *Liquid modernity.* Cambridge: Polity Press.

Baumol 1986 = William J. Baumol. 1986. *Superfairness. Applications and theory.* Cambridge, Massachusetts: The MIT Press.

Becker u.a. 1998 = Heidede Becker, Johann Jessen und Robert Sander (Hrsg.). 1998. *Ohne Leitbild? Städtebau in Deutschland und Europa.* Stuttgart: Krämer.

Bell und Haddour 2000 = David Bell und Azzedine Haddour (Hrsg.). 2000. *City visions.* Harlow, England: Pearson Education.

Benevolo und Albrecht 1994 = Leonardo Benevolo und Benno Albrecht. 1994. *Grenzen. Topographie, Geschichte, Architektur.* Frankfurt a.M. – New York: Campus.

Benz 2003 = Arthur Benz. 2003. *Regional Governance.* Hagen: Selbstverlag der FernUniversität.

Benz u.a. 1998 = Arthur Benz, Gottfried Schmitz, Dietmar Scholich und Werner Schramm. 1998. *Regionale Verwaltungs- und Planungsstrukturen in Großstadtregionen.* Forschungs- und Sitzungsberichte der Akademie für Raumforschung und Landesplanung, Band 204. Hannover: Verlag der ARL.

Benz u.a. 1999 = Arthur Benz, Dieterich Fürst, Heiderose Kilper und Dieter Rehfeld. 1999. *Regionalisierung. Theorie – Praxis – Perspektiven.* Opladen: Leske + Budrich

Berdahl 1999 = Daphne Berdahl. 1999. *Where the world ended. Re-unification and identity in the German borderland.* Berkeley u.a.: University of California Press.

Bernhardt 1972 = Wolfgang Bernhardt. 1972. *Die gemeindliche Gebietsreform und das Selbstverwaltungsrecht.* Dissertation Münster.

Bernstein 2004 = Richard Bernstein. „Poland's new role: European border guard". *International Herald Tribune* vom 2. März 2004: 1 und 10.

bifak 2002 = Bochumer Institut für angewandte Kommunikationsforschung (Hrsg.). 2002. *Die Große Ruhrgebiet-Umfrage.* Bochum: Selbstverlag.

Biger 1995 = Gideon Biger (gemeinsam mit International Boundaries Research Unit, University of Durham). 1995. *The encyclopedia of international boundaries.* New York: Facts on File.

Boggs 1940 = S. Whittemore Boggs. 1940. *International boundaries. A study of boundary functions and problems.* New York: Columbia University Press.

Bökemann 1982 = Dieter Bökemann. 1982. *Theorie der Raumplanung.* München – Wien: Oldenbourg.

Böll 1958 = Heinrich Böll (mit Photographien von Chargesheimer). 1958. *Im Ruhrgebiet.* Köln – Berlin: Kiepenheuer & Witsch.

Bölling und Sieverts 2004 = Lars Bölling und Thomas Sieverts (Hrsg.). 2004. *Mitten am Rand. Auf dem Weg von der Vorstadt über die Zwischenstadt zur regionalen Stadtlandschaft.* Zwischenstadt, Band 1. Wuppertal: Müller + Busmann.

Bollerey 1992 = Franziska Bollerey. „175 Jahre Wohnungsbau". In: Hoebink 1992: 227–243.

Bömer 2000 = Hermann Bömer. 2000. *Ruhrgebietspolitik in der Krise. Kontroverse Konzepte aus Wirtschaft, Politik, Wissenschaft und Verbänden.* Dortmunder Beiträge zur Raumplanung, Band 101. Dortmund: IRPUD.

Bormann 2001 = Regina Bormann. 2001. *Raum, Zeit, Identität. Sozialtheoretische Verortungen kultureller Prozesse.* Opladen: Leske + Budrich.

Bott 1977 = Wolfgang H. Bott. 1977. *Rechtsprechung und Gebietsreform.* Dissertation Speyer.

Bowman 1942 = Isaiah Bowman. 1942. „Geography vs. geopolitics". *Geographical Review* 32: 646–658.

Brandenburger und Nalebuff 1998 = Adam M. Brandenburger und Barry J. Nalebuff. 1998. *Co-opetition.* New York u.a.: Currency Doubleday.

Brandt 1996 = Reinhard Brandt. „Das Titelblatt des *Leviathan*". In: Kersting 1996: 29–53.

Brecht 1997 = Bertolt Brecht. 1997. *Ausgewählte Werke in sechs Bänden. Jubiläumsausgabe zum 100. Geburtstag.* Band 4. Frankfurt a. M.: Suhrkamp.

Bremer und Petzinger 2001 = Stefanie Bremer und Tana Petzinger. 2001. „Leitbild für die Städteregion Ruhr 2030". *RaumPlanung* 97: 213–214.

Brockhaus 1981 = Gerhard Wahrig, Hildegard Krämer und Harald Zimmermann (Hrsg.). 1981. *Brockhaus Wahrig. Deutsches Wörterbuch in sechs Bänden.* Wiesbaden: F. A. Brockhaus; Stuttgart: Deutsche Verlags-Anstalt.

Bronny und Dege 1990 = Horst M. Bronny und Wilfried Dege. „Raumpotential und Raumstruktur an der Schwelle zur Industrialisierung". In: Köllmann u.a. 1990: 81–110.

Binmore 1994 = Ken Binmore. 1994. *Game theory and the social contract, volume I: Playing fair.* Cambridge, Massachusetts: The MIT Press.

Bischoff 1972 = Diether Bischoff. 1972. *Kommunale Neugliederung und Selbstverwaltungsgarantie. Grundzüge der Rechtsprechung des Verfassungsgerichtshofs zur kommunalen Gebietsreform im Lande Nordrhein-Westfalen.* Siegburg: Reckinger.

Bischoff u.a. 2001 = Ariane Bischoff, Klaus Selle und Heidi Sinning. 2001. *Informieren – Beteiligen – Kooperieren. Kommunikation in Planungsprozessen.* Dortmund: Dortmunder Vertrieb für Bau- und Planungsliteratur.

Black 1997 = Jeremy Black. 1997. *Maps and politics.* London: Reaktion.

Blomley u.a. 2001 = Nicholas Blomley, David Delaney und Richard T. Ford (Hrsg.). 2001. *The legal geographies reader. Law, power, and space.* Oxford: Blackwell.

Blotevogel 1992 = Hans Heinrich Blotevogel. „Der Regierungsbezirk Düsseldorf als Verwaltungs- und Wirtschaftsraum". In: Hoebink 1992: 15–33.

Blotevogel 1995 = Hans Heinrich Blotevogel. „Raum". In: ARL 1995: 733–740.

Blotevogel 1998 = Hans Heinrich Blotevogel. 1998. *Europäische Metropolregion Rhein-Ruhr. Theoretische, empirische und politische Perspektiven eines neuen raumordnungspolitischen Konzepts.* Dortmund: Institut für Landes- und Stadtentwicklungsforschung des Landes Nordrhein-Westfalen.

Blotevogel 2000 = Hans Heinrich Blotevogel. 2000. „Zur Konjunktur der Regionsdiskurse". *Informationen zur Raumentwicklung* (Heft 9/10): 491–506.

Blotevogel 2002a = Hans Heinrich Blotevogel. 2002. „Die Region Ruhrgebiet zwischen Konstruktion und Dekonstruktion". *Westfälische Forschungen* 52: 453–488.

Blotevogel 2002b = Hans Heinrich Blotevogel. 2002. „Deutsche Metropolregionen in der Vernetzung". *Informationen zur Raumentwicklung* (Heft 6/7): 345–351.

Brown 2001 = Chris Brown. „Borders and identity in international political theory". In: Albert u.a. 2001: 117–136.

Brown u.a. 1986 = Curtis M. Brown, Walter G. Robillard, Donald A. Wilson, Francois D. Uzes. 1986. *Boundary control and legal principles.* 3. Auflage. New York u.a.: John Wiley.

Brownlie 1998 = Ian Brownlie. 1998. *Principles of public international law.* 5. Auflage. Oxford: Clarendon Press.

Bühler und Kerstiens 1926 = Bühler und Kerstiens (Hrsg.). 1926. *Die Behördenorganisationen des Ruhrgebiets und die Verwaltungsreform.* Essen: Baedeker.

Bünermann 1975 = Martin Bünermann. 1975. *Die Gemeinden und Kreise nach der kommunalen Gebietsreform in Nordrhein-Westfalen. Ein Handbuch zur kommunalen Neugliederung.* Köln u.a.: Deutscher Gemeindeverlag.

Carter u.a. 1993 = Erica Carter, James Donald und Judith Squires (Hrsg.). 1993. *Space and place. Theories of identity and location.* London: Lawrence & Wishart.

Casati und Varzi 1999 = Roberto Casati und Achille C. Varzi. 1999. *Parts and places. The structures of spatial representation.* Cambridge, Massachusetts – London: The MIT Press.

Castells 1996 = Manuel Castells. 1996. *The rise of the network society.* 2. Band: *The Information Age: Economy, society and culture.* Oxford u.a.: Blackwell.

CEDLA 2000 = CEDLA (Centrum voor Studie en Documentatie van Latijns Amerika) (Hrsg.). 2000. *Fronteras: Towards borderless Latin America.* Amsterdam: Selbstverlag.

Chang 1997 = Elaine K. Chang. 1997. „Run through the borders: Feminism, postmodernism, and runaway subjectivity". In: Michaelsen und Johnson 1997: 169–194.

Chobot u.a. 1999 = Manfred Chobot u.a. 1999. GRENZENlos. BAWAG Edition Literatur, Band 4. Wien: Ueberreuter.

Clemens und Clemens 1999 = Corinna Clemens und Ariane Clemens. 1999. „Rand, Grenze, Übergang: Landschaftsgrenzen als Ansatz räumlicher Planung im Umland". *Raumforschung und Raumordnung* (Nummer 5/6): 350–358.

Copjec und Sorkin 1999 = Joan Copjec und Michael Sorkin (Hrsg.). 1999. *Giving ground. The politics of propinquity.* London – New York: Verso.

Cummings und Lewandowska 2000 = Neil Cummings und Marysia Lewandowska. 2000. *The value of things.* Basel – Boston – Berlin: Birkhäuser.

Cupers und Miessen 2002 = Kenny Cupers und Markus Miessen. 2002. *Spaces of uncertainty.* Wuppertal: Müller + Busmann.

Curzon 1907 = (George Nathaniel) Lord Curzon of Kedleston. 1907. *Frontiers. The Romanes Lecture 1907.* London u.a.: Oxford at the Clarendon Press.

Danielzyk und Priebs 1996 = Rainer Danielzyk und Axel Priebs (Hrsg.). 1996. *Städtenetze. Raumordnungspolitisches Handlungsinstrument mit Zukunft?* Materialien zur Angewandten Geographie, Band 32. Bonn: Irene Kuron.

Davy 1997a = Benjamin Davy. 1997. *Essential injustice. When legal institutions cannot resolve environmental and land use disputes.* Wien – New York: Springer.

Davy 1997b = Benjamin Davy. „Planungskultur und Planungspolitik. Wem nützt eine verträgliche Raumordnung?" In: Nicolini 1997: 23–53.

Davy 1999 = Benjamin Davy. „Raum-Mythen – Normative Vorgaben für Identitätsbildung". In: Thabe 1999: 59–75.

Davy 2002a = Benjamin Davy. 2002. „Unendliche Weite. Wirklichkeiten und Möglichkeiten der Städteregion Ruhr 2030". *RaumPlanung* 100: 27–31.

Davy 2002b = Benjamin Davy. „Ruhrstadt – Konkurrenz der Städte: Visionen einer Stadt?" In: Tenfelde 2002a: 43–54.

Davy 2002c = Benjamin Davy. 2002. „Wilde Grenzen. Die Städteregion Ruhr als Möglichkeitsraum". *Informationen zur Raumentwicklung* (Heft 9): 527–537.

Davy u.a. 2002a = Benjamin Davy, Ira Janzen und Kamilla Kanafa. 2002. *Verhandlungsinstruktionen für die Konsensbildungskonferenz auf Mont Cenis in Herne.* Selbstverlag der Fakultät Raumplanung der Universität Dortmund.

Davy u.a. 2002b = Benjamin Davy, Ira Janzen und Kamilla Kanafa. 2002. *Nanotronic-Instruktionen für das Gespräch mit den Ruhrgebietsstädten auf Mont Cenis in Herne.* Selbstverlag der Fakultät Raumplanung der Universität Dortmund.

Davy und zur Nedden 2003 = Benjamin Davy und Martin zur Nedden. 2003. „Kooperation durch Vereinbarung. Städteregion Ruhr 2030". *polis* 15 (Heft 3): 32–35.

Deleuze und Guattari 1980 = Gilles Deleuze und Félix Guattari. 2002. *Tausend Plateaus. Kapitalismus und Schizophrenie.* 5. Auflage. Berlin: Merve (französische Erstveröffentlichung *Mille plateaux* 1980).

Demandt 1991 = Alexander Demandt (Hrsg.). 1999. *Deutschlands Grenzen in der Geschichte.* 2. Auflage. München: C. H. Beck.

Dodds und Atkinson 2000 = Klaus Dodds und David Atkinson (Hrsg.). 2000. *Geopolitical traditions. A century of geopolitical thought.* London – New York: Routledge.

Domosh und Seager 2001 = Mona Domosh und Joni Seager. 2001. *Putting women in place. Feminist geographers make sense of the world.* New York – London: Guildford Press.

Donnan und Wilson 1999 = Hastings Donnan und Thomas M. Wilson. 1999. *Borders: Frontiers of identity, nation and state.* Oxford – New York: Berg.

Douglas 1966 = Mary Douglas. 1992. *Purity and danger. An analysis of the concepts of pollution and taboo.* London – New York: Routledge. (Erstveröffentlichung 1966).

Douglas 1978 = Mary Douglas. 1978. *Implicit meanings. Essays in anthropology.* London – New York: Routledge.

Douglas 1992 = Mary Douglas. 1992. *Risk and blame. Essays in cultural theory.* London – New York: Routledge.

Douglas 1996 = Mary Douglas. 1996. *Thought styles. Critical essays on good taste.* New Delhi – Thousand Oaks – London: Sage Publications.

Douglas und Wildavsky 1983 = Mary Douglas und Aaron Wildavsky. 1983. *Risk and culture. An essay on the selection of technological and environmental dangers.* Berkeley: University of California Press.

Drews 2000 = Gerald Drews. 2000. *Dürfen Nachbarn alles? Was jeder über Grundeigentum und Nachbarrecht wissen sollte.* 2. Auflage. München: Heyne.

Duanay u.a. 2000 = Andres Duanay, Elizabeth Plater-Zyberk und Jeff Speck. 2000. *Suburban nation. The rise of sprawl and the decline of the American dream.* New York: North Point Press.

Duden 1963 = *Duden. Das Herkunftswörterbuch. Die Etymologie der deutschen Sprache.* 1963. Mannheim u.a.: Dudenverlag.

Duden 1993 = *Duden. Das große Wörterbuch der deutschen Sprache in acht Bänden.* 1993. 2. Auflage. Mannheim u.a.: Dudenverlag.

Eibl-Eibesfeldt 1997 = Irenäus Eibl-Eibesfeldt. 1997. *Die Biologie des menschlichen Verhaltens. Grundriß der Humanethologie.* 3. Auflage. Weyarn: Seehamer.

Einig 2003 = Klaus Einig. 2003. „Positive Koordination in der Regionalplanung: Transaktionskosten des Planentwurfs in Verhandlungssystemen". *Informationen zur Raumentwicklung* (Heft 8/9): 479–503.

Einsele 1963 = Martin Einsele. „Planen im Ruhrgebiet". In: Gerhard Boeddinghaus (Hrsg.). 1995. *Gesellschaft durch Dichte. Kritische Initiativen zu einem neuen Leitbild für Planung und Städtebau 1963/1964.* Bauwelt Fundamente, Band 107. Braunschweig – Wiesbaden: Vieweg: 50–69 (Vortrag aus dem Jahr 1963).

Elazar 1999 = Daniel J. Elazar. 1999. „Political science, geography, and the spatial dimension of politics". *Political Geography* 18: 875–886.

Ellickson 1991 = Robert C. Ellickson. 1991. *Order without law. How neighbors settle disputes.* Cambridge, Massachusetts: Harvard University Press.

Ellis und Thompson 1997 = Richard J. Ellis und Michael Thompson (Hrsg.). 1997. *Culture matters. Essays in honor of Aaron Wildavsky.* Bolder, CO: Westview Press.

Elster 1989 = Jon Elster. 1989. *The cement of society. A study of social order.* Cambridge: Cambridge University Press.

Elster 2000 = Jon Elster. 2000. *Ulysses unbound. Studies in rationality, precommitment, and constraints.* Cambridge: Cambridge University Press.

Ericksen 1980 = E. Gordon Ericksen. 1980. *The territorial experience. Human ecology as symbolic interaction.* Austin – London: University of Texas Press.

Eva 1998 = Fabrizio Eva. „International boundaries, geopolitics and the (post)modern territorial discourse: The functional fiction". In: Newman 1998a: 32–52.

Fakultät Raumplanung 2002a = Fakultät Raumplanung der Universität Dortmund (Hrsg.). 2002. *Pentimento 01. Städteregion Ruhr 2030. Möglichkeitsraum Ruhr: Visionen für 2030.* Dortmund: Selbstverlag.

Fakultät Raumplanung 2002b = Fakultät Raumplanung der Universität Dortmund (Hrsg.). 2002. *Städte im Ruhrgebiet 2030: Drehbuch für einen Leitbildprozeß.* IRPUD-Arbeitspapiere, Nummer 178. Dortmund: IRPUD.

Fakultät Raumplanung 2002c = Fakultät Raumplanung der Universität Dortmund (Hrsg.). 2002. *Pentimento 03. Neue Ufer Neue Köpfe Neue Regeln Neues Sehen.* Dortmund: Selbstverlag.

Fawcett 1918 = C. B. Fawcett. 1918. *Frontiers. A study in political geography.* London u.a.: Oxford University Press.

Fenster und Yiftachel 1997 = Tovi Fenster und Oren Yiftachel (Hrsg.). 1997. „Frontier development and indigenous peoples". *Progress in Planning* 47: 251–336.

Fiebig und Weichelt 1989 = Erna-Johanna Fiebig und Rainer Weichelt. 1989. „Glabotki is nich!" Zur Geschichte der kommunalen Neugliederung im Ruhrgebiet am Beispiel des Raums Gladbeck/Bottrop/Kirchhellen.* Essen: Klartext.

Fiedler 1993 = Wilfried Fiedler. „Die Grenze als Rechtsproblem". In: Haubrichs und Schneider 1993: 23–35.

Fincher und Jacobs 1998 = Ruth Fincher und Jane M. Jacobs. 1998. *Cities of difference.* New York – London: The Guildford Press.

Fischer und Wiswede 1997 = Lorenz Fischer und Günter Wiswede. 1997. *Grundlagen der Sozialpsychologie.* München – Wien: Oldenbourg.

Fisher u.a. 1981 = Roger Fisher, William Ury und Bruce Patton. 1981. *Getting to Yes. Negotiating agreement without giving in.* 2. Auflage. New York: Penguin Books.

Forester 1989 = John Forester. 1989. *Planning in the face of power.* Berkeley – Los Angeles – London: University of California Press.

Forester 1999 = John Forester. 1999. *The deliberative practitioner. Encouraging participatory planning processes.* Cambridge, Massachusetts – London: The MIT Press.

Först 1970 = Walter Först. 1970. *Geschichte Nordrhein-Westfalens I: 1945–1949.* Köln – Berlin: Grote.

Foucault 1966 = Michel Foucault. 1974. *Die Ordnung der Dinge. Eine Archäologie der Humanwissenschaften.* Frankfurt a. M.: Suhrkamp (französische Erstveröffentlichung *Les Mots et les choses* 1966).

Foucault 1967 = Michel Foucault. „Andere Räume". In: Martin Wentz (Hrsg.). 1991. *Stadt-Räume. Die Zukunft des Städtischen,* Frankfurter Beiträge, Band 2. Frankfurt a.M. – New York: Campus: 65–72 (Vorlesung vom März 1967, Erstveröffentlichung *Des Espaces Autres* 1984).

Franz 1970 = Günther Franz. „Grenze". In: ARL 1970: 1060–1064.

Freud 1930 = Sigmund Freud. „Das Unbehagen in der Kultur". In: Alexander Mitscherlich, Angela Richards und James Strachey (Hrsg.). 2000. *Sigmund Freud Studienausgabe Band 9: Fragen der Gesellschaft – Ursprünge der Religion.* Frankfurt a. M.: Fischer (Erstveröffentlichung 1930): 191–270.

Frey 2003 = René L. Frey. 2003. „Regional Governance zur Selbststeuerung territorialer Subsysteme". *Informationen zur Raumentwicklung* (Heft 8/9): 451–462.

Froriep 1970 = Siegfried Froriep. „Siedlungsverband Ruhrkohlenbezirk". In: ARL 1970: 2914–2923.

Frost 1914 = Robert Frost. 1992. *Selected poems.* New York: Gramercy Books (*Mending Wall* entstammt dem 1914 erschienenen Gedichtband *North of Boston*).

Frug 1996 = Gerald E. Frug. 1996. „The geography of community". *Stanford Law Review* 48: 1047–1108.

Frug 1999 = Gerald E. Frug. 1999. *City making. Building communities without building walls.* Princeton, New Jersey: Princeton University Press.

Fudge u.a. 2002 = Erica Fudge, Ruth Gilbert und Susan Wiseman (Hrsg.) 2002. *At the borders of the human. Beasts, bodies and natural philosophy in the early modern period.* Houndsville, Basingstoke: Palgrave.

Fuller 1997 = Graham E. Fuller. 1997. „Redrawing the world's border". *World Policy Journal* 14: 11–21.

Fürst 2001 = Dietrich Fürst. 2001. „Regional governance – ein neues Paradigma der Regionalwissenschaften?" *Raumforschung und Raumordnung* (Heft 5/6): 370–378.

Fürst 2003 = Dietrich Fürst. 2003. „Steuerung auf regionaler Ebene versus Regional Governance". *Informationen zur Raumentwicklung* (Heft 8/9): 441–450.

Garreau 1992 = Joel Garreau. 1992. *Edge city. Life on the new frontier.* New York: Anchor Books.

Gauß 1999 = Karl-Markus Gauß. „Grenze". In: Chobot u.a. 1999: 26–32.

Gauthier 1986 = David P. Gauthier. 1986. *Morals by agreement.* Oxford: Clarendon Press.

5

Geddes 1997 = Robert Geddes. 1997. „Metropolis unbound. The sprawling American city and the search for alternatives". *American Prospect*: 40–46.
GilFillan 1924 = S. Columb GilFillan. 1924. „European political boundaries". *Political Science Quarterly* 39: 458–484.
Goch 2002 = Stefan Goch. 2002. *Eine Region im Kampf mit dem Strukturwandel. Bewältigung von Strukturwandel und Strukturpolitik im Ruhrgebiet.* Schriftenreihe des Instituts für Stadtgeschichte, Band 10. Essen: Klartext.
Goffman 1967 = Erving Goffman. 1996. *Interaktionsrituale. Über Verhalten in direkter Kommunikation.* 4. Auflage. Frankfurt a.M.: Suhrkamp (Erstveröffentlichung 1967).
Goldberg 1993 = David Theo Goldberg. 1993. *Racist culture. Philosophy and the politics of meaning.* Oxford: Blackwell.
Goldberg 2000 = David Theo Goldberg. „The new segregation". In: Bell und Haddour 2000: 179–204.
Gómez-Peña 2000 = Guillermo Gómez-Peña. 2000. *Dangerous border crossers. The artist talks back.* London – New York: Routledge.
Gorman 2000 = Anthony Gorman. 2000. „Otherness and citizenship: Towards a politics of the plural community". In: Bell und Haddour 2000: 219–232.
Göschel 2003 = Albrecht Göschel. 2003. „Das Problem der Zukunft im Forschungsverbund Stadt 2030". *Infobrief Stadt 2030* (Nummer 13): 12–21.
Graf Vitzthum 1997a = Wolfgang Graf Vitzthum (Hrsg.). 1997. *Völkerrecht.* Berlin – New York: Walter de Gruyter.
Graf Vitzthum 1997b = Wolfgang Graf Vitzthum. „Raum, Umwelt und Wirtschaft im Völkerrecht". In: Graf Vitzthum 1997a: 393–524.
Gray und Sloan 1999 = Colin S. Gray und Geoffrey Sloan (Hrsg.). 1999. *Geopolitics. Geography and strategy.* London – Portland, OR: Frank Cass.
Greenbie 1976 = Barrie B. Greenbie. 1976. *Design for diversity. Planning for Natural Man in the neo-technic environment: An ethological approach.* Amsterdam – Oxford – New York: Elsevier.
Griswold 1939 = Erwin N. Griswold. 1939. „Hunting boundaries with car and camera in the northeastern United States". *Geographical Review* 29: 353–382.

Grusky 2001 = David B. Grusky (Hrsg.). 2001. *Social stratification. Class, race, and gender in sociological perspective.* 2. Auflage. Bolder, CO: Westview.
Günther 1997 = Roland Günther. 1997. *Im Tal der Könige. Ein Reisebuch zu Emscher, Rhein und Ruhr.* 3. Auflage. Essen: Klartext.
Haddour 2000 = Azzedine Haddour. „Citing difference: Vagrancy, nomadism and the site of the colonial and post-colonial". In: Bell und Haddour 2000: 44–59.
Haft 1992 = Fritjof Haft. 1992. *Verhandeln. Die Alternative zum Rechtsstreit.* München: C. H. Beck.
Haggett 2001 = Peter Haggett. 2001. *Geography. A global synthesis.* Harlow, England: Pearson Education.
Hailbronner 1997 = Kay Hailbronner. „Der Staat und der Einzelne als Völkerrechtsubjekte". In: Graf Vitzthum 1997a: 181–266.
Hall 1959 = Edward T. Hall. 1959. *The silent language.* Garden City, NY: Doubleday.
Hall 1966 = Edward T. Hall. 1990. *The hidden dimension.* New York u.a.: Anchor Books (Erstveröffentlichung 1966).
Hall 1993 = Lavinia Hall (Hrsg.). 1993. *Negotiation. Strategies for mutual gain.* Newbury Park – London – New Delhi: SAGE Publications.
Hannaford 1996 = Ivan Hannaford. 1996. *Race. The history of an idea in the West.* Baltimore: Johns Hopkins University Press.
Hannerz 1992 = Ulf Hannerz. 1992. *Cultural complexity. Studies in the social organization of meaning.* New York: Columbia University Press.
Hannerz 1996 = Ulf Hannerz. 1996. *Transnational connections. Culture, people, races.* London – New York: Routledge.
Hannerz 1997 = Ulf Hannerz. 1997. „Borders". *International Social Science Journal* 49: 537–548.
Harbottle 1994 = Michael Harbottle. „Peacekeeping and peacebuilding along borders. A framework for lasting peace". In: Schofield 1994: 40–56.
Hartshorne 1933 = Richard Hartshorne. 1933. „Geographic and political boundaries in Upper Silesia". *Annals of the Association of American Geographers* 23: 195–228.
Hartshorne 1935 = Richard Hartshorne. 1935. „Recent developments in political geography". *American Political Science Review* 29: 785–804 und 943–966.
Hatzfeld und Kahnert 1993 = Ulrich Hatzfeld und Rainer Kahnert. 1993. „Kooperation ist schwieriger als Konkurrenz". RaumPlanung 63: 257–262.
Haubrichs und Schneider 1993 = Wolfgang Haubrichs und Reinhard Schneider (Hrsg.). 1993. *Grenzen und Grenzregionen.* Veröffentlichungen der Kommission für Saarländische Landesgeschichte und Volksforschung, Band 22. Saarbrücken: Saarbrücker Druckerei und Verlag GmbH.
Hauser 2001 = Susanne Hauser. 2001. *Metamorphosen des Abfalls. Konzepte für alte Industrieregionen.* Frankfurt a.M. – New York: Campus.
Haushofer 1927 = Karl Haushofer. 1927. *Grenzen in ihrer geographischen und politischen Bedeutung.* Berlin: Kurt Vowinckel.
Hay 1994 = John Hay (Hrsg.). 1994. *Boundaries in China.* London: Reaktion.
Hayek 1981 = Friedrich August Hayek. 1981. *Recht, Gesetzgebung und Freiheit.* 2. Band: *Die Illusion der sozialen Gerechtigkeit.* Landsberg am Lech: Moderne Industrie.
Healey 1997 = Patsy Healey. 1997. *Collaborative planning. Shaping places in fragmented societies.* Houndmills, Basingstoke: Macmillan Press.
Herb und Kaplan 1999 = Guntram H. Herb und David H. Kaplan (Hrsg.). 1999. *Nested identities. Nationalism, territory, and scale.* Lanham u.a.: Rowman & Littlefield.
Herrschel und Newman 2002 = Tassilo Herrschel und Peter Newman. 2002. *Governance of Europe's city regions. Planning, policy and politics.* London – New York: Routledge.
Hertle u.a. 2002 = Hans-Hermann Hertle, Konrad H. Jarausch und Christoph Kleßmann (Hrsg.). 2002. *Mauerbau und Mauerfall.* Berlin: Christoph Links.
Herwig 1999 = Holger H. Herwig. „Geopolitik: Haushofer, Hitler and Lebensraum". In: Gray und Sloan 1999: 218–241.
Hesse 1998 = Hermann Hesse. 1998. *Eigensinn macht Spaß.* Frankfurt a.M. – Leipzig: Insel.
Hesse 2003 = Joachim Jens Hesse. 2003. *Regierungs- und Verwaltungsreform in Nordrhein-Westfalen. Gutachten im Auftrag der Staatskanzlei des Landes Nordrhein-Westfalen.* Berlin: Selbstverlag des Internationalen Instituts für Staats- und Europawissenschaften.
Hetherington und Munro 1997 = Kevin Hetherington und Rolland Munro (Hrsg.). 1997. *Ideas of difference. Social spaces and the labour of division.* Oxford: Blackwell.
Hicks 1991 = D. Emily Hicks. 1991. *Border writing. The multidimensional text.* Theory and History of Literature, Band 80. Minneapolis – Oxford: University of Minnesota Press.
Hobbes 1651 = Thomas Hobbes. 1974. *Leviathan.* Stuttgart: Reclam (Erstveröffentlichung 1651).
Hoebink 1989 = Hein Hoebink. 1989. *Mehr Raum – mehr Macht. Preußische Kommunalpolitik und Raumplanung im rheinisch-westfälischen Industriegebiet 1900–1933.* Essen: Klartext.
Hoebink 1992 = Hein Hoebink (Hrsg.). 1992. *Staat und Wirtschaft an Rhein und Ruhr 1816–1991. 175 Jahre Regierungsbezirk Düsseldorf.* Essen: Klartext.
Holdich 1916 = Thomas H. Holdich. 1916. *Political frontiers and boundary making.* London: Macmillan.
Hölscher 1988 = Wolfgang Hölscher. 1988. *Nordrhein-Westfalen. Deutsche Quellen zur Entstehungsgeschichte des Landes 1945/46.* 4. Reihe der Quellen zur Geschichte des Parlamentarismus und der politischen Parteien, Band 5. Düsseldorf: Droste.

Honegger u.a. 1999 = Claudia Honegger, Stefan Hradil und Franz Traxler (Hrsg.). 1999. *Grenzenlose Gesellschaft?* 2 Bände. Opladen: Leske + Budrich.

Hudson 1998 = Alan Hudson. „Beyond the borders: Globalisation, sovereignty and extra-territoriality". In: Newman 1998a: 89–105.

Innenminister 1972 = Innenminister des Landes Nordrhein-Westfalen (Hrsg.). 1972. *Vorschlag zur Neugliederung der Gemeinden und Kreise des Neugliederungsraumes Ruhrgebiet*. Düsseldorf: Selbstverlag (Geschäftszahl III A 5 – 41.23).

Ipsen 2003 = Detlev Ipsen. „Städte zwischen Innen und Außen: Randbemerkungen". In: Thomas Krämer-Badoni und Klaus Kuhm (Hrsg.). 2003. *Die Gesellschaft und ihr Raum. Raum als Gegenstand der Soziologie*. Stadt, Raum und Gesellschaft, Band 21. Opladen: Leske + Budrich: 197–213.

Jacobs 1961 = Jane Jacobs. 1992. *The death and life of great American cities*. New York: Vintage Books (Erstveröffentlichung 1961).

Johnson 1997 = David E. Johnson. „The time of translation: The border of American literature". In: Michaelsen und Johnson 1997: 129–165.

Johnson und Michaelsen 1997 = David E. Johnson und Scott Michaelsen. „Border secrets: An introduction". In: Michaelsen und Johnson 1997: 1–39.

Johnston u.a. 2000 = R. J. Johnston, Derek Gregory, Geraldine Pratt und Michael Watts. 2000. *The dictionary of human geography*. 4. Auflage. Oxford: Blackwell.

Jones 1945 = Stephen B. Jones. 1945. *Boundary-making. A handbook for statesmen, treaty editors and boundary commissioners*. Washington: Carnegie Endowment for International Peace.

Jones 1959 = Stephen B. Jones. 1959. „Boundary concepts in the setting of place and time". *Annals of the Association of American Geographers* 49: 241–255.

Kant 1787 = Immanuel Kant. 1956. *Kritik der reinen Vernunft*. Hamburg: Felix Meiner (Textausgabe nach der 2. Auflage von 1787).

Kant 1795 = Immanuel Kant. 1992. *Über den Gemeinspruch: Das mag in der Theorie richtig sein, taugt aber nicht für die Praxis. Zum ewigen Frieden*. Hamburg: Felix Meiner (Erstveröffentlichung Zum ewigen Frieden 1795).

Kasperson und Kasperson 2001 = Jeanne X. Kasperson und Roger E. Kasperson. 2001. „Border crossings". In: Linnerooth-Bayer u.a. 2001: 207–243.

Kearney 1991 = Michael Kearney. 1991. „Borders and boundaries of State and Self at the end of Empire". *Journal of Historical Sociology* 4: 52–74.

Kegel 1954 = Sturm Kegel. 1954. „Das Revier lebt nach harten Gesetzen. Die Sonderheiten des Ruhrgebietes". *Aus Politik und Zeitgeschichte. Beilage zum Wochenblatt „Das Parlament"* (10. Februar 1954): 45–55.

Kern 1999 = Hermann Kern. 1999. *Labyrinthe. Erscheinungsformen und Deutungen*. 4. Auflage. München: Prestel.

Kerstiens 1926 = Kerstiens. „Eingemeindungsfragen des rheinisch-westfälischen Industriegebiets". In: Bühler und Kerstiens 1926: 60–72.

Kersting 1996 = Wolfgang Kersting (Hrsg.). 1996. *Thomas Hobbes, Leviathan oder Stoff, Form und Gewalt eines bürgerlichen und kirchlichen Staates*. Berlin: Akademie Verlag.

Kil 2000 = Wolfgang Kil. „Berlin: Grenzenlos". In: Thorsten Scheer, Josef Paul Kleihues und Paul Kahlfeldt (Hrsg.). 2000. *Stadt der Architektur, Architektur der Stadt. Berlin 1900–2000*. Berlin: Nicolai: 373–379.

Kilper 1995 = Heiderose Kilper. „Von regionaler Selbstregulierung zu interregionaler Konkurrenz. Wandel kommunaler Zusammenarbeit im Ruhrgebiet". In: KVR 1995: 69–103.

Kiss 1942 = George Kiss. 1942. „Political geography into geopolitics. Recent trends in Germany". *Geographical Review* 32: 632–645.

Klein 1997 = Eckart Klein. „Die Internationalen und Supranationalen Organisationen als Völkerrechtssubjekte". In: Graf Vitzthum 1997a: 267–391.

Klein 2002 = Naomi Klein. 2002. *Über Zäune und Mauern. Berichte von der Globalisierungsfront*. Frankfurt a.M. – New York: Campus.

Klemmer 2001 = Paul Klemmer. 2001. *Steht das Ruhrgebiet vor einer demographischen Herausforderung?* Schriften und Materialien zur Regionalforschung des Rheinisch-Westfälischen Instituts für Wirtschaftsforschung Essen, Heft 7. Essen: RWI.

Kliot und Mansfield 1999 = N. Kliot und Yoel Mansfield. 1999. „Case studies of conflict and territorial organization in divided cities". *Progress in Planning* 52: 167–225.

Knieling 2003 = Jörg Knieling. 2003. „Kooperative Regionalplanung und Regional Governance: Praxisbeispiele, Theoriebezüge und Perspektiven." *Informationen zur Raumentwicklung* (Heft 8/9): 463–477.

Knieling u.a. 2001 = Jörg Knieling, Dietrich Fürst und Rainer Danielzyk. 2001. „Kann Regionalplanung durch kooperative Ansätze eine Aufwertung erlangen?" *Raumforschung und Raumordnung* (Heft 2/3): 184–191.

Koch u.a. 2002 = Michael Koch, Henrik Sander und Kunibert Wachten (Hrsg.). *Stadtraum B1 – Visionen für eine Metropole.* Wuppertal: Arbeitsgruppe Herbstakademie.
Kockel 1999 = Ullrich Kockel. 1999. *Borderline cases. The ethnic frontiers of European integration.* Liverpool Studies in European Regional Cultures, Band 3. Liverpool: Liverpool University Press.
Köllmann u.a. 1990 = Wolfgang Köllmann u.a. (Hrsg.). 1990. *Das Ruhrgebiet im Industriezeitalter. Geschichte und Entwicklung.* 2 Bände. Düsseldorf: Schwann im Patmos.
Komlosy 2003 = Andrea Komlosy. 2003. *Grenze und ungleiche regionale Entwicklung. Binnenmarkt und Migration in der Habsburgermonarchie.* Wien: Promedia.
Koolhaas 1995 = Rem Koolhaas gemeinsam mit dem Office for Metropolitan Architecture und Bruce Mau. 1995. *Small, medium, large, extra-large.* Rotterdam: 010.
Korda 1999 = Martin Korda (Hrsg.). 1999. *Städtebau.* Stuttgart – Leipzig: Teubner.
Kotek 1999 = Joël Kotek. 1999. „Divided cities in the European cultural context". *Progress in Planning* 52: 227–237.
Kreibich u.a. 1994 = Rolf Kreibich, Arno S. Schmid, Walter Siebel, Thomas Sieverts, Peter Zlonicky (Hrsg.). 1994. *Bauplatz Zukunft. Dispute über die Entwicklung von Industrieregionen.* Essen: Klartext.
Kristof 1959 = Ladis K. D. Kristof. 1959. „The nature of frontiers and boundaries". *Annals of the Association of American Geographers* 49: 269–282.
Kunzmann 1984 = Klaus R. Kunzmann. 1984. „Ruhrstadt 2030. Gegengedanken zur Zukunft des Ruhrgebiets. Ein Rückblick aus dem Jahr 2031". In: Wilhelm Gryczan, Oscar Reutter, Ekkehard Brunn und Michael Wegener (Hrsg.). 1984. *Zukünfte für alte Industrieregionen. Raumentwicklung in der Diskussion.* Dortmunder Beiträge zur Raumplanung, Band 38. Dortmund: IRPUD: 160–167.
Kunzmann 1987 = Klaus R. Kunzmann. 1987. „Ruhr 2038 – Ein Szenario. Das Ruhrgebiet in fünfzig Jahren: Eines von 25.348.906 denkbaren Szenarien". *Revier-Kultur* 3–4/87: 126–131.
Kunzmann 1992 = Klaus R. Kunzmann. „Ruhr 2018". In: Initiativkreis Ruhrgebiet e. V. und Kommunalverband Ruhrgebiet (Hrsg.). 1992. *The Ruhr. The driving force of Germany. An investors' guide.* Essen: Selbstverlag: 82–91.
Kunzmann 1993 = Klaus R. Kunzmann. 1993. *Ein Leitbild für die Region Rhein-Ruhr.* Arbeitspapiere des Instituts für Raumplanung der Universität Dortmund, Heft 131. Dortmund: IRPUD.
Kunzmann 1995 = Klaus R. Kunzmann. „Ein Leitbild für die Stadtregion Rhein-Ruhr?" In: Dietrich Barsch und Heinz Karrasch (Hrsg.). 1995. *Umbau alter Industrieregionen.* Tagungsbericht zum 49. Deutschen Geographentag Bochum, 4.–9. Oktober 1993. Stuttgart: Franz Steiner: 52–66.
Kunzmann 1996 = Klaus R. Kunzmann. „Das Ruhrgebiet: alte Lasten und neue Chancen". In: ARL 1996: 112–153.
Kurth u.a. 1999 = Detlef Kurth, Rudolf Scheuvens und Peter Zlonicky (Hrsg.). 1999. *Laboratorium Emscher Park.* Dortmunder Beiträge zur Raumplanung, Band 99. Dortmund: IRPUD.
KVR 1995 = Kommunalverband Ruhrgebiet (Hrsg.) 1995. *Kommunalverband – Ruhrgebiet. Wege, Spuren. Festschrift zum 75-jährigen Bestehen des Kommunalverbandes Ruhrgebiet.* Essen: Selbstverlag.
KVR 2002 = Kommunalverband Ruhrgebiet (Hrsg.). 2002. *Strukturbericht Ruhrgebiet 2002.* Essen: KVR.

LDS 2003 = Landesamt für Datenverarbeitung und Statistik Nordrhein-Westfalen (Hrsg.). 2003. *Statistisches Jahrbuch Nordrhein-Westfalen 2003.* Düsseldorf: LDS.
Le Galès 2002 = Patrick Le Galès. 2002. *European cities. Social conflicts and governance.* Oxford – New York: Oxford University Press.
Lehner 2002 = Franz Lehner. „Ruhrstadt – Wirtschaftsraum und Standortpolitik". In: Tenfelde 2002a: 27–38.
Lendi 1995 = Martin Lendi. „Leitbild der räumlichen Entwicklung". In: ARL 1995: 624–629.
Lichtenberger 2002 = Elisabeth Lichtenberger. 2002. *Die Stadt. Von der Polis zur Metropolis.* Darmstadt: Primus.
Lightfoot und Martinez 1995 = Kent G. Lightfoot und Antoinette Martinez. 1995. „Frontiers and boundaries in archaeological perspective". *Annual Review of Anthropology* 24: 471–492.
Lindsey 1997 = Linda L. Lindsey. 1997. *Gender roles. A sociological perspective.* 3. Auflage. Upper Saddle River, NJ: Prentice Hall.
Linnerooth-Bayer u.a. 2001 = Joanne Linnerooth-Bayer, Ragnar E. Löfstedt und Gunnar Sjöstedt (Hrsg.) 2001. *Transboundary risk management.* London – Sterling, VA: Earthscan.
Lipschutz 2001 = Ronnie D. Lipschutz. „(B)orders and (Dis)orders: The role of moral authority in global politics". In: Albert u.a. 2001: 73–90.
Locke 1690 = John Locke. 1977. *Zwei Abhandlungen über die Regierung.* Frankfurt a. M.: Suhrkamp (Erstveröffentlichung 1690).
Lodemann 1985 = Jürgen Lodemann. 1997. *Essen Viehofer Platz oder Die letzte Revolution.* Göttingen: Steidl (Erstveröffentlichung 1985).
Loebell 1972 = Friedrich Wilhelm von Loebell. 1972. *Kommunale Neugliederung Nordrhein-Westfalen.* Köln u.a.: Deutscher Gemeindeverlag.
Luce und Raiffa 1957 = R. Duncan Luce und Howard Raiffa. 1957. *Games and decisions. Introduction and critical survey.* New York: John Wiley & Sons.
Lugo 1997 = Alejandro Lugo. „Reflections on border theory, culture, and the nation". In: Michaelsen und Johnson 1997: 43–67.
Luhmann 1984 = Niklas Luhmann. 1984. *Soziale Systeme. Grundriß einer allgemeinen Theorie.* Frankfurt a.M.: Suhrkamp.
Luhmann 1997 = Niklas Luhmann. 1997. *Die Gesellschaft der Gesellschaft.* 1. Teilband. Frankfurt a.M.: Suhrkamp.
Lustick 1999 = Ian S. Lustick. 1999. „Geography and political science". *Political Geography* 18: 901–904.
LVRL/RIM 2000 = Landschaftsverband Rheinland und Rheinisches Industriemuseum Oberhausen (Hrsg.). 2000. *War die Zukunft früher besser? Visionen für das Ruhrgebiet.* Bottrop: Pomp.
Lyde 1915 = Lionel William Lyde. 1915. *Some frontiers of tomorrow. An aspiration for Europe.* London: A. & C. Black.

Mackinder 1919 = Sir Halford John Mackinder. 1919. *Democratic ideals and reality. A study in the politics of reconstruction.* London: Constable.
Mäding 1999 = Heinrich Mäding. „Perspektiven für ein Europa der Regionen". In: Akademie für Raumforschung und Landesplanung (Hrsg.). 1999. *Die Region ist die Stadt. Gemeinsame Jahrestagung ARL + DASL 1998.* Hannover: Verlag der ARL: 10–22.
Malmberg 1980 = Torsten Malmberg. 1980. *Human territoriality. Survey of behavioral territories in man with preliminary analysis and discussion of meaning.* The Hague – Paris – New York: Mouton.
Mandelbrot 1987 = Benoît B. Mandelbrot. 1987. *Die fraktale Geometrie der Natur.* Basel – Boston – Berlin: Birkhäuser.
Mansbach und Wilmer 2001 = Richard W. Mansbach und Franke Wilmer. „War, violence, and the Westphalian State System as a moral community". In: Albert u.a. 2001: 51–71.
Martinez 1994 = Oscar J. Martinez. „The dynamics of border interaction. New approaches to border analysis". In: Schofield 1994: 1–15.
Matzner 2000 = Egon Matzner. 2000. *Monopolare Weltordnung. Zur Sozio-ökonomie der US-Dominanz.* Marburg: Metropolis.
Mellor 1989 = Roy E. H. Mellor. 1989. *Nation, State, and territory. A political geography.* London – New York: Routledge.
Michaelsen 1997 = Scott Michaelsen. „Resketching Anglo-Amerindian identity politics". In: Michaelsen und Johnson 1997: 221–252.
Michaelsen und Johnson 1997 = Scott Michaelsen und David E. Johnson (Hrsg.). 1997. *Border theory. The limits of cultural politics.* Minneapolis – London: University of Minnesota Press.
Miller und Steffen 1977 = David Harry Miller und Jerome O. Steffen (Hrsg.). 1977. *The frontier. Comparative studies.* 2 Bände. Norman: University of Oklahoma Press.
Molitor 1986 = Hansgeorg Molitor. „Land und Staat. Der geschichtliche Raum Nordrhein-Westfalen." In: Peter Hüttenberger (Hrsg.). 1986. *Vierzig Jahre. Historische Entwicklungen und Perspektiven des Landes Nordrhein-Westfalen.* Düsseldorf: Schwann: 13–30.
Morley und Robins 1995 = David Morley und Kevin Robins. 1995. *Spaces of identity.* London – New York: Routledge.
Mueller 1997 = Bernardo Mueller. 1997. „Property rights and the evolution of a frontier". *Land Economics* 73: 42–57.
Münzer 1971 = Christian Münzer. 1971. *Rechtsschutz der Gemeinden im Verfahren zur kommunalen Gebietsänderung nach nordrhein-westfälischem Recht.* Dissertation Münster.
MVRDV 2002 = MVRDV. 2002. *The Regionmaker RheinRuhrCity. Die unentdeckte Metropole.* Ostfildern-Ruit: Hatje Cantz.

Neisser und Verschraegen 2001 = Heinrich Neisser und Bea Verschraegen. 2001. *Die Europäische Union. Anspruch und Wirklichkeit.* Wien – New York: Springer.
Nevins 2002 = Joseph Nevins. 2002. *Operation Gatekeeper. The rise of the „illegal alien" and the making of the U.S.-Mexico boundary.* London – New York: Routledge.
Newman 1972 = Oscar Newman. 1972. *Defensible space. People and design in the violent city.* London: Architectural Press.
Newman 1997 = David Newman. 1997. „Creating the fences of territorial separation: The discourses of Israel-Palestinian conflict resolution". *Geopolitics and International Boundaries* 2 (Nummer 2): 1–35.
Newman 1998a = David Newman (Hrsg.). 1998. „Boundaries, territory and postmodernity". *Geopolitics* 3 (Sonderheft, Nummer 1).
Newman 1998b = David Newman. „Geopolitical renaissant: Territory, sovereignty and the world political map". In: Newman 1998a: 1–16.
Newman 2000 = David Newman. 2000. „Boundaries, territory and postmodernity: Towards shared or separate spaces?" In: Pratt und Brown 2000: 17–34.
Newman 2001 = David Newman. „Boundaries, borders, and barriers: Changing geographic perspectives on territorial lines". In: Albert u.a. 2001: 137–151.
Ney und Thompson 1999 = Stephen Ney und Michael Thompson. „Consulting the frogs. The normative implications of Cultural Theory". In: Thompson u.a. 1999: 206–223.
Nicolini 1997 = Maria Nicolini (Hrsg.). 1997. *Raumplanung und neue Verträglichkeiten. Aushandeln von Widersprüchen im Umgang mit dem Erschöpflichen.* Wien u.a.: Böhlau.
Nida-Rümelin 1996 = Julian Nida-Rümelin. „Bellum omnium contra omnes. Konflikttheorie und Naturzustandskonzeption im 13. Kapitel des Leviathan". In: Kersting 1996: 109–130.
Niethammer 1979 = Lutz Niethammer. 1979. *Umständliche Erläuterung der seelischen Störung eines Communalbaumeisters in Preußens größtem Industriedorf oder: Die Unfähigkeit zur Stadtentwicklung.* Frankfurt a.M.: Syndikat.

Niethammer 2000 = Lutz Niethammer. 2000. *Kollektive Identität. Heimliche Quellen einer unheimlichen Konjunktur*. Reinbek bei Hamburg: Rowohlt.

Nixdorf 1999 = Heide Nixdorf (Hrsg.). 1999. *Das textile Medium als Phänomen. Grenze – Begrenzung – Entgrenzung*. Reihe historische Anthropologie, Band 30. Berlin: Dietrich Reimer.

Norris-Baker 1999 = Carolyn Norris-Baker. 1999. „Aging on the new frontier and the new. A behavior setting approach to the declining small towns of the Midwest". *Environment and Behavior* 31: 240–258.

NRW 1949 = Regierung des Landes Nordrhein-Westfalen (Hrsg.). 1949. *Das Abkommen über die Errichtung einer Internationalen Ruhrbehörde*. Düsseldorf: Selbstverlag.

O'Neill 2000 = Onora O'Neill. 2000. *Bounds of justice*. Cambridge: Cambridge University Press.

Paasi 1998 = Anssi Paasi. „Boundaries as social process: Territoriality in the world of flows". In: Newman 1998a: 69–88.

Pankoke 1990 = Eckart Pankoke. „Öffentliche Verwaltung 1918–1975". In: Köllmann u.a. 1990: 7–66.

Papademetriou und Waller Meyers 2001 = Demetrios G. Papademetriou und Deborah Waller Meyers (Hrsg.). 2001. *Caught in the middle. Border communities in an era of globalization*. Washington D.C.: Carnegie Endowment for International Peace.

Park 1950 = Robert Ezra Park. 1950. *Race and culture*. London: Free Press of Glencoe.

Parker and Dikshit 1997 = Geoffrey Parker and Ramesh Dutta Dikshit. 1997. „Boundary studies in political geography: Focus on the changing boundaries of Europe." In: Ramesh Dutta Dikshit (Hrsg.). *Developments in political geography*. New Delhi – Thousand Oaks – London: SAGE Publications: 170–210.

Peattie 1944 = Roderick Peattie. 1944. *Look to the frontiers. A geography for the peace table*. Port Washington, N.Y. – London: Kennikat Press.

Pellow 1996 = Deborah Pellow (Hrsg.). 1996. *Setting boundaries. The anthropology of spatial and social organization*. Westport, CO – London: Bergin & Garvey.

Persson 1999 = Hans-Åke Persson. „Viadrina to the Oder-Neisse line. Historical evolution and the prospects of regional cooperation." In: Sven Tägil (Hrg.). 1999. *Regions in Central Europe. The legacy of history*. West Lafayette: Purdue University Press: 211–257.

Petzinger und Zschocke 2003 = Tana Petzinger und Dorothee Zschocke. 2003. „Städteregion Ruhr 2030. Vom Forschungsvorhaben zur interkommunalen Kooperation." *Planerin* (Heft 3): 11–13.

Pfeifer 1993 = Wolfgang Pfeifer (Hrsg.). 1993. *Etymologisches Wörterbuch des Deutschen*. Erarbeitet im Zentralinstitut für Sprachwissenschaft. 2. Auflage. Berlin: Akademie Verlag.

Pfister 1993 = Max Pfister. „Grenzbezeichnungen im Italoromanischen und Galloromanischen". In: Haubrichs und Schneider 1993: 37–50.

Pratt 1998 = Geraldine Pratt. 1998. „Grids of difference. Place and identity formation." In: Fincher und Jacobs 1998: 26–48.

Pratt und Brown 2000 = Martin Pratt und Janet Allison Brown (Hrsg.). 2000. *Borderlands under stress*. The Hague – London – Boston: Kluwer Law International.

Prescott 1987 = J. R. V. Prescott. 1990. *Political frontiers and boundaries*. London: Unwin Hyman (first published in 1987).

Prigge 1998a = Walter Prigge (Hrsg.). 1998. *Peripherie ist überall*. Edition Bauhaus, Band 1. Frankfurt a.M. – New York: Campus.

Prigge 1998b = Walter Prigge. „Vier Fragen zur Auflösung der Städte". In: Prigge 1998a: 6–12.

Pruitt 1981 = Dean G. Pruitt. 1981. *Negotiation behavior*. New York u.a.: Academic Press.

Raiffa 1982 = Howard Raiffa. 1982. *The art and science of negotiation*. Cambridge, Massachusetts: The Belknap Press of Harvard University Press.

Raiffa 2002 = Howard Raiffa. 2002. *Negotiation analysis. The science and art of collaborative decision making*. Cambridge, Massachusetts: The Belknap Press of Harvard University Press.

Rapoport und Chammah 1965 = Anatol Rapoport und Albert M. Chammah. 1965. *Prisoner's dilemma. A study in conflict and cooperation*. Ann Arbor: University of Michigan Press.

Ratner 1996 = Steven R. Ratner. 1996. „Drawing a better line: *Uti possidetis* and the borders of new states". *American Journal of International Law* 90: 590–624.

Ratzel 1897 = Friedrich Ratzel. 1923. *Politische Geographie*. 3. Auflage. München – Berlin: R. Oldenbourg (Erstveröffentlichung 1897).

Ratzel 1901 = Friedrich Ratzel. 1966. *Der Lebensraum. Eine biogeographische Studie*. Darmstadt: Wissenschaftliche Buchgesellschaft (Erstveröffentlichung 1901).

Ratzel 1940 = Friedrich Ratzel. 1940. *Erdenmacht und Völkerschicksal*. Stuttgart: Alfred Kröner.

Rawls 1979 = John Rawls. 1979. *Eine Theorie der Gerechtigkeit*. Frankfurt a. M.: Suhrkamp (Erstveröffentlichung 1971).

Rawls 2001 = John Rawls (hrsg. von Erin Kelly). 2001. *Justice as fairness. A restatement*. Cambridge, MA – London: The Belknap Press of Harvard University Press.

Reulecke 1990 = Jürgen Reulecke. „Das Ruhrgebiet als städtischer Lebensraum". In: Köllmann u.a. 1990: 67–120.

Reuter 2001 = Julia Reuter. 2001. *Ordnungen des Anderen. Zum Problem des Eigenen in der Soziologie des Fremden*. Bielefeld: Transcript.

Ritter 2002 = Ernst-Hasso Ritter. 2002. „Selbstorganisatorische Handlungspotenziale in polyzentralen Metropolregionen. Am Beispiel der Metropolregion Rhein-Ruhr". *Informationen zur Raumentwicklung* (Heft 6/7): 367–376.

Ritter und Lapp 1999 = Jürgen Ritter und Peter Joachim Lapp. 1999. *Die Grenze. Ein deutsches Bauwerk*. 3. Auflage. Berlin: Christoph Links.

Rombeck-Jaschinski 1990 = Ursula Rombeck-Jaschinski. 1990. *Nordrhein-Westfalen, die Ruhr und Europa. Föderalismus und Europapolitik 1945–1955*. Essen: Klartext.

Rose 1935 = W. J. Rose. 1935. „The sociology of frontiers". *Sociological Review* 27: 201–219.

Rotenberg und McDonogh 1993 = Robert Rotenberg und Gary McDonogh (Hrsg.). 1993. *The cultural meaning of urban space*. Westport, Connecticut: Bergin & Garvey.

Rousseau 1755 = Jean-Jacques Rousseau. 1997. *Diskurs über die Ungleichheit*. 4. Auflage. Paderborn u.a.: Ferdinand Schöningh (Erstveröffentlichung 1755).

Rousseau 1762 = Jean-Jacques Rousseau. 1977. *Vom Gesellschaftsvertrag oder Grundsätze des Staatsrechts*. Stuttgart: Reclam (Erstveröffentlichung 1762).

Rumley und Minghi 1991 = Dennis Rumley und Julian V. Minghi (Hrsg.). 1991. *The geography of border landscapes*. London – New York: Routledge.

Russell 2001 = Lynette Russell (Hrsg.). 2001. *Colonial frontiers. Indigenous-European encounters in settler societies*. Manchester – New York: Manchester University Press.

Sack 1980 = Robert David Sack. 1980. *Conceptions of space*. London – Basingstoke: Macmillan.

Sack 1986 = Robert David Sack. 1986. *Human territoriality. Its theory and history*. Cambridge u.a.: Cambridge University Press.

Sack 1999 = Manfred Sack. 1999. *Siebzig Kilometer Hoffnung. Die IBA Emscher-Park*. Stuttgart: Deutsche Verlags-Anstalt.

Salet u.a. 2003 = Willem Salet, Andy Thornley und Anton Kreukels (Hrsg.). 2003. *Metropolitan governance and spatial planning*. London – New York: Spon.

Schelling 1960 = Thomas C. Schelling. 1980. *The strategy of conflict*. Cambridge, Massachusetts: Harvard University Press (Erstveröffentlichung 1960).

Schelling 1984 = Thomas C. Schelling. 1984. *Choice and consequences. Perspectives of an errant economist*. Cambridge, Massachusetts: Harvard University Press.

Schlieper 1986 = Andreas Schlieper. 1986. *150 Jahre Ruhrgebiet. Ein Kapitel deutscher Wirtschaftsgeschichte*. Düsseldorf: Schwann.

Schmacke 1970 = Ernst Schmacke (Hrsg.). 1970. *Nordrhein-Westfalen. Auf dem Weg in das Jahr 2000*. Düsseldorf: Dorste.

Schmidt 1912 = Robert Schmidt. 1912. *Denkschrift betreffend Grundsätze zur Aufstellung eines General-Siedelungsplanes für den Regierungsbezirk Düsseldorf (rechtsrheinisch)*. Essen (Ruhr): ohne Verlag.

Schmitt 1939 = Carl Schmitt. 1939. *Völkerrechtliche Großraumordnung mit Interventionsverbot für raumfremde Mächte*. Berlin – Wien: Deutscher Rechtsverlag.

Schmitz 1926 = L. Schmitz. „Der Siedlungsverband Ruhrkohlenbezirk". In: Bühler und Kerstiens 1926: 27–37.

Schneider 1993 = Reinhard Schneider. „Lineare Grenzen – vom frühen bis zum späten Mittelalter". In: Haubrichs und Schneider 1993: 51–68.

Schofield 1994 = Clive H. Schofield (Hrsg.). 1994. *Global boundaries*. Serie World Boundaries, hrsg. von der International Boundaries Research Unit an der University of Durham, Band 1. London – New York: Routledge.

Schöller 1984 = Peter Schöller (Hrsg.). 1984. *Auswirkungen der kommunalen Neugliederung. Dargestellt an Beispielen aus Nordrhein-Westfalen*. Materialien zur Raumordnung, Band 28. Bochum: Ruhr-Universität Bochum.

Schrumpf u.a. 2001 = Heinz Schrumpf, Rüdiger Budde und Guido Urfei. 2001. *Gibt es noch ein Ruhrgebiet?* Schriften und Materialien zur Regionalforschung des Rheinisch-Westfälischen Instituts für Wirtschaftsforschung Essen, Heft 6. Essen: RWI.

Schultz 1999 = Hans-Dietrich Schultz. „ ‚Natürliche Grenzen' als politisches Programm". In: Honegger u.a. 1999: 328–343.

Schütz 1987 = Erhard Schütz (Hrsg.). 1987. *Die Ruhrprovinz – das Land der Städte: Ansichten und Einsichten in den grünen Kohlenpott*. Köln: Bund.

Schwabe 1986 = Klaus Schwabe (Hrsg.). 1986. *Die Ruhrkrise 1923. Wendepunkt der internationalen Beziehungen nach dem Ersten Weltkrieg*. 2. Auflage. Paderborn: Schöningh.

Schwarz und Thompson 1990 = Michiel Schwarz and Michael Thompson. 1990. *Divided we stand. Redefining politics, technology and social choice*. New York: Harvester Wheatsheaf.

Sennett 1991 = Richard Sennett. 1991. *Civitas. Die Großstadt und die Kultur des Unterschieds*. Frankfurt a. M.: S. Fischer.

Shaw 1997 = Malcolm N. Shaw. 1997. *International law*. 4. Auflage. Cambridge: Cambridge University Press.

Siebel 1996 = Walter Siebel. „Die Internationale Bauausstellung Emscher-Park – Eine Strategie zur ökonomischen, ökologischen und sozialen Erneuerung alter Industrieregionen". In: ARL 1996: 97–111.

Sieverts 1997 = Thomas Sieverts. 1997. *Zwischenstadt. Zwischen Ort und Welt, Raum und Zeit, Stadt und Land*. Bauwelt Fundamente, Band 118. Braunschweig – Wiesbaden: Vieweg.

Sieverts und Ganser 1994 = Thomas Sieverts und Karl Ganser. „Vom Aufbaustab Speer bis zur Internationalen Bauausstellung Emscher Park und darüber hinaus". In: Kreibich u.a. 1994: 247–258.

Silber 1995 = Ilana Friedrich Silber. 1995. „Space, fields, boundaries: The rise of spatial metaphors in contemporary sociological thought". *Social Research* 62: 323–355.

Simmel 1908 = Georg Simmel. 1999. *Soziologie. Untersuchungen über die Formen der Vergesellschaftung.* Band 11 der Gesamtausgabe. Frankfurt a. M.: Suhrkamp (Erstveröffentlichung 1908).

Soja 1996 = Edward W. Soja. 1996. *Thirdspace. Journeys to Los Angeles and other real-and-imagined places.* Oxford u.a.: Blackwell.

Sommer 1969 = Robert Sommer. 1969. *Personal space. The behavioral basis of design.* Englewood Cliffs, NJ: Prentice-Hall.

Spethmann 1933 = Hans Spethmann. 1995. *Das Ruhrgebiet im Wechselspiel von Land und Leuthe, Wirtschaft, Technik und Verkehr.* 3 Bände. Originalausgabe 1933 (I, II) und 1938 (III). Essen: Klartext.

Spykman 1942 = Nicholas John Spykman. 1942. „Frontiers, security, and international organization". *Geographical Review* 32: 436–447.

SRR 2030 = Städteregion Ruhr 2030 (Hrsg.). 2003. *Unendliche Weite! Die Leitbildmesse von Städteregion Ruhr 2030.* Essen: Selbstverlag.

Steininger 1988 = Rolf Steininger. 1988. *Die Ruhrfrage 1945/46 und die Entstehung des Landes Nordrhein-Westfalen. Britische, französische und amerikanische Akten.* 4. Reihe der Quellen zur Geschichte des Parlamentarismus und der politischen Parteien, Band 4. Düsseldorf: Droste.

Stolcke 1995 = Verena Stolcke. 1995. „Talking culture. New boundaries, new rhetorics of exclusion in Europe". *Current Anthropology* 36: 1–24.

Storey 2001 = David Storey. 2001. *Territory. The claiming of space.* Harlow, England: Pearson Education.

Straub 1998 = Jürgen Straub. „Personale und kollektive Identität". In: Assmann und Friese 1998: 73–104.

Susskind u.a. 1999 = Lawrence Susskind, Sarah McKearnan und Jennifer Thomas-Larmer (Hrsg.). 1999. *The consensus building handbook. A comprehensive guide to reaching agreement.* Thousand Oaks – London – New Delhi: SAGE Publications.

Susskind und Cruikshank 1987 = Lawrence Susskind und Jeffrey Cruikshank. 1987. *Breaking the impasse. Consensual approaches to resolving public disputes.* BasicBooks.

Tenfelde 1990 = Klaus Tenfelde. „Soziale Schichtung, Klassenbildung und Konfliktlagen im Ruhrgebiet". In: Köllmann u.a. 1990: 121–217.

Tenfelde 2000 = Klaus Tenfelde. „Über Verwaltungsreform im Bindestrichland". In: Karsten Rudolph, Tanja Busse, Stefan Goch, Ulrich Heinemann, Christoph Strünck und Ulrich Wehrhöfer (Hrsg.). 2000. *Reform an Rhein und Ruhr. Nordrhein-Westfalens Weg ins 21. Jahrhundert.* Bonn: Dietz: 12–20.

Tenfelde 2002a = Klaus Tenfelde (Hrsg.). 2002. *Ruhrstadt. Visionen für das Ruhrgebiet.* Nummer 9 der Schriften der Bibliothek des Ruhrgebiets. Bochum.

Tenfelde 2002b = Klaus Tenfelde. „Ruhrstadt – Historischer Hintergrund". In: Tenfelde 2002a: 9–23.

Thabe 1999 = Sabine Thabe (Hrsg.). 1999. *Räume der Identität – Identität der Räume.* Dortmunder Beiträge zur Raumplanung, Band 98. Dortmund: IRPUD.

Thomas 2000 = Bradford Thomas. „International boundaries in the twenty-first century: Changing roles and depiction". In: Pratt und Brown 2000: 163–189.

Thompson 1997 = Michael Thompson. „Rewriting the precepts of policy analysis". In: Ellis und Thompson 1997: 203–216.

Thompson 2001 = Leigh Thompson. 2001. *The mind and heart of the negotiator.* 2. Auflage. Upper Saddle River, New Jersey: Prentice Hall.

Thompson 2003 = Michael Thompson. 2003. *Mülltheorie. Über die Schaffung und Vernichtung von Werten.* Essen: Klartext.

Thompson u.a. 1990 = Michael Thompson, Richard Ellis, und Aaron Wildavsky. 1990. *Cultural theory.* Boulder: Westview Press.

Thompson u.a. 1999 = Michael Thompson, Gunnar Grenstad und Per Selle (Hrsg.). 1999. *Cultural Theory as political science.* London – New York: Routledge.

Thuen 1999 = Trond Thuen. 1999. „The significance of borders in East European transition". *International Journal of Urban and Regional Research* 23: 738–750.

Tietz 2002 = Udo Tietz. 2002. *Die Grenzen des Wir. Eine Theorie der Gemeinschaft.* Frankfurt a.M.: Suhrkamp.

Tiggemann 1977 = Rolf Tiggemann. 1977. *Die kommunale Neugliederung in Nordrhein-Westfalen: Möglichkeiten und Grenzen der Anwendung landesplanerischer Entwicklungskonzeptionen und Instrumentarien auf das Zielsystem der Gebietsreform.* Sozialwissenschaftliche Studien zur Stadt- und Regionalpolitik, Band 2. Meisenheim am Glan: Anton Hain.

Tracy 2000 = James E. Tracy (Hrsg.). 2000. *City walls. The urban enceinte in global perspective.* Cambridge: Cambridge University Press.

Tuathail 1996 = Gearóid ó Tuathail (Gerard Toal). 1996. *Critical geopolitics. The politics of writing global space.* London: Routledge.

Tuathail 1998 = Gearóid ó Tuathail (Gerard Toal). „De-territorialized threats and global dangers: Geopolitics and the risk society". In: Newman 1998a: 17–31.

Turner 1894 = Frederick J. Turner. 1894. „The significance of the frontier in American history." *Annual Report of the American Historical Association for the Year 1893.* Washington: Government Printing Office: 199–227.

Turner 1920 = Frederick Jackson Turner. 1976. *The frontier in American history.* Huntington, NY: Robert E. Krieger Publishing Company (Erstveröffentlichung 1920).

Unwin 1909 = Raymond Unwin. 1994. *Town planning in practice. An introduction to the art of designing cities and suburbs.* New York: Princeton Architectural Press (Erstveröffentlichung 1909).

Urciuoli 1995 = Bonnie Urciuoli. 1995. „Language and borders". *Annual Review of Anthropology* 24: 525–546.

Venturi 2003 = Marco Venturi. 2003. *Die gewendete Stadt. Texte zur Stadtplanung.* Delmenhorst – Berlin: Aschenbeck & Holstein.

Verdross und Simma 1984 = Alfred Verdross und Bruno Simma. 1984. *Universelles Völkerrecht. Theorie und Praxis.* 3. Auflage. Berlin: Duncker & Humblot.

von Petz 1995 = Ursula von Petz. „Vom Siedlungsverband Ruhrkohlenbezirk zum Kommunalverband Ruhrgebiet: 75 Jahre Landesplanung und Regionalpolitik im Revier". In: KVR 1995: 7–67.

Wachten 1996 = Kunibert Wachten (Hrsg.). 1996. *Wandel ohne Wachstum? Change without growth?* Erweiterter Katalog zum offiziellen Beitrag der Bundesrepublik Deutschland zur VI. Architektur-Biennale Venedig 1996. Braunschweig – Wiesbaden: Vieweg.

Waechter 1996 = Matthias Waechter. 1996. *Die Erfindung des amerikanischen Westens. Die Geschichte der Frontier-Debatte.* Freiburg im Breisgau: Rombach.

Waterhouse 1993 = Alan Waterhouse. 1993. *Boundaries of the city. The architecture of Western urbanism.* Toronto – Buffalo – London: University of Toronto Press.

Waterman 1994 = Stanley Waterman. „Boundaries and the changing world political order". In: Schofield 1994: 23–35.

Watzlawick u.a. 1974 = Paul Watzlawick, John H. Weakland und Richard Fisch. 2001. *Lösungen. Zur Theorie und Praxis menschlichen Wandels.* 6. Auflage. Bern u.a.: Hans Huber (Erstveröffentlichung 1974).

Weber 1982 = Wolf Weber. 1982. *Territorialreform, rechtliche Ausgestaltung des repräsentativen Willensbildungsprozesses in den Gemeinden und Selbstverwaltungsgarantie des Grundgesetzes.* Siegburg: Reckinger.

Wegener 2003 = Michael Wegener (Betreuung). 2003. *Räumliche Szenarien für die Ruhrstadt 2030.* Dortmunder Beiträge zur Raumplanung, Band P/24. Dortmund: IRPUD.

Weichhart 1990 = Peter Weichhart. 1990. *Raumbezogene Identität. Bausteine zu einer Theorie räumlich-sozialer Kognition und Identifikation.* Stuttgart: Franz Steiner.

Weichhart 2000 = Peter Weichhart. 2000. „Designerregionen – Antworten auf die Herausforderungen des globalen Standortwettbewerbs?" *Informationen zur Raumentwicklung* (Heft 9/10): 549–566.

Werlen 1997 = Benno Werlen. 1997. *Sozialgeographie alltäglicher Regionalisierungen. Band 2: Globalisierung, Region und Regionalisierung.* Stuttgart: Franz Steiner.

Willamowski u.a. 2000 = Gerd Willamowski, Dieter Nellen und Manfred Bourrée (Hrsg.). 2000. *Ruhrstadt. Die andere Metropole.* Essen: Klartext.

Willke 2000 = Helmut Willke. 2000. *Systemtheorie I: Grundlagen.* 6. Auflage. Stuttgart: Lucius & Lucius.

Wischenbart 1999 = Rüdiger Wischenbart. „Wilde Grenzen. Politik, Kultur und Kommunikation am Bruch." In: Chobot u.a. 1999: 119–130.

Wittgenstein 1930 = Ludwig Wittgenstein. 1984. *Philosophische Bemerkungen.* Werkausgabe Band 2. Frankfurt a. M.: Suhrkamp (Erstveröffentlichung 1930).

Wittgenstein 1953 = Ludwig Wittgenstein. *Philosophische Untersuchungen.* In: Ludwig Wittgenstein. 1984. *Tractatus logico-philosophicus.* Werkausgabe Band 1. Frankfurt a. M.: Suhrkamp (zitiert nach §§-Angaben in Teil I): 255–580 (Erstveröffentlichung 1953).

Wittgenstein 1984 = Ludwig Wittgenstein. 1984. *Philosophische Grammatik.* Werkausgabe Band 4. Frankfurt a. M.: Suhrkamp.

Woodward 1997 = Kathryn Woodward (Hrsg.). 1997. *Identity and difference.* London u.a.: Sage.

Wyness 1997 = Michael G. Wyness. 1997. „Parental responsibilities, social policy and the maintenance of boundaries". *Sociological Review* 45: 304–324.

Young 1991 = H. Peyton Young (Hrsg.). 1991. *Negotiation analysis.* Ann Arbor: University of Michigan Press.

Young 2000 = Iris Marion Young. „A critique of integration as the remedy for segregation". In: Bell und Haddour 2000: 205–218.

Young 2002 = Iris Marion Young. 2002. *Inclusion and democracy.* Oxford: Oxford University Press.

Zielonka 2002 = Jan Zielonka (Hrsg.). 2002. *Europe unbound. Enlarging and reshaping the boundaries of the European Union.* London – New York: Routledge.

Zimmermann 1971 = Ludwig Zimmermann. 1971. *Frankreichs Ruhrpolitik von Versailles bis zum Dawesplan.* Göttingen u.a.: Musterschmidt.

OBJEKTE

1	**Europa, Deutschland, Nordrhein-Westfalen, Ruhrgebiet, Städteregion Ruhr**	14-15
	© 2004 Fakultät Raumplanung, Universität Dortmund Bearbeitung: Kamilla Kanafa	
2	**Basisdaten der Städteregion Ruhr**	16
3	**Leitbilder** *Städteregion Ruhr 2030*	19
	Quelle: Protokolle der Arbeitsgruppe *Städteregion Ruhr 2030*	
4	**Wirklichkeitssinn und Möglichkeitssinn**	21
5	**Das Siedlungsgebiet der kreisfreien Städte Duisburg, Mülheim an der Ruhr, Oberhausen, Essen, Gelsenkirchen, Herne, Bochum, Dortmund**	22
	© 2004 Fakultät Raumplanung, Universität Dortmund Grundlage: Flächennutzungskartierung des Kommunal verbandes Ruhrgebiet, Essen, Gruppe Luftbildwesen und geographische Informationssysteme, Stand 1999–2002. Bearbeitung: Andreas Schulze Bäing	
6	**Die politischen Grenzen der kreisfreien Städte Duisburg, Mülheim an der Ruhr, Oberhausen, Essen, Gelsenkirchen, Herne, Bochum, Dortmund**	24
	© 2004 Fakultät Raumplanung, Universität Dortmund Grundlage: Flächennutzungskartierung des Kommunal verbandes Ruhrgebiet, Essen, Gruppe Luftbildwesen und geographische Informationssysteme, Stand 1999–2002. Bearbeitung: Andreas Schulze Bäing	
7	**Grenzen und Territorien in der Städteregion Ruhr**	26
	© 2004 Fakultät Raumplanung, Universität Dortmund Bearbeitung: Kamilla Kanafa, Andreas Schulze Bäing	
8	**Regionalisierungen des Ruhrgebiets im Vergleich**	34
9	**Die kreisfreie Stadt Ruhr – Ruhrstadt als Geldstadt**	36
	© 2004 Fakultät Raumplanung, Universität Dortmund Bearbeitung: Andreas Schulze Bäing	
10	**Der Kreis Ruhr – Heimat für fünfzig Ruhrstädtchen**	37
	© 2004 Fakultät Raumplanung, Universität Dortmund Bearbeitung: Andreas Schulze Bäing	
11	**Sprengkraft formaler Gebietsänderungen**	39
	© 2004 Fakultät Raumplanung, Universität Dortmund Bearbeitung: Andreas Schulze Bäing	
12	**Institutionelle und territoriale Fallen**	39
13	**Grenzfunktionen**	70
14	**Interessen an Grenzen und Territorien**	74
15	**Gebrauch und Bedeutung von Grenzen und Territorien**	75
16	**Instrumente und Organisationsmodelle für Großstadtregionen**	82
	Quelle: Benz u.a. 1998	
17	**Strategien für die Inszenierung der Kooperation**	85
18	**Das Dilemma der Erzeugung und Verteilung der Vorteile**	88
19	**Konkurrenz durch Gewerbeplanung und Standortmarketing**	90
	Quelle: Davy 2002b	
20	**Gefangenendilemma**	92
	Quelle: Davy 1997a: 230	
21	**Auszahlungsmatrix im Gefangenendilemma**	93
	Quelle: Axelrod 1988: 8	
22	**Wirklichkeitsräume und ihre Grenzen**	106
23	**Territorium und Wanderschaft**	122
	Quelle: Kockel 1999: 291 (eigene Übersetzung)	
24	**Wirklichkeitsraum und Möglichkeitsraum**	124
25	**Wahrnehmung und Verhalten in Grenzsituationen**	146
26	**Typologie der Grenzstrategien**	148
27	**Grenzstrategien, Mythen, Rationalitäten**	149
28	**Grenzstrategien und Polyrationalität**	150
29	**Regionalisierung und Polyrationalität**	166
30	**Der Stadtregionale Kontrakt der Städteregion Ruhr**	174
	© 2003 *Städteregion Ruhr 2030*	
31	**Mögliche Regionalisierungsformen** (Auswahl)	186
32	**Stark und schwach ausgebildete Kooperationen**	187
33	**Ruhr 2016 – Themen und Fragen**	196
34	**Ruhr 2016 – Startpositionen zum Thema „Moderation"**	198–199
	Quelle: Davy u.a. 2002a	
35	**Spielregeln für die Städteregion Ruhr**	217
	Quelle: SRR 2030: 21	
36	**Umsetzungspyramide und responsive Kooperation**	217
	Quelle: Ayers und Braithwaite 1992: 35	
37	**Würfelspiel**	222
38	**Wirklichkeit und Möglichkeiten**	224
39	**Der Realisierungspfad**	227
40	**Stadtregionale Überraschungen**	231
	DIVIDED WE STAND	
41	**Anforderungen an vereinbarte Grenzen**	241
42	**Die Flächen der Neunten Stadt**	254–255
	© 2004 Fakultät Raumplanung, Universität Dortmund Grundlage: Flächennutzungskartierung des Kommunal- verbandes Ruhrgebiet, Essen, Gruppe Luftbildwesen und geographische Informationssysteme, Stand 1999–2002. Bearbeitung: Andreas Schulze Bäing	
43	**Acht Städte**	279
44	**Die Neunte Stadt**	282

BILDER

Das Bildverzeichnis enthält die dem Autor bekannten Namen der Urheberberechtigten und Werkbezeichnungen der gezeigten Bilder. Der Autor entschuldigt sich, falls es trotz beträchtlicher Anstrengungen mißlungen sein sollte, alle Urheberberechtigten und Werkbezeichnungen korrekt zu benennen.

Titel **Nathalie Kurniczak:** Wasserspiegelung Zeche Zollverein (Stadt Essen). Beitrag zum Photowettbewerb *Grenzen und Identitäten* des Forschungsverbundes *Städteregion Ruhr 2030*.

RASTLOSER STILLSTAND

1	**Margarete Eisele:** Straßenbahn Nr. 2 (Stadt Essen). Beitrag zum Photowettbewerb *Grenzen und Identitäten* des Forschungsverbundes *Städteregion Ruhr 2030*.	8–9
2	**Ursus Samaga:** Zeche Nordstern (Stadt Gelsenkirchen). Beitrag zum Photowettbewerb *Grenzen und Identitäten* des Forschungsverbundes *Städteregion Ruhr 2030*.	11
3	**Renate Pötzsch:** Der Nachbar und ich. Beitrag zum Photowettbewerb *Grenzen und Identitäten* des Forschungsverbundes *Städteregion Ruhr 2030*.	12
4	**Renate Pötzsch:** Wasser marsch. Beitrag zum Photowettbewerb *Grenzen und Identitäten* des Forschungsverbundes *Städteregion Ruhr 2030*.	12
5	**Renate Pötzsch:** Erntezeit. Beitrag zum Photowettbewerb *Grenzen und Identitäten* des Forschungsverbundes *Städteregion Ruhr 2030*.	13
6	**Benjamin Davy:** Gasometer (Stadt Oberhausen).	17
7	**Benjamin Davy:** Stadt am Fluß (Stadt Mülheim an der Ruhr).	17
8	**Kamilla Kanafa:** Ruhrgebiet spuckt große Töne (Stadt Essen).	17
9	**Kamilla Kanafa:** RWE Tower (Stadt Essen).	18
10	**Benjamin Davy:** Jahrhunderthalle (Stadt Bochum).	18
11	**Heinz Kobs:** Hammerkopfturm (Stadt Dortmund).	18
12	**Benjamin Davy:** Möglichkeitssinn (Stadt Duisburg).	20
13	**Benjamin Davy:** Möglichkeitssinn und Wirklichkeitssinn (Stadt Duisburg).	21
14	**Christian Groß:** Duisburger Innenhafen Nr. 10 (Stadt Duisburg). Beitrag zum Photowettbewerb *Grenzen und Identitäten* des Forschungsverbundes *Städteregion Ruhr 2030*.	21
15	**Andreas Schulze Bäing:** Stadt Herne (Stadt Gelsenkirchen).	23
16	**Benjamin Davy:** Sieben-Planeten-Str. (Stadt Witten).	25
17	**Benjamin Davy:** Siebenplaneten (Stadt Bochum).	25
18	**Willy van Heekern:** Ohne Namen. Photoarchiv Ruhrlandmuseum Essen.	28
19	**Yvonne Rieker:** Stahlwerk (Stadt Essen). Beitrag zum Photowettbewerb *Grenzen und Identitäten* des Forschungsverbundes *Städteregion Ruhr 2030*.	29
20	**Anton Tripp:** Essen-Katernberg (Stadt Essen). Photoarchiv Ruhrlandmuseum Essen.	30
21	**Kamilla Kanafa:** Die letzte Siedlung vor der Grenze (Stadt Essen).	31
22	**Benjamin Davy:** Geordneter Boden (Burgenland).	35
23	**Kamilla Kanafa:** Stadt Wattenscheid in Tränen (Stadt Bochum).	37
24	**Benjamin Davy:** Eisfalle (Stadt Bochum).	38
25	**Thomas Jürgenschellert:** Wasserfalle (Stadt Herne).	38
26	**Andreas Schulze Bäing:** Unordnung (Städteregion Ruhr).	41
27	**Benjamin Davy:** Ordnung (Österreich).	43

GUTE GRENZEN

1	**Doris Lydia Stark:** Brücke über den Rhein-Herne-Kanal. Beitrag zum Photowettbewerb *Grenzen und Identitäten* des Forschungsverbundes *Städteregion Ruhr 2030*.	44–45
2	**Benjamin Davy:** Rasiermessergrenzen (Grafschaft Kent).	47
3	**Benjamin Davy:** Rauch und Draht (Stadt Essen).	48
4	**Benjamin Davy:** Bedürfnisanstalt (Stadt Mülheim an der Ruhr).	48
5	**Kamilla Kanafa:** Dies ist eine öffentliche Kleingartenanlage (Stadt Bochum).	49
6	**Tana Petzinger:** Achtung Staatsgrenze (Österreich, Ungarn).	50
7	**Benjamin Davy:** Baut die Mauer wieder (Stadt Berlin).	51
8	**Benjamin Davy:** Zaun und Mauer (Städteregion Ruhr).	52
9	**Benjamin Davy:** Mauer und Zaun (Städteregion Ruhr).	52
10	**Benjamin Davy:** Wo ist der Zaun? (Städteregion Ruhr).	53
11	**Philipp Stierand:** Mit Zaun (Cuba).	55
12	**Philipp Stierand:** Ohne Zaun (Cuba).	55
13	**Andreas Schulze Bäing:** Grenzstein (Stadt Bottrop, Stadt Essen).	57
14–15	**Bildarchiv der Städteregion Ruhr:** Auszüge aus Kreativjournalen *Identitäten und Grenzen* (inhaltliche Konzeption und Anleitung Dr. Regina Bormann).	58
16	**Benjamin Davy:** Kurzparkzone (Gemeinde Blumau).	60
17	**Benjamin Davy:** Private Parking (City of Cambridge).	60
18	**Benjamin Davy:** Private (City of Cambridge).	60
19	**Benjamin Davy:** Heterotopes Plakatieren (Wien I.).	61
20	**Kamilla Kanafa:** Kein Eingang auf Schalke (Stadt Gelsenkirchen).	61
21	**Andreas Schulze Bäing:** Ordnungswut im Grabeland (Stadt Gelsenkirchen).	61
22	**Benjamin Davy:** Bicycles (City of Cambridge).	60
23	**Benjamin Davy:** Hundekotverbot (Stadt Wien).	60
24	**Benjamin Davy:** Verboden te parkeren (Stadt Rotterdam).	61
25	**Benjamin Davy:** Schachtdeckel (Wien I.).	61
26	**Benjamin Davy:** Wachsamer Nachbar (Stadt Mülheim an der Ruhr).	61
27	**Kamilla Kanafa:** Verbot mit Tiefgang (Stadt Bochum).	62
28	**Kamilla Kanafa:** Flexible Verbote (Unterwegs).	62
29	**Kamilla Kanafa:** Willkommen in Stadt Wattenscheid (Stadt Bochum).	63
30	**Uta und Fritz Netzeband:** In den unendlichen Weiten des Konsums. Beitrag zum Photowettbewerb *Grenzen und Identitäten* des Forschungsverbundes *Städteregion Ruhr 2030*.	64
31	**Benjamin Davy:** Keine Schwerverletzten (Stadt Dortmund).	67
32	**Tana Petzinger:** Hundegrenzen (Schweden).	67
33	**Ulrike und Benjamin Davy:** Ladies, Gents (City of Harwich).	67
34	**Kamilla Kanafa:** bzw. verschrottet! (Stadt Bochum).	69
35	**Tana Petzinger:** Grenzen teilen (Stadt Dortmund).	70
36	**Christian Holz-Rau:** Freischwebendes Einfamilienhaus (Stadt Wien).	71
37	**Ulrike Davy:** Ohne Namen (Städteregion Ruhr).	71
38–40	**Kamilla Kanafa:** und hinter tausend Stäben (Stadt Dortmund).	72–73
41	**Thomas Wüst:** Grenzen sind zum Überschreiten da (Freie und Hansestadt Hamburg).	74
42	**Benjamin Davy:** immobil, mobil (Stadt Berlin).	75
43	**Benjamin Davy:** Beeren und Scherben (Grafschaft Kent).	76
44	**Kamilla Kanafa:** Grenzbaum (Stadt Gelsenkirchen).	77

TURBULENTE HARMONIEN

1	**Benjamin Davy:** Richtungsweisend (Stadt Mülheim an der Ruhr). Die Bronze „Lebensfreude" stammt von Heinrich Adolfs.	78–79
2	**Kamilla Kanafa:** Das vierte Element (Stadt Essen).	81
3	**Benjamin Davy:** Koordiniertes Warten (Stadt Berlin).	82
4	**Kamilla Kanafa:** We are Ruhr Area (Städteregion Ruhr).	83
5–12	**Bildarchiv Städteregion Ruhr 2030:** Inszenierung der Kooperation (Stadt Essen, Stadt Gelsenkirchen).	84–85
13	**Benjamin Davy:** Zusammenhalt (Stadt Dortmund).	86
14	**Benjamin Davy:** Egoistische Zusammenarbeit (Stadt Rotterdam).	89
15	**Andreas Schulze Bäing:** Fortschritte (Stadt Bochum). Die Installation „Fortschritt" (1998) von Marcus Kiel, ausgestellt im Westfälischen Industriemuseum Zeche Hannover.	90
16	**Benjamin Davy:** (m)eat (Bruxelles).	91
17–25	**Benjamin Davy:** Szenenbilder aus dem Film *Unendliche Weite!* (Produktion Flotte3; Impulsbeitrag des Förderturms der Visionen zur Leitbildmesse vom 5. bis 7. Februar 2003).	92

1

26–33	**Christoph Kniel:** Wattsches Gewichtheber. Beitrag zum Photowettbewerb *Grenzen und Identitäten* des Forschungsverbundes *Städteregion Ruhr 2030*.	96–97	
34	**Bildarchiv Städteregion Ruhr 2030:** Teilnehmende der ersten Ankerveranstaltung am 13. und 14. Juni 2002 (Stadt Duisburg).	99	
35	**Benjamin Davy:** Flohmarkt im Autokino (Stadt Essen).	100	
36	**Benjamin Davy:** Kinder Strumpf-Hosen (Stadt Essen).	100	
37	**Benjamin Davy:** 1 Kiste 10 € (Stadt Essen).	100	
38	**Titelblatt des Leviathan** von Thomas Hobbes.	101	
39	**Axel Kolfenbach:** Think Big (Stadt Essen).	101	
40	**Benjamin Davy:** Naturzustand (Stadt Gelsenkirchen).	103	
41	**Benjamin Davy:** Frontier (Stadt Gelsenkirchen).	103	
42	**Benjamin Davy:** Grabeland (Stadt Gelsenkirchen).	103	

MÖGLICHKEITSRÄUME

1	**Kamilla Kanafa:** Hintereingang (Weltkulturerbe Zeche Zollverein XII).	104–105
2	**Andreas Schulze Bäing:** Abschied vom Wirklichkeitsraum (Städteregion Ruhr).	107
3	**Benjamin Davy:** Grenzüberschreitung (Stadt Bochum, Stadt Dortmund).	108
4	**Kamilla Kanafa:** Einsicht ohne Aussicht (Stadt Essen).	109
5	**Andreas Schulze Bäing:** Boundary making 1 (Stadt Essen).	110
6	**Kamilla Kanafa:** Boundary making 9 (Stadt Dortmund).	111
7	**Andreas Schulze Bäing:** Boundary making 2 (Stadt Gelsenkirchen).	111
8	**Benjamin Davy:** Der Normalzustand (Städteregion Ruhr).	113
9	**Andreas Schulze Bäing:** Fortsetzung folgt (Stadt Dortmund).	114
10	**Kamilla Kanafa:** Tulpe am Rand (Stadt Dortmund).	114
11	**Andreas Schulze Bäing:** Exquisite Randlage (Städteregion Ruhr).	114
12	**Benjamin Davy:** Tierfriedhof, Detail (Stadt Dortmund).	114
13	**Ohne Autor:** Alfredshof mit Blick auf Kruppsche Fabrik, Essen. Photoarchiv Ruhrlandmuseum Essen.	115
14	**Kamilla Kanafa:** Der Rauch verbindet die Städte (Stadt Gelsenkirchen).	115
15	**Benjamin Davy:** Am Rande der Wildnis 8 (Stadt Duisburg).	116
16	**Benjamin Davy:** Am Rande der Wildnis 5 (Stadt Essen, Stadt Gelsenkirchen).	116
17	**Benjamin Davy:** Am Rande der Wildnis 7 (Stadt Bochum).	117
18	**Thomas Jürgenschellert:** Wilde Grenzen (Siebenplaneten).	119
19	**Benjamin Davy:** Unterbrechung (Städteregion Ruhr).	120
20	**Andreas Schulze Bäing:** Stauraum (Stadt Bochum).	120
21	**Benjamin Davy:** Tierfriedhof, Detail (Stadt Dortmund).	120
22	**Benjamin Davy:** Möglichkeitsmanagement in Siebenplaneten (Städteregion Ruhr). Luftbild © Kommunalverband Ruhrgebiet, Essen; Befliegung: 2000–2003.	121
23	**Benjamin Davy:** Unendliche Weite! (Städteregion Ruhr).	122
24	**Andreas Schulze Bäing:** B1/A40 (Städteregion Ruhr).	122
25	**Tana Petzinger:** Unendliche Weite! (Stadt Dortmund).	123
26	**Andreas Schulze Bäing:** Wellensittiche (Städteregion Ruhr).	125

KULTUR DER DIFFERENZ

1	**Benjamin Davy:** Beten und Boxen (Stadt Bochum).	126–127
2–9	**Bildarchiv Städteregion Ruhr:** Beiträge zum Malwettbewerb *Identitäten und Grenzen* des Forschungsverbundes *Städteregion Ruhr 2030*.	129
10	**Benjamin Davy:** EGEBO Straße (Städteregion Ruhr).	130
11	**Benjamin Davy:** EGEBO Bahn (Städteregion Ruhr).	131
12	**Benjamin Davy:** Geglaubte Gemeinsamkeit (Stadt Berlin).	132
13	**Axel Kolfenbach:** Geglaubte Gemeinsamkeit (Stadt Berlin). Kunstprojekt von Hans Haacke im nördlichen Lichthof des Reichstagsgebäudes in Berlin.	132
14	**Benjamin Davy:** Frische Tat.	133
15	**Benjamin Davy:** Verjährung.	133
16	**Benjamin Davy:** Die Arbeit der Teilung (Stadt Essen, Stadt Gelsenkirchen).	134
17	**Kommunalverband Ruhrgebiet:** Luftbild der Städteregion Ruhr. Kommunalverband Ruhrgebiet, Essen; Befliegung: 2000–2003.	136–137
18	**Benjamin Davy:** Nicht im Sommer (Stadt Dortmund).	138
19	**Benjamin Davy:** Kokerei Hansa, Details (Stadt Dortmund).	138
20	**Benjamin Davy:** Legion (Städteregion Ruhr).	139
21	**Benjamin Davy:** Denn wir sind viele (Stadt Berlin).	139
22	**Benjamin Davy:** Westpark, Detail (Stadt Bochum).	141
23	**Andreas Schulze Bäing:** Fingermalen auf der dritten Ankerveranstaltung am 8. und 9. Oktober 2002 (Städteregion Ruhr).	142
24–27	**Benjamin Davy:** Erste Klausur der Arbeitsgruppe *Städteregion Ruhr 2030* vom 10. bis 12. Januar 2002 (Lieberhausen).	144–145
28	**Benjamin Davy:** Umzüge Nowka (Stadt Essen).	147
29	**Andreas Schulze Bäing:** Auch in Bochum (Stadt Bochum).	148
30–37	**Benjamin Davy:** Fremde sind Freunde (Stadt Dortmund).	150–151
38	**Andreas Schulze Bäing:** Auf Schalke (Stadt Gelsenkirchen).	152
39	**Kamilla Kanafa:** Bistum (Stadt Essen).	152
40	**Andreas Schulze Bäing:** Alex (Stadt Gelsenkirchen).	153
41	**Kamilla Kanafa:** Territorium (Stadt Bottrop).	153
42	**Kamilla Kanafa:** Gebet (Stadt Essen).	153

2

43–53	**Kamilla Kanafa:** Nützliche Unterschiede (Stadt Bochum).	154–155	
48	**Kommunalverband Ruhrgebiet:** Luftbild Bochum Wattenscheid. Kommunalverband Ruhrgebiet, Essen; Befliegung: 2000–2003.	154–155	

RESPONSIVE KOOPERATION

1. **Simone de Paauw:** Spiegel. Beitrag zum Photowettbewerb *Grenzen und Identitäten* des Forschungsverbundes *Städteregion Ruhr 2030*. — 158–159
2. **Gerhard Verfürth:** Blau und Weiß, wie lieb ich dich. Beitrag zum Photowettbewerb *Grenzen und Identitäten* des Forschungsverbundes *Städteregion Ruhr 2030*. — 161
3. **Thomas Jürgenschellert:** Schwarz Gelb (Stadt Dortmund). — 161
4. **Benjamin Davy:** Zeche Zollern II/IV, Details (Stadt Dortmund). — 165
5. **Kamilla Kanafa:** Villa Hammerschmidt, Details (Stadt Bonn). — 167
6. **Adalhild Goebel:** Tibetanische Gebetsfahnen. Beitrag zum Photowettbewerb *Grenzen und Identitäten* des Forschungsverbundes *Städteregion Ruhr 2030*. — 169
7. **Benjamin Davy:** Bundeskanzleramt (Stadt Berlin). — 170
8. **Benjamin Davy:** Wasserpark (Stadt Mülheim an der Ruhr). — 171
9. **Benjamin Davy:** Erstes gemeinsames Treffen des Projektbeirates und der Arbeitsgruppe am 4. Februar 2002 (Stadt Bochum). — 172
10. **Kamilla Kanafa:** Nichts nach der Grenze (Stadt Bottrop). — 173
11. **Kamilla Kanafa:** Ohne Richtung (Stadt Essen). — 173
12. **Kamilla Kanafa und Benjamin Davy:** Dialogannahme (Stadt Braunschweig). — 175
13. **Andreas Schulze Bäing:** Unterzeichnung des Stadtregionalen Kontrakts am 6. Juni 2003 (Stadt Bochum). — 176
14–17. **Bildarchiv Städteregion Ruhr 2030:** Familie Flöz beim Grenzgang zwischen Gelsenkirchen und Essen auf der vierten Ankerveranstaltung des Forschungsverbundes *Städteregion Ruhr 2030* am 10. November 2002. — 178–179
18. **Kamilla Kanafa:** Emschergenossenschaft (Stadt Essen). — 180
19. **Kamilla Kanafa:** Befreite Leitkultur (Stadt Bochum). — 180
20. **Thomas Jürgenschellert:** Keinen Müll abladen (Städteregion Ruhr). — 181
21. **Benjamin Davy:** Szenenbild aus dem Film *Unendliche Weite!* (Produktion Flotte3; Impulsbeitrag des Förderturms der Visionen zur Leitbildmesse vom 5. bis 7. Februar 2003). — 181

BRAUCHBARE SPIELREGELN

1. **Heinz-Josef Bucksteeg:** Förderturm Pörtingsiepen. Beitrag zum Photowettbewerb *Grenzen und Identitäten* des Forschungsverbundes *Städteregion Ruhr 2030*. — 182–183
2. **Tana Petzinger:** Regionalisierung ohne Institutionen (Confoederatio Helvetica). — 185
3. **Andreas Schulze Bäing:** Von Null bis Vierhundert (Stadt Dortmund). — 186
4. **Benjamin Davy:** Ohne Druck (Stadt Dortmund). — 187
5. **Benjamin Davy:** Alte Steuerungsformen (Stadt Dortmund). — 187
6. **Benjamin Davy:** Geäst (Stadt Dortmund). — 190
7. **Benjamin Davy:** Stacheldrahtzaun, Detail (Stadt Schwerte). — 190
8. **Benjamin Davy:** Erinnerungsstück im Rathausfoyer, Detail (Stadt Essen). — 191
9. **Benjamin Davy:** Brückendetail (Stadt Bochum). — 191
10. **Andreas Schulze Bäing:** Die simulierte Region (Städteregion Ruhr). — 193
11. **Andreas Schulze Bäing:** Ruhr 2016, Rollenbücher. — 194
12. **Andreas Schulze Bäing:** Ruhr 2016, Ausstattung. — 194

13–15. **Bildarchiv Städteregion Ruhr 2030:** Konsensbildungskonferenz auf der zweiten Ankerveranstaltung der *Städteregion Ruhr 2030* am 9. und 10. Juli 2002 (Stadt Herne). — 197
16. **Benjamin Davy:** Dreiländereck (Stadt Essen … oder war es doch Gelsenkirchen?). — 201
17–22. **Axel Kolfenbach und Tana Petzinger:** Empfang nach der Unterzeichnung des Stadtregionalen Kontraktes am 6. Juni 2003 (Stadt Bochum). — 203
23–26. **Bildarchiv Städteregion Ruhr 2030:** Konsensbildungskonferenz auf der zweiten Ankerveranstaltung der *Städteregion Ruhr 2030* am 9. und 10. Juli 2002 (Stadt Herne). — 204–205
27–33. **Pieter Breughel:** Kinderspiele (Details). Kunsthistorisches Museum, Wien. — 207–211
34. **Bildarchiv Städteregion Ruhr 2030:** Auf der gemeinsamen Auftaktpressekonferenz *Städteregion Ruhr 2030* am 20. März 2002 (Stadt Essen). — 213
35–82. **Benjamin Davy:** Szenenbilder aus dem Film *Spielregeln für die Städteregion Ruhr* (Produktion Flotte3; Dokumentation der zweiten Ankerveranstaltung *Föderalistische Stadtlandschaft* am 9. und 10. Juli 2002). — 214–215
83. **Bildarchiv Städteregion Ruhr 2030:** Pionierinnen und Pioniere der Städteregion Ruhr nach Unterzeichnung des Vertrags von Herne am 4. Juli 2001 (Stadt Herne). — 216
84. **Benjamin Davy:** Die erste Arbeitsgruppenklausur *Städteregion Ruhr 2030* vom 10. bis 12. Februar 2002 (Lieberhausen). — 216
85. **Tana Petzinger:** Beigeordnete, Projektleiter und andere Kinder (Stadt Essen). — 216
86. **Benjamin Davy:** Die zweite Arbeitsgruppenklausur *Städteregion Ruhr 2030* am 11. und 12. September 2002 (Stadt Witten). — 218
87. **Bildarchiv Städteregion Ruhr 2030:** Teilnehmende der dritten Ankerveranstaltung der *Städteregion Ruhr 2030* am 8. und 9. Oktober 2002 (Stadt Oberhausen). — 218
88. **Bildarchiv Städteregion Ruhr 2030:** Pionierinnen und Pioniere der Städteregion Ruhr auf der Abschlußveranstaltung *Stadt 2030* am 24. und 25. September 2003 (Stadt Braunschweig). — 218
89. **Arne van den Brink:** Der Förderturm der Visionen (Städteregion Ruhr). — 219

MÖGLICHKEITSMANAGEMENT

1. **Benjamin Davy:** Möglichkeitsmanagement (Siebenplaneten). — 220–221
2. **Benjamin Davy:** Fast ohne Grenzen (Siebenplaneten). — 223
3. **Andreas Schulze Bäing:** Autokino Wattenscheid (Stadt Bochum). — 225
4. **Tana Petzinger:** Testfläche (Stadt Dortmund). — 226
5. **Kamilla Kanafa:** No key (Stadt Dortmund). — 228
6. **Kamilla Kanafa:** No entry (AufSchalke). — 228
7. **Axel Kolfenbach:** Vorwärts! (Stadt Essen). — 229
8. **Andreas Schulze Bäing:** Begrenzte Möglichkeiten (Stadt Essen). — 230
9. **Kamilla Kanafa:** Anpassungsfähige Grenzen (Stadt Dortmund). — 233
10. **Benjamin Davy:** Fons sapientiae (Leuven). — 234
11. **Benjamin Davy:** Westpark, haufenweise (Stadt Bochum). — 235
12. **Andreas Schulze Bäing:** Stadtgrenze Essen in 4 Min. (Stadt Oberhausen). — 236
13. **Benjamin Davy:** Brahmkamp Str. 45 (Stadt Bottrop). — 236
14. **Benjamin Davy:** Kein Haus ist für die Ewigkeit gebaut (Wien). — 236

15	**Kamilla Kanafa:** Andere Orte (Stadt Essen).	**238**
16	**Andreas Schulze Bäing:** Grenznutzen (Stadt Essen, Stadt Bottrop).	**239**
17	**Benjamin Davy:** Die Differenz der Rasenmäher (Stadt Bochum).	**240**
18	**Andreas Schulze Bäing:** Planung ist Analyse und Gestaltung (Stadt Dortmund).	**243**
19	**Benjamin Davy:** Alles wird besser (Stadt Berlin).	**244**
20	**Thomas Jürgenschellert:** The wilderness masters the planner (City of Liverpool).	**246**
21	**Isabel Krisch-Wemper:** Sorgenfrei (Stadt Herne). Beitrag zum Photowettbewerb *Grenzen und Identitäten* des Forschungsverbundes *Städteregion Ruhr 2030*.	**249**

DIE NEUNTE STADT

1	**Wilfried Liedtke:** Liebeserklärung. Beitrag zum Photowettbewerb *Grenzen und Identitäten* des Forschungsverbundes *Städteregion Ruhr 2030*.	**250–251**
2	**Siegbert Kozlowski:** Ruhrgebiet – Kulturgebiet (Stadt Essen). Beitrag zum Photowettbewerb *Grenzen und Identitäten* des Forschungsverbundes *Städteregion Ruhr 2030*.	**253**
3–5	**Andreas Schulze Bäing:** Teilnehmende der ersten Ankerveranstaltung der *Städteregion Ruhr 2030* am 13. und 14. Juni 2002 (Stadt Duisburg).	**258**
6	**Bildarchiv Städteregion Ruhr 2030:** Pentimento 1, Titelseite. Entwurf Dirk Haas. Beitrag des Förderturms der Visionen zur ersten Ankerveranstaltung der *Städteregion Ruhr 2030*.	**258**
7–10	**Bildarchiv Städteregion Ruhr 2030:** Teilnehmende der zweiten Ankerveranstaltung der *Städteregion Ruhr 2030* am 9. und 10. Juli 2002 (Stadt Herne).	**258**
11–13	**Bildarchiv Städteregion Ruhr 2030:** Teilnehmende der dritten Ankerveranstaltung der *Städteregion Ruhr 2030* am 8. und 9. Oktober 2002 (Stadt Oberhausen).	**259**
14	**Bildarchiv Städteregion Ruhr 2030:** Pentimento 3, Titelseite. Entwurf Dirk Haas. Beitrag des Förderturms der Visionen zur dritten Ankerveranstaltung der *Städteregion Ruhr 2030*.	**259**
15–16	**Bildarchiv Städteregion Ruhr 2030:** Teilnehmende der vierten Ankerveranstaltung der *Städteregion Ruhr 2030* am 10. November 2002 (Stadt Essen, Stadt Gelsenkirchen).	**259**
17	**Bildarchiv Städteregion Ruhr 2030:** Plakat Wilde Grenzen, Konzept für die Plakatreihe Dr. Regina Bormann, graphische Umsetzung Hermine Ellwanger.	**259**
18–20	**Bildarchiv Städteregion Ruhr 2030:** Teilnehmende der Leitbildmesse der *Städteregion Ruhr 2030* vom 5. bis 7. Februar 2003 (Stadt Essen).	**260**
21–24	**Bildarchiv Städteregion Ruhr 2030:** Vertreterinnen und Vertreter der acht Ruhrgebietsstädte bei der Unterzeichnung des Stadtregionalen Kontraktes am 6. Juni 2003 (Stadt Bochum).	**260**
25–80	**Benjamin Davy:** Szenenbilder aus dem Film *Unendliche Weite!* (Produktion Flotte3; Impulsbeitrag des Förderturms der Visionen zur Leitbildmesse vom 5. bis 7. Februar 2003).	**262–263**
81	**Andreas Schulze Bäing und Benjamin Davy:** Aral und Sakral (Stadt Dortmund).	**265**
82	**Benjamin Davy:** Die Angst vor Monorationalität (Amsterdam).	**266**
83	**Kamilla Kanafa:** Mustafa und Sahne (Stadt Gelsenkirchen).	**268**
84	**Cornelia Fiedor:** Bergmannshochzeit (Stadt Dortmund). Beitrag zum Photowettbewerb *Grenzen und Identitäten* des Forschungsverbundes *Städteregion Ruhr 2030*.	**270**
85	**Axel Kolfenbach:** Brandneu (Stadt Berlin).	**273**
86	**Axel Kolfenbach:** Kokerei Zollverein, Symbol (Stadt Essen).	**275**
87	**Daniel Lathwesen:** Poesie. Beitrag zum Photowettbewerb *Grenzen und Identitäten* des Forschungsverbundes *Städteregion Ruhr 2030*.	**275**
88	**Benjamin Davy:** Drei (London).	**275**
89	**Kamilla Kanafa:** Vier Bier (Stadt Gelsenkirchen).	**276**
90	**Benjamin Davy:** Fünf (Freie und Hansestadt Hamburg).	**276**
91	**Willemien Verheggen:** Licht und Schatten der Geschichte. Beitrag zum Photowettbewerb *Grenzen und Identitäten* des Forschungsverbundes *Städteregion Ruhr 2030*.	**276**
92	**Benjamin Davy:** Zum Ewigen Frieden (England).	**277**
93	**Benjamin Davy:** Basement Flat (City of Cambridge).	**277**
94	**Benjamin Davy:** Neun Räume (Stadt Berlin).	**277**
95	**Kamilla Kanafa:** Die geordnete Stadt (Stadt Essen).	**278**
96	**Benjamin Davy:** Die herrschsüchtige Stadt (Stadt Berlin).	**278**
97	**Benjamin Davy:** Die solidarische Stadt (Stadt Dortmund).	**278**
98	**Benjamin Davy:** Die ausschließende Stadt (City of Cambridge).	**278**
99	**Benjamin Davy:** Die mutige Stadt (Stadt Gelsenkirchen).	**281**
100	**Benjamin Davy:** Die rücksichtslose Stadt (Stadt Berlin).	**281**
101	**Thomas Jürgenschellert:** Die gelassene Stadt (City of Liverpool). Die Plastik „Eleanor Rigby" (1982) stammt von Tommy Steele.	**281**
102	**Benjamin Davy:** Die gleichgültige Stadt (Amsterdam).	**281**
103	**Thomas Jürgenschellert:** Das Eigene im Fremden (Städteregion Ruhr).	**284–285**

LITERATUR

1	**Benjamin Davy:** Fassaden 2 (Stadt Wismar).	**286**
2	**Benjamin Davy:** Herren, Damen (Stadt Wien).	**286**
3	**Benjamin Davy:** Reich, arm (Stadt Wien).	**287**
4	**Benjamin Davy:** Judenplatz (Stadt Wien).	**287**
5	**Benjamin Davy:** 2,5 t (Stadt Wien).	**289**
6	**Karl-Wilhelm Specht:** Angler am Ruhrschifffahrtskanal. Beitrag zum Photowettbewerb *Grenzen und Identitäten* des Forschungsverbundes *Städteregion Ruhr 2030*.	**290**
7	**Kamilla Kanafa:** Feinkost (Stadt Leipzig).	**293**

OBJEKTE

1	**Norbert H. Wagner:** Westpark Bochum, Kühltürme (Stadt Bochum). Beitrag zum Photowettbewerb *Grenzen und Identitäten* des Forschungsverbundes *Städteregion Ruhr 2030*.	**295**

BILDER

1	**Benjamin Davy:** Hinter dem Westpark (Stadt Bochum).	**297**
2	**Benjamin Davy:** Red Right Hand (Städteregion Ruhr).	**298**
3	**Benjamin Davy:** Ausgang (Stadt Bochum).	**299**

NACHWORT

1	**Benjamin Davy:** Heterotope Bodenordnung (anderer Ort).	**301**

IMPRESSUM

1	**Benjamin Davy:** Cat on the mat.	**303**

NACHWORT

> The Bride: You know, for a second there, yeah, I kind of did.
>
> Quentin Tarantino, *Kill Bill Volume 1* (2003)

Die Neunte Stadt berichtet vom Forschungsverbund *Städteregion Ruhr 2030*. Als Erzählung darüber, wie eine Regionalisierung durch Verhandlung und Vereinbarung gelingen könnte, sind der Text und die Bilder eng mit der Städteregion Ruhr verbunden. *Die Neunte Stadt* verallgemeinert aber auch die Ergebnisse des Forschungsverbundes, denn eine Konkurrenz der Ideale, wilde Grenzen, Möglichkeitsräume, eine Neunte Stadt gibt es überall.

Das Bundesministerium für Bildung und Forschung und das Ministerium für Städtebau und Wohnen, Kultur und Sport des Landes Nordrhein-Westfalen haben *Städteregion Ruhr 2030* großzügig finanziell gefördert. Die Pionierinnen und Pioniere der Städteregion Ruhr haben sich auf Kooperation und Eigensinn eingelassen, und für das Abenteuer der wilden Grenzen danke ich

- den Beigeordneten der Städte im Lenkungsbeirat: Stadtbaurat Martin zur Nedden (Stadt Bochum), Stadtrat Ullrich Sierau (Stadt Dortmund), Jürgen Dressler (Stadt Duisburg), Jürgen Best und Stadtdirektor a.D. Dr. Horst Zierold (Stadt Essen), Stadtdirektor Michael von der Mühlen (Stadt Gelsenkirchen), Stadtrat Jan B. Terhoeven (Stadt Herne), Helga Sander (Stadt Mülheim an der Ruhr), Peter Klunk (Stadt Oberhausen);
- den Vertreterinnen und Vertretern der Städte in der Arbeitsgruppe: Walter Göschel (Stadt Bochum), Herbert Schnabel und Stefan Thabe (Stadt Dortmund), Martin Linne und Wolfgang Neuhoff (Stadt Duisburg), Burkhard Preuß und Klaus Wermker (Stadt Essen), Markus Horstmann (Stadt Gelsenkirchen), Dr. Bodo Steiner und Peter Weichmann-Jaeger (Stadt Herne), Rolf Hornbostel und Ingo Kurosch (Stadt Mülheim an der Ruhr), Dieter Baum, Regina Dreßler und Carsten Tum (Stadt Oberhausen);
- dem Stadtregionalen Akteursnetzwerk: Dagmar Cohrs, Pia Froitzheim, Tomas Grohé, Caren Heidemann, Miriam Plewka, Anja Thiel, Dorothee Zschocke;
- dem Förderturm der Visionen (Fakultät Raumplanung, Universität Dortmund): Dr. Regina Bormann, Dirk Haas, Dr. Ira Janzen, Kamilla Kanafa, Can Malatacık, Andreas Schulze Bäing.

Im Frühjahr 2000 gewann mich Dr. Wolfgang Roters (zunächst MSWKS, gegenwärtig Entwicklungsgesellschaft Zollverein) für die Idee, daß ein Forschungsverbund zwischen den Ruhrgebietsstädten und der Fakultät Raumplanung der logische Schritt nach der Internationalen Bauausstellung Emscher Park sei. Bernd Meyer (Projektträger Mobilität und Verkehr, Bauen und Wohnen des Bundesministeriums für Bildung und Forschung) war ein kritischer Gesprächspartner in allen Fragen der Forschungsförderung. Hans-Werner Pickhan und die Mitarbeiterinnen und Mitarbeiter im Dezernat 5 der Universität Dortmund begleiteten die finanzielle Abwicklung mit großem Engagement. Ralf Ferdinand Broekman (Müller + Busmann) und Ruth Rieger (logos Kommunikation und Gestaltung) sorgten behutsam für Möglichkeitsräume bei Gestaltung und Layout. An der Fakultät Raumplanung haben Professorin Dr. Sabine Baumgart, Professor Dr. Ekhart Hahn, Professor Dr. Christian Holz-Rau, Professor Dr. Karl-Jürgen Krause, Professor Dr. Klaus R. Kunzmann, Professor Dr. Michael Wegener und Professor Peter Zlonicky das „2030 Projekt" durch viele Gespräche bereichert, ebenso wie Dr. Hermann Bömer, Stefanie Bremer, Privatdozent Dr. Stefan Greiving, Privatdozent Dr. Gerd Held, Irene Kistella-Hölters, Dr. Heike Köckler, Dr. Sebastian Müller, Privatdozentin Dr. Sabine Thabe, Maria Wagener, Dr. Stephan Wilforth, Dr. Thomas Wüst, Dr. Christiane Ziegler-Hennings. Klaus Wermker (Büro Stadtentwicklung der Stadt Essen) bewies an den richtigen Stellen Wirklichkeitssinn *und* Möglichkeitssinn. Carsten Tum (zunächst Stadt Oberhausen, gegenwärtig Kommunalverband Ruhrgebiet) hat uns alle durch seine Begeisterung angesteckt. Elke Engel hat als Projektassistentin in der „heißen" Forschungsphase einen kühlen Kopf behalten. Tana Petzinger hat unermüdlich für *Städteregion Ruhr 2030* gekämpft: für die Fördermittel, für die Projektsteuerung, für die Umsetzung. Ihnen allen danke ich.

1

Das Bildmaterial für *Die Neunte Stadt* enthält Photographien, Collagen und Eindrücke aus Kreativjournalen, die künstlerische Impulse auf der vierten Ankerveranstaltung bildeten, und ich freue mich, diese Bilder der Städteregion Ruhr präsentieren zu dürfen. Die Nutzung der Luftbilder und Flächennutzungskartierung genehmigte freundlicherweise die Gruppe Luftbildwesen im Kommunalverband Ruhrgebiet, der ich im neuen Regionalverband Ruhr viel Erfolg wünsche. Bilder aus den Filmen *Spielregeln für die Städteregion Ruhr* und *Unendliche Weite! Städteregion Ruhr 2030* erinnern an die Inspiration durch Johannes Kaßenberg, Klaus Reinelt und Jochen Renz (Flotte3). Für die responsive Zusammenarbeit bei der Bildredaktion bin ich Kamilla Kanafa zu besonderem Dank verpflichtet.

Frühe Ideen zum Verhältnis zwischen Raumplanung und Border Studies konnte ich im Frühjahr 2000 im Seminar von Professor Barrie Needham (Katholieke Universiteit Nijmegen) diskutieren. Viele Studierende der Fakultät Raumplanung haben mich durch ihre Neugierde und Skepsis ermutigt. In Seminaren mit Professor Dr. Walter Grünzweig (Universität Dortmund) beflügelte *frontier management* den Dialog zwischen Amerikanistik und Raumplanung. Ich bin auch für alle Gelegenheiten dankbar, die mir zu Veröffentlichungen über *Städteregion Ruhr 2030* durch die Schriftleitung der RaumPlanung, Professor Dr. Klaus Tenfelde (Stiftung Bibliothek des Ruhrgebiets), Dr. Brigitte Adam (Informationen zur Raumentwicklung) sowie Professor Dr. Michael Koch (polis) geboten wurden (Davy 2002a, 2002b, 2002c; Davy und zur Nedden 2003). Drei Sommer lang konnte ich die wunderbare Universitätsbibliothek in Cambridge (England) nutzen, wofür ich Dr. Susan Marks (Emmanuel College) danke. Professorin Dr. Maria Nicolini half mir durch ihre geduldige Kritik, die beste sprachliche Form für meine Gedanken zu finden: Maria, Deine Großzügigkeit ist beispiellos. Ich bin allen jenen sehr verpflichtet, die den Text in seinen vielfachen Entwicklungszuständen gelesen und korrigiert haben: Brigitte Bergmann-Strube, Thomas Hartmann, Brigitte Hower, Thomas Jürgenschellert, Kamilla Kanafa, Heinz Kobs, Axel Kolfenbach, Daniel Launert, Sabine Lieth, Tana Petzinger – für alle Fehler und Austriazismen bin ich selbst verantwortlich. Zum ersten Mal begegnete ich der Neunten Stadt in einem Gespräch mit Professor Dr. Egon Matzner. Für mich war dieses Gespräch sehr prägend, wahrscheinlich weil ich mehrere Jahre benötigt habe, um herauszufinden, was ich damals sagen wollte. Egon, Du bist zu früh gegangen!

Ich danke allen Mitarbeiterinnen und Mitarbeitern am Lehrstuhl für Bodenpolitik, Bodenmanagement und kommunales Vermessungswesen, weil sie dafür gesorgt haben, daß der Wasserkrug nicht allzuoft zerbrochen ist.

Und Ulli, Dir danke ich dafür, daß wir in diese unendliche Weite gelangt sind.

Städteregion Ruhr, 6. Juni 2004

Benjamin Davy

IMPRESSUM

Benjamin Davy
Die Neunte Stadt
Wilde Grenzen und Städteregion Ruhr 2030

Verlag Müller + Busmann KG
Wuppertal 2004
ISBN 3-928766-61-9

Kreativdirektion: Ralf Ferdinand Broekman
Artdirektion: Ruth Rieger

Pixeldirektion: Patrick Behrens
Redigat: Leif Hallerbach, Robert Helfenbein

Gestaltung: logos Kommunikation und Gestaltung, Wuppertal
Lithographie: logos Kommunikation und Gestaltung, Wuppertal

Druck: tuschen, Dortmund

© 2004 Benjamin Davy, Universität Dortmund, Verlag Müller + Busmann KG
Bilder und Kartenmaterial werden mit freundlicher Genehmigung
der Urheberberechtigten veröffentlicht. Alle Rechte, sowohl der photo-
mechanischen als auch der auszugsweisen Wiedergabe, vorbehalten.

**IMMER AN DER GRENZE DER VERRÜCKTHEIT
NIEMALS DIESE GRENZE ÜBERSCHREITEN
ABER IMMER AN DER GRENZE DER VERRÜCKTHEIT
VERLASSEN WIR DIESEN GRENZBEREICH
SIND WIR TOT**

Thomas Bernhard, *Ritter, Dene, Voss* (1986)

Benjamin Davy ist Universitätsprofessor für Bodenpolitik, Bodenmanagement und kommunales Vermessungswesen an der Fakultät Raumplanung, Universität Dortmund. Von 2000 bis 2004 leitete er den Forschungsverbund *Städteregion Ruhr 2030*.

Kontakt: benjamin.davy@udo.edu

Kamilla Kanafa ist wissenschaftliche Mitarbeiterin am Lehrstuhl für Bodenpolitik, Bodenmanagement und kommunales Vermessungswesen an der Fakultät Raumplanung, Universität Dortmund. Zuvor forschte sie im Förderturm der Visionen für *Städteregion Ruhr 2030*.

Kontakt: kamilla.kanafa@udo.edu